LENDO LOLITA EM TEERÃ

Azar Nafisi

Lendo Lolita em Teerã

Memórias de uma resistência literária

Tradução
Fernando Esteves

1ª edição

EDITORA RECORD
RIO DE JANEIRO • SÃO PAULO
2025

CIP-BRASIL. CATALOGAÇÃO NA PUBLICAÇÃO
SINDICATO NACIONAL DOS EDITORES DE LIVROS, RJ

N217L Nafisi, Azar, 1955-
Lendo Lolita em Teerã : memórias de uma resistência literária / Azar Nafisi ; tradução Fernando Esteves. - 1. ed. - Rio de Janeiro : Record, 2025.

Tradução de: Reading Lolita in Tehran : a memoir in books
ISBN 978-85-01-92560-2

1. Nafisi, Azar, 1955-. 2. Professoras de inglês - Irã - Biografia. 3. Literatura inglesa - Estudo e ensino - Irã. 4. Literatura americana - Estudo e ensino - Irã. 5. Mulheres - Livros e leitura - Irã. 6. Livros e leitura - Irã. 7. Leitura em grupo - Irã. I. Esteves, Fernando. II. Título.

CDD: 820.9
25-99456.0 CDU: 821.111.09

Meri Gleice Rodrigues de Souza - Bibliotecária - CRB-7/6439

Site oficial da autora: azarnafisi.com
Agradecimentos e permissões concedidas para reprodução de textos: ver página 489.

Título em inglês: Reading Lolita in Tehran

Texto revisado segundo o Acordo Ortográfico da Língua Portuguesa de 1990.

Direitos exclusivos de publicação em língua portuguesa somente para o Brasil adquiridos pela
EDITORA RECORD LTDA.
Rua Argentina, 171 – Rio de Janeiro, RJ – 20921-380 – Tel.: (21) 2585-2000,
que se reserva a propriedade literária desta tradução.

Impresso no Brasil

ISBN 978-85-01-92560-2

Seja um leitor preferencial Record.
Cadastre-se no site www.record.com.br
e receba informações sobre nossos
lançamentos e nossas promoções.

Atendimento e venda direta ao leitor:
sac@record.com.br

Em memória de minha mãe, Nezhat Nafisi,
para meu pai, Ahmad Nafisi,
e minha família: Bijan, Negar e Dara Naderi

"Terra, para quem colocamos em todos os lugares os imensos
Espelhos, na esperança de que serão preenchidos
E assim permanecerão?"

Czeslaw Milosz, "Annalena"

Nota da autora

Personagens e acontecimentos desta história foram alterados para proteger as pessoas não apenas do olho do censor, mas também dos que só leem este tipo de narrativa para descobrir quem é quem e quem fez o que a quem, indivíduos que prosperam e preenchem seu próprio vazio por intermédio dos segredos dos outros. Os fatos desta história são verdadeiros, na medida em que qualquer memória é fidedigna, mas fiz todo o esforço para proteger amigos e alunos, batizando-os com novos nomes e ocultando-os talvez até deles mesmos, trocando e modificando as particularidades de suas vidas para que seus segredos permaneçam seguros.

Parte I

LOLITA

1

No outono de 1995, depois de me demitir da universidade, decidi me presentear com a realização de um sonho. Escolhi sete de minhas alunas mais talentosas e dedicadas e as convidei para conversar sobre literatura em minha casa, às quintas-feiras pela manhã. Todas eram mulheres — formar uma turma mista na privacidade de minha casa era muito arriscado, mesmo que estivéssemos discutindo uma inocente obra de ficção. Um dos alunos homens, bastante persistente, mesmo fora de nossa turma, insistiu em participar. Desse modo Nima lia o material selecionado, e em dias especiais ia até minha casa para as discussões sobre os livros que estávamos estudando.

Eu costumava provocar minhas alunas lembrando-lhes do livro *A primavera da srta. Jean Brodie*, de Muriel Spark, e perguntava: Qual de vocês vai me trair? Por ser uma pessoa pessimista por natureza, tinha certeza de que, no fim, uma delas se voltaria contra mim. Certa vez, Nassrin respondeu maliciosamente: Você mesma nos disse que somos nossos próprios traidores, bancando Judas com nosso Cristo interior. Manna mencionou que eu não era a srta. Brodie, e elas, ora, elas eram o que eram. Ela me fez lembrar de uma advertência que eu costumava repetir: *não* menospreze, sob *qualquer* circunstância, uma obra de ficção tentando transformá-la numa cópia fiel da vida real; o que procuramos na ficção é muito menos a realidade do que uma epifania da verdade. É claro que eu supunha que ir contra essa minha recomendação e escolher uma obra de ficção que reproduzisse nossas vidas na República Islâmica do Irã não seria com *A primavera da srta. Jean Brodie* ou *1984*, mas, talvez, com *Invitation to a Beheading* [Convite à degola], de Nabokov, ou melhor ainda, *Lolita.*

Dois anos depois de termos começado nossos encontros matinais às quintas-feiras, em minha última noite em Teerã, alguns amigos e alunas foram até minha casa para se despedir e me ajudar a empacotar meus pertences. Depois que tiramos a mobília da casa, e todos os objetos foram parar dentro de oito malas cinzentas, como se fossem gênios errantes voltando para suas garrafas, eu e minhas alunas ficamos junto à nua parede branca da sala de jantar e tiramos duas fotografias.

Tenho neste momento as duas fotos em minha frente. Na primeira, há sete mulheres de pé contra uma parede branca. De acordo com as leis do país, elas estão usando túnicas pretas e, sobre as mãos e a cabeça, lenços que cobrem parte de seus rostos ovais. Na outra fotografia, o mesmo grupo, na mesma posição, encontra-se de pé contra a mesma parede, mas nesta foto elas não estão cobertas. Nuances de cor diferenciam uma da outra. Cada uma delas se distingue pela cor e pelo estilo de roupa, a cor e o tipo de cabelo, e nem mesmo as que mantiveram o lenço se parecem.

Nossa poeta é aquela que está mais afastada, à direita, na segunda fotografia: Manna, vestida com jeans e camiseta branca. Ela fazia poesia com aquilo que a maioria das pessoas deixa de lado. A foto não reflete a opacidade dos olhos negros de Manna, um testemunho de sua timidez e reserva.

Próximo a Manna está Mahshid, cujo longo lenço preto contrasta com seus delicados traços e seu sorriso discreto. Mahshid era ótima em muitos aspectos, mas tinha um ar refinado que nos fazia chamá-la de "*my lady*". Nassrin costumava dizer que, mais do que definir Mahshid, havíamos conseguido criar uma outra dimensão para a palavra *lady.* Mahshid era muito sensível. Ela é como porcelana, fácil de quebrar, disse-me Yassi uma vez. Mahshid aparentava fragilidade para aqueles que não a conheciam bem; mas coitado daquele que a ofendesse. Quanto a mim, eu sou como plástico; não importa o que façam comigo, nem assim eu quebro, continuara Yassi, brincalhona.

Yassi era a mais nova do grupo. Ela é a que está de amarelo, inclinada para a frente de tanto rir. Nós costumávamos brincar dizendo que ela era nossa comediante. Yassi era tímida, mas alguns assuntos a deixavam tão agitada a ponto de perder suas inibições. Tinha um tom de voz questionador, que fazia escárnio dos outros e dela mesma. Eu sou aquela vestida de marrom, em pé ao lado de Yassi, com um dos braços apoiado em seus ombros. Atrás de mim está Azin, minha aluna mais alta, com seus longos cabelos louros e sua camiseta cor-de-rosa. Ela está sorrindo como todas nós. O sorriso de Azin não se parece com um sorriso, lembra mais o prelúdio de uma irrepreensível e nervosa vontade de rir. Ela se sobressaía naquele seu estilo peculiar, mesmo quando descrevia a última briga com o marido. Sempre exagerada e desinibida, Azin gostava de impressionar com suas atitudes e seus comentários, e frequentemente entrava em atrito com Mahshid e Manna. Nós a apelidamos de "a selvagem".

De meu outro lado está Mitra, provavelmente a mais calma de todas. Como as cores em tom pastel de suas pinturas, ela parecia recuar e desaparecer, formando uma imagem pouco expressiva. Sua beleza é marcada por um par de covinhas, usadas para manipular alguém desavisado a dobrar-se a sua vontade.

Segurando o braço de Mitra está Sanaz, que, pressionada pela família e pela sociedade, vacilava entre o desejo de liberdade e a necessidade de aprovação. Todas estavam sorrindo. Nima, marido de Manna e meu único verdadeiro crítico literário — se tivesse ao menos a perseverança para terminar os brilhantes ensaios que começava a escrever —, é nosso companheiro invisível, o fotógrafo.

Há ainda mais uma: Nassrin. Ela não aparece nas fotos — não foi até o fim. Minha história não estaria completa se não incluísse aquelas que não puderam permanecer conosco. Suas ausências persistem, como uma dor aguda que parece não ter uma justificativa física. Assim é Teerã para mim: sua ausência é mais real do que sua presença.

Quando penso em Nassrin, ela está levemente fora de foco, embaçada, distante. Revi fotos que minhas alunas tiraram comigo ao longo dos anos, e Nassrin está sempre escondida atrás de alguma coisa — uma pessoa, uma árvore. Em uma das fotos, eu estou com oito alunas no pequeno jardim em frente a nosso prédio da faculdade; ao longo dos anos, uma cena comum nas fotos de despedida. Ao fundo, há um volumoso salgueiro. Estamos rindo, e no canto, atrás da aluna mais alta, Nassrin aparece de relance, como uma criança travessa que se intromete numa cena para a qual não foi convidada. Numa outra foto, mal posso ver o rosto dela no pequeno espaço entre os ombros de duas outras moças. Ela parece não pertencer a essa foto, está emburrada, como se não tivesse percebido que estava sendo fotografada.

Como posso descrever Nassrin? Uma vez a chamei de gato de Cheshire, surgindo e desaparecendo de repente durante minha vida acadêmica. A verdade é que não consigo descrevê-la: ela era sua própria definição. Pode-se dizer apenas que Nassrin era Nassrin.

Por quase dois anos, todas as quintas-feiras pela manhã, chovendo ou fazendo sol, elas iam a minha casa, e, na maior parte das vezes, eu não era capaz de superar um sobressalto no momento de vê-las sem seus véus e túnicas, explodindo em cores. Quando minhas alunas entravam na sala, tiravam mais do que seus véus e túnicas. Gradualmente, cada uma delas ia ganhando contorno e forma, tornando-se singular. Nossa vivência ali naquela sala era sagrada, e nosso universo autossuficiente desdenhava da realidade dos véus negros e rostos acanhados na cidade lá fora.

O tema das aulas era a relação entre ficção e realidade. Líamos literatura clássica da Pérsia, assim como as histórias de nossa dama da ficção, Scherazade, de *As mil e uma noites*, e os clássicos ocidentais — *Orgulho e preconceito*, *Madame Bovary*, *Daisy Miller*, *Dezembro fatal* e, claro, *Lolita*. Enquanto escrevo o título de cada livro, lembranças se aproximam com o vento que perturba a tranquilidade deste dia de outono nesta outra sala, em outro país.

Aqui e agora, neste outro mundo que veio à tona tantas vezes em nossas discussões, sento e revejo a mim e minhas alunas, minhas meninas, como me acostumei a chamá-las, lendo *Lolita* em uma sala ensolarada em Teerã. Mas, usando as palavras de Humbert, o poeta/criminoso de *Lolita*, preciso que você, leitor, nos imagine, pois que não existimos se você não existir. Contra a tirania do tempo e da política, nos visualize de um jeito que nem nós mesmas ousaríamos: nos imagine em nossos momentos privados e secretos, naquilo que é mais comum em nossas vidas, ouvindo música, nos apaixonando, andando pelas ruas sombrias, ou lendo *Lolita* em Teerã. E então nos imagine com tudo isso confiscado, arrancado de nós.

Se escrevo sobre Nabokov hoje, é para celebrar nossa leitura desse autor em Teerã, contra todas as probabilidades. De todos os seus romances, escolhi aquele que estudamos por último, aquele que está ligado a muitas lembranças. É sobre *Lolita* que quero escrever, mas neste momento não é possível escrever sobre *Lolita* sem também escrever sobre Teerã. Então, esta é a história de *Lolita* em Teerã, a história do modo como *Lolita* deu uma nova cor a Teerã, e como Teerã possibilitou redefinir o romance de Nabokov, transformando-o nesta *Lolita*, nossa *Lolita*.

2

E isso aconteceu numa manhã de quinta-feira, no começo de setembro, quando nós nos reunimos em minha sala de estar para nosso primeiro encontro. Elas estão ali, mais uma vez. Primeiro ouço a campainha, um intervalo, e o som da porta da rua se fechando. Então escuto passos subindo as escadas e passando pelo apartamento de minha mãe. Enquanto me dirijo à porta de entrada, posso vislumbrar um pedaço do céu pelo canto da janela. Cada menina, assim que atravessa a porta principal, vai tirando a túnica e o véu, e, de vez em quando, balança os cabelos de um lado para o outro. Ela dá uma parada antes de entrar na sala. Mas não há sala nenhuma agora, apenas o incômodo vazio da memória.

Mais do que qualquer outro lugar em nossa casa, a sala é o símbolo de minha vida nômade e errante. Mobília e objetos de decoração de diferentes épocas e lugares foram ajustados no cômodo, em parte por necessidade financeira, e em parte por causa de meu gosto eclético. Por incrível que pareça, esses objetos que não combinavam criaram uma simetria que as outras salas cuidadosamente decoradas do apartamento não tinham.

Minha mãe enlouquecia toda vez que via os quadros encostados na parede, os vasos de flores no chão e as janelas sem cortinas, até que me dei conta de que estava num país islâmico e, portanto, as janelas deviam estar cobertas. Não sei se você é mesmo minha filha, ela se lamentava. Não a eduquei para ser uma pessoa organizada? Seu tom de voz era sério, mas minha mãe havia passado tantos anos fazendo a mesma reclamação, que agora aquilo era quase um hábito. Azi — era meu apelido — Azi, ela diria, você é adulta agora, então aja como tal. Mas havia algo naquele tom que fazia com que eu me sentisse jovem, frágil e obstinada, e por isso, quando me lembro de sua voz, percebo que nunca vivi de acordo com as expectativas dela. Nunca me tornei a dama que ela tentou me forçar a ser.

Aquela sala, à qual eu não dera muita atenção à época, passou a uma nova condição agora que se tornou uma preciosa lembrança. Era uma sala espaçosa, com pouca mobília e poucos objetos. Num canto havia a lareira, uma criação original de meu marido, Bijan. Havia um sofá encostado na parede, sobre o qual eu colocara a manta de renda, um presente de minha mãe. Um sofá cor de pêssego ficava próximo à janela, ao lado de duas poltronas e uma mesa de ferro com um grande tampo de vidro.

Meu lugar preferido era na poltrona que ficava de costas para a janela que dava para um beco chamado Azar. Do outro lado da janela ficava o velho Hospital Americano, antes pequeno e exclusivo, hoje, um barulhento e superlotado salão que atende os veteranos de guerra. Nos "fins de semana" — às quintas e sextas-feiras no Irã —, a pequena rua ficava abarrotada com os visitantes que faziam um verdadeiro piquenique ao ar livre, com crianças e sanduíches. O jardim do vizinho da frente, seu orgulho e sua alegria, era a maior vítima dos ataques dos visitantes, principalmente no verão, quando colhiam as adoradas rosas do terreno. Podíamos ouvir o som das crianças gritando, chorando e rindo, misturado com as vozes das mães, também gritando e chamando pelos filhos, para aplicar-lhes um castigo. De vez em quando alguma criança apertava nossa campainha e saía correndo, repetindo a intervalos a ousada façanha.

De nosso apartamento no segundo andar — minha mãe ocupava o primeiro andar, e o terceiro andar estava vazio desde que meu irmão fora para a Inglaterra — podíamos vislumbrar os galhos mais altos de uma árvore frondosa e, acima dos prédios, mais distante, as montanhas Elburz. A rua, o hospital e seus visitantes desapareciam de nossas vistas. Sentíamos sua presença apenas pelos sons dispersos que vinham do primeiro andar.

Não podia ver minhas montanhas favoritas de onde sentava, mas do lado oposto a minha poltrona, na parede da sala de jantar, havia uma antiguidade, presente de meu pai, um espelho oval, e em seu reflexo eu podia avistar as montanhas cobertas de neve, mesmo no verão, e observar as árvores mudarem de cor. Essa visão favorecia a impressão que eu tinha da origem do som; parecia que ele não vinha ali da rua, mas de um lugar distante, um lugar cujo persistente zumbido era nosso único elo com o mundo que recusávamos, por algumas poucas horas, aceitar.

Para todas nós, aquela sala tornou-se um lugar de transgressão. Que mundo maravilhoso era aquele! Sentadas ao redor da grande mesa de centro repleta de flores, nós entrávamos e saíamos dos romances que líamos. Olhando para trás, fico maravilhada de ver o quanto aprendemos, mesmo sem ter consciência disso. Pegando emprestadas as palavras de Nabokov, experimentávamos o modo como as pessoas comuns podiam transformar suas vidas em algo valioso por meio do olho mágico da ficção.

3

Primeiro dia de aula. Seis horas da manhã e eu já estava acordada. Agitada demais para tomar o café da manhã, liguei a cafeteira e fui tomar um longo e bom banho de chuveiro. A água afagava meu pescoço, minhas costas, minhas pernas, e assim me deixei ficar, leve e conectada. Pela primeira vez em muitos anos, a sensação de antecipação não estava prejudicada pela tensão: não era preciso passar pelos rituais de tortura que marcaram meus dias enquanto lecionava na universidade — rituais que regulavam o que eu devia vestir, meu comportamento e as atitudes que precisava me lembrar de controlar. Para essa aula, eu me prepararia de outra maneira.

Caprichoso como a vida na República Islâmica, o mês de abril apresentava curtos períodos de sol que de repente eram interrompidos por chuvas fortes e tempestades. Era imprevisível: os ciclos de tolerância do regime eram seguidos por outros, de intolerância. Depois de um período de calmaria e certa liberalização, havíamos entrado novamente numa fase de opressão. Mais uma vez as universidades se tornaram o alvo de ataque dos puristas, ocupados em estabelecer leis mais estritas, a ponto de separar homens e mulheres nas salas de aula e de punir os professores que não lhes prestassem obediência.

A Universidade Allameh Tabataba'i, onde eu lecionara desde 1987, foi considerada a universidade mais liberal do Irã. Corria a história de que alguém do Ministério da Educação Superior havia perguntado, enfaticamente, se os professores da Allameh pensavam que estavam na Suíça. A *Suíça* havia se tornado a representante da permissividade ocidental:

qualquer programa ou ação considerados não islâmicos eram rejeitados com o comentário debochado de que o Irã não era a Suíça.

A pressão era maior sobre os estudantes. Eu me sentia impotente enquanto ouvia as descrições de suas desventuras. As moças eram punidas por subirem as escadas correndo quando estavam atrasadas para a aula, por rirem nos corredores, por conversarem com alguém do sexo oposto. Uma vez, Sanaz irrompeu na sala, quase no fim da aula, chorando. Entre lágrimas, ela contou que se atrasara porque uma das guardas da entrada, ao encontrar blush em sua bolsa, havia tentado fazê-la voltar para casa por causa disso.

Por que eu interrompi minhas aulas de uma hora para outra? Eu me fiz essa pergunta diversas vezes. Era a qualidade da universidade que estava decaindo? Era a constante indiferença que crescia entre os professores remanescentes e alunos? A luta diária contra a arbitrariedade e as restrições?

Sorri ao esfregar a esponja áspera sobre a pele, ao me lembrar da reação dos funcionários da universidade ao lerem minha carta de demissão. Eles haviam me assediado e me cercado de várias maneiras, monitorando minhas visitas, controlando meus passos, negando um cargo a que tinha direito; e quando me demiti, eles me deixaram furiosa, pois, de uma hora para outra, passaram a se solidarizar comigo e não aceitaram minha demissão. Os alunos haviam ameaçado um boicote às aulas, eu senti certa satisfação quando descobri que, apesar da ameaça de retaliação, eles chegaram a boicotar minha substituta. Todos pensavam que eu iria desistir e voltar à universidade.

Foram mais de dois anos até que eles aceitassem meu pedido de demissão. Lembro que um amigo me disse: Você não entende o modo como eles pensam. Eles não aceitarão seu pedido de demissão porque acreditam que você não tem o direito de sair. São *eles* que decidem quanto tempo você deve ficar e quando deve ser dispensada. Mais do que qualquer outra coisa, foi essa arbitrariedade que se tornou insuportável.

O que vai fazer?, meus amigos me perguntavam. Você vai ficar em casa? Ora, eu posso escrever um novo livro, respondia. Mas, na verdade, eu não havia definido plano algum. Ainda lidava com as consequências de um livro que acabara de publicar sobre Nabokov, e somente ideias vagas surgiam quando eu começava a considerar o formato de meu próximo livro. Por algum tempo, pelo menos, eu podia continuar estudando os clássicos persas, mas havia um projeto em particular, uma ideia que eu vinha maturando havia anos predominava em minha mente. Sonhava havia muito tempo em criar uma turma especial, um espaço que me possibilitasse exercer a liberdade que me era negada nas salas de aula em que eu lecionava na República Islâmica. Queria dar aula para um pequeno grupo de estudantes que se comprometessem com o estudo da literatura, estudantes que não tivessem sido escolhidos pelo governo, que não tivessem escolhido a literatura inglesa só porque não foram aceitos em outras disciplinas, ou porque pensaram que ter um diploma em inglês seria bom para a carreira deles.

Lecionar na República Islâmica, como qualquer outra vocação, significava servilismo à política e submissão a regras arbitrárias. A alegria de ensinar era sempre frustrada pelos subterfúgios e pelas imposições do regime — como ensinar quando a maior preocupação dos funcionários das universidades não era a qualidade do trabalho que se fazia, mas a cor dos lábios ou o potencial subversivo de uma única mecha de cabelo? Alguém podia realmente se concentrar no próprio trabalho quando o que preocupava o corpo docente era de que modo eliminar a palavra *vinho* de um conto de Hemingway, ou quando eles decidiam não ensinar Emily Brontë porque aparentemente ela aprovava o adultério?

Lembrei-me de uma amiga pintora que começara sua carreira reproduzindo cenas do cotidiano, especialmente cômodos vazios, casas abandonadas e fotografias descartadas de mulheres. Aos poucos o trabalho dela foi ficando mais abstrato e, em sua última exposição, seus quadros eram apenas borrões de cores rebeldes, como os dois que tenho em minha sala, borrões escuros com gotinhas de azul. Indaguei a ela sobre a evolução de seu trabalho, de um realismo moderno para a abstração. A realidade se tornou tão insuportável, ela respondeu, tão árida, que tudo que consigo pintar agora são as cores de meus sonhos. *As cores de meus sonhos*, eu repetia, saindo do chuveiro para os ladrilhos frios do banheiro. Gostava disso. Quantas pessoas têm a oportunidade de pintar as cores de seus sonhos? Vesti meu enorme roupão — era uma boa sensação sair da segurança da água que me abraçava para a cobertura protetora de um roupão de banho enrolado em meu corpo. Caminhei descalça até a cozinha, servi café em minha caneca favorita, estampada com morangos vermelhos, sentei-me distraidamente no divã do corredor.

Aquela turma era a cor de meus sonhos. Ela significava um retraimento de uma realidade que se tornara hostil. Queria desesperadamente me agarrar a minha rara disposição de ânimo, exultante e otimista. Porque, no fundo, não sabia o que me esperava ao fim daquele projeto. Você tem consciência, me disse um amigo, de que está mais e mais se retraindo em você mesma, e, agora que cortou suas relações com a universidade, seu contato com o mundo exterior ficará essencialmente restrito a uma sala? Para onde poderá ir depois? — ele tinha perguntado. Retrair-se nos próprios sonhos pode ser perigoso, refleti, enquanto caminhava pausadamente para o quarto a fim de me trocar; isso eu tinha aprendido com os loucos sonhadores de Nabokov, como Kinbote e Humbert.

Quando selecionei minhas alunas, não levei em consideração sua formação ideológica ou religiosa. Mais tarde, apreciaria isso como uma grande realização: a de que a turma, formada por mulheres tão distintas, de formações diferentes e, às vezes, conflitantes, tanto pessoais quanto religiosas e sociais, tivesse permanecido tão leal a seus objetivos e ideais.

Uma razão para escolher essas meninas em especial foi a mistura peculiar de fragilidade e de coragem que percebia nelas. Eram o que se poderia chamar de solitárias, não pertenciam a nenhum grupo ou seita em particular. Admirava sua capacidade de sobrevivência, não apesar de suas vidas solitárias, mas, de muitas maneiras, por causa delas. Podemos chamar o encontro de "um espaço só nosso", Manna havia sugerido, uma espécie de versão comunitária de *Um teto todo seu*, de Virginia Woolf.

Demorei mais tempo do que o habitual pensando no que vestiria naquela manhã, tentando roupas diferentes, até que finalmente me decidi por uma camisa listrada de vermelho e um jeans preto. Escolhi minha maquiagem com cuidado e passei um batom cintilante vermelho. Enquanto colocava pequenos brincos de argolas de ouro, repentinamente entrei em pânico. E se não der certo? E se elas não vierem?

Não, não faça isso! Anule todos os medos durante as próximas cinco ou seis horas, pelo menos. Por favor, por favor, implorei a mim mesma, enquanto calçava os sapatos e ia para a cozinha.

4

Preparava o chá quando a campainha tocou. Estava tão imersa em meus pensamentos que não a ouvi na primeira vez. Abri a porta para Mahshid.

— Pensei que não estivesse em casa — disse ela, entregando-me um buquê de narcisos brancos e amarelos.

Enquanto ela tirava sua túnica preta, eu disse:

— Não há homens na casa, pode ficar sem isso também.

Ela hesitou antes de tirar o longo véu negro. Mahshid e Yassi obedeciam rigorosamente ao uso do véu negro, mas nos últimos tempos Yassi se tornara mais descontraída na maneira de usá-lo. Ela o amarrava com um nó solto debaixo do queixo, os cabelos castanho-escuros saíam por baixo. Já os cabelos de Mahshid estavam cuidadosamente penteados, com seus cachos sob o véu. Os cachos curtos davam a ela uma aparência antiquada, que me parecia mais europeia que iraniana. Mahshid usava uma jaqueta azul-escura sobre a saia branca, com uma enorme borboleta amarela bordada do lado direito. Apontei para a borboleta:

— Você escolheu essa roupa em homenagem a Nabokov?

Não me lembrava mais de quando Mahshid tinha começado a frequentar minhas aulas na universidade. De certa forma, parecia que ela sempre estivera presente. Seu pai, um mulçumano devoto, havia atuado vigorosamente na revolução. Mesmo antes da revolução ela já usava o véu e, em seu caderno de aula, escrevera sobre as manhãs solitárias quando estudava em um refinado colégio, onde se sentia negligenciada e ignorada — ironicamente por causa de seu traje. Depois da revolução, ela ficou presa durante cinco anos em consequência de sua afiliação a uma organização religiosa dissidente e, quando saiu da prisão, foi proibida de continuar os estudos.

Ficava imaginando-a naqueles dias pré-revolucionários, subindo a rua em direção à universidade entre tantas manhãs ensolaradas. Vejo-a caminhando sozinha, de cabeça baixa. Já naquela época, ela não apreciava o esplendor do dia. A revolução, que impôs o véu na cabeça das outras meninas, não suavizou a solidão de Mahshid. Antes da revolução, ela podia até sentir orgulho de seu isolamento, pois usava o véu como um testemunho de sua fé. Sua decisão fora um ato voluntário. Quando a revolução instituiu o uso do véu a todas as mulheres, sua postura se tornou sem sentido.

Mahshid é digna no verdadeiro sentido desta palavra: tem graça e exala dignidade. Sua pele é da cor da lua, os olhos são amendoados e os cabelos, pretos bem escuros. Costuma usar roupas em tons pastel e fala suavemente. Sua formação poderia tê-la aprisionado em si mesma, mas isso não ocorreu. Não consigo imaginá-la em uma prisão.

Durante os anos em que convivemos, Mahshid raramente se referiu ao período em que esteve presa, e que lhe deixou com um rim danificado. Certo dia, durante a aula, enquanto falávamos sobre nossos terrores e pesadelos, ela comentou que suas lembranças da prisão a visitavam de vez em quando, e que ainda não tinha conseguido encontrar um modo de lidar com isso. Mas o dia a dia não tinha menos horrores do que a prisão, disse ela.

Ofereci chá a Mahshid. Sempre cortês, respondeu que preferia esperar pelas outras e se desculpou por ter chegado um pouco mais cedo.

— Posso ajudar? — perguntou. Não havia nada em que precisasse de ajuda.

— Sinta-se em casa — respondi, enquanto ia à cozinha buscar um vaso para os narcisos. A campainha tocou novamente.

— Eu atendo — Mahshid gritou da sala. Ouvi risos; Manna e Yassi tinham chegado.

Manna segurava um pequeno buquê de rosas.

— É de Nima — disse ela. — Ele quer que você se sinta mal por excluí-lo das aulas. Disse que vai marchar em frente a sua casa carregando um buquê de rosas durante nossas aulas, em protesto.

Ela estava muito feliz: fagulhas iluminaram seus olhos por um breve momento.

Enquanto eu arrumava os doces numa bandeja, perguntei a Manna se ela podia visualizar as palavras de seus poemas em cores. Nabokov escreveu em sua autobiografia que ele e sua mãe viam as letras do alfabeto em cores, expliquei. Ele diz de si mesmo que é um escritor que pinta palavras.

— A República Islâmica embruteceu meu gosto pelas cores — Manna respondeu, apalpando as pétalas caídas de suas rosas. — Tenho vontade de usar cores chocantes, como rosa-choque ou vermelho bem vivo. Estou muito ansiosa por cores para vê-las nas palavras cuidadosamente escolhidas da poesia.

Manna era uma dessas pessoas que conseguiam sentir o êxtase, mas não a felicidade.

— Venha aqui, quero lhe mostrar uma coisa — disse, enquanto a levava até o quarto. Quando criança, eu era obcecada pelas cores dos lugares e das coisas que meu pai descrevia à noite, em suas histórias. Eu queria saber a cor do vestido de Scherazade, da colcha de sua cama, a cor do gênio e da lâmpada mágica, e uma vez lhe perguntei qual era a cor do paraíso. Ele disse que poderia ser qualquer cor que eu quisesse. Mas isso não era suficiente. Então, em um dia em que estávamos com visitas em casa e eu tomava minha sopa na sala de jantar, meus olhos pousaram num quadro que eu me lembrava de sempre ter visto na parede e, subitamente, soube a cor de meu paraíso.

— Aqui está ele — disse eu, orgulhosa, apontando para um pequeno quadro a óleo, numa antiga moldura de madeira: uma paisagem verde exuberante, com dois pássaros, duas maçãs bem vermelhas, uma pera dourada e um toque de azul.

— Meu paraíso é azul-piscina! — disparou Manna, os olhos ainda grudados no quadro. — Vivíamos num grande jardim que pertenceu a meus avós — disse, virando-se para mim.

E continuou falando enquanto voltávamos para a sala:

— Você conhece os antigos jardins persas, com suas árvores frutíferas, pêssegos, maçãs, cerejas, caquis e um ou dois salgueiros. Minhas melhores lembranças são de nadar em nossa imensa piscina. Fui campeã de natação na escola, o que deixou meu pai muito orgulhoso. Quase um ano depois da revolução, meu pai morreu de ataque cardíaco, e então o governo confiscou nossa casa e nosso jardim, e nos mudamos para um apartamento. Nunca mais nadei. Meu sonho está no fundo daquela piscina. Tenho um sonho recorrente de mergulhar para recuperar algo da memória de meu pai e de minha infância.

A campainha tocou novamente. Azin e Mitra chegaram juntas. Azin tirou seu quimono preto — as túnicas em estilo japonês eram moda na época —, revelando uma camisa branca que não tinha nenhuma pretensão de cobrir seus ombros, grandes brincos de argolas de ouro e batom cor-de-rosa. Trazia um ramo de pequenas orquídeas amarelas.

— É de nós duas, Mitra e eu — disse naquele seu tom, que só consigo descrever como uma expressão facial bastante sedutora.

Nassrin chegou logo em seguida. Trouxe duas caixas de *nougats*:

— Presentes de Isfahan — disse ela.

Estava vestida com seu uniforme de sempre — túnica azul-marinho, véu azul-marinho e sapatos pretos sem salto. Na última vez que a vira na universidade, ela usava um imenso xador preto, que revelava o formato oval de seu rosto e mãos inquietas, que, quando ela não estava escrevendo ou desenhando, se moviam sem parar, como se quisessem escapar do pesado tecido negro. Ultimamente ela havia trocado o xador por longas túnicas azul-marinho, pretas ou marrom-escuras, com véus pesados da mesma cor que escondiam seus cabelos e emolduravam o rosto. Seu rosto era pequeno, delicado e pálido, a pele era tão transparente que era possível contar as veias, sobrancelhas cheias, cílios longos, olhos castanhos vívidos, o pequeno nariz aquilino e a boca raivosa: uma miniatura inacabada de autoria de algum mestre que interrompeu o trabalho de repente, abandonando um rosto meticulosamente desenhado, aprisionado num borrão descuidado de cor escura.

Ouvimos o som estridente de pneus e de uma freada repentina.

Olhei pela janela: um velho Renault creme tinha parado no meio-fio. Atrás do volante, um jovem de óculos escuros e estilo provocador apoiava o braço na janela aberta, dando a impressão de estar num Porsche. Olhava fixamente para a frente enquanto falava com a mulher sentada a seu lado. Ele se virou para a direita apenas uma vez, com uma expressão aparentemente de irritação, quando a mulher desceu do carro e bateu a porta com raiva. Enquanto ela caminhava na direção de nosso prédio, ele botou a cabeça para fora do carro e gritou alguma coisa, mas ela não se virou para responder. O velho Renault era de Sanaz. Ela o comprara com o dinheiro economizado de seu trabalho.

Voltei-me para a sala, constrangida por Sanaz. Deve ser aquele irmão insuportável, pensei. Um pouco depois a campainha tocou, pude ouvir os passos apressados de Sanaz e abri a porta para ela. Parecia aflita, como se estivesse fugindo de um ladrão. Assim que me viu, ela se aprumou, sorriu e perguntou, ofegante:

— Estou muito atrasada?

Havia dois homens que dominavam a vida de Sanaz naquela época. Um deles era o irmão. Aos 19 anos, ele ainda não havia terminado o ensino médio, era o queridinho dos pais, que, depois de duas meninas, uma delas morta aos 3 anos, tinham finalmente sido abençoados com um filho. Ele era mimado e sua única obsessão na vida era Sanaz. Havia decidido provar sua virilidade espionando-a, ouvindo suas conversas telefônicas, dirigindo o carro dela e monitorando tudo o que a irmã fazia. Os pais haviam tentado acalmar Sanaz pedindo-lhe que, como irmã mais velha, fosse paciente e compreensiva, e ajudasse o irmão a atravessar aquela fase difícil.

O outro homem era o namorado de infância, um rapaz que ela conhecia desde os 11 anos. Seus pais eram muito amigos, e as famílias passavam a maior parte do tempo e as férias juntos. Sanaz e Ali sempre pareceram apaixonados. Seus pais encorajavam o namoro, e o nomearam uma união feita pelos deuses. Seis anos antes, quando Ali foi morar na Inglaterra, a mãe dele começou a chamar Sanaz de noiva do filho. Eles se correspondiam, trocavam fotografias e, recentemente, depois que o número de pretendentes de Sanaz aumentou, começaram a falar de noivado e de uma reunião na Turquia, para onde os iranianos não precisavam de visto. Isso poderia acontecer a qualquer momento, e Sanaz aguardava com medo e inquietação.

Nunca tinha visto Sanaz sem uniforme, e fiquei ali, paralisada, quando ela tirou a túnica e o véu. Usava uma camiseta laranja, uma calça jeans justa e botas marrons, porém o mais impressionante foi ver aquela massa de cabelos castanho-escuros brilhantes emoldurando seu rosto. Ela balançava-os de um lado para o outro, um gesto que, pude reparar mais tarde, lhe era habitual. Ela jogava os cabelos, passando os dedos de vez em quando por eles, como se quisesse garantir que seu bem mais precioso continuava no mesmo lugar. Seus traços pareciam mais suaves e mais radiantes — o véu negro que usava em público fazia seu pequeno rosto parecer magro e rígido.

— Desculpe-me por meu pequeno atraso — disse ela, ofegante, passando os dedos pelos cabelos. — Meu irmão insistiu em me trazer e não acordou na hora. Ele nunca acorda antes das dez, mas queria saber para onde eu ia. Poderia ser para um encontro secreto, um namorado ou algo assim...

— Fico preocupada com a possibilidade de vocês terem problemas por causa dessas aulas — disse eu, convidando todas elas a escolher um lugar ao redor da mesa na sala de estar. — Espero que seus pais e maridos tenham se mostrado de acordo com nossa combinação.

Nassrin, que caminhava pela sala e examinava os quadros como se os visse pela primeira vez, parou o que estava fazendo e disse de repente:

— Falei sobre o assunto muito casualmente com meu pai, só para testar a reação dele, e ele desaprovou energicamente.

— Como você o convenceu a deixá-la vir? — perguntei.

— Eu menti — ela respondeu.

— Você mentiu?

— O que mais se pode fazer com uma pessoa que é tão dominadora que não deixa sua filha, com *esta idade*, frequentar uma aula só de mulheres? Além do mais, não é assim que lidamos com o regime? Podemos dizer a verdade à Guarda Revolucionária? Mentimos para eles; escondemos nossas antenas parabólicas. Dizemos que não temos livros proibidos nem bebidas alcoólicas em nossas casas. Até meu venerável pai mente quando a segurança da família está em risco — Nassrin acrescentou, provocativa.

— E se ele telefonar e perguntar por você? — retruquei, para instigá-la.

— Ele não vai telefonar. Tenho um ótimo álibi. Disse que Mahshid e eu nos apresentamos como voluntárias para traduzir textos islâmicos para o inglês.

— E ele acreditou?

— Bem, ele não tinha motivos para não acreditar. Nunca menti antes, não desse modo, e disse o que ele queria ouvir. Ele confia totalmente em Mahshid.

— Então, se ele telefonar, devo mentir? — insisti.

— Depende — respondeu depois de uma pausa, olhando para as mãos contorcidas. — *Acha* que deve contar para ele? — Senti um tom de desespero em sua voz. — Estou criando um problema para você?

Nassrin era sempre tão confiante que às vezes eu esquecia o quanto ela era vulnerável por baixo daquele jeito durão.

— É claro que vou respeitar sua decisão — disse mais gentilmente. — Como você mesma disse, não é mais uma criança. Você sabe o que está fazendo.

Sentei-me em minha poltrona, oposta ao espelho, onde as montanhas haviam chegado para ficar. É estranho olhar para um espelho e não se ver, mas vislumbrar uma vista tão distante de você. Mahshid, depois de hesitar um pouco, sentou-se na cadeira a minha direita. No sofá, Manna se acomodara na extrema direita e Azin, na extrema esquerda; instintivamente elas mantinham sua distância. Sanaz e Mitra se ajeitaram no pequeno sofá de dois lugares, as cabeças próximas, enquanto cochichavam e davam risadinhas.

Yassi e Nassrin se aproximaram e procuraram um lugar para se sentar. Azin se acomodou no lugar vazio do sofá, convidando Yassi com a mão. Yassi hesitou por um momento e se sentou entre Azin e Manna. Afundou-se no meio delas, deixando pouco espaço para as outras duas, que se mantiveram estáticas e um pouco tensas em seus lugares. Sem a túnica, ela parecia um pouco acima do peso, como se ainda não tivesse perdido o que acumulara durante a gravidez. Nassrin tinha ido até a sala de jantar pegar uma cadeira.

— Podemos espremer você aqui — disse Manna.

— Não, obrigada, prefiro cadeiras com apoio reto para as costas. Ao voltar, colocou a cadeira entre o sofá e Mahshid.

Elas mantiveram essa mesma ordenação até o fim. Ela se tornou representativa de seus limites emocionais e de suas relações pessoais. E assim começou nossa primeira aula.

5

Upsilamba!, ouvi Yassi exclamar quando entrei na sala de jantar com uma bandeja de chá. Yassi amava brincar com as palavras. Uma vez ela nos disse que sua obsessão pelas palavras era patológica.

— Assim que descubro uma nova palavra tenho que usá-la — disse ela —, como alguém que compra um vestido de festa e fica tão ansiosa que acaba usando-o para ir ao cinema ou para almoçar.

Deixem-me fazer uma pausa e voltar a fita para reconstituir os acontecimentos que nos levaram até a exclamação de Yassi. Era nossa primeira aula. Estávamos nervosas e com dificuldades. Tínhamos o costume de nos encontrar em público, principalmente em salas de aula e auditórios. As meninas relacionavam-se comigo separadamente, mas, exceto por Nassrin e Mahshid, que eram íntimas, e pela amizade que existia entre Mitra e Sanaz, o restante não era próximo uma da outra, e, provavelmente, nunca se escolheriam como amigas. A intimidade, ali, não lhes era confortável.

Expliquei-lhes o objetivo das aulas: ler, discutir, permitir ser tocada pelas obras de ficção. Cada uma delas teria um diário pessoal, no qual deveria registrar suas reações aos romances, e também o modo pelo qual essas obras e as discussões que suscitavam estavam relacionadas com suas experiências pessoais e sociais. Disse-lhes que as escolhera para essas aulas porque pareciam dedicadas ao estudo da literatura. Mencionei que um dos critérios para a escolha dos livros tinha sido a fé deles no poder crítico e quase mágico da literatura, lembrei-lhes de que Nabokov, aos 19 anos, não permitiu que o som das balas o distraísse durante a Revolução

Russa. Ele continuou a escrever seus solitários poemas enquanto ouvia o estrondo das armas e via as lutas sangrentas de sua janela. Veremos, eu disse, se, setenta anos depois, nossa fé nos recompensará, transformando a realidade sombria criada por esta outra revolução.

A primeira obra que discutimos foi *As mil e uma noites,* a conhecida fábula do rei traído que assassina diversas virgens, como vingança pela traição da rainha, e cuja mão assassina é finalmente paralisada pela extasiante contadora de histórias Scherazade. Preparei algumas questões para elas considerarem, entre as quais a mais importante foi como essas grandes obras poderiam nos ajudar em nossa condição de mulher, repleta de armadilhas. Não buscávamos uma solução fácil, mas tínhamos a esperança de encontrar um elo entre os espaços abertos que os romances ofereciam e os espaços em que estávamos confinadas. Lembro-me de ler para elas a afirmação de Nabokov de que "os leitores nasceram livres e devem permanecer livres".

O que mais me intrigava na história de *As mil e uma noites* eram os três tipos de mulheres apresentadas — todas elas vítimas das ordens irracionais do rei. Antes de Scherazade entrar em cena, as mulheres na trama se dividiam entre as que traem e que depois são mortas — a rainha —, e as que morrem antes de ter a chance de trair — as virgens. As virgens que, de modo diferente de Scherazade, não têm voz na história são em sua maioria ignoradas pelos críticos. O silêncio delas, entretanto, é significativo. Elas renunciam à virgindade e à vida, sem resistência ou protesto. Elas não existem de fato porque não deixam rastros com suas mortes anônimas. A infidelidade da rainha não rouba a autoridade absoluta do rei; ela o desequilibra. Esses dois tipos de mulheres — a rainha e as virgens — aceitam caladas o despotismo do rei, agindo no limite de seu domínio e aceitando suas leis arbitrárias.

Scherazade quebra o ciclo de violência ao escolher um padrão diferente. Ela constrói seu espaço não por meio da força física, como faz o rei, mas por meio da imaginação e da reflexão. Isso lhe confere a coragem de arriscar sua vida e a diferencia das outras personagens da fábula.

Nossa edição de *As mil e uma noites* tinha seis volumes. Felizmente eu pude comprar minha coleção antes de o livro ser banido e vendido apenas no mercado clandestino a preços exorbitantes. Dividi os volumes entre as meninas e pedi que elas classificassem, para a próxima aula, as fábulas de acordo com os tipos de mulheres que desempenhavam os papéis centrais nas histórias.

Depois de passar o trabalho, pedi que cada uma nos dissesse por que escolhera passar as manhãs de quinta-feira ali, discutindo Nabokov e Jane Austen. Suas respostas foram breves e forçadas. Para quebrar o gelo, sugeri a tranquila distração com sonhos de creme e chá.

Isso nos remete ao momento em que entrei na sala de jantar com oito copos de chá sobre uma velha bandeja de prata sem polimento. Preparar a infusão e servir o chá é um ritual executado diversas vezes ao dia no Irã. Servimos chá em copos transparentes, pequenos e bem-moldados, o mais popular deles é chamado de cintura fina: redondo e cheio no topo, estreito no meio, redondo e cheio no fundo. A cor do chá e seu aroma sutil são uma indicação do talento de quem o prepara.

Entrei na sala com oito copos cintura fina, cujo líquido cor de mel se movia de modo sedutor. Foi nesse momento que ouvi Yassi gritar, triunfante: *Upsilamba!* Ela joga a palavra para mim, como se fosse uma bola, e eu dou um pulo mental para agarrá-la.

Upsilamba! — a palavra me transporta para a primavera de 1994, quando quatro de minhas meninas e Nima assistiam, como ouvintes, a uma aula que eu ministrava sobre o romance do século XX. O livro favorito da turma era *Invitation to a Beheading*, de Nabokov. Neste livro, Nabokov diferencia Cincinnatus C., seu herói criativo e solitário, daqueles a sua volta por sua originalidade, numa sociedade em que a uniformidade não é somente a norma, mas também a lei. Mesmo quando criança, Nabokov nos diz, Cincinnatus apreciava o frescor e a beleza da linguagem, enquanto as outras crianças "compreendiam umas às outras na primeira palavra, uma vez que não tinham palavras que terminassem de uma maneira inesperada, talvez em alguma letra arcaica, uma *upsilamba*, se transformando num pássaro, ou numa catapulta com assombrosas consequências".

Ninguém na turma se preocupara em perguntar o significado daquela palavra. Isto é, nenhum dos alunos que faziam parte da turma — pois muitos de meus alunos continuavam a assistir a minhas aulas mesmo depois de formados. Geralmente, eles eram mais interessados e trabalhavam com mais afinco que os alunos que assistiam às aulas só para obter os créditos obrigatórios. Foi assim que os ouvintes — incluindo Nassrin, Manna, Nima, Mahshid e Yassi — foram um dia a meu escritório para discutir essa e outras questões.

Decidi fazer um pequeno jogo com a turma para testar a curiosidade deles. Nas provas do meio do ano, uma das questões era: Explique o significado da palavra *upsilamba* no contexto de *Invitation to a Beheading*. O que significa essa palavra e como se relaciona com o tema principal do romance? Exceto por quatro ou cinco estudantes, ninguém tinha ideia do que eu queria dizer com aquilo, algo que não deixei de relembrar a eles, sempre que podia, até o fim daquele ano letivo.

Na verdade, *upsilamba* era uma das imaginárias criações de Nabokov, possivelmente uma palavra que inventou a partir de *upsilom*, a vigésima letra do alfabeto grego, e *lambda*, a décima primeira. Então, naquele nosso primeiro dia de aula em minha casa, deixamos nossas mentes brincarem novamente e inventamos novos significados para nós mesmas.

Eu disse que associava *upsilamba* à alegria impossível de um salto interrompido. Yassi, que parecia agitada sem nenhum motivo especial, gritou e disse que sempre achara que pudesse ser o nome de uma dança, algo como: Chega mais, *baby*, vamos dançar o *upsilamba*. Propus, então, para a semana seguinte, que elas escrevessem uma ou duas frases explicando o que a palavra significava para cada uma.

Manna mencionou que *upsilamba* evocava a imagem de um pequeno peixe prateado pulando num lago iluminado pelo luar. Nima acrescentou: Só para que vocês não se esqueçam de mim, embora tenham me barrado da aula particular, um *upsilamba* para vocês também! Para Azin era um som, uma melodia. Mahshid descreveu uma imagem de três meninas pulando corda, gritando *Upsilamba*! a cada pulo. Para Sanaz a palavra era o nome secreto e mágico de um pequeno menino africano. Mitra não sabia dizer por que a palavra a fazia se lembrar do paradoxo de um suspiro de felicidade. E para Nassrin era o código mágico que abria a porta para uma caverna secreta repleta de tesouros.

Upsilamba se tornou parte de nosso crescente arquivo de palavras e expressões codificadas, um arquivo que aumentou com o tempo, até que gradualmente criamos uma linguagem secreta própria. Aquela palavra se tornou um símbolo, um sinal de uma vaga sensação de alegria, o formigamento na espinha que Nabokov esperava que seus leitores sentissem ao ler ficção; era essa sensação que separava os bons leitores, como ele os chamava, dos leitores comuns. *Upsilamba* também se tornou a palavra-código que abria a caverna secreta da memória.

6

No prefácio da edição inglesa de *Invitation to a Beheading* (1959), Nabokov alerta o leitor para o fato de que seu romance não oferece "*tout pour tous*". Nada parecido. "Ele é", declara, "um violino no vazio." E continua: "Sei... que alguns leitores vão pular, agitando seus cabelos." Bem, é certo que sim. A versão original, Nabokov nos diz, havia sido publicada em fascículos, em 1935. Quase seis décadas depois, num mundo desconhecido e presumivelmente ignorável por Nabokov, numa sala de estar com janelas voltadas para montanhas distantes e cobertas de neve, eu seria muitas vezes testemunha das diferentes impressões de leitores.

Invitation to a Beheading começa com a notícia de que seu frágil herói, Cincinnatus C., foi condenado à morte pelo crime de "torpeza gnóstica": em um lugar onde todos os cidadãos são obrigados a ser transparentes, ele é opaco. A principal característica desse mundo é sua arbitrariedade; o único privilégio do homem condenado é saber a hora de sua morte — mas os carrascos lhe sonegam essa informação, fazendo com que cada dia se transforme no dia da execução. Conforme a história vai se desenvolvendo, o leitor descobre com crescente desconforto a textura artificial desse estranho lugar. A lua na janela é falsa; como também a aranha num canto, que, de acordo com a convenção, deve se tornar a fiel companheira do prisioneiro. O diretor da prisão, o carcereiro e o advogado de defesa são todos o mesmo homem, que fica trocando de lugar. O personagem mais importante, o carrasco, é apresentado ao prisioneiro com outro nome e como um companheiro de prisão: M'sieur Pierre. O carrasco e o condenado precisam aprender a amar um ao outro e a cooperar no ato da execução, que será celebrado como um banquete festivo. Nesse mundo encenado, a única janela de Cincinnatus para outro universo é a escrita.

O mundo do romance é um mundo de rituais vazios. Cada ato é desprovido de substância e de significado, e até mesmo a morte se torna um espetáculo para o qual os bons cidadãos compram ingressos. É somente por intermédio desses rituais vazios que a brutalidade se torna possível. Em outro romance de Nabokov, *The Real Life of Sebastian Knight* [A verdadeira vida de Sebastian Knight], o irmão de Sebastian descobre duas fotografias aparentemente contraditórias na biblioteca do irmão morto: uma delas mostra uma bela criança de cabelos cacheados brincando com um cachorro, e a outra, um homem chinês no momento exato da decapitação. As duas fotos nos lembram da estreita relação entre a banalidade e a brutalidade. Nabokov tinha um termo russo para isso: *poshlust*.

"*Poshlust*", Nabokov explica, "não é só o obviamente inútil, mas principalmente o falsamente importante, o falsamente belo, o falsamente inteligente, o falsamente atraente." Sim, há muitos exemplos em nosso dia a dia, dos discursos melosos dos políticos a determinados discursos de escritores para as galinhas. Galinhas? Sim, as que são vendidas hoje em dia nas ruas — se morar em Teerã, certamente não deixará de vê-las. As galinhas que os vendedores mergulham em tintas — rosa-choque, vermelho-brilhante, azul-turquesa — para torná-las mais atraentes. Ou as flores de plástico, os brilhantes gladíolos artificiais, rosa e azuis, expostos na universidade, tanto no luto quanto na celebração.

Não se trata da verdadeira dor física e da tortura do regime totalitário o que Nabokov cria para nós em *Invitation to a Beheading*, e sim da façanha apavorante de viver numa atmosfera de terror permanente. Cincinnatus C. é frágil, passivo, é um herói sem sabê-lo ou reconhecê-lo: ele luta contra seus instintos, e o ato de escrever é seu modo de escapar. Ele é um herói porque se recusa a ser como todo o resto.

Diferentemente de outros romances utópicos, as forças do mal, nesse caso, não são onipotentes; Nabokov também nos mostra sua fragilidade. Elas são ridículas e podem ser destruídas, mas isso não diminui a tragédia — a perda. *Invitation to a Beheading* é escrito do ponto de vista da vítima, que vê a simulação absurda de sua perseguição e se retrai em si mesma para sobreviver.

Aqueles que viviam na República Islâmica entendiam tanto a tragédia quanto o absurdo da crueldade aos quais éramos submetidos. Precisávamos achar graça de nossa própria miséria para sobreviver. Sabíamos também identificar instintivamente o *poshlust* — não só nos outros, mas em nós mesmos. Essa era a única razão pela qual a arte e a literatura se tornaram tão essenciais para nossas vidas: não eram luxo, mas necessidade. O que Nabokov capturou foi a textura da vida numa sociedade totalitária, onde se está completamente sozinho num mundo ilusório, cheio de falsas promessas, onde não é mais possível diferenciar entre seu salvador e seu carrasco.

Criamos uma relação especial com Nabokov, apesar de sua difícil prosa. Uma relação mais profunda que nossa identificação com seus temas. Seus romances são construídos em torno de alçapões invisíveis, lacunas repentinas que constantemente puxam o tapete sob os pés do leitor. Eles estão repletos de desconfiança a respeito do que chamamos de realidade, um apurado senso da inconstância e da fragilidade dessa realidade.

Tanto em sua ficção quanto em sua vida, havia algo com o qual nos relacionávamos e que percebíamos instintivamente, a possibilidade de liberdade ilimitada quando todas as opções são tiradas. Acredito que foi isso que me levou a criar essa turma. Meu principal elo com o mundo exterior fora a universidade, e, agora que havia me desligado dela, podia tanto inventar o violino como ser devorada pelo vazio.

7

Nossas duas fotografias deveriam ficar lado a lado. Elas incorporam a "frágil irrealidade" — para citar Nabokov sobre a própria condição de exilado — de nossa existência na República Islâmica do Irã. Uma anula a outra e, mesmo assim, sem uma a outra fica incompleta. Na primeira fotografia, vestidas com nossas túnicas e véus pretos, somos como se tivéssemos sido modeladas pelos sonhos de outra pessoa. Na segunda foto, estamos como nos imaginamos. Em nenhuma delas nos sentimos completamente à vontade.

A segunda fotografia pertencia ao mundo interior da sala de estar. Mas fora dali, além da janela que mostrava apenas as montanhas e a árvore de nossa casa, estava o outro mundo, em que bruxas e fúrias más esperavam para nos transformar nas criaturas cobertas da primeira fotografia.

O melhor modo de explicar esse inferno autodestrutivo e paradoxal é por meio de uma anedota, uma que, como tantas outras anedotas, desafia a ficção a se tornar sua própria metáfora.

O chefe da censura cinematográfica no Irã era cego até 1994. Quase cego, na verdade. Antes de ocupar esse cargo, ele fora o censor do teatro. Um de meus amigos dramaturgos chegou a descrevê-lo sentado no teatro, usando óculos de lentes grossas que mais pareciam esconder do que revelar. Um assistente sentado a seu lado lhe explicava o que se passava no palco, e ele ditava as partes que precisavam ser cortadas.

A partir de 1994, esse mesmo censor se tornou o diretor do novo canal de televisão. Ele aperfeiçoou seus métodos e determinou que os roteiristas lhe entregassem seus roteiros numa fita de áudio; eles eram proibidos de torná-los mais atraentes ou de dramatizá-los. O censor então fazia seus julgamentos com base nas fitas. O mais interessante, no entanto, é o fato de seu sucessor, que não era cego — não fisicamente —, seguir o mesmo sistema.

Sob o domínio dos mulás, nosso mundo era moldado pelas lentes sem cor do censor cego. Não só nossa realidade, mas também nossa ficção ganhou essa curiosa coloração, num mundo em que o censor era rival do poeta ao reorganizar e restaurar a realidade, na qual ao mesmo tempo nos inventávamos e éramos invenções da imaginação de outra pessoa. A cultura em que vivíamos negava o mérito das obras literárias, considerando-as importantes apenas quando eram criadas para algo aparentemente mais urgente — a ideologia. Esse era um país onde todos os gestos, mesmo o mais privativo, eram interpretados em termos políticos. As cores de meu véu ou da gravata de meu pai eram símbolos da decadência ocidental e das tendências imperialistas. Não usar barba, apertar as mãos do sexo oposto em público, bater palmas ou assobiar em público eram considerados hábitos ocidentais e, portanto, decadentes, partes de uma trama imperialista para nos derrotar e destruir nossa cultura.

Poucos anos antes, alguns membros do parlamento iraniano criaram um comitê de investigação para examinar a programação da televisão nacional. O comitê publicou um volumoso relatório no qual condenava a exibição de *Billy Budd,* porque, afirmava, a história promovia a homossexualidade. Ironicamente, os programadores da televisão iraniana escolheram esse filme essencialmente por causa da ausência de personagens femininos. A versão em desenho animado de *A volta ao mundo em oitenta dias* também tornou-se ilícita, pois o personagem principal — um leão — era inglês, e o filme terminava naquele baluarte do imperialismo, a cidade de Londres.

Nossa turma foi constituída nesse contexto, numa tentativa de escapar do foco do censor cego durante algumas horas, a cada semana. Naquela sala de estar, redescobrimos que estávamos vivas, éramos seres humanos; e não importava o quão repressor o Estado se tornara, não importava o quão intimidadas e amedrontadas estivéssemos, como Lolita tentamos escapar para criar um pequeno espaço de liberdade. Como Lolita, aproveitamos todas as oportunidades para expor nossa insubordinação: uma pequena mecha de cabelo aparecendo sob os véus, insinuando alguma cor na uniformidade de nossa aparência, deixando crescer nossas unhas, nos apaixonando ou ouvindo músicas proibidas.

Nossa vida era governada por uma absurda ficcionalidade. Tentamos viver em espaços criados nas frestas entre aquela sala, que se tornara nosso casulo protetor, e o mundo do censor, de bruxas e de demônios, que ficava do lado de fora. Qual desses dois mundos era mais real, e a qual realmente pertencíamos? Não sabemos mais as respostas. Talvez um modo de descobrir a verdade fosse fazer o que fizemos: tentar articular imaginariamente esses dois mundos e, por meio desse processo, dar forma à realidade.

8

Como posso criar esse outro mundo fora da sala? Não tenho escolha a não ser apelar mais uma vez para nossa imaginação. Vamos imaginar uma das meninas, Sanaz, por exemplo, saindo de minha casa, e vamos segui-la até seu destino final. Ela se despede e veste sua túnica e seu véu negro sobre a camiseta laranja e o jeans, enrolando o véu em torno do pescoço para esconder suas imensas argolas de ouro. Coloca as mechas de cabelo sob o véu, guarda suas anotações da aula na bolsa grande, pendura-a no ombro e vai em direção à porta de entrada. Ela para no topo da escada para colocar suas luvas negras e esconder suas unhas feitas.

Seguimos Sanaz descendo as escadas e saindo para a rua. É possível notar que seu modo de andar e seus gestos estão diferentes. Sua intenção é não ser vista, não ser ouvida nem notada. Sua postura não está ereta, ela anda de cabeça baixa e evita o olhar dos passantes. Anda rápido e com determinação. As ruas de Teerã e de outras cidades iranianas são patrulhadas pelas milícias que circulam em Toyotas brancos, sempre com quatro pessoas, mulheres e homens armados, seguidos algumas vezes por um micro-ônibus. São chamados de Sangue de Deus. Patrulham as ruas a fim de garantir que as mulheres como Sanaz usem seus véus de maneira adequada, não estejam maquiadas, não caminhem em público com homens que não sejam seus pais, irmãos ou maridos. Sanaz passará por muros com slogans, citações de Khomeini e de um grupo chamado Partido de Deus: HOMENS QUE USAM GRAVATAS SÃO LACAIOS DOS ESTADOS UNIDOS, O VÉU É A PROTEÇÃO DA MULHER. Ao lado do slogan há um desenho de uma mulher: seu rosto não tem forma e é emoldurado por um xador escuro. MINHA IRMÃ, PROTEJA SEU VÉU. MEU IRMÃO, VIGIE SEUS OLHOS.

Se ela entrar num ônibus, o assento é segregado. Ela deve subir pela porta de trás e sentar nos bancos traseiros, reservados para as mulheres. Nos táxis, que aceitam até cinco passageiros, homens e mulheres podem viajar apertados como sardinhas, e o mesmo ocorre nos micro-ônibus, em que muitas de minhas alunas reclamam de serem assediadas por homens barbudos e tementes a Deus.

Em que Sanaz está pensando enquanto anda pelas ruas de Teerã? Quanto essa experiência a afeta? É provável que ela tente distanciar sua mente o mais que puder daquele ambiente. Talvez esteja pensando no irmão ou no namorado distante, e no momento que o encontrará na Turquia. Será que ela compara sua situação com a da mãe quando tinha sua idade? Será que sente raiva do fato de que as mulheres da geração de sua mãe podiam andar livremente pelas ruas, usufruir da companhia do sexo oposto, entrar para a polícia, pilotar aviões e viver sob leis que estavam entre as mais progressistas do mundo em relação às mulheres? Será que ela se sente humilhada pelas novas leis, pelo fato de que, depois da revolução, a idade de casamento diminuiu de 18 para 9 anos, que o apedrejamento se tornou o castigo para o adultério ou para a prostituição?

Por quase duas décadas, as ruas se transformaram em zonas de guerra, onde jovens mulheres que desobedecem às regras são arremessadas dentro de carros de patrulha, levadas para a prisão, chicoteadas e multadas, forçadas a lavar banheiros e humilhadas, mas, assim que são liberadas, voltam a fazer as mesmas coisas. Será que Sanaz tem noção do próprio poder? Ela tem ideia de quão perigosa pode ser? Será que ela pensa o quão vulneráveis são os guardas revolucionários, que por mais de dezoito anos patrulham as ruas de Teerã, tendo que aguentar mulheres jovens como ela, e de outras gerações, caminhando, falando, mostrando uma mecha de cabelo só para lembrá-los que elas não se converteram?

Chegamos à casa de Sanaz, onde a deixaremos na porta de entrada, talvez para confrontar seu irmão ou pensar em seu namorado.

Essas meninas, minhas meninas, têm uma história real e uma história fabricada. Embora tenham histórias de vida muito diferentes, o regime que as governa tenta tornar irrelevantes suas identidades e suas histórias pessoais. Nunca se livraram da definição de mulheres muçulmanas que lhes foi imposta pelo regime.

Nós nos tornamos a fantasia dos sonhos de outras pessoas — não importava a que religião pertencíamos, se queríamos usar o véu ou não, se seguíamos determinadas normas religiosas ou não. Um severo aiatolá, um autoproclamado filósofo-rei, chegou para dominar nossa terra. Ele chegou em nome de um passado, um passado que, como ele afirmou, lhe havia sido roubado. E por isso ele queria nos recriar à imagem daquele passado ilusório. Serviria de consolo lembrar-nos de que o que ele nos fez foi o que permitimos que fizesse?

9

É espantoso quando achamos que todas as possibilidades nos foram tiradas, e a menor das fendas se transforma numa grande liberdade. Sentimos que estamos absolutamente livres quando estamos juntas. Esse sentimento pairava no ar naquela primeira manhã de quinta-feira. Eu programara a aula, selecionara alguns livros para leitura, mas estava preparada para deixar que a turma me conduzisse; estava preparada para deixar o violino preencher o vazio e alterá-lo com sua música.

Várias vezes me questionei: fui eu que escolhi minhas alunas para aquele curso ou elas me escolheram? É claro que pensara em alguns critérios específicos quando as convidei, mas ainda assim parece que foram elas que criaram essa turma, foram elas que, por algum motivo, me permitiram chegar à atual configuração da sala de minha casa.

Vejamos a mais jovem, Yassi. Lá está ela, na primeira fotografia, com uma expressão ansiosa no rosto. Ela vira a cabeça para um lado, sem saber qual expressão escolher. Está usando um lenço fino, cinza e branco, parecendo quase solto no pescoço — uma homenagem aos antepassados religiosos de sua família. Yassi foi uma das calouras que assistiram a minhas aulas como ouvinte, em meu último ano na universidade. Ela se sentia intimidada pelas alunas mais velhas, que, em seu modo de ver, foram abençoadas, graças à idade, não só com mais conhecimento e um melhor domínio da língua inglesa, mas, também, com mais sabedoria. Embora ela compreendesse melhor os textos mais difíceis do que a maioria das alunas graduadas, e embora fosse mais reflexiva na leitura dos textos e o fizesse com mais prazer que a maioria, ela só se sentia segura em seu terrível sentimento de insegurança.

Cerca de um mês depois de eu decidir deixar a Allameh Tabataba'i, Yassi e eu estávamos na frente do portão verde da entrada da universidade. Minha lembrança mais nítida da universidade é aquele portão verde. Passei por ele pelo menos duas vezes ao dia durante um bom número de anos. Em minha memória, o portão de ferro adquire elasticidade e se transforma numa porta mágica que protege o espaço da universidade sem o suporte de muros. Lembro-me, porém, de seus limites. Abria-se de um lado para uma rua ampla que parecia ir direto até as montanhas. Do outro lado, ficava de frente para um pequeno jardim que pertencia à Faculdade de Persa, Línguas Estrangeiras e Literatura, um jardim com rosas persas e outras flores nativas em volta de uma pequena fonte ornamental, rachada, e com uma estátua quebrada no centro dela.

A lembrança que tenho do portão verde devo a Yassi: ela o mencionou em um de seus poemas, cujo título é "Como são pequenas as coisas de que gosto". Nele, Yassi descreve seus objetos favoritos — uma mochila laranja, um casaco colorido, uma bicicleta igual à do primo — e descreve também o quanto ela gosta de entrar na universidade pelo portão verde. O portão aparece nesse poema, e em outros textos dela, como uma entrada mágica para o mundo proibido de tudo aquilo que lhe foi negado na vida.

O portão verde, entretanto, estava fechado para ela e para todas as minhas meninas. Próximo a ele havia uma pequena abertura coberta por uma cortina. Era uma aberração que atraía a atenção, porque não pertencia àquele lugar: fixou-se ali com a autoridade arrogante de um intruso. Por essa abertura, todas as alunas, incluindo minhas meninas, entravam numa sala pequena e escura para serem inspecionadas. Muito tempo depois de nossa primeira aula, Yassi descreveria o que faziam com ela naquela sala:

— Primeiro checavam se eu estava com as roupas adequadas: a cor do casaco, o comprimento do uniforme, a espessura do véu, o formato dos sapatos, o que havia em minha bolsa, os traços visíveis da maquiagem, o tamanho de meus anéis e se eram atraentes, tudo era conferido antes que eu pudesse entrar no *campus* da universidade, a mesma universidade na qual os homens também estudam. Para eles, a porta principal com seus imensos portais, emblemas e bandeiras fica sempre aberta.

A pequena entrada lateral era a origem de inúmeras histórias de frustração, humilhação e sofrimento. O objetivo era tornar as meninas comuns e invisíveis, mas, ao contrário disso, colocava-as no foco de atenção, transformando-as em objetos de curiosidade.

Imagine Yassi de pé a meu lado, na frente daquele portão verde, rindo entre murmúrios conspiratórios, nossos corpos bem juntos. Ela falava sobre o professor de moralidade e tradução islâmica. Três meses depois da morte da mulher, ele havia se casado com a cunhada mais jovem. Porque um homem, Yassi abaixava o tom de voz, *um homem tem suas necessidades.*

O tom de sua voz ficou mais sério quando começou a descrever uma de suas últimas aulas sobre a diferença entre o Islã e o cristianismo. Ela se transformou naquele homenzinho feito de massa, de pé na frente do quadro-negro, um giz branco em uma das mãos, um giz rosa na outra. De um lado, ele havia escrito, em letras brancas garrafais, MENINA MUÇULMANA, e riscou uma linha vertical no meio do quadro. Do outro lado, em grandes letras cor-de-rosa, ele escreveu MENINA CRISTÃ. E então perguntou se os alunos sabiam dizer as diferenças entre as duas. Uma era virgem, ele disse finalmente, depois de um silêncio desconfortável, limpa e pura, guardando-se para seu marido, e somente para seu marido. Seu poder é consequência de sua modéstia. A outra, bem, não havia muito a dizer sobre ela, exceto que não era virgem. Para surpresa de Yassi, duas meninas atrás dela, integrantes da Associação de Alunas Muçulmanas, começaram a rir, dizendo em voz baixa: *Não é de surpreender que mais e mais mulçumanos estejam se convertendo ao cristianismo.*

Nós duas estávamos ali, no meio da rua estreita, rindo — um dos raros momentos em que vi o sorriso tímido e torto de Yassi desaparecer e dar lugar à pura malícia que se ocultava debaixo dele. Não vejo aquele sorriso em suas fotografias, nas quais ela se coloca distante das outras meninas, como se quisesse indicar que ela, a mais jovem da turma, conhecia seu lugar.

Minhas alunas contavam essas histórias quase todos os dias. Primeiro achávamos graça delas, depois ficávamos enraivecidas e tristes, embora sempre retomássemos o assunto em festas, na pausa para o café, nas filas do pão, nos táxis. Era como se o ato de contar essas histórias nos desse algum domínio sobre elas; o tom depreciativo que usávamos, nossos gestos, até mesmo nosso riso histérico pareciam diminuir o poder dessas histórias sobre nossas vidas.

Na intimidade de nosso encontro, convidei Yassi para tomar um sorvete. Fomos a uma pequena loja onde, sentadas, frente a frente, com dois enormes *cafés glacês* entre nós, nosso humor ficou diferente. Tornou-se, se não sombrio, muito sério. Yassi vinha de uma culta família religiosa que fora profundamente marcada pela revolução. Eles viam a República Islâmica como uma traição ao Islã, em vez de sua asserção. No começo da revolução, a mãe de Yassi e uma tia mais velha se afiliaram a um grupo muçulmano progressista que, quando o novo governo começou a perseguir seus antigos partidários, foi forçado a entrar na clandestinidade. A mãe e a tia de Yassi tiveram que se esconder durante um longo tempo. A tia tinha quatro filhas, todas mais velhas que Yassi, todas, de um jeito ou de outro, apoiadoras de um grupo de oposição popular entre os jovens iranianos religiosos. Todas foram presas, torturadas e encarceradas. Quando libertadas, casaram-se no período de um ano. Casaram-se quase por acaso, como se quisessem negar suas personalidades rebeldes. Yassi concluiu que, embora tenham sobrevivido à prisão, não puderam escapar dos grilhões do casamento tradicional.

Yassi era a verdadeira rebelde, na minha opinião. Ela nunca se afiliou a qualquer grupo ou organização. Na adolescência, desafiou as tradições familiares e, diante da oposição de todos, começou a estudar música. Ouvir qualquer tipo de música não religiosa, mesmo no rádio, era proibido em sua família, mas Yassi impôs sua vontade. Como uma pequena

Cinderela, vivia nas sombras de um palácio inacessível, apaixonada por um príncipe invisível, que um dia ouviria sua música.

Sua rebeldia não parou aí: ela não se casou com o pretendente escolhido pela família e, em vez disso, insistiu em sair de sua cidade natal, Shiraz, para frequentar a universidade em Teerã. Dividia sua moradia entre a casa da irmã mais velha e seu marido, e a casa de um tio com tendências religiosas fanáticas. A universidade, com pouco rigor acadêmico, sua moralidade mesquinha e suas limitações ideológicas, foi uma decepção para ela. Era mais limitada que sua própria casa, que era abençoada por um ambiente amoroso e intelectualizado. A perda do amor e da solidariedade lhe rendeu muitas noites insones em Teerã. Sentia falta de seus pais e da família, e se sentia culpada pela dor que lhes causara. Tempos depois, descobri que seu sentimento de culpa lhe provocava horas de fortes enxaquecas.

O que ela poderia fazer? Não acreditava em política e não queria se casar, embora tivesse curiosidade sobre o amor. Naquele dia, sentada a minha frente, brincando com a colher, ela me explicou por que todos os seus atos se transformaram em pequenos atos de rebeldia e de insubordinação política, para ela e para outros jovens como ela. Sempre fora protegida. Jamais esteve fora da vista de alguém; jamais teve um espaço só seu, onde pudesse pensar, sentir, sonhar, escrever. Nunca lhe foi permitido encontrar um rapaz sozinha. Sua família a ensinou a se comportar na presença de homens — e achava que também poderia lhe dizer como ela deveria se sentir a respeito deles. O que soa natural para alguém como a senhora, ela disse, é muito estranho e desconhecido para mim.

Será que ela nunca poderá viver a vida de alguém como eu, viver por conta própria, fazer longas caminhadas de mãos dadas com a pessoa amada, talvez até mesmo ter um cachorrinho? Ela não sabia. Era como esse véu, que nada mais significava para ela, mas sem o qual estaria perdida. Ela sempre usara o véu. Ela queria usá-lo ou não? Ela não sabia. Lembro-me do movimento de sua mão quando disse isso — balançando-a rapidamente em frente ao rosto, como se estivesse espantando uma mosca invisível. Ela disse que não poderia imaginar uma Yassi sem o véu. Como pareceria aos outros? Isso afetaria seu modo de andar ou a maneira como movimentava as mãos? Como os outros a olhariam? Ela se tornaria mais inteligente ou mais estúpida? Eram essas suas obsessões, ao lado de seus romances favoritos de Austen, Nabokov e Flaubert.

Yassi disse novamente que nunca se casaria, jamais. Para ela sempre existiria um homem nos livros, poderia passar o resto da vida com sr. Darcy — mesmo nos livros existiam poucos homens para ela. O que havia de errado? Ela queria ir para os Estados Unidos, como os tios, como eu. A mãe e as tias não conseguiram permissão, mas seus tios, sim, tiveram a oportunidade de viajar. Será que ela conseguiria ultrapassar todos os obstáculos e ir para os Estados Unidos? Deveria ir para os Estados Unidos? Ela queria meu conselho. Todas queriam. Mas o que poderia eu oferecer a alguém que desejava tanto mais da vida do que a vida lhe havia oferecido?

Não havia nada que eu pudesse lhe dar, na verdade, e, por isso, eu lhe falei sobre o "outro mundo" de Nabokov. Perguntei se percebera que na maioria dos romances de Nabokov — *Invitation to a Beheading*, *Bend Sinister* [Estigma], *Ada ou ardor*, *Pnin* — sempre havia a sombra de outro mundo, somente atingível por meio da ficção. É esse outro mundo que impede que seus heróis e heroínas se entreguem ao completo desespero, que se torna seu refúgio, numa vida que é rigidamente brutal.

Lolita, por exemplo. Trata-se da história de uma menina de 12 anos que não tinha para onde ir. Humbert tentou transformá-la em sua fantasia, em seu amor morto, e a destruiu. A perigosa verdade da história de *Lolita* *não* é o estupro de uma menina de 12 anos por um velho indecente, *mas o confisco de uma vida por outra*. Não sabemos em que Lolita se transformaria se Humbert não a absorvesse. Mas o romance, a obra acabada, é cheio de esperança, até mesmo belo, uma defesa não só da beleza, mas da vida, do dia a dia, de todos os prazeres comuns de que Lolita, como Yassi, havia sido privada.

Entusiasmada e subitamente inspirada, acrescentei que, de fato, Nabokov se vingara de nossos próprios solipsistas;* ele havia se vingado do aiatolá Khomeini, do último pretendente de Yassi, do professor covarde. Estes tentavam modelar as pessoas de acordo com seus próprios sonhos e desejos, mas Nabokov, por intermédio da figura de Humbert, expôs todos os solipsistas que se apoderam da vida das outras pessoas. Yassi tinha muito potencial; ela poderia ser quem quisesse — boa esposa, professora ou poeta. A questão para ela era saber o que queria.

Contei para ela uma de minhas histórias preferidas de Nabokov, chamada "The magician's room" [O quarto do mágico]. No primeiro momento, Nabokov pensara no título "The underground man" [O homem subterrâneo]. A história era sobre um talentoso escritor e crítico, cujos dois grandes amores tinham sido a ficção e o cinema. Depois da revolução, tudo que ele amava fora proibido, lançado nos subterrâneos das coisas secretas. Então decidiu parar de escrever, parar de trabalhar enquanto os comunistas estivessem no poder. Era raro ele sair de seu pequeno apartamento. Em geral, ficava à beira da inanição, e se não fosse por amigos e alunos devotados, e algum dinheiro que seus pais lhe deixaram, ele teria morrido de fome.

Descrevi seu apartamento em detalhes. Era vazio e branco, absolutamente branco: paredes, ladrilhos, até mesmo os armários da cozinha. O único objeto de decoração da sala era um grande quadro na parede vazia, em frente à entrada. No quadro foram pintadas árvores, sombras de uma rica textura de verde sobre verde. Não havia luz, mas as árvores eram iluminadas, como se refletissem uma luminosidade que não vinha do sol, mas do interior delas.

Os móveis da sala do mágico consistiam em um sofá marrom, uma pequena mesa e duas cadeiras. Uma cadeira de balanço obstruía a passagem entre a sala de estar e a de jantar. Um pequeno tapete, presente de um amor perdido havia muito esquecido, estava jogado em frente à

* Adepto do solipsismo, doutrina segundo a qual o eu empírico é a única realidade. [*N. do T.*]

cadeira de balanço. Nessa sala, nesse sofá, o homem subterrâneo recebia seus visitantes, selecionados cuidadosamente. Eles eram famosos diretores de cinema, roteiristas, pintores, escritores, críticos, antigos alunos e amigos. Todos iam pedir conselhos sobre seus filmes, livros e amantes. Eles queriam saber o que fazer para burlar os regulamentos, enganar os censores ou manter casos amorosos clandestinos. Ele moldava suas obras e suas vidas. Passava horas falando sobre a estrutura de uma ideia ou, como se estivesse numa sala de montagem, editando um filme. Ele aconselhava alguns amigos sobre como recompensarem suas amantes. Dizia a outros que, para escrever bem, deveriam se apaixonar. Ele lia quase todas as publicações da União Soviética e estava sempre atualizado sobre os mais recentes ou melhores filmes e livros estrangeiros.

Muitos queriam fazer parte de seu reino secreto, mas ele escolhia somente aqueles poucos que passavam por seu misterioso teste. Aceitava-os ou rejeitava-os por razões que apenas ele conhecia. Em retribuição, pedia aos amigos que jamais pronunciassem seu nome publicamente. Muitos foram excluídos de sua vida porque não cumpriram essa exigência. Lembro-me de uma de suas frases: Quero ser esquecido; não faço parte desse clube.

A expressão no rosto de Yassi me encorajou a inventar minha história. Ela me lembrou de como eu devia parecer quando era menina, quando meu pai, à noite e também bem cedo pela manhã, antes de trabalhar, sentava em minha cama e tecia suas histórias. Quando estava zangado comigo, quando queria que eu fizesse algo, quando queria me tranquilizar, ele transformava todos os detalhes do cotidiano em uma fábula que me impressionava.

O que eu não disse a Yassi naquele dia foi que o mágico de Nabokov, o homem que era tão perigoso para o Estado quanto um rebelde armado, não existia — ou, pelo menos, não na ficção. Ele era real e vivia a menos de quinze minutos daquele lugar onde nós duas estávamos, mexendo ao acaso nossas colheres compridas nos copos altos.

Foi assim que decidi convidar Yassi para participar de meu curso.

10

Pedi ao leitor que nos imaginasse lendo *Lolita* em Teerã: um romance sobre um homem que, com o intuito de possuir e encantar uma menina de 12 anos, indiretamente causa a morte da mãe dela, Charlotte, e mantém a menina como sua amante durante dois anos. E então, leitor, está confuso? Por que *Lolita*? Por que *Lolita* em Teerã?

Quero mais uma vez deixar claro que *nós não* éramos *Lolita*, o aiatolá *não* era Humbert, e essa república *não* era o que Humbert chamava de seu principado à beira-mar. *Lolita não* era uma crítica à República Islâmica, mas se dirigia contra o vestígio de todas as perspectivas totalitárias.

Vamos até a parte da história em que Humbert chega ao acampamento de verão de Lolita para buscá-la depois da morte da mãe, sobre a qual ela nada sabe. A cena é o prelúdio para dois anos de cativeiro, durante os quais uma reticente Lolita perambula de um motel a outro com seu amante-guardião:

> Permitam-me que me detenha por um momento naquela cena, com todos os seus pormenores triviais e fatídicos: a decrépita Holmes emitindo um recibo, coçando a cabeça, puxando uma gaveta, despejando umas moedas em minha mão impaciente e, por fim, cobrindo-a cuidadosamente com uma nota, acompanhada de um sonoro: " ... e cinco!"; fotografias de meninas; uma vistosa borboleta ou mariposa, ainda viva, espetada firmemente na parede ("estudo da natureza"); o diploma emoldurado da nutricionista do acampamento; minhas trêmulas mãos; uma ficha apresentada pela eficiente Holmes com um relatório sobre o comportamento de Dolly Haze no mês de julho

> ("de regular para bom; interessada em natação e canoagem"); o som de árvores e de passarinhos; as batidas fortes de meu coração... Eu estava de pé, as costas voltadas para a porta, e de repente senti que o sangue me subia à cabeça aos borbotões quando ouvi sua respiração e sua voz atrás de mim.

Mesmo que essa não seja uma das cenas mais fascinantes de *Lolita*, ela mostra o talento de Nabokov, e acredito que toca no âmago do romance. Nabokov chamava a si mesmo de escritor-pintor, e essa cena indica o que ele queria dizer. A descrição está repleta da tensão entre o que acontecera antes (a descoberta por Charlotte da traição de Humbert e o confronto entre os dois, que provoca o acidente fatal de Charlotte) e o conhecimento de coisas mais terríveis que virão. Por meio da justaposição de objetos insignificantes (um diploma emoldurado, fotografias de meninas), de descrições comuns ("de regular a bom; interessada em natação e canoagem"), com sentimentos e emoções pessoais ("minha mão impaciente", "minhas trêmulas mãos", "batidas fortes de meu coração"), Nabokov prediz as terríveis façanhas de Humbert e a futura orfandade de Lolita.

Nessa cena, objetos comuns são desestabilizados pelas emoções, revelando o segredo culpado de Humbert. A partir de então, os tremores e calafrios de Humbert vão colorir cada nuance de sua narrativa, impondo as emoções na paisagem, no tempo e na situação, por mais que pareçam marginais ou insignificantes. Assim como minhas meninas, o leitor é capaz de sentir que o mal implícito nas ações e emoções de Humbert é ainda mais aterrorizante porque ele se exibe como um marido normal, padrasto normal, ser humano normal?

E também há a borboleta — ou é uma mariposa? A inaptidão de Humbert para notar a diferença entre as duas, seu desinteresse, implica uma negligência moral em outros assuntos. Essa indiferença cega ecoa sua atitude insensível em relação ao filho morto de Charlotte e ao choro noturno de Lolita. Aqueles que dizem que Lolita é uma pequena megera, merecedora do que lhe aconteceu, devem se lembrar de seu choro, de seus soluços noturnos nos braços de seu estuprador e carcereiro, como Humbert nos relembra com uma mistura de satisfação e tragédia: "Ela não tinha mesmo para onde ir."

Essa questão surgiu enquanto discutíamos o confisco da vida de Lolita por Humbert. O que primeiro nos impressiona ao ler *Lolita* — na verdade, está logo na primeira página — é o modo como Lolita nos é apresentada como uma criatura de Humbert. Nós apenas a vemos de relance. "O que eu possuíra loucamente", ele informa ao leitor, "não fora ela, mas a minha própria criação, outra Lolita fantasiosa — talvez mais real que Lolita… sem vontade, sem consciência — de fato, sem qualquer vida própria." Humbert enclausura Lolita primeiro dando-lhe um nome, um nome que se torna eco de seus desejos. Na primeira página do livro, ele esboça seus vários nomes, nomes para diferentes ocasiões, Lo, Lola e, em seus braços, sempre Lolita. Também ficamos sabendo que seu nome "verdadeiro" é Dolores, que, em espanhol, significa *dor*.

Para reinventá-la, Humbert precisa retirar de Lolita sua história real e substituí-la pela história criada por ele, transformando Lolita na reencarnação do amor não realizado e perdido de sua juventude, Annabel Leigh. Só conhecemos Lolita por intermédio de Humbert, e não diretamente, por meio do passado dela, mas por meio do passado imaginário do narrador/molestador. Isso é o que Humbert, alguns críticos e até um de meus alunos, Nima, chamou de a solipsização de Lolita por Humbert.

No entanto, Lolita tem um passado. Apesar das tentativas de Humbert de deixar Lolita órfã da própria história, o passado dela nos é apresentado em relances. O talento de Nabokov faz com que esses lampejos fiquem ainda mais atormentadores, em contraste com a obsessão de Humbert pelo próprio passado. Lolita tem um passado trágico, o pai e o irmão mortos, este aos 2 anos de idade. Agora, a mãe também está morta. Como ocorre com minhas alunas, o passado de Lolita chega até ela não tanto como perda, mas como falta, e, como minhas alunas, ela se torna a fantasia do sonho de outra pessoa.

Até certo ponto, a verdade sobre o passado do Irã se torna impalpável para aqueles que dele se apropriaram, assim como a verdade do passado de Lolita é para Humbert. Torna-se imaterial do mesmo modo que a verdade de Lolita, seus desejos e sua vida precisam se perder completamente diante da única obsessão de Humbert, o desejo de transformar uma menina incontrolável de 12 anos em sua amante.

Quando penso em Lolita, penso na borboleta semiviva espetada na parede. A borboleta não é um símbolo óbvio, mas está relacionada ao modo como Humbert imobiliza Lolita; ele quer que ela, um ser humano ainda vivo, fique imobilizada e desista de sua vida em troca daquilo que ele lhe oferece. Para seus leitores, a imagem de Lolita sempre esteve associada à de seu carcereiro. Lolita por si mesma não significa nada; ela só ganha vida por meio das grades de sua prisão.

É assim que leio *Lolita*. Sempre que debatíamos *Lolita* nas aulas, nossas discussões ganhavam um colorido através das dores e das secretas alegrias de cada uma de minhas alunas. Como marcas de lágrimas numa carta, essas incursões no secreto e no privado sombreavam todas as nossas discussões sobre Nabokov; o que nos unia era essa perversa intimidade entre vítima e algoz.

11

Usava grandes agendas para minhas anotações das aulas. As páginas ficavam quase todas em branco, exceto nas quintas-feiras, e algumas vezes as anotações se espalhavam por sextas, sábados e domingos. Quando deixei o Irã, as agendas eram muito pesadas para carregar, então arranquei as páginas importantes e é isso que tenho diante de mim: páginas marcadas e arrancadas daquelas agendas esquecidas. Há alguns garranchos e referências que não consigo mais decifrar, mas minhas notas dos primeiros meses são ordenadas e claras. Elas se referem principalmente aos insights que tive durante nossas discussões.

Nas primeiras semanas de aula, lemos e discutimos os livros que eu recomendara de maneira ordenada, quase formal. Havia preparado uma série de perguntas inspirada em questões que uma amiga tinha me enviado de seu programa de estudos sobre mulheres, com o intuito de exteriorizar seus pensamentos. Todas elas responderam às questões conscienciosamente. O que você pensa sobre sua mãe? Cite seis personalidades que você mais admira na vida e seis de quem menos gosta ou que despreza. Quais as duas palavras que usaria para descrever a si mesma?... As respostas a essas perguntas bobas foram tolas; elas escreveram o que delas era esperado. Lembro-me de que Manna tentou personalizar suas respostas. Em resposta sobre a imagem que tinha de si mesma, ela escreveu: "Ainda não estou preparada para responder a essa questão." Elas não estavam prontas — ainda não.

Desde nosso primeiro encontro fiz anotações, como se fosse um experimento. Em novembro, um mês depois do início das aulas, escrevi:

"Mitra: outras mulheres dizem que ter filhos é seu destino, como se fossem condenadas." E acrescentei: "Algumas de minhas meninas são mais radicais do que eu em seu ressentimento contra os homens. Todas querem ser independentes. Acham que não podem encontrar homens a sua altura. Acham que cresceram e amadureceram, mas que os homens de suas vidas não, e eles não se importam em analisar o que acontece." Vinte e três de novembro: "Manna: tenho medo de mim mesma, nada do que faço ou tenho é igual ao das outras pessoas a meu redor. Tenho medo dos outros. Tenho medo de mim." Do começo ao fim, pude observar que elas não tinham uma ideia clara sobre si mesmas; elas só podiam se ver e formar a própria imagem através do olhar das outras pessoas — ironicamente, as mesmas pessoas que elas desprezavam. Sublinhei *ame a si mesma, autoconfiança.*

Elas ficavam mais relaxadas e animadas quando iniciávamos nossas discussões sobre os livros. Os romances eram um escape da realidade na medida em que podíamos nos maravilhar com sua beleza e perfeição, deixando de lado nossas histórias sobre os reitores e a universidade, sobre os esquadrões da moralidade nas ruas. Havia certo ar de inocência ao lermos aqueles livros; nós os líamos à parte de nossa própria história e de nossas próprias expectativas, como Alice correndo atrás do Coelho Branco e pulando dentro do buraco. Essa inocência valeu a pena: não creio que sem ela teríamos compreendido nossa própria paralisia. Curiosamente, os romances nos quais nos envolvíamos acabaram nos levando a questionar e a instigar nossa realidade, sobre a qual nos sentíamos tão emudecidas.

Diferentemente da geração de escritores e de intelectuais com a qual fui criada, e com a qual convivia, essa nova geração, à qual minhas meninas pertenciam, não estava interessada em ideologias ou em posições políticas. Elas tinham uma curiosidade genuína, uma verdadeira sede pelas obras dos grandes escritores que foram condenados às sombras obscuras, tanto pelo regime, quanto pelos intelectuais revolucionários, com a maioria de seus livros banidos e proibidos. Diferentemente dos tempos pré-revolucionários, nos dias de hoje os "escritores não revolucionários", os portadores do cânone, eram os celebrados pelos jovens: James, Nabokov, Woolf, Bellow, Austen e Joyce eram nomes reverenciados, emissários daquele mundo proibido que podíamos transformar em algo mais puro e mais precioso do que jamais foi ou será.

De certo modo, o desejo pela beleza, a urgência instintiva para lutar contra "a forma errada das coisas" — para usar as palavras de Vadim, o narrador do último romance de Nabokov, *Look at the Harlequins!* [Veja os arlequins!] — afastou muitos jovens dos vários polos ideológicos em direção ao que geralmente definimos como cultura. Esse era um território em que a ideologia desempenhava um papel relativamente pequeno.

Gostaria de acreditar que toda essa avidez significasse algo, que existisse no ar, em Teerã, algo não exatamente como a primavera, mas uma brisa, uma aura de que a primavera prometida estava a caminho. É a isso que me apego, um fraco sopro de uma excitação contínua e contida, que me relembra a leitura de um livro como *Lolita* em Teerã. Ainda encontro esse sopro nas cartas de minhas antigas alunas, quando, apesar de todos os seus medos e ansiedades por um futuro sem empregos ou segurança, e por um presente frágil e desleal, elas escrevem sobre sua busca da beleza.

12

Pergunto-me se você pode nos imaginar. Sentadas em torno da mesa de ferro e vidro, num dia nublado de novembro; as folhas amarelas e vermelhas refletidas no espelho da sala de jantar estão envoltas na bruma. Eu e mais duas alunas temos exemplares de *Lolita* sobre os joelhos. O restante tem uma pesada fotocópia do livro. Não há fácil acesso a esses livros — não é mais possível comprá-los em livrarias. Primeiro os censores baniram a maioria deles, depois o governo proibiu que fossem vendidos: a maioria das livrarias que vendia obras estrangeiras fechou ou tem que se virar com seu estoque pré-revolucionário. Alguns desses livros podem ser encontrados em sebos, e alguns poucos na feira anual internacional de livros de Teerã. Um livro como *Lolita* era difícil de achar, especialmente a versão comentada que minhas meninas queriam. Fotocopiamos todas as trezentas páginas para aquelas que não tinham o livro. Dentro de uma hora, quando fizermos um intervalo, vamos tomar chá ou café com doces. Nós nos revezamos; a cada semana, uma de nós providencia os doces.

13

"Boneca", "monstrinho", "corrupta", "mimada", "fedelha" — esses são alguns dos termos conferidos a Lolita por seus críticos. Comparados a eles, os ataques de Humbert a Lolita e à mãe dela parecem quase inofensivos. Além disso, existem aqueles, como Lionel Trilling, que analisam a história como um grande caso de amor; e outros ainda que condenam *Lolita* porque acham que Nabokov transformou o estupro de uma menina de 12 anos numa experiência estética.

Nossa turma discorda de todas essas interpretações. Todas nós, unanimemente (tenho orgulho em dizê-lo), concordamos com Véra Nabokov e tomamos o partido de Lolita. "Lolita foi discutida pela crítica de todos os pontos de vista possíveis, exceto um: o de sua beleza e de seu *pathos*", Véra escreveu em seu diário.

> Os críticos preferem procurar símbolos morais, uma justificação, uma condenação ou uma explicação sobre a categoria de HH... gostaria, entretanto, que reparassem a descrição terna do desamparo da menina, de sua dependência patética do monstruoso HH e de sua coragem de partir o coração, todo o tempo, culminando com aquele casamento esquálido, mas essencialmente puro e saudável, e sua carta e seu cachorro. E aquela terrível expressão em seu rosto quando foi enganada por HH por causa de algum pequeno prazer que lhe fora prometido. Todos eles não perceberam que Lolita, aquela "pequena fedelha horrenda", é essencialmente boa — ou não teria se recuperado depois de ter sido esmagada tão terrivelmente, construindo uma vida decente com o pobre Dick, que mais tinha a ver com ela do que o restante.

O relato de Humbert é narrado em tom confessional, tanto no sentido habitual do termo, quanto no fato de que ele está literalmente escrevendo na cadeia, esperando o julgamento pelo assassinato do dramaturgo Claire Quilty, com quem Lolita fugira para escapar dele, e que a abandonara, depois que ela se recusou a participar de seus cruéis jogos sexuais. Humbert aparece para nós como narrador e como sedutor não somente de Lolita — mas também de seus leitores, a quem ele se dirige por todo o livro como "senhoras e senhores do júri" (algumas vezes como "senhores alados"). Enquanto a história se desenrola, um outro crime, mais sério que o assassinato de Quilty, é revelado: o crime da sedução, do engodo e do estupro de Lolita (enquanto as cenas de Lolita são escritas com paixão e ternura, o assassinato de Quilty é descrito como uma farsa). A prosa de Humbert, às vezes modificada despudoradamente num floreado, pretende seduzir o leitor, especialmente o leitor culto, que poderá ser iludido por essa ginástica erudita. Lolita pertence a uma categoria de vítimas que não tem proteção e a quem jamais foi dada oportunidade de articular a própria história. Assim, ela se torna vítima duas vezes: não somente sua vida, mas também a história de sua vida lhe é tirada. Dissemos para nós mesmas que estávamos naquela classe para impedir que nos tornássemos vítimas desse segundo crime.

Antes que as vejamos, Lolita e a mãe já estão condenadas: a casa Haze, como Humbert a nomeia, mais cinzenta que branca, é "o tipo de lugar onde sabemos que vamos encontrar um tubo de borracha ligado à torneira da banheira para fazer as vezes de chuveiro". Na hora em que chegamos ao átrio de entrada (recebidos por carrilhões na porta, e por "aquele quadro banal tão adorado pelos pequeno-burgueses com pretensões artísticas, *L'Arlésienne*, de Van Gogh"), já nos vemos com um sorriso afetado e debochado. Olhamos de relance para a escada e ouvimos a "voz de contralto" da sra. Haze ("uma versão piorada da Marlene Dietrich") entrando em cena. Frase por frase, palavra por palavra, Humbert destrói Charlotte enquanto a descreve:

> Obviamente, tratava-se de uma dessas mulheres cuja cuidadosa elocução, de um convencionalismo extremo, costuma refletir o que ouvem no clube de bridge ou leem nos romances de sucesso, mas nunca suas próprias almas.

Ela não tem a menor chance, a pobre mulher; não só não melhora à medida que a vamos conhecendo, como o leitor é presenteado com descrições de sua superficialidade, de sua paixão sentimental e ciumenta por Humbert, e de sua crueldade com a filha. Por intermédio de sua bela linguagem ("ninguém melhor do que um assassino para exibir um estilo floreado"), Humbert concentra a atenção do leitor nas banalidades e nas pequenas mazelas do consumismo americano, criando um sentimento de empatia e de cumplicidade com o leitor, que é encorajado a conceber, como se fosse compreensível, sua implacável sedução da viúva solitária, e seu eventual casamento com ela, para poder seduzir a filha.

A arte de Nabokov se revela em sua capacidade de nos fazer sentir compaixão pelas vítimas de Humbert — pelo menos por suas duas mulheres, Valeria e Charlotte —, mesmo sem aprová-las. Condenamos os atos de maldade de Humbert para com elas, mesmo quando concordamos com sua opinião sobre a banalidade de ambas. O que temos aqui é a primeira lição de democracia: todos os indivíduos, não importa o quão sejam desprezíveis, têm o direito à vida, à liberdade e à busca da felicidade. Nos livros *Invitation to a Beheading* e *Bend Sinister*, os vilões de Nabokov são vulgares, totalitários e brutais tentando possuir e controlar mentes imaginativas e criativas; em *Lolita*, o vilão é o personagem com a mente criativa. O leitor jamais se deixará confundir por monsieur Pierre, mas como poderá julgar monsieur Humbert?

Humbert usa sua arte e deslealdade a fim de preparar o leitor para seu crime mais hediondo: sua primeira tentativa de possuir Lolita. Ele nos prepara para a cena definitiva da sedução com a mesma precisão com a qual se prepara para dopar Lolita e se aproveitar de seu corpo inerte. Ele tenta nos cooptar para seu lado, nos colocando na mesma categoria que ele próprio: como críticos ardentes da sociedade de consumo. Ele descreve Lolita como uma megera vulgar — "uma menina odiosamente convencional", ele a nomeia. "E nem ela é a frágil criança dos romances femininos."

Como os melhores advogados de defesa, que nos fascinam com sua retórica e apelam para nosso sentido mais elevado de moralidade, Humbert se absolve, comprometendo sua vítima — um método que nos é bastante familiar na República Islâmica do Irã. ("Nós não somos contra o cinema", o aiatolá Khomeini declarou quando seus carrascos incendiaram as salas de cinema, "Nós somos contra a prostituição!") Dirigindo-se às "frígidas senhoras membros do júri", Humbert nos informa:

> Vou contar-lhes algo muito estranho: foi ela quem me seduziu... Não percebi o menor traço de pudor nessa bela e ainda imatura mocinha, a quem os métodos modernos de educação mista, os costumes da juventude americana, a indústria dos acampamentos de férias e tudo mais tinham depravado de forma completa e irremediável. Ela encarava o ato sexual apenas como parte do mundo secreto dos jovens, ao qual os adultos não tinham acesso.

Até esse ponto parece que Humbert, o criminoso, com a ajuda de Humbert, o poeta, conseguiu seduzir Lolita e o leitor. Mas na verdade ele fracassa nos dois casos. Com Lolita, jamais conseguiu que ela se deixasse possuir espontaneamente, de modo que todo ato sexual se transforma num estupro mais cruel e mais depravado; ela o ilude todas as vezes. E ele fracassa em seduzir completamente o leitor, ou pelo menos alguns leitores. Ironicamente, sua habilidade como poeta e o estilo elegante de sua prosa o expõem como ele é.

A prosa de Nabokov fornece armadilhas para o leitor desavisado: a credibilidade de cada uma das afirmativas de Humbert é simultaneamente desafiada e exposta pela verdade oculta implícita em suas descrições. Desse modo, outra Lolita emerge da caricatura vulgar da coquete insensível, embora ela também seja assim. Uma menina solitária, ferida, privada da infância, órfã e sem nenhuma proteção. Os raros insights de Humbert nos dão lampejos sobre o caráter de Lolita, sua vulnerabilidade e sua solidão. Se fosse pintar os murais no Caçadores Encantados, o motel onde a estuprou pela primeira vez, ele conta que teria pintado um lago, um arvoredo em chamas e, finalmente, "pintaria uma opala de fogo dissolvendo-se numa lagoa, as marolas formando círculos concêntricos, um último espasmo, uma última mancha de cor, vermelho-ardente, rosa-magoado, um suspiro, uma criança encolhendo-se de dor". (Lembrem-se, por favor, senhoras e senhores do júri, de que essa criança, se vivesse na República Islâmica do Irã, há muito já estaria madura para casar com homens mais velhos que Humbert.)

Conforme a história avança, a lista de queixas de Humbert vai crescendo. Ele a chama de "vil e adorada vigaristinha", e fala de suas "pernas jovens e obscenas", mas logo descobrimos o significado das reclamações de Humbert: ela senta em seu colo, futucando o nariz, absorvida nas "seções menos exigentes do jornal, tão indiferente a meu êxtase como se estivesse sentada sobre um objeto qualquer — um sapato, uma boneca, o cabo de uma raquete de tênis". Naturalmente, todos os assassinos e opressores têm uma longa lista de queixas contra suas vítimas, só que a maioria não é tão eloquente como Humbert Humbert.

Ele também não é sempre o amante gentil; a mais sutil tentativa de independência de Lolita lhe provoca uma indignação furiosa:

> Desferi com as costas da mão uma tremenda bofetada que atingiu em cheio a maçã dura e quente de seu rosto. E depois o remorso, a pungente doçura dos soluços de penitência, as patéticas juras de amor, a desesperança da reconciliação sensual. Na noite aveludada, chegamos ao Motel Mirana (Mirana!), cobri de beijos as solas amareladas de seus pés de longos dedos num ato de imolação... Mas de nada adiantou. Estávamos ambos condenados. E muito em breve eu entraria num novo ciclo de perseguição.

Nada é mais comovente do que o absoluto desamparo de Lolita. Na manhã seguinte à dolorosa (para Lo, que reage bravamente) e extática (para Humbert) primeira relação sexual, ela pede algum dinheiro para telefonar para a mãe. "Por que não posso telefonar para a minha mãe?" "Porque", Humbert responde, "sua mãe morreu." Naquela noite, Lo e Humbert ficam em quartos separados no hotel, mas "no meio da noite, ela entrou soluçando no meu [quarto], e fizemos a coisa muito suavemente. Vocês compreendem, ela não tinha mesmo para onde ir".

Esse era, naturalmente, o ponto crucial da questão: ela não tinha outro lugar para ir e, durante dois anos, em motéis lúgubres, na casa dele ou mesmo na escola, ele a obriga a abrir mão de tudo. Ele a impede de conviver com crianças da idade dela, a vigia para que jamais tenha um namorado, a amedronta para manter segredo, a suborna com promessas de dinheiro para terem relações sexuais e as revoga depois que consegue o que quer.

Antes que o leitor ou nosso próprio censor cego julgue Humbert, devo lembrá-lo de que, num determinado momento, Humbert se dirige a sua audiência como "Leitor! *Bruder*!" — lembrando um verso muito conhecido de Baudelaire, no prefácio de seu livro de poemas *As flores do mal*: "*Hypocrite lecteur, — mon semblable, — mon frère*!" ["Hipócrita leitor, meu igual, meu irmão!"].

14

Ao pegar um doce, Mitra comenta que algo a está incomodando há algum tempo. Por que histórias como *Lolita* e *Madame Bovary* — histórias tão tristes e tão trágicas — nos deixam felizes? Não é pecado sentir prazer quando se lê algo tão terrível? Nós nos sentiríamos assim se soubéssemos dessas histórias pelos jornais ou se acontecessem conosco? Se escrevêssemos sobre nossas vidas na República Islâmica do Irã, faríamos nossos leitores felizes?

Naquela noite, como em muitas outras, fui deitar pensando na aula. Senti que não tinha respondido de modo adequado à pergunta de Mitra e fiquei tentada a telefonar para meu mágico para conversar sobre nossa discussão. Foi uma daquelas noites em que fiquei acordada, não por meus pesadelos ou minhas ansiedades, mas por causa de algo excitante e estimulante. Na maioria das noites permaneço acordada, deitada, esperando por um desastre em nossa casa ou por um telefonema que nos trará notícias ruins sobre um amigo ou parente. Acho que, de alguma maneira, enquanto estivesse consciente, nada de mal poderia acontecer; as notícias ruins chegariam em meio a meus sonhos.

Posso traçar a cronologia de meus terrores noturnos desde que, no segundo ano de faculdade, estudando numa terrível escola na Suíça, fui chamada à sala do diretor durante uma aula de história de um severo professor americano. Lá fui informada de que eles tinham acabado de saber pelo rádio que meu pai, o mais jovem prefeito na história de Teerã, fora preso. Três semanas antes, eu vira uma grande foto colorida dele no *Paris Match,* ao lado do general De Gaulle. Ele não estava com o xá ou com qualquer outro dignitário — eram apenas meu pai e o general. Como o restante de minha família, meu pai era um esnobe intelectual que ingressou na política desprezando os políticos, desafiando-os quase sistematicamente. Era insolente com seus superiores e, ao mesmo tempo, popular e franco, e tinha boas relações com jornalistas. Ele escrevia poemas, acreditava que sua verdadeira vocação era escrever. Tempos depois, descobri que o general simpatizara com meu pai depois do discurso de boas-vindas feito por ele em francês e repleto de alusões a grandes escritores franceses, como Chateaubriand e Victor Hugo. De Gaulle decidiu atribuir-lhe a *Légion d'Honneur*.* Esse fato não foi bem-recebido pela elite iraniana, que antes se ressentia da atitude insubordinada de meu pai, e que agora ficara com ciúme da atenção extra que lhe fora concedida.

A pequena compensação para as más notícias foi que não teria que continuar minha educação na Suíça. Naquele Natal voltei para casa, e um acompanhante especial foi me levar ao aeroporto. A prisão de meu pai só se concretizou para mim quando aterrissei no aeroporto de Teerã e não o encontrei a minha espera. Durante os quatro anos que o governo o manteve em sua prisão "temporária" — na biblioteca da prisão, ao lado do necrotério — nos diziam que ele seria morto ou que seria libertado imediatamente. Ele acabou sendo absolvido de todas as acusações, exceto uma: insubordinação. Lembro-me sempre disso — insubordinação: isso se tornou um meio de vida para mim desde então. Muito tempo depois, quando li a frase de Nabokov — "A curiosidade é a insubordinação em sua forma mais pura" —, o veredicto contra meu pai me veio à lembrança.

Nunca me recuperei do choque daquele momento em que fui tirada da segurança da aula do sr. Holmes — acho que era esse seu nome — e fui informada de que meu pai, o prefeito, estava na prisão. Anos depois, a Revolução Islâmica acabou com qualquer sensação de segurança que

---

* A Ordem Nacional da Legião de Honra (em francês, *Ordre National de la Légion d'Honneur*) é uma condecoração honorífica francesa. Foi instituída em 1802 por Napoleão Bonaparte e recompensa os méritos de eminentes militares ou civis à nação. [*N. do T.*]

eu conseguira restabelecer depois que meu pai saíra da prisão. Depois de alguns meses de aulas, minhas meninas e eu descobrimos que quase todas tivéramos pelo menos um tipo de pesadelo no qual esquecíamos de usar o véu ou estávamos simplesmente sem ele; nesses sonhos a sonhadora está sempre correndo, sempre fugindo de alguma coisa. Em um dos sonhos, talvez em um dos meus, a sonhadora queria correr, mas não podia: ela estava enraizada no solo, do lado de fora da porta de sua casa. Não podia se virar, abrir a porta e se esconder. A única de nós que disse nunca ter experimentado esse medo foi Nassrin.

— Sempre tive medo de ter que mentir. Vocês sabem o que se diz: seja verdadeira consigo mesma e tudo o mais. Acredito nesse tipo de coisa — ela disse. — Mas acho que melhorei — acrescentou, depois de parecer ter refletido um pouco.

Nima nos contou que o filho de um de seus amigos, um menino de 10 anos, acordara os pais no meio da noite para lhes dizer que estava tendo um "sonho ilegal". Sonhara que estava à beira-mar com algumas mulheres e homens que se beijavam, e ele não sabia o que fazer. E ficou repetindo para os pais que estava tendo sonhos ilegais.

Em *Invitation to a Beheading*, na parede da prisão de Cincinnatus, decorada como um hotel de quinta categoria, há algumas instruções para os prisioneiros, como: "A docilidade do prisioneiro é um orgulho da prisão." A regra número seis, descrita no cerne do romance, diz:

> É desejável que o preso não tenha quaisquer sonhos ou, se os tiver, que ele deva imediatamente suprimir os sonhos noturnos cujo contexto possa ser incompatível com a condição e o status de prisioneiro, como: paisagens resplandecentes, passeios com os amigos, jantares com a família e também relações sexuais com pessoas que, na vida real e plenamente conscientes, não tolerariam a presença do referido indivíduo perto delas, pois o indivíduo será considerado pela lei, consequentemente, culpado de estupro.

Durante o dia era melhor. Sentia-me corajosa. Respondia aos guardas revolucionários, discutia com eles, não tinha medo de acompanhá-los aos Comitês Revolucionários. Não tinha tempo para pensar sobre todos os amigos e parentes mortos, sobre como nós mesmos escapamos por pouco, por sorte. À noite eu pagava por tudo isso, sempre à noite, quando voltava para casa. O que acontecerá agora? Quem será morto? Quando eles virão? Havia interiorizado o medo para que não precisasse pensar nele conscientemente, mas tinha insônia; perambulava pela casa, lia e caía no sono ainda de óculos, frequentemente agarrada ao livro. Com o medo vinham as mentiras e as justificativas que, não importa o quão convincentes, diminuem nossa autoestima, como Nassrin nos relembrou de modo doloroso.

Algumas coisas me salvaram: minha família e um pequeno grupo de amigos, as ideias, os pensamentos, os livros que eu discutia com meu mágico, quando fazíamos nossas caminhadas à tarde. Ele estava sempre preocupado: Se nos pararem, que desculpas daremos? Não éramos casados, não éramos irmãos... Ele se preocupava comigo e com minha família, e quanto mais ele se preocupava, mais eu ficava audaciosa, deixando meu véu escorregar, rindo mais alto. Pouco podia fazer contra "eles", mas podia ficar com raiva dele, ou de meu marido, ou de todos os homens que eram tão cautelosos, tão preocupados comigo ou "por minha causa".

Fui deitar perturbada, depois de nossa primeira discussão sobre *Lolita*, pensando na pergunta de Mitra. Por que *Lolita* e *Madame Bovary* nos davam tanta alegria? Havia algo errado com esses romances ou conosco? Flaubert e Nabokov eram brutos insensíveis? Na quinta-feira seguinte eu havia formulado meus pensamentos, e não via a hora de compartilhá-los com minha turma.

Nabokov chama todo romance de conto de fadas, eu diria. E acrescentaria: primeiro deixe-me relembrá-las de que os contos de fadas são repletos de bruxas ameaçadoras que comem crianças, de madrastas malévolas que envenenam suas lindas enteadas, de pais fracos que deixam seus filhos abandonados nas florestas. Mas a mágica vem do poder do bem, aquela força que nos diz que não devemos nos submeter às limitações e às restrições que nos são impostas pelo Senhor Destino, como Nabokov o chamava.

Todo conto de fadas oferece o potencial para superar os limites e, assim, eles oferecem liberdades que a realidade nos nega. Em todas as grandes obras de ficção, independentemente da impiedosa, sinistra ou implacável realidade que apresentam, existe uma afirmação da vida contra a transitoriedade daquela vida, um desafio essencial. Essa afirmação está na maneira que o autor controla a realidade, recontando-a do próprio modo, criando, assim, um mundo novo. Declararia com pompa: Toda grande obra de arte é uma celebração, um ato de insubordinação contra as traições, os horrores e as infidelidades da vida. A perfeição e a beleza da forma se rebelam contra a feiura e a miséria do tema. É por isso que nós amamos *Madame Bovary* e choramos por Emma, por isso que lemos *Lolita* avidamente, enquanto nosso coração se parte de dor por sua heroína órfã e desafiadora, pequena, vulgar e poética.

15

Manna e Yassi chegaram mais cedo. Por um motivo qualquer, começamos a falar sobre as expressões que inventamos para as integrantes da turma. Comentei que chamava Nassrin de meu gato de Cheshire porque tinha o costume de aparecer e desaparecer em momentos estranhos. Quando Nassrin chegou com Mahshid, nós lhe contamos sobre o que estávamos falando.

— Se eu tivesse que definir Nassrin, eu a chamaria de uma contradição em termos.

Por algum motivo, o comentário deixou Nassrin irritada. Ela se virou para Manna, como se a acusasse: Você é a poeta; Mitra, a pintora, e o que eu sou — uma contradição em termos?

Havia alguma verdade na irônica definição de Manna. O sol e as nuvens que definiam o humor e a disposição de Nassrin eram muito íntimos, inseparáveis. Ela fazia afirmações surpreendentes, falava sem pensar da maneira mais desastrada. Todas elas sempre me surpreendiam de um modo ou de outro, mas Nassrin me surpreendia mais do que todas.

Certo dia Nassrin ficou depois da aula para me ajudar a organizar e arquivar minhas anotações. Conversávamos despretensiosamente sobre a época da universidade e sobre a hipocrisia de alguns funcionários e ativistas em várias associações muçulmanas. Enquanto arquivava calmamente as folhas de papel nas pastas azuis, registrando a data e o assunto de cada pasta, ela me contou que seu tio mais novo, um homem muito devoto e piedoso, a molestara sexualmente antes de ela completar 11 anos. Nassrin me disse que ele costumava afirmar que desejava se manter casto e puro para a futura mulher, e que recusava a amizade com mulheres por esse motivo. *Casto e puro,* ela repetiu ironicamente. O tio costumava dar aulas a Nassrin — uma criança inquieta e indisciplinada — três vezes por semana, durante mais de um ano. Ele a ajudava com o árabe e, algumas vezes, com a matemática. Durante essas aulas, enquanto sentavam lado a lado na escrivaninha dela, as mãos dele percorriam suas pernas, seu corpo inteiro, enquanto ele repetia os tempos dos verbos.

Aquele dia foi memorável, de muitas maneiras. Durante a aula, discutimos o conceito de vilão no romance. Havia mencionado que Humbert era um vilão porque não tinha curiosidade sobre outras pessoas e suas vidas, nem mesmo sobre a pessoa a quem ele mais amava, Lolita. Humbert, como a maioria dos ditadores, estava apenas interessado em sua própria visão das outras pessoas. Havia criado a Lolita que desejava, e não abria mão daquela imagem. Recordei-lhes a afirmação de Humbert, de que ele queria parar o tempo e manter Lolita para sempre "numa ilha de tempo encantado", uma tarefa realizada somente por Deus e pelos poetas.

Tentei explicar como *Lolita* era um romance mais complexo do que todos os anteriores de Nabokov que tínhamos lido. Na superfície, é claro, *Lolita* é mais realista, mas também apresenta as mesmas armadilhas e inesperadas reviravoltas. Mostrei-lhes uma pequena fotografia do quadro *A idade da inocência,* de Joshua Reynolds, que encontrei por acaso num antigo trabalho de graduação. Nós discutíamos a cena na qual Humbert, visitando a escola de Lolita, a encontra na sala de aula. A imagem da menina de branco, com os cabelos castanhos ondulados, da gravura de Joshua Reynolds, está pendurada acima do quadro-negro. Lolita está sentada atrás de outra "menina", uma loura delicada, com "um pescoço da mais branca porcelana", e "cabelos maravilhosamente platinados". Humbert se acomoda ao lado de Lolita, "bem atrás daquele pescoço e daquela cabeleira", desabotoa o sobretudo e, por meio de um suborno, força Lolita a colocar "sua mão com os nós dos dedos vermelhos, sua mão ainda manchada de tinta e de giz", embaixo da mesa para satisfazer o que a linguagem comum chama de sua luxúria.

Vamos nos deter na descrição casual das mãos de estudante de Lolita. A inocência da descrição não corresponde ao ato que Lolita é forçada a executar. As palavras "manchadas de tinta, de giz, nós dos dedos vermelhos" são suficientes para nos levar às lágrimas. Houve uma pausa... Será que sou eu que a estou imaginando? Teria havido uma longa pausa depois que discutimos aquela cena?

— O que mais nos incomoda — disse — não é apenas o absoluto desamparo de Lolita, mas o fato de que Humbert lhe rouba a infância. Sanaz pegou sua cópia do romance e começou a ler:

> E então compreendi, enquanto meus joelhos de autômato subiam e baixavam, que eu desconhecia por completo o que se passara na mente de minha menina e que muito possivelmente, por trás daqueles atrozes lugares-comuns típicos da juventude, havia dentro dela um jardim e um crepúsculo, o portão de um palácio — regiões nebulosas e adoráveis cujo acesso me era lúcido e terminantemente vedado, com meus andrajos poluídos e minhas miseráveis convulsões.

Tentei ignorar os olhares que minhas meninas trocaram.

— É difícil para mim — Mahshid finalmente falou — ler os trechos sobre os sentimentos de Lolita. Tudo o que ela quer é ser uma menina normal. Lembram a cena em que o pai de Avis vem buscá-la, e Lolita observa o jeito que a menina gordinha e seu pai se abraçam? Tudo o que ela quer é viver uma vida normal.

— É interessante — disse Nassrin — que Nabokov, que é tão duro a respeito dos prazeres, nos faça lamentar a perda das formas mais convencionais de vida.

— Você acha que Humbert muda quando a vê no final — Yassi interrompeu — destruída, grávida e pobre?

A hora de nosso intervalo chegou e se foi, estávamos muito absorvidas com a discussão. Manna, que parecia ensimesmada por uma passagem do livro, levantou a cabeça.

— É estranho — disse ela —, mas alguns críticos parecem tratar o texto da mesma maneira que Humbert trata Lolita: eles somente veem a si mesmos, e o que eles querem enxergar. — Ela se virou para mim e continuou: — Os censores, ou alguns de nossos críticos politizados, não fazem a mesma coisa, editando os livros e os recriando segundo a própria imagem? O que o aiatolá Khomeini tentou fazer com nossas vidas, nos transformando, como você disse, em invenções de sua imaginação, ele também fez com nossa ficção. Vejam o caso de Salman Rushdie.

Sanaz, brincando com seus longos cabelos, enrolando-os em volta do dedo, disse:

— Muitas pessoas acham que Rushdie retratou a religião delas de uma maneira distorcida e irreverente. Quer dizer, elas não estavam contra sua ficção, mas contra o fato de ele ter sido ofensivo.

— É possível escrever um romance respeitoso — perguntou Nassrin — e fazer isso bem? Além disso, o pacto com o leitor é de que não se trata da realidade, mas de um mundo inventado. Deve existir algum espaço amaldiçoado na vida onde possamos ser ofensivos, pelo amor de Deus — acrescentou ela, irritada.

Sanaz ficou atônita com aquela reação. Nassrin passou a maior parte da discussão desenhando linhas furiosas em seu caderno e, depois que fez seu pronunciamento, continuou com o desenho.

— O problema com os censores é que eles não são maleáveis. — Todas olhamos para Yassi. Ela deu de ombros, como se não pudesse evitar, a palavra a agradava.

— Vocês lembram como eles cortaram Ofélia da versão russa de *Hamlet* para a televisão?

— Daria um bom título para um ensaio — disse eu —, "Lamentando Ofélia". — Desde 1991, quando eu começara a dar palestras e conferências no exterior, sobretudo nos Estados Unidos e na Inglaterra, todo assunto imediatamente tomava a forma de um título para a apresentação de um artigo crítico ou de um ensaio.

— Tudo é ofensivo para eles — disse Manna. — Ou é política, ou sexualmente incorreto.

Olhando para seus cabelos curtos, seu suéter azul e o jeans, pensei o quão fora do lugar ela parecia, envelopada no volumoso tecido de seu véu.

Mahshid, que estivera calada até então, de repente falou.

— Tenho um problema com tudo isso — disse ela. — Ficamos falando sobre como Humbert é errado, e eu acho que ele é, mas não falamos sobre a questão da moralidade. Alguns assuntos *são* ofensivos para algumas pessoas. — Ela fez uma pausa, espantada com a própria impetuosidade. — Meus pais são muito religiosos. Isso é um crime? — ela perguntou, levantando os olhos para mim. — Eles não têm o direito de esperar que eu seja como eles? Por que devo condenar Humbert, mas não a menina do livro *Loitering with Intent* [Desperdiçando o tempo de propósito], e dizer que não há problema em ter uma relação adúltera? São questões sérias, e é difícil quando as aplicamos a nossas vidas — disse, baixando o olhar, como se procurasse uma resposta nos desenhos do tapete.

— Acho que uma mulher adúltera é muito melhor que uma mulher hipócrita — Azin replicou.

Azin estava nervosa naquele dia. Trouxera sua filha de 3 anos (a creche estava fechada; não havia ninguém para cuidar da menina), e tivemos dificuldade para convencê-la a sair de perto da mãe e assistir a desenhos animados em outra sala com Tahereh Khanoom, que nos ajudava com o trabalho doméstico.

Mahshid se virou para Azin e disse com sereno desdém:

— Ninguém estava falando em fazer uma escolha entre o adultério e a hipocrisia. O que quero dizer é: nós temos algum princípio moral? Achamos que tudo vale, que não temos responsabilidade em relação aos outros, apenas com a satisfação de nossas necessidades?

— Esse é o ponto crucial dos grandes romances — Manna acrescentou —, em *Madame Bovary* ou em *Anna Karenina*, ou nos textos em que Henry James trata do assunto, está a questão de fazer o que é certo ou fazer o que desejamos.

— E se dissermos que é certo fazer o que queremos fazer, e não o que a sociedade ou alguma autoridade nos diz para fazer? — perguntou Nassrin, dessa vez sem se incomodar em levantar os olhos do caderno. Havia algo no ar que não se relacionava diretamente com os livros que tínhamos lido. Nossa discussão nos levou a um terreno mais privado e particular, e minhas meninas se deram conta de que não podiam resolver os próprios dilemas do mesmo modo que Emma Bovary ou Lolita.

Azin se virou para a frente, seus grandes brincos de ouro brincando de esconde-esconde entre as mechas de seus cabelos.

— Precisamos ser honestas com nós mesmas — disse ela. — Essa é a primeira condição. Como mulheres, temos o mesmo direito que os homens de gostar de sexo? Quantas de nós diriam sim, nós temos direito, temos o mesmo direito de gostar de sexo, e se nossos maridos não nos satisfazem, então temos o direito de procurar essa satisfação em outro lugar? — Ela tentou dizer isso do modo mais natural possível, mas nos surpreendeu.

Azin era a mais alta de nosso grupo, a de cabelos louros e de pele leitosa. Ela costumava morder o canto do lábio inferior e lançar tiradas sobre amor, sexo e homens — como uma criança jogando uma grande pedra num lago; não só para chamar atenção, mas para molhar os adultos. Azin se casara três vezes, mais recentemente com um belo e rico comerciante de uma tradicional família da província, dona de bazares. Eu vira seu marido em muitas de minhas palestras e conferências, às quais geralmente minhas meninas assistiam. Ele parecia muito orgulhoso dela e sempre me tratou com exagerada deferência. Em todos esses encontros, ele fazia questão que eu estivesse confortável; se não houvesse água no palco, ele procurava corrigir o erro; se faltavam cadeiras, ele se dirigia aos funcionários dando-lhes ordens. Parecia que ele era o gentil e atencioso anfitrião que tinha nos cedido seu espaço, seu tempo, porque isso era tudo que ele tinha para oferecer.

Tinha certeza de que a agressão de Azin fora em parte dirigida contra Mahshid, e talvez, indiretamente, contra Manna também. Seus conflitos não eram apenas resultado de suas diferentes formações. Os arroubos de Azin e sua aparente fragilidade em relação à sua vida pessoal e seus desejos deixavam Manna e Mahshid, ambas de temperamento reservado, profundamente desconfortáveis. Azin sentia que as duas a desaprovavam. Seus esforços para estabelecer uma amizade foram rejeitados e considerados hipócritas.

Como de costume, a resposta de Mahshid foi o silêncio. Ela se fechou em si mesma e se recusou a preencher o vazio que a questão de Azin deixara. Seu silêncio se estendeu às outras, e finalmente foi quebrado pelo risinho nervoso de Yassi. Era uma boa hora para um intervalo, e fui até a cozinha preparar o chá.

Quando voltei, ouvi Yassi rindo. Tentando melhorar o clima pesado, ela dizia:

— Como Deus poderia ser tão cruel para criar uma mulher muçulmana com tanta sensualidade e tão pouco *sex appeal*?

Virou-se para Mahshid e a encarou com uma debochada expressão de horror.

Mahshid baixou o olhar e, tímida e elegante, levantou a cabeça, os olhos oblíquos se expandiam num sorriso indulgente.

— Você não precisa de *sex appeal* — disse a Yassi. Mas Yassi não desistiu.

— Ria, por favor, ria — implorou a Mahshid. — Dra. Nafisi, por favor, mande-a rir! — E a tentativa de riso de Mahshid foi asfixiada pelas risadas das outras.

Houve uma pausa e um silêncio enquanto eu colocava a bandeja de chá na mesa, e Nassrin subitamente disse:

— Eu sei o que significa estar aprisionada entre a tradição e a mudança. Estou nessa situação a minha vida inteira.

Ela sentou-se no braço da poltrona em que estava Mahshid, enquanto esta fez o melhor que pôde para beber seu chá e impedir que sua xícara esbarrasse em Nassrin, cujas mãos expressivas, movendo-se em todas as direções, chegaram perigosamente perto de derrubá-la diversas vezes.

— Sei muito bem como é isso — disse Nassrin. — Minha mãe é descendente de uma família rica, secular e moderna. Ela foi a única filha mulher, seus dois irmãos escolheram a carreira diplomática. Meu avô era muito liberal e desejava que ela terminasse seus estudos e entrasse na universidade. Ele a enviou para a escola americana.

— A escola americana? — repetiu Sanaz, enquanto brincava com os cabelos.

— Sim, naquela época a maioria das meninas nem mesmo terminava a escola secundária, não se importavam com a escola americana, enquanto minha mãe poderia falar inglês e francês. — Nassrin pareceu muito agradecida e orgulhosa desse fato. — Mas e depois, o que ela fez? Apaixonou-se por meu pai, seu tutor. Ela era péssima em matemática e em ciências. É irônico — disse Nassrin, levantando novamente a mão perto da xícara de Mahshid. — Minha família achou que meu pai, que tivera uma formação religiosa, estaria seguro com uma menina como minha mãe, e, de qualquer modo, quem poderia imaginar que uma jovem moderna como ela se interessaria por um jovem severo, que raramente sorria, nunca a olhava nos olhos, e cuja mãe e irmãs usavam o xador? Mas ela se apaixonou por ele, talvez porque fosse diferente, talvez porque, para ela, usar o xador e cuidar dele parecia mais romântico do que ir para a universidade, tornar-se médica ou algo assim.

"Ela disse que nunca se arrependeu de seu casamento, mas sempre falava sobre sua escola americana, sobre as antigas amigas do colégio, amigas que ela jamais tornou a ver depois que se casou. E ela me ensinou inglês. Quando eu era criança, ela me ensinou o alfabeto e depois comprou livros em inglês para mim. Nunca tive problemas com o inglês, graças a ela. Nem minha irmã, que é nove anos mais velha que eu. Era muito estranho para uma mulher muçulmana. Ela deveria ter nos ensinado árabe, mas jamais aprendeu a língua. Minha irmã se casou com um homem 'moderno' e foi viver na Inglaterra. Nós só os vemos quando viajam de férias."

O intervalo chegara ao fim, mas havíamos nos envolvido tanto com a história de Nassrin que até Azin e Mahshid decidiram fazer uma trégua. Quando Mahshid estendeu a mão para pegar um sonho de creme, Azin estendeu o prato com um sorriso amigável, forçando um agradecimento delicado.

— Minha mãe sempre foi fiel a meu pai. Ela mudou toda a sua vida por ele e nunca reclamou — continuou Nassrin. — A única concessão era permitir que ela fizesse aquela comida esquisita, uma comida francesa elegante, como meu pai a chamava, pois para ele toda comida mais refinada era francesa. Embora tivéssemos sido educadas segundo os preceitos de meu pai, a família de minha mãe e seu passado sempre estiveram nas sombras, revelando um outro tipo de vida. Ela é muito solitária, minha mãe. Não só porque nunca tenha se dado bem com a família de meu pai, que a considerava arrogante, orgulhosa e intrusa. Às vezes eu gostaria que ela cometesse adultério ou algo do tipo.

Mahshid olhou para ela, espantada, e Nassrin levantou e riu.

— Bem — disse ela —, ou algo do tipo.

A história de Nassrin e o confronto entre Azin e Mahshid alteraram de tal modo o clima da aula, que de repente ficou difícil retomar nossas discussões. Terminamos numa conversa despretensiosa, comentando sobre nossas experiências na universidade até o fim do horário da aula.

Ao partirem naquela tarde, minhas meninas deixaram para trás uma aura de seus problemas e dilemas sem solução. Eu estava exausta, e escolhi a única maneira que conhecia para lidar com os problemas: fui até a geladeira, me servi de sorvete de café, joguei café frio por cima, procurei por nozes e descobri que não havia mais nenhuma, fui então atrás de amêndoas, quebrei-as com os dentes e salpiquei-as sobre minha mistura.

Tinha consciência de que a atitude ofensiva de Azin era, em parte, defensiva, um modo de quebrar as defesas de Mahshid e Manna. Mahshid achava que Azin rejeitava sua formação tradicional, seus véus pesados e escuros, seu comportamento antiquado; ela não tinha ideia de quão contundentes seus silêncios insolentes podiam ser. Pequena e delicada, com seus broches de camafeu — ela realmente usava broches de camafeu —, brincos pequenos, blusas de tons pastel, quase sempre azuis, abotoadas até o pescoço, e seus pálidos sorrisos, Mahshid era a inimiga perfeita.

Será que ela e Manna sabiam como seus silêncios obstinados, sua frieza, sua desaprovação imaculada afetavam Azin, como a deixavam indefesa?

Num de seus confrontos, durante o intervalo, ouvi Mahshid dizer a Azin:

— Está certo, você tem suas experiências sexuais e seus admiradores. Você não é uma velha como eu. Sim, velha — eu não tenho marido rico, não dirijo carro, mas ainda assim você não tem o direito, não tem o direito de me desrespeitar.

— Como assim? De que forma faltei com o respeito? — Azin questionou.

Mahshid se virou e a deixou sozinha, com um sorriso frio nos lábios. Nenhuma de minhas conversas ou das discussões durante as aulas, ou com cada uma em particular, conseguiu melhorar as coisas entre as duas. A única concessão que elas faziam era tentar deixar a outra em paz durante as aulas. Não eram muito flexíveis, como diria Yassi.

16

Foi assim que tudo começou? Foi no dia em que, sentados ao redor de sua mesa de jantar, comíamos nossos sofríveis sanduíches de queijo e presunto, que chamávamos de *croque monsieur*? Em algum momento, devemos ter notado em nossos olhos a mesma expressão de prazer, porque começamos a rir simultaneamente. Levantei meu copo com água e disse: Quem imaginaria que uma simples refeição nos pareceria um banquete de reis? Ele respondeu: Temos que agradecer à República Islâmica do Irã por nos deixar redescobrir e até mesmo ansiar por todas as coisas a que não dávamos importância: poderíamos escrever um ensaio sobre o prazer de comer um sanduíche de presunto. Oh, as coisas pelas quais temos de ser gratos!, disse eu. E aquele dia memorável foi o começo de nossa longa lista de débitos para com a República Islâmica: festas, tomar sorvete em público, se apaixonar, ficar de mãos dadas, usar batom, rir em público e ler *Lolita* em Teerã.

De vez em quando nos encontrávamos em algum ponto do amplo e frondoso caminho para as montanhas, durante nossas caminhadas vespertinas. Costumava me perguntar o que os membros do Comitê Revolucionário pensariam desses encontros. Pensariam se tratar de uma conspiração política ou de um encontro de amantes? Era encorajador pensar que eles talvez jamais pudessem adivinhar o propósito verdadeiro de nossos encontros. A vida não ficava excitante quando cada simples ato adquiria a complexidade de uma perigosa missão secreta? Sempre tínhamos algo para trocar — livros, artigos, fitas cassete, caixas de chocolate que ele recebia da Suíça; os chocolates eram caros, sobretudo os suíços. Ele trazia vídeos de filmes raros, a que primeiro meus filhos e eu assistiríamos, depois eu veria com minhas alunas: *Uma noite na ópera*, *Casablanca*, *O pirata*, *Johnny Guitar*.

Meu mágico costumava dizer que podia ter uma boa ideia de uma pessoa por meio de suas fotografias, especialmente pelo ângulo do nariz. Depois de alguma indecisão, levei para ele algumas fotos de minhas meninas, e aguardei, ansiosa, sua opinião. Ele ia segurando uma de cada vez, analisando cada uma delas de perspectivas diferentes, e então fazia um breve comentário.

Gostaria que ele lesse os textos que elas escreviam, os desenhos que faziam. Queria saber o que ele achava. Elas são boas pessoas, disse ele, olhando para mim com aquele sorriso irônico de um pai indulgente. Boas pessoas? Queria que ele dissesse que elas eram geniais, embora tivesse gostado de me certificar de que eram boas pessoas. Duas delas, ele achava, poderiam fazer algo com seus textos. Devo trazê-las até você? Você se encontraria com elas? Não, ele estava tentando se livrar das pessoas, e não queria mais gente em sua vida.

17

Cincinnatus C., o herói de *Invitation to a Beheading*, fala de uma "qualidade rara do tempo... a pausa, o hiato, quando o coração é como uma pluma... parte de meus pensamentos está sempre se acumulando em volta do cordão umbilical invisível, que une este mundo a algo — sobre o qual não devo ainda nada dizer". A libertação de Cincinnatus por seus carcereiros depende da descoberta desse cordão invisível, que está dentro dele mesmo e que o conecta a outro mundo, só assim ele poderá escapar do mundo encenado e falso de seus executores. No prefácio de *Bend Sinister*, Nabokov descreve uma ligação similar, algo que aparece para Krug, seu herói ficcional, em vários trechos do romance: uma conexão que o leva de seu mundo a um outro, repleto de ternura, brilho e beleza.

Acredito que de muitas maneiras as leituras e discussões dos romances se tornaram para nós um momento de reflexão, nosso elo com aquele outro mundo de "ternura, brilho e beleza". Mas, logo em seguida, éramos forçadas a retornar.

Em um de nossos intervalos, enquanto nos distraíamos com café e biscoitos, Mitra começou a nos contar como se sentia quando subia as escadas toda quinta-feira pela manhã. A cada passo seu, ela se sentia deixando, gradualmente, a realidade para trás, a escuridão, saindo da cela escura e úmida em que vivia para emergir por algumas horas ao ar livre e sob o brilho do sol. Então, quando a aula terminava, ela voltava para sua cela. Na época, achei que era um fator contra a aula, como se ela precisasse garantir o ar livre e o brilho do sol além de seus limites. A confissão de Mitra provocou um debate sobre como precisávamos dessa pausa da vida real, para podermos regressar a ela, revigoradas e prontas para confrontá-la. Mesmo assim, a observação de Mitra ficou dentro de mim: e depois da pausa? Quiséssemos ou não, nossa vida, fora daquela sala, fazia suas exigências.

Foi o clima de conto de fadas ao qual Mitra aludira, entretanto, que tornou possível que todas nós, as oito mulheres, trocássemos confidências e partilhássemos tanto de nossas vidas secretas. Essa aura de afinidade mágica tornou possível que Mahshid e Manna encontrassem um modo de coexistir pacificamente com Azin durante algumas horas, toda quinta-feira. Foi esse clima que permitiu que desafiássemos a realidade repressora fora daquela sala — e de certa forma nos vingássemos daqueles que controlavam nossas vidas. Durante aquelas horas preciosas nos sentíamos livres para falar de nossos sofrimentos e alegrias, de nossas dificuldades e fraquezas; naquelas horas suspensas no tempo abdicávamos das responsabilidades com nossos pais, parentes e amigos, e com a República Islâmica. Expúnhamos os acontecimentos de nossa vida em nossas próprias palavras, e nos víamos em nossa própria imagem.

Nossa discussão sobre *Madame Bovary* nos fez passar da hora. Isso já ocorrera antes, mas dessa vez ninguém queria ir embora. A descrição da mesa do jantar, do vento nos cabelos de Emma, do rosto que ela vê antes de morrer — esses detalhes nos detiveram por horas. No começo, nossas aulas iam de nove ao meio-dia, mas aos poucos esse horário foi se estendendo pela tarde. Sugeri naquele dia que continuássemos a discussão e que todas ficassem para o almoço. Acho que foi assim que estabelecemos os almoços.

Lembro que tudo que tínhamos na geladeira eram ovos e tomates, e então fizemos omelete de tomate. Duas semanas depois, fizemos uma festa. Cada uma das meninas cozinhara algo especial — arroz e carneiro, salada de batata, arroz de açafrão e um grande bolo redondo. Minha família se juntou a nós e nos reunimos em torno da mesa, conversando e rindo. *Madame Bovary* fez o que anos de ensino na universidade não haviam conseguido: criar uma intimidade compartilhada.

Nos anos em que frequentaram minha casa, elas conheceram minha família, minha cozinha, meu quarto, meu modo de vestir e de falar em casa. Nunca coloquei os pés em suas casas, não conheci a mãe traumatizada, o irmão delinquente, a irmã tímida. Jamais pude localizar suas narrativas pessoais num contexto, num lugar. Eu só pude conhecê-las no espaço mágico da sala de minha casa. Elas chegavam num estado de suspensão, trazendo seus segredos, dores e talentos.

Aos poucos, minha vida e minha família se tornaram parte da paisagem, entrando e saindo durante os intervalos. Tahereh Khanoom algumas vezes se juntava a nós para contar histórias sobre seu lado da cidade, como ela gostava de dizer. Certo dia, minha filha Negar caiu num pranto convulsivo. Ela estava histérica. Dizia, entre lágrimas, que não podia chorar *ali*; que não queria chorar na frente *delas*. Manna foi à cozinha e voltou com Tahereh Khanoom e um copo d'água. Envolvi Negar nos braços e tentei acalmá-la. Tirei seu véu e sua túnica azul-marinho delicadamente; sob o espesso tecido do véu, seu cabelo estava molhado de suor. Enquanto desabotoava seu uniforme, pedi que nos contasse o que acontecera.

Naquele dia, durante o último tempo de aula de ciências, a diretora e a professora de moralidade entraram na sala e disseram às meninas para colocarem as mãos sobre as carteiras. Toda a turma foi levada para fora da sala, sem qualquer explicação, suas mochilas foram vasculhadas à procura de armas e contrabando: fitas cassete, romances, pulseiras da amizade. Seus corpos foram examinados, as unhas inspecionadas. Uma das alunas, uma menina que voltara dos Estados Unidos com a família no ano anterior, foi levada à sala da diretora: suas unhas estavam muito compridas. A própria diretora as cortou, tão curtas que sangraram. Negar vira a menina no pátio da escola depois que foram liberadas, ela aguardava a hora de voltar para casa. A professora de moralidade estava ao lado dela, desestimulando outras estudantes a se aproximarem. Para Negar, o fato de nem sequer poder chegar perto da amiga para consolá-la foi tão ruim quanto o trauma de ter sido revistada. Ela continuava repetindo: Mamãe, ela não conhece todas as nossas normas e regras, acabou de chegar dos Estados Unidos. Como acha que ela se sente quando nos forçam a pisar na bandeira americana e gritar "morte aos Estados Unidos"? Enquanto eu a embalava e enxugava a mistura de suor e de lágrimas de sua pele suave, ela repetia: Eu me odeio, eu me odeio.

Esse fato, é claro, desviou toda a nossa atenção. As meninas tentavam distrair Negar, fazendo graça e contando as próprias histórias, como uma vez em que Nassrin fora enviada ao comitê disciplinar para que examinassem seus cílios. Como os cílios dela eram longos, havia a suspeita de que estivesse usando rímel.

— Isso não é nada — disse Manna — comparado ao que aconteceu com as amigas da minha irmã, da Universidade Politécnica Amir Kabir. Durante o almoço, três delas estavam no pátio comendo maçãs. Foram repreendidas pelos guardas por estarem mordendo as maçãs de modo muito sedutor!

Algum tempo depois, Negar estava rindo com as meninas e, finalmente, foi com Tahereh Khanoom almoçar.

18

Imagine que você está andando por um caminho coberto de folhas. É o começo da primavera, antes do anoitecer, por volta das seis da tarde. O sol começa a desaparecer, e você caminha sozinha, acariciada pela leve brisa da tarde. Então, de repente, sente uma gota pesada sobre seu braço direito. Está chovendo? Você olha para cima. O céu ainda está ensolarado. Segundos depois, outra gota. Então, junto com os raios do sol você é encharcada por uma chuva de verão. É assim que as memórias me invadem, abrupta e inesperadamente: encharcada, de uma hora para outra estou sozinha outra vez naquela trilha ensolarada, com a lembrança da chuva.

Havia comentado que estávamos naquela sala para nos proteger da realidade do lado de fora. Também disse que essa realidade se impunha a nós como uma criança mimada e petulante que não dá um minuto de folga aos pais frustrados. Criando e moldando nossas intimidades, ela nos tornava cúmplices inesperadas. Nossas relações se tornaram pessoais de diferentes maneiras. Não só as atividades mais comuns ganhavam uma nova cor à luz de nosso segredo, mas nosso dia a dia algumas vezes adquiriu a qualidade de faz de conta ou de ficção. Tínhamos que revelar aspectos de nós mesmas que nem mesmo sabíamos que existiam. Muitas vezes sentia que estava sendo despida na frente de estranhas.

19

Poucas semanas atrás, enquanto dirigia pela George Washington Memorial Parkway, meus filhos e eu tecíamos reminiscências sobre o Irã. Notei, com uma súbita apreensão, o tom descompromissado que eles adotaram ao falar sobre o próprio país. Diziam "eles", "eles lá naquele lugar". Que lugar? Onde vocês enterraram seu canário perto de um canteiro de rosas, com seu avô? Onde sua avó lhes trazia chocolates que nós os proibimos de comer? Eles não se lembravam de muitas coisas. Algumas lembranças os deixavam tristes e nostálgicos; outras, eles rejeitavam. Os nomes de meus pais, da tia e do tio de Bijan, dos amigos mais próximos, eles evocavam como mantras mágicos que alegremente tomavam forma e desapareciam a cada vez que os pronunciavam.

O que disparou nossas lembranças? Foi o CD do The Doors que meus filhos estavam tão acostumados a ouvir no Irã? Eles o compraram para mim de presente de Dia das Mães, e o estávamos escutando no carro. A voz sedutora de Jim Morrison rugia do aparelho: "*I'd like to have another kiss...*" Sua voz se alongava, curvava e retorcia, enquanto conversávamos e ríamos. "*She's a twentieth-century fox...*" Algumas lembranças os entediavam, outras os divertiam, como quando riam lembrando-se da mãe dançando pela casa, cantando: "*C'mon baby light my fire...*" Eles me dizem que já se esqueceram de tanta coisa; tantos rostos ficaram obscuros. Quando pergunto se eles se lembram disso ou daquilo; em geral, não se lembram. Jim Morrison canta agora uma canção de Brecht: "*Oh, show me the way to the next whiskey bar*", e nós o acompanhamos no verso seguinte, "*Oh, don't ask why...*" Mesmo quando vivíamos no

Irã, eles, como a maioria das crianças, tinham pouca afeição pela música persa. Eles a relacionavam a canções políticas e marchas militares — por prazer, ouviam qualquer outra coisa. Fiquei impressionada quando me dei conta de que suas lembranças de filmes e canções da infância, no Irã, eram The Doors, Irmãos Marx e Michael Jackson.

Uma lembrança os deixou revigorados. É surpreendente, pois eles se recordam de todos os detalhes que eu esqueci. Enquanto vou relembrando e as imagens vão se formando na mente, as vozes se sobrepondo umas às outras, Jim Morrison aos poucos vai desaparecendo do pano de fundo. Sim, Yassi estava lá em casa naquele dia, não estava? Eles se recordam de todas, mas Yassi é a aluna de quem mais se lembram, porque houve determinado momento em que ela se tornou muito próxima da família. Todos faziam parte: Azin, Nima, Manna, Mahshid e Nassrin eram presenças constantes em nossa casa. Embora eu desaprovasse, elas costumavam mimar meus filhos trazendo-lhes presentes. Com tolerância e curiosidade, minha família aceitara esses intrusos como mais uma de minhas excentricidades.

Aconteceu no verão de 1996, quando meus dois filhos estavam de férias. Era uma manhã preguiçosa. Estávamos descansados e preparamos o café da manhã mais tarde. Yassi tinha ficado em nossa casa desde a noite anterior. Era comum isso ocorrer, de modo que estávamos acostumados. Ela dormia num quarto contíguo à sala, que supostamente era meu escritório, mas que eu achava muito barulhento. Eu havia mudado meu escritório para o andar de baixo, uma sala no porão, com duas janelas que se abriam para um pequeno jardim.

Era uma sala repleta de quinquilharias, uma escrivaninha e um velho laptop, alguns livros, minhas roupas de inverno, uma cama improvisada e um abajur para Yassi. Algumas vezes ela passava horas naquele cômodo com a luz apagada, por causa de suas dores de cabeça. A jovem tinha essas dores quase todas as vezes que regressava de sua cidade natal. Naquela manhã, lembro que ela parecia radiante. Assim é como a vejo: na cozinha ou no hall. Imagino-a imitando algum professor, rindo sem parar.

Durante aquele verão, Yassi passou muitos dias me seguindo pela casa e contando histórias. Nossos lugares preferidos eram a cozinha e o hall, e eu gostava do fato de que ela, ao contrário dos adultos e de meus próprios filhos, realmente apreciava o que eu cozinhava. Yassi adorava minhas panquecas e rabanadas, minhas misturas de ovos, tomates e verduras. Nunca deu um daqueles sorrisos condescendentes que meus amigos costumam me dar, como se dissessem: Quando vai aprender a cozinhar? Enquanto eu cozinhava, ela ficava a meu lado contando histórias, principalmente sobre suas aulas. Negar, então com 11 anos, se juntava a nós, e ficávamos conversando durante horas.

Naquele dia Yassi falava sobre seu assunto predileto: os tios. Tinha cinco tios e três tias. Um dos tios fora morto pela Revolução Islâmica, os outros viviam nos Estados Unidos ou na Europa. As mulheres eram a espinha dorsal da família, de quem todos dependiam. Elas trabalhavam em casa e fora de casa. Seus casamentos foram arranjados pela família quando eram muito jovens, com homens muito mais velhos; e exceto uma das irmãs — a mãe de Yassi —, todas tinham que tolerar maridos mimados, mal-humorados, inferiores a elas, intelectualmente e em outros aspectos.

Eram os homens, os tios, que sempre detiveram a promessa de futuro para Yassi. Eles eram como Peter Pan, aparecendo de vez em quando da Terra do Nunca. Quando iam a sua cidade, aconteciam reuniões e celebrações intermináveis. Eles haviam visto coisas que ninguém mais vira, fizeram coisas que ninguém mais fizera. Tudo que os tios diziam era fascinante. Eles chegavam até ela e brincavam com seus cabelos, perguntando: Ei, menininha, o que você anda fazendo?

Era uma manhã calma e tranquila. Usava meu longo roupão de ficar em casa, encolhida numa poltrona na sala, ouvindo a história de Yassi sobre um poema que um dos tios lhe enviara. Tahereh Khanoom estava na cozinha. Pela porta aberta da sala de jantar, podíamos ouvir diferentes barulhos, o gotejar da água da torneira caindo sobre potes e panelas, um fragmento de frase dirigida a uma das crianças que estava no corredor próximo à cozinha, risadas e resmungos se alternando. Lembro-me de narcisos brancos e amarelos; a sala inteira estava repleta de vasos com narcisos. Não coloquei os vasos nas mesas, mas no chão, ao lado de um quadro de flores amarelas em dois vasos azuis, também no chão.

Aguardávamos o café turco de minha mãe. Ela fazia um maravilhoso café turco, grosso, agridoce, que lhe servia como desculpa para invadir minha casa periodicamente. Em diferentes momentos do dia, podíamos ouvi-la chamando pela porta de comunicação para nosso apartamento. "Tahereh, Tahereh", ela chamava, e continuava chamando, mesmo depois que Tahereh e eu respondíamos. Convicta de que nós queríamos mesmo o café, ela desaparecia, às vezes durante mais de uma hora.

Pelo que me lembro, era esse o modo de comunicação de minha mãe. Interessada em saber sobre minhas aulas nas manhãs de quinta-feira e muito orgulhosa para aparecer sem um convite, ela usava o café turco para ser admitida no santuário. Certa manhã, ela "por acaso" subiu e me chamou da cozinha. Suas convidadas querem café?, perguntou, olhando de soslaio através da porta aberta para minhas alunas curiosas e sorridentes. Dessa maneira, outro ritual passou a fazer parte daquelas manhãs de quinta-feira: a hora do café turco de minha mãe. De imediato, ela escolheu suas preferidas entre minhas alunas e tentou estabelecer relações individuais com elas.

Pelo que me lembro, ela era capaz de convidar pessoas completamente desconhecidas para tomar café em nossa casa. Uma vez fomos obrigados a mandar embora um homem com um porte atlético de dar medo, de trinta e muitos anos, que, por engano, tocou a campainha de meu apartamento, procurando por uma senhora que o convidara para aparecer e tomar um café com ela quando estivesse pela vizinhança. Os seguranças do hospital em frente a nossa casa eram seus "clientes" habituais. No começo, eles ficavam de pé, com a xícara de café nas mãos; com o tempo, por insistência de minha mãe, passaram a sentar desconfortavelmente na beirada das cadeiras enquanto fofocavam sobre a vizinhança e os acontecimentos no hospital. Foi por isso que, tempos depois, ficamos sabendo dos detalhes do que aconteceu naquele dia.

Yassi e eu aguardávamos nosso café, dispersas no infinito deleite de não ter o que fazer, na ausência de qualquer urgência, quando a campainha tocou, soando mais alta do que de hábito, por causa da quietude da rua. Enquanto a campainha toca mais uma vez em minha memória, ouço Tahereh Khanoom arrastando seus chinelos até a porta da frente do apartamento. Escuto os passos que desaparecem gradualmente enquanto ela desce as escadas até a porta de entrada da casa. Ouvimos uma breve troca de palavras entre ela e um homem.

Tahereh Khanoom voltou muito assustada. Havia dois policiais civis na porta, ela explicou, membros do Comitê Revolucionário. Eles queriam fazer uma incursão de surpresa no apartamento do inquilino do sr. Colonel. O sr. Colonel era nosso novo vizinho, a quem minha mãe insistia em ignorar por causa de seus modos de novo-rico. Ele destruíra um belo jardim próximo a nossa casa para construir um prédio de três andares, de pedras cinzentas e horroroso. Ele morava no segundo andar, sua filha no terceiro, e o primeiro estava alugado. Tahereh Khanoom explicou que "eles" queriam prender o inquilino do sr. Colonel, mas não conseguiam entrar na casa. Pretendiam, portanto, entrar por nosso quintal, pular o muro e entrar na casa do vizinho. É óbvio, ou talvez não fosse muito óbvio, que gostaríamos de negar-lhes essa permissão. Como Tahereh Khanoom sabiamente observou: Para que serve um membro do Comitê sem uma ordem judicial, e que só pode entrar na casa das pessoas pelos fundos da casa de seus vizinhos? Eles não precisavam de ordens judiciais quando invadiam a casa de pessoas decentes a qualquer hora, então por que estavam tão impotentes para entrar na casa desse vigarista? Tínhamos nossas diferenças com nosso vizinho, mas não íamos entregá-lo ao Comitê.

Enquanto Tahereh Khanoom relatava o ocorrido, houve uma comoção na rua. Ouvimos vozes de homens falando rápido, pessoas correndo, o som do motor de um carro sendo ligado. Ainda não havíamos encerrado nossos comentários críticos sobre o Comitê quando tocaram novamente a campainha. Dessa vez, com mais persistência. Minutos depois, Tahereh

Khanoom voltou, acompanhada de dois jovens de uniforme cáqui, que era moda na época entre os guardas revolucionários. Eles explicaram que não precisavam mais entrar por nosso quintal para chegar até a casa do vizinho: o acusado pulara para nosso jardim, onde ainda estava, escondido e armado. Eles queriam usar nosso terraço do terceiro andar para mantê-lo ocupado atirando, enquanto seus colegas tentavam prendê-lo. Nossa permissão não era necessária, mas eles tinham consideração "pelas mulheres e pelas mães dos outros", e por isso a pediam. Com gestos e palavras, eles deixaram claro que o homem era perigoso: não era apenas um traficante de drogas armado, mas tinha outros crimes em seu nome.

Três outros homens, que subiram a escada, acompanhavam nossos dois intrusos. O que passou por minha cabeça naquele momento foi exatamente o que preocupou Tahereh Khanoom, como descobri depois. No andar de cima, num canto do grande terraço, tínhamos escondido nossa antena parabólica, grande e proibida. Quando tudo passou, ficamos nos perguntando por que nossa preocupação não se concentrou tanto em nossas vidas, ou no fato de que cinco estranhos armados usavam nossa casa para um tiroteio com um vizinho, que também estava armado, escondido em algum lugar do jardim. Nós, como todos os cidadãos iranianos normais, éramos culpados e tínhamos algo a esconder: estávamos preocupados com nossa antena parabólica. Tahereh Khanoom, que era mais cabeça fresca que eu e dominava melhor a língua que eles falavam, foi designada para subir com os homens. Yassi ficou encarregada de cuidar de meus dois filhos assustados, e eu acompanhei os dois homens até a varanda de meu quarto, que dava para o quintal. No meio de toda aquela confusão, num determinado momento, pensei: Que boa história para os tios de Yassi. Aposto que até mesmo eles não podem superá-la.

Os acontecimentos daquele dia, mesmo depois que meus filhos e eu examinamos cada detalhe, ainda nos parecem confusos. Quando me lembro, parece que eu estava em todos os lugares ao mesmo tempo. Como o gênio do desenho animado de *Aladin*, uma hora eu estava na varanda de meu quarto, no meio do fogo cruzado, ouvindo os membros do Comitê ameaçarem o acusado, enquanto relatavam todos os detalhes de sua história pecaminosa, afirmando que ele era apoiado por "pessoas em altos postos", o que explicava o fato de não conseguirem uma ordem judicial de busca e apreensão; em seguida, estava no andar de cima, assegurada por Tahereh Khanoom de que os guardas estavam muito ocupados para prestar atenção em nossa antena parabólica. Depois ela me contou que os guardas tentaram usá-la como escudo, dizendo que o homem atiraria neles, mas não numa mulher.

No meio do tiroteio, os membros do Comitê revelaram que, se conseguissem chegar a um bom termo em seu empreendimento, nosso vizinho seria provavelmente liberado por seus patronos poderosos. Um deles me advertiu insistentemente sobre a maléfica natureza daquele acusado, que naquele momento se escondia no canto mais afastado do jardim, sob a sombra generosa de meu salgueiro favorito. Com um desespero cômico, ele começou a lamentar a inutilidade da natureza de sua missão para nós — que considerávamos os dois lados igualmente criminosos e invasivos, e a quem queríamos fora de nossas vidas o mais rápido possível.

A perseguição se transferira para a casa de nosso vizinho, cujos dois filhos assustados e a babá deles foram se refugiar na rua. Uma das janelas da casa foi destruída pelas balas. O acusado se escondeu por algum tempo num pequeno quarto de ferramentas nos fundos do jardim, perto da piscina, mas os guardas o cercaram por todos os lados. Ele jogou a arma dentro da piscina — o motivo, eu não saberia dizer —, e a cena se transferiu para a rua. Trouxemos os filhos do vizinho para nossa casa. As crianças — as do vizinho e as minhas —, Yassi e eu olhamos pela janela, enquanto os homens do Comitê jogaram sua presa no banco de trás de um Toyota branco; ele não parava de gritar, chamava por sua mulher e seu filho, e advertia a mulher para que em hipótese alguma abrisse a porta de casa.

No fim daquele dia, tomamos nosso café — Yassi, Tahereh Khanoom, as crianças, eu e os seguranças do hospital — reunidos na sala da casa de minha mãe para trocar nossas versões da história. Os seguranças nos forneceram informações a respeito do inquilino do sr. Colonel. Ele tinha pouco mais de 30 anos. Sua arrogância e seus modos grosseiros provocaram o ódio e o medo dos funcionários do hospital. Nas últimas seis semanas, nossa rua ficara sob a vigilância dos membros do Comitê, que, enfim, decidiram agir.

Todos concluímos que devia se tratar de uma luta entre facções e que o acusado certamente trabalhava para altos funcionários do governo. Isso explicaria como alguém tão jovem conseguia pagar um aluguel caríssimo, o ópio e os carros antigos em sua garagem. Os seguranças do hospital ficaram sabendo que ele era um dos terroristas responsáveis por uma série de assassinatos em Paris nos últimos dez anos. Nosso próprio comitê investigativo previu que ele seria liberado em breve. Como de fato ocorreu, as previsões estavam corretas: ele não só foi libertado, mas chegou a bater a nossa porta, tentando persuadir Tahereh Khanoom a apresentar uma queixa contra os membros do Comitê Revolucionário que invadiram nossa casa para prendê-lo, algo que não fizemos.

Naquela noite, enquanto meu marido e eu tomávamos chá em outra reunião na casa de nosso vizinho, as crianças, intrigadas pelos acontecimentos do dia, resolveram inspecionar todos os cenários do conflito armado. Elas descobriram um pequeno gravador numa jaqueta de couro que o prisioneiro escondera no quarto de ferramentas. Éramos cidadãos cumpridores da lei e, depois de ouvir uma conversa incompreensível sobre alguns caminhões, entregamos o gravador e a jaqueta ao Comitê, apesar dos protestos apaixonados das crianças.

Essa história foi repetida muitas vezes, inclusive na quinta-feira seguinte, quando Tahereh Khanoom e meus filhos, que àquela altura já tinham perdido sua tímida curiosidade — e com ela o necessário decoro que os mantinham afastados do local da aula —, reencenaram o acontecimento para uma plateia ansiosa e sorridente. Foi interessante constatar como "eles", os homens do Comitê, eram tão impotentes, tão inábeis e amadores. Como Yassi observou, já havíamos assistido a filmes de ação melhores. Ainda assim, não serviu de consolo saber que nossas vidas estavam nas mãos de idiotas incapazes. Apesar de todas as piadas e do poder que sentimos, a casa ficou menos segura depois daquele dia, e por um longo tempo nos assustávamos cada vez que a campainha tocava.

A campainha se tornou uma advertência daquele outro mundo que tentávamos transformar numa piada. Haviam se passado poucos meses quando outro toque de campainha trouxe mais dois membros do Comitê a nossa casa. Eles chegaram de surpresa para levar nossa antena parabólica. Quando saíram, nossa casa ficou em semiluto. Minha filha, reagindo a minha advertência sobre sua atitude mimada, me perguntou com amargo desdém como eu poderia compreender sua aflição. Quando você tinha minha idade, ela disse, foi castigada por usar cadarços coloridos nos sapatos, por correr no pátio da escola, por tomar sorvete em público?

Tudo isso foi discutido em detalhes em minha aula na quinta-feira seguinte. Novamente, passamos de um assunto para o outro, sobre nossas vidas e os romances: era tão surpreendente que apreciássemos tanto *Invitation to a Beheading*? Éramos todos vítimas da natureza arbitrária de um regime totalitário, que constantemente se intrometia na privacidade de nossas vidas e impunha sua implacável ficção a nós. Eram essas as regras do Irã? Que tipo de memória estávamos criando para nossos filhos? Essa agressão constante, essa persistente ausência de bondade era o que mais me aterrorizava.

20

Poucos meses antes, Manna e Nima vieram me pedir um conselho. Eles haviam economizado algum dinheiro e estavam em dúvida entre comprar alguns "itens de necessidade", como eles mesmos disseram, ou uma antena parabólica. Não tinham muito dinheiro e a quantia que juntaram dando aulas particulares não era alta. Mesmo depois de quatro anos de casamento, como muitos outros jovens casais, ainda não possuíam o suficiente para viver por conta própria. Moravam com a mãe e a irmã mais nova de Manna. Naquele dia, não lembro o conselho que lhes dei, mas logo em seguida eles compraram uma antena parabólica. Ficaram eufóricos com a compra e, depois disso, todo dia eu ouviria sobre um novo clássico americano a que tinham assistido na noite anterior.

As antenas parabólicas se tornaram uma febre em todo o Irã. Não eram só pessoas como eu, ou os escolarizados, que ansiavam por elas. Tahereh Khanoom nos disse que, nos bairros mais pobres e mais religiosos de Teerã, a família que possuía uma antena parabólica poderia alugar o horário de certos programas para os vizinhos. Lembro que, quando visitei os Estados Unidos em 1996, David Hasselhoff, ator do seriado *Baywatch*,* alardeou que seu programa era o mais popular no Irã.

Manna e Nima nunca foram meus alunos. Eles faziam pós-graduação em literatura inglesa na Universidade de Teerã. Leram meus artigos e ouviram falar de minhas aulas por intermédio de amigos, e um dia simplesmente apareceram. Eles me perguntaram se poderiam frequen-

* Na TV aberta brasileira foi exibido com o título de *SOS Malibu*. [*N. do T.*]

tar as aulas como ouvintes. Depois disso, assistiram a cada aula que dei, assim como minhas palestras e conferências. Eu me lembro de vê-los nas conferências, a maioria das vezes de pé perto da porta, sempre sorrindo. Sentia que seus sorrisos eram uma espécie de encorajamento para que eu continuasse a falar sobre Nabokov, Bellow e Fielding, seus sorrisos queriam me dizer que era crucial que eu continuasse a fazer o que fazia, apesar do preço a pagar, seja por mim ou por eles.

Manna e Nima se conheceram na Universidade de Shiraz e se apaixonaram, em grande parte por causa do interesse comum pela literatura, e por seu isolamento da vida universitária em geral. Manna certa vez me contou que o relacionamento deles era baseado em palavras, mais do que em qualquer outra coisa. Durante o namoro, trocaram cartas e leram poemas um para o outro. Tornaram-se adictos no mundo seguro que criaram por meio das palavras, um mundo secreto em que tudo que era hostil e incontrolável se tornava suave e articulado. Ela escrevia sua tese sobre Virginia Woolf e os impressionistas; ele escrevia sobre Henry James.

Manna costumava se animar de um modo bastante sereno, sua alegria parecia vir de alguma parte interior desconhecida dentro dela mesma. Ainda posso me lembrar do dia que vi Nima e ela pela primeira vez em minha sala de aula. Eles me faziam lembrar de meus dois filhos, que sempre conspiravam algo para me fazer feliz. No começo, Nima era o mais falante dos dois. Ele andava a meu lado, e Manna seguia um pouco atrás. Nima conversava e me contava histórias, e Manna espiava por trás para observar minha reação. Era raro ela se oferecer para falar. Foi só depois de muitos meses, que, por insistência minha, ela me mostrou alguns de seus poemas, e por isso foi obrigada a conversar diretamente comigo, e não mais por intermédio de Nima.

Escolhi para eles nomes que rimam, embora na vida real seus nomes soem muito diferentes. Estava tão acostumada a ver os dois juntos, expressando os mesmos pensamentos e sentimentos, que para mim eram como irmãos que acabaram de descobrir algo maravilhoso no quintal de sua casa, uma porta de entrada para um reino mágico. Eu era a fada-madrinha, a excêntrica mulher em quem podiam confiar.

Enquanto separávamos papéis e reorganizávamos meu escritório em minha casa, arquivando os romances lado a lado na estante e organizando minhas anotações, eles compartilhavam histórias e fofocas sobre a Universidade de Teerã, onde eu tivera uma cátedra anos antes. Conhecia muitas pessoas de quem eles falavam, incluindo nosso vilão favorito, o professor X, que alimentava um ódio refinado e persistente em relação a Nima e Manna. Era um dos poucos professores que não havia se demitido, ou sido expulso, desde que saí da universidade. Agora, ele pensava que não o respeitavam suficientemente. O professor X desenvolvera uma técnica eficiente para resolver todas as questões complicadas da crítica literária: ele colocava em votação todos os assuntos de interpretação. Como os votos eram contados a partir de mãos levantadas, os debates tendiam a ser resolvidos a favor dele.

Seu principal conflito com Manna e Nima foi provocado por um texto que Manna escreveu sobre Robert Frost. Na aula seguinte, ele informou à turma sobre seus pontos de discordância em relação à tese dela e pediu aos alunos que votassem. Todos os alunos, exceto Manna, Nima e um outro aluno votaram a favor do ponto de vista do professor. Depois da votação, o professor se dirigiu a Nima e lhe perguntou por que ele era um desertor. Seria talvez por que sua mulher fizera nele uma lavagem cerebral? Quanto mais o professor os questionava e colocava suas ideias em votação, mais obstinados eles se tornavam. Eles levaram livros de críticos conceituados para fundamentar suas ideias contra as do professor. Num acesso de raiva, o professor os expulsou da sala de aula.

Um dos alunos decidiu escrever sua tese sobre *Lolita*. Ele não usou fontes e não tinha lido Nabokov, mas sua tese agradou o professor, que tinha um especial fascínio por meninas que destruíam a vida de homens intelectuais. Esse aluno queria escrever sobre o modo que Lolita seduzira Humbert, um "poeta intelectual", e arruinara sua vida. O professor X, com uma expressão séria, perguntou ao aluno se ele tinha conhecimento das perversões sexuais de Nabokov. Nima, com um tom de zombaria em sua voz, imitou o professor, balançando a cabeça de modo pesaroso e dizendo como, romance após romance, podemos ver vidas de intelectuais sendo destruídas por fêmeas frívolas. Manna podia jurar que o professor continuou lançando-lhes olhares venenosos enquanto prosseguia com o próprio assunto favorito. Mas, a despeito de suas opiniões sobre as jovens megeras frívolas de Nabokov, quando esse homem começou a "procurar" por uma nova esposa, sua principal condição foi que a idade dela não ultrapassasse 23 anos. Sua segunda mulher, escolhida cuidadosamente, era pelo menos duas décadas mais jovem do que ele.

21

Numa manhã de quinta-feira, tão quente que parecia que o calor havia entranhado em nossa casa refrigerada, sete de nós conversávamos antes de a aula começar. Falávamos sobre Sanaz. Ela perdera a aula da semana anterior e nem sequer telefonara para dar uma explicação, e agora não sabíamos se viria outra vez. Ninguém, nem mesmo Mitra, sabia qualquer coisa sobre ela. Imaginávamos que talvez seu irmão problemático tivesse aprontado novamente. O irmão de Sanaz era um assunto constante em nossas conversas, um de uma série de vilões masculinos que ressurgiam a cada semana.

— Nima me disse que não compreendemos a dificuldade que os homens têm que enfrentar no Irã — disse Manna com um tom de sarcasmo. — Eles também não sabem como agir. Às vezes se comportam como machos provocadores e tirânicos porque se sentem vulneráveis.

— Bem, essa é uma verdade — eu disse. — Afinal, é preciso duas pessoas para haver um relacionamento, e, quando se transforma a metade da população em seres invisíveis, a outra metade também sofre.

— Pode imaginar o tipo de homem que se sente sexualmente provocado somente por ver um cacho de meus cabelos? — perguntou Nassrin. — Alguém que enlouquece ao visualizar o dedão do pé de uma mulher... Uau! — ela continuou — Meu dedão é uma arma letal!

— As mulheres que se cobrem estão ajudando e favorecendo o regime — disse Azin, desafiadora.

Mahshid permaneceu em silêncio, seus olhos fixos no pé de ferro da mesa.

— E aquelas cuja marca registrada é pintar seus lábios de vermelho forte e flertar com os professores — disse Manna com uma expressão gelada —, suponho que estejam fazendo tudo isso em prol da causa? — Azin ficou vermelha e não disse nada.

— Que tal mutilar os genitais masculinos — Nassrin sugeriu friamente — para diminuir seu apetite sexual? Ela estava lendo o livro de Nawal al-Sadawi sobre a brutalidade contra as mulheres em algumas sociedades muçulmanas. Sadawi, uma médica, fizera pesquisas minuciosas para explicar os efeitos horrendos da mutilação genital de meninas para controlar suas inclinações sexuais.

— Eu estava trabalhando sobre esse texto em meu projeto de tradução...

— Seu projeto de tradução? — perguntei.

— Sim, não se lembra? Eu disse a meu pai que estava traduzindo textos islâmicos para ajudar Mahshid.

— Achei que era somente uma desculpa para você poder vir às aulas — disse.

— Era uma desculpa, mas decidi fazer essas traduções pelo menos três horas por semana, às vezes mais, pelas mentiras extras. Firmei um compromisso com a minha consciência — disse ela com um sorriso.

— Tenho que lhes dizer que o próprio aiatolá Khomeini não era um noviço em assuntos sexuais — Nassrin continuou. — Traduzi seu *magnum opus*, *Os princípios políticos, filosóficos, sociais* e *religiosos do aiatolá Khomeini*, e há nele muitas observações interessantes.

— Mas esse livro já foi traduzido — disse Manna. — Qual é seu objetivo?

— Sim — respondeu Nassrin —, partes do livro foram traduzidas, mas se transformaram em piadas, e desde que as embaixadas no exterior descobriram que as pessoas estavam lendo o livro não por sua mensagem edificante, mas por diversão, as traduções se tornaram obras raras. Bem, de qualquer modo, minha tradução é completa, com referências a outras obras. Vocês sabiam que uma das maneiras para curar o apetite sexual de um homem é por meio de relações com animais? Há também o problema do sexo com galinhas. Você tem que se perguntar se um homem que teve relações sexuais com uma galinha pode comer a galinha depois. Nosso líder nos forneceu uma resposta: *Não*, nem ele, nem sua família, nem seu vizinho da porta ao lado podem comer a carne da galinha; mas não há problema se um vizinho que mora duas casas depois da sua comer a galinha. Será que meu pai prefere que eu passe meu tempo lendo esse tipo de texto do que com Jane Austen ou Nabokov? — disse ela, maliciosamente.

Não nos espantamos com as alusões eruditas de Nassrin à obra do aiatolá Khomeini. Ela se referia a um famoso texto de Khomeini, o equivalente a uma tese — um requisito para atingir o grau de aiatolá — destinada a responder às questões e aos dilemas que seus discípulos poderiam lhe apresentar. Muitos outros antes de Khomeini escreveram mais ou menos da mesma maneira. O que era assustador era o fato de esses textos serem levados a sério pelos governantes, em cujas mãos repousavam nossos destinos e o destino de nosso país. Todos os dias, em rede nacional de televisão e de rádio, esses guardiões da moralidade e da cultura faziam afirmações semelhantes e discutiam esses assuntos como se fossem temas sérios para refletir e meditar.

No decorrer dessa discussão erudita, apimentada pelo riso alto de Azin e um crescente mau humor de Mahshid, ouvimos os guinchos de um freio, e eu sabia que Sanaz era depositada na calçada por seu irmão. Uma pausa, uma batida de porta, o toque da campainha e em seguida Sanaz entrou e suas primeiras palavras foram um pedido de desculpas. Ela estava tão perturbada por estar atrasada e por ter perdido a aula anterior que parecia que ia começar a chorar.

Tentei acalmá-la, e Yassi foi à cozinha buscar um chá. Ela segurava uma grande caixa de doces na mão.

— Para que isso, Sanaz? — perguntei.

— Era minha vez na semana passada — disse ela —, por isso eu trouxe os doces nesta semana.

Peguei a caixa de suas mãos — ela estava suando —, e ela pôde tirar a túnica e o véu. Ela havia prendido os cabelos com um elástico. O rosto parecia nu e abandonado.

Ela sentou-se em seu lugar de sempre, ao lado de Mitra, com um grande copo de água gelada na mão e o chá a sua frente sobre a mesa, e todas ficamos esperando o que ela ia dizer. Azin tentou quebrar o silêncio com uma piada:

— Pensamos que você tinha ido para sua festa de noivado na Turquia e que se esquecera de nos convidar.

Sanaz tentou um sorriso, mas bebeu um gole de água em vez de responder. Ela parecia querer falar de uma vez ou não revelar nada. Havia lágrimas em sua voz antes que ficassem visíveis em seus olhos.

Sua história era familiar. Duas semanas antes, Sanaz e cinco amigas foram passar dois dias de férias no mar Cáspio. No primeiro dia, resolveram visitar o noivo de uma das amigas numa aldeia vizinha. Sanaz quis deixar claro que todas estavam vestidas de modo apropriado, com seus véus e suas túnicas. Sentaram-se do lado de fora, no jardim, seis moças e um rapaz. Não havia qualquer bebida alcoólica na casa, nem fitas ou CDs proibidos. Ela parecia querer sugerir que, se houvesse, eles teriam merecido o tratamento que receberam das mãos dos guardas revolucionários.

Foi então que "eles" chegaram com suas armas, o esquadrão da moralidade, surpreendendo a todos ao pular o muro baixo do jardim. Eles disseram que haviam recebido uma denúncia sobre atividades ilegais e que queriam vasculhar o local. Incapazes de encontrar qualquer falta nas vestimentas das moças, um dos guardas disse sarcasticamente que estavam olhando para eles, com suas atitudes ocidentais...

— O que é uma atitude ocidental? — Nassrin a interrompeu.

Sanaz sorriu:

— Perguntarei na próxima vez que encontrá-lo.

A verdade foi que a busca por bebidas alcoólicas, fitas e CDs não deu em nada, mas eles tinham uma ordem judicial e não queriam desperdiçá-la. Os guardas as levaram para uma prisão especial, por infrações em assuntos de moralidade. Lá, sob protestos, as moças foram mantidas numa sala pequena e escura, onde passaram a primeira noite na companhia de prostitutas e de uma viciada em drogas. Duas ou três vezes no meio da noite, os carcereiros entraram na sala para acordar aquelas que por acaso cochilassem, e aproveitaram para insultá-las.

Elas ficaram detidas naquela sala durante 48 horas. Apesar de seus insistentes pedidos, negaram-lhes o direito de chamar seus pais. Além de idas ao banheiro somente em horas determinadas, elas saíram da sala apenas duas vezes — a primeira, para irem a um hospital, onde foram submetidas a um teste de virgindade por uma ginecologista, acompanhada por seus alunos de medicina, que observaram os exames. Não satisfeitos com o laudo médico, os guardas as levaram a uma clínica privada para um segundo exame.

No terceiro dia, seus pais estavam ansiosos em Teerã e, impossibilitados de localizá-las, foram informados pelo *concierge* do lugar onde estavam hospedadas que elas poderiam ter morrido num recente acidente de carro na região. Eles partiram imediatamente para o balneário em busca das filhas, e por fim as encontraram. As meninas receberam um julgamento sumário e foram forçadas a assinar um documento em que confessavam pecados que não cometeram, além de terem sido submetidas a 25 chibatadas.

Sanaz, que é muito magra, usava uma camisa de malha por baixo da túnica. Seus carcereiros sugeriram debochadamente que, por estar usando uma peça a mais de roupa, talvez não tivesse sentido dor, e portanto lhe deram mais chibatadas. Para ela, a dor física era mais suportável do que a indignidade dos testes de virgindade e o asco de si mesma por ter assinado uma confissão forçada. De um modo perverso, o castigo físico era uma fonte de satisfação para ela, uma compensação por ter se submetido às outras humilhações.

Quando finalmente foram libertadas e levadas para casa por seus pais, Sanaz teve que lidar com outra indignidade: as admoestações de seu irmão. O que eles esperavam? Como deixaram seis moças indisciplinadas viajarem sem a supervisão de um homem? Ninguém naquela casa jamais prestava atenção no que ele dizia, só porque era um pouco mais jovem que sua irmã inconsequente, que, àquela altura da vida, já deveria estar casada. Embora solidários com Sanaz e com a provação pela qual passara, seus pais tiveram que concordar que não fora uma boa ideia deixar que ela fizesse a viagem; não que eles não confiassem nela, mas as condições do país eram inadequadas para esse tipo de indiscrição. E agora, além de tudo, eu sou a culpada, ela disse. Não posso mais usar meu carro e estou sob os cuidados de meu irmão mais novo e mais sábio.

Não consigo deixar de pensar em Sanaz e em sua história. Volta e meia retorno a ela, recriando-a pouco a pouco: a cerca do jardim, um rapaz e as seis moças, todos sentados na varanda, talvez contando piadas e rindo. E então "eles" chegam. Lembro-me desse incidente do mesmo modo que me lembro de tantos outros de minha vida no Irã; lembro-me até mesmo de acontecimentos sobre os quais as pessoas me escreveram, ou me contaram depois que parti. Estranhamente, eles também se tornaram minhas próprias memórias.

Talvez só agora, e com a distância, eu esteja pronta para falar dessas experiências abertamente e sem medo, e possa começar a compreendê-las e superar meu terrível sentimento de desamparo. No Irã, uma distância estranha denunciava nossa relação com essas experiências diárias de brutalidade e de humilhação. No Irã, falávamos como se os acontecimentos não nos pertencessem; como pacientes esquizofrênicos, tentávamos nos manter distantes daquele outro eu, ao mesmo tempo íntimo e alheio.

22

Em seu livro de memórias *A pessoa em questão,* Nabokov descreve uma aquarela pendurada acima de sua cama quando ele era criança. Trata-se de uma paisagem, uma imagem de uma trilha estreita desaparecendo numa floresta repleta de árvores. Sua mãe costumava contar-lhe uma história sobre um menino que um dia desapareceu no quadro sobre a cama, e esse se tornou o desejo do pequeno Vladimir ao rezar todas as noites. Enquanto você nos imagina naquela sala, também deve compreender nosso desejo em relação a esse perigoso ato de desaparecer. Quanto mais nos fechávamos em nosso santuário, mais nos tornávamos alienadas de nossa vida diária. Quando caminhava pelas ruas, eu me perguntava: Esse é meu povo, essa é minha cidade natal, eu sou quem eu sou?

Nem Humbert, nem o censor cego jamais possuíram suas vítimas; elas sempre se esquivaram deles do mesmo modo que os objetos de fantasia sempre estão, ao mesmo tempo, acessíveis e inacessíveis. Não importa como foram destruídas, as vítimas jamais serão forçadas à submissão.

Pensava em tudo isso numa quinta-feira à noite depois da aula, enquanto revia os cadernos que minhas meninas deixaram para trás, com seus novos ensaios e poemas. Em nossa primeira aula, pedi que elas descrevessem a imagem que tinham de si mesmas. Elas não estavam prontas para encarar essa questão, mas de vez em quando eu voltava a insistir nela. Naquele momento, encolhida no pequeno sofá, olhava para as dezenas de páginas de suas respostas mais recentes.

Uma das respostas estava em minha frente. Ela pertencia a Sanaz, que a entregara logo depois de sua experiência da prisão no balneário. É um simples desenho de uma menina nua, em preto e branco, o branco de seu corpo preso numa bolha negra. Ela está encolhida numa posição quase fetal, abraçada a um dos joelhos dobrados. A outra perna está esticada para trás. Seus longos cabelos lisos seguem a mesma linha curva do contorno das costas, mas o rosto está escondido. A bolha está levantada no ar por um pássaro gigantesco com grandes presas negras. O que me interessa é um pequeno detalhe oposto à fantasia mais óbvia da menina, a bolha — o detalhe da mão que sai da bolha e segura uma das presas da ave. Sua nudez subserviente depende daquela presa, e ela a procura.

O desenho me trouxe à memória uma afirmação de Nabokov em seu posfácio mais famoso para a obra *Lolita* a respeito de como a "primeira palpitação de *Lolita*" tomou conta dele em 1939 e no começo de 1940, no período em que sofria de um severo ataque de nevralgia intercostal. Ele recorda:

> O frêmito inicial da inspiração foi de alguma forma provocado por certo artigo de imprensa sobre um macaco no Jardin des Plantes, o qual, após ser persuadido durante meses por um cientista, enfim produziu o primeiro desenho feito por um animal: nele só apareciam as grades da jaula da pobre criatura.

As duas imagens, uma do romance e a outra da realidade, revelam uma terrível verdade. Seu horror vai além do fato de que, em cada caso, um ato de violência foi cometido. Vai além das grades, e revela a proximidade e a intimidade da vítima com seu carcereiro. Nosso foco em cada uma das imagens é o ponto em que o prisioneiro toca na grade, no contato invisível entre a carne e o metal frio.

A maioria das outras meninas se expressou por palavras. Manna se viu numa bruma, movendo-se na direção de objetos concretos, tomando a forma deles, mas ela mesma nunca se tornando concreta. Yassi se descreveu como uma invenção. Nassrin, em uma resposta, escreveu a definição do Oxford English Dictionary para a palavra *paradoxo*.

Implícita em quase todas as descrições estava a maneira como se viam no contexto de uma realidade externa, que as impedia de se definirem de modo inteligível e individual.

Certa vez Manna escreveu sobre um par de meias cor-de-rosa, pelo qual foi repreendida pela Associação de Estudantes Muçulmanos. Quando reclamou com seu professor favorito, ele começou a provocá-la sobre como ela já havia seduzido e agarrado seu homem, Nima, e não precisava de meias cor-de-rosa para atraí-lo mais ainda. Esses estudantes, como toda a sua geração, eram diferentes daqueles de minha geração em um aspecto fundamental. Minha geração se lamentava de uma perda, do vazio em nossas vidas que foi criado quando nosso passado nos foi roubado, o que nos exilou em nosso próprio país. Ainda assim, tínhamos um passado para comparar com o presente; tínhamos memórias e imagens do que nos fora tirado. Minhas meninas falavam constantemente de beijos roubados, de filmes que jamais viram e do vento que nunca sentiram no rosto. Uma geração sem passado. Sua memória era a de um desejo de algo que jamais tiveram. Era essa ausência, essa falta, seu sentimento de aspiração pelos aspectos comuns da vida que conferiam a suas palavras certa qualidade etérea próxima da poesia.

Gostaria de saber como essas pessoas sentadas a meu lado neste café, num país que não é o Irã, reagiriam agora, neste exato momento, se lhes falasse sobre a vida em Teerã. Será que condenariam as torturas, as execuções e os atos extremados de agressão? Acho que sim. Mas e os atos de transgressão em nossas vidas comuns, como o desejo de usar meias cor-de-rosa?

Perguntei a minhas alunas se elas se lembravam da cena de dança no livro *Invitation to a Beheading*: o carcereiro convida Cincinnatus para uma dança. Eles começam a valsar e se afastam para o saguão. Num canto, esbarram num guarda. Eles descrevem um círculo perto dele e deslizam de volta para a cela e, naquele momento, Cincinnatus lamenta que o abraço amigavelmente sincopado tenha sido tão breve. Esse movimento em círculos é o principal movimento do romance. À medida que aceita o mundo simulado que os carcereiros lhe impõem, Cincinnatus permanece seu prisioneiro e se move dentro dos círculos de sua criação. O pior crime cometido pela mentalidade totalitária é que ela força seus cidadãos, incluindo as vítimas, a se tornar cúmplices de seus crimes. Dançar com seu carcereiro, participar da própria execução, esse é um ato da mais extrema brutalidade. Minhas alunas o testemunharam em julgamentos transmitidos pela televisão, e o encenaram toda vez que saíam às ruas vestidas como lhes disseram que deveriam. Elas não se tornaram parte da multidão que assistiu às execuções, mas não tinham o poder de protestar contra elas.

O único modo de sair do círculo, de parar de dançar com o carcereiro, é encontrar uma maneira de preservar a própria individualidade, aquela qualidade excepcional que escapa a qualquer descrição, mas que diferencia um ser humano do outro. É por isso que, no mundo deles, os rituais — rituais vazios — tornam-se tão importantes. Não existe muita diferença entre nossos carcereiros e os executores de Cincinnatus. Eles invadem todos os espaços privados e tentam moldar cada gesto para nos forçar a nos tornarmos um deles, o que em si mesmo é uma outra forma de execução.

No fim, quando Cincinnatus é levado para o cadafalso e se prepara para sua execução, ele repete o mantra mágico: "Por mim mesmo." Essa recordação constante de sua originalidade e suas tentativas para escrever, articular e criar uma linguagem diferente da que lhe foi imposta por seus carcereiros o salvam no último momento, quando ele segura a cabeça entre as mãos e caminha na direção das vozes que acenam para ele daquele outro mundo, enquanto o cadafalso e toda a simulação do mundo a sua volta, junto ao executor, se desintegram.

Parte II

GATSBY

1

Uma jovem mulher está sozinha no meio da multidão no aeroporto de Teerã. Com uma mochila nas costas e uma grande bolsa pendurada num dos ombros, ela empurra um imenso carrinho de bagagens com a ponta dos dedos do pé. Ela sabe que o marido, com quem está casada há dois anos, e o pai devem estar em algum lugar lá fora com as malas. A mulher fica na área de inspeção de bagagens, com os olhos marejados, procurando desesperadamente por um rosto solidário, por alguém a quem possa abraçar e dizer: Oh, como estou feliz, como estou contente, como estou absolutamente feliz por voltar para casa. Finalmente ali está ela, mas ninguém lhe dá um sorriso. As paredes do aeroporto se dissolveram num espetáculo alienígena, com cartazes gigantes de um aiatolá que tem um olhar reprovador. Seu humor tem como eco os slogans pretos e vermelhos cor de sangue: MORTE AOS ESTADOS UNIDOS! ABAIXO O IMPERIALISMO E O SIONISMO! OS ESTADOS UNIDOS SÃO NOSSO INIMIGO NÚMERO 1!

Sem ainda se dar conta de que aquela casa que deixara havia dezessete anos, com a idade de 13 anos, não era mais sua casa, ela se mantém de pé, sozinha, repleta de emoções indo e vindo, prontas para explodir à menor provocação. Tento não a ver, não esbarrar nela, passar despercebida. Não há como evitá-la.

O aeroporto de Teerã sempre despertou o pior em mim. Quando saí do país pela primeira vez, era um lugar mágico e acolhedor, com um elegante restaurante com danças nas noites de sexta-feira e um café com grandes janelas que se abriam para uma varanda. Quando crianças, meu irmão e eu ficávamos grudados naquelas janelas, tomando sorvete enquanto contávamos os aviões. Durante as aterrissagens, havia sempre um momento de epifania, de repente um cobertor de luzes avisava nossa chegada e lembrava que Teerã estava lá embaixo aguardando por nós. Por dezessete anos sonhei com aquelas luzes, acenando sedutoras. Sonhava que submergia nelas e que jamais teria que ir embora novamente.

O sonho finalmente se transformara em realidade. Estava em casa, mas o clima do aeroporto não era acolhedor. Era sombrio e levemente ameaçador como as imagens austeras do aiatolá Khomeini e as de seu sucessor, o aiatolá Montazeri, que cobriam as paredes. Parecia que uma bruxa má voara sobre o edifício com sua vassoura e, de uma vez só, eliminara os restaurantes, as crianças e as mulheres de roupas coloridas de que eu me lembrava. Tive a confirmação desse sentimento ao notar a ansiedade no olhar de minha mãe e dos amigos que foram nos receber no aeroporto.

Ao passar pela alfândega, fomos parados por um jovem funcionário de aspecto sombrio. Ele queria me revistar. Nós já fomos revistados, eu disse. As bagagens de mão ainda não, disse ele secamente. Mas por quê? Este é meu lar, tive vontade de dizer, como se isso pudesse me proteger da suspeita e da fiscalização. Ele precisava se certificar de que eu não levava bebidas alcoólicas. Fui levada a um canto. Bijan, meu marido, me observava ansiosamente, sem saber o que mais temia, se era o funcionário de aspecto sombrio ou eu. Ele mantinha no rosto um sorriso que tempos depois se tornaria muito familiar para mim: cúmplice, conciliador, cínico. Você discute com um cachorro louco?, alguém certa vez me perguntou.

Eles esvaziaram minha bolsa: batom, canetas e lápis, meu diário e a caixa de óculos. Depois abriram minha mochila, da qual tiraram meu diploma, minha certidão de casamento, meus livros — *Ada ou ardor*, *Jews Without Money* [Judeus sem dinheiro], *O grande Gatsby*... O guarda os segurou com desprezo, como se estivesse mexendo na roupa suja de alguém. No entanto, eles não os confiscaram — não naquele momento. Isso aconteceu algum tempo depois.

2

Em meus primeiros anos no exterior — quando estudei na Inglaterra e na Suíça, e depois, quando morei nos Estados Unidos, tentei moldar esses lugares de acordo com minhas impressões do Irã. Eu tentei filtrar a paisagem, e cheguei a me transferir por um período para uma pequena universidade no Novo México, porque o lugar me lembrava de meu lar. *Vejam, Frank e Nancy, esse pequeno riacho ladeado por árvores, rasgando seu caminho pela terra crestada, é como o Irã, exatamente como minha pátria.* O que mais me impressionava em Teerã, dizia a quem quisesse ouvir, eram as montanhas e seu clima seco e generoso, as árvores e as flores que brotavam em seu solo crestado e que pareciam sugar a luz do sol.

Quando meu pai foi preso, voltei para casa e permaneci lá por um ano. Estava insegura para me casar antes de meu aniversário de 18 anos. Acabei me casando com um homem cuja principal característica era ser diferente de nós — seu modo de vida, que, em contraste com o nosso, parecia pragmático e sem complicação; e ele era totalmente seguro de si. Não dava valor aos livros (Seu problema e o de sua família é viver mais nos livros do que na realidade); era muito ciumento, o ciúme era parte da imagem que tinha de si mesmo, um homem com as rédeas de seu destino e de seu patrimônio; seu objetivo era o sucesso (Quando eu tiver meu próprio escritório, minha poltrona será mais alta que a dos visitantes, assim eles sempre ficarão intimidados na minha presença) e admirava Frank Sinatra. No dia em que eu disse "sim", soube que me divorciaria dele. Não havia limites para meus ímpetos autodestrutivos, nem para os riscos que estava preparada para enfrentar para ter minha própria vida.

Fui morar com ele em Norman, em Oklahoma, onde ele cursava o mestrado em engenharia na Universidade de Oklahoma, e em seis meses eu decidi que me divorciaria assim que meu pai saísse da prisão. Mas isso levou mais três anos. Ele não quis me dar o divórcio (Uma mulher entra no lar de seu marido em seu vestido de noiva e só o abandona em sua mortalha). Ele me subestimara. Queria que sua mulher se vestisse de acordo com a moda, fizesse as unhas e fosse ao cabeleireiro uma vez por semana. Eu o desafiava com minhas saias compridas, meus jeans desbotados, usava o cabelo comprido e sentava na grama do *campus* da universidade com meus amigos americanos, enquanto seus amigos passavam e lançavam olhares maliciosos em nossa direção.

Meu pai concordara com o divórcio, e ameaçou meu marido com um pedido de pensão, a única proteção de uma mulher sob a lei islâmica. Meu marido aceitou conceder o divórcio quando concordei que ele ficasse com o dinheiro de nossa conta bancária, com o carro e os tapetes. Ele voltou para o Irã e eu fiquei em Norman, a única aluna estrangeira no departamento de inglês. Evitei a aproximação com a comunidade iraniana, especialmente os homens, que tinham várias ilusões quanto à disponibilidade de uma jovem divorciada.

São essas as lembranças que guardo de Norman: terra vermelha e vaga-lumes, cantoria e manifestações no gramado, ler Melville, Poe, Lênin e Mao Tsé-tung, ler Ovídio e Shakespeare nas manhãs mornas da primavera com meu professor favorito, de tendência política conservadora, e, à tarde, acompanhar outro professor cantando canções revolucionárias. À noite, assistir aos novos filmes de Bergman, Fellini, Godard e Pasolini. Quando me lembro daqueles dias, as imagens e os sons se misturam e se associam em minha memória: as cenas tristes das mulheres de Bergman se fundem com o som reconfortante de David, meu professor radical, cantando com seu violão:

Pregadores de longos cabelos revelam-se toda noite
E eles lhe dizem o que é errado e o que é certo
E quando você lhes pede algo para comer
Eles dizem em vozes tão doces
Você comerá daqui a pouco, naquele lugar glorioso no céu
Trabalhe e reze, viva na relva, e conseguirá uma torta
[no céu quando morrer.
Isso é mentira!*

Fazíamos manifestações de protesto pelas manhãs, invadíamos o prédio da administração, cantávamos no gramado em frente ao departamento de inglês, chamado South Oval, observando os ocasionais manifestantes que corriam nus na direção do prédio de tijolos vermelhos onde ficava a biblioteca. Marchei enquanto os estudantes sofredores do ROTC — Reserve Officer's Training Corps (Corpo de Treinamento de Oficiais da Reserva) — tentavam ignorar nossa presença no gramado naquela época de protestos contra a guerra do Vietnã. Tempos depois, frequentaria as festas com meu verdadeiro amor, que me apresentou a Nabokov quando me deu *Ada ou ardor*, que continha a seguinte dedicatória: *Para Azar, minha Ada, Ted.*

Minha família sempre sentiu certo desprezo pela política, sempre manteve uma postura de condescendência em relação a esse assunto. Eles se orgulhavam do fato de que havia mais de oitocentos anos — *catorze gerações*, minha mãe enfatizava orgulhosamente — os Nafisi eram conhecidos por suas contribuições à ciência e à literatura. Os homens eram chamados *hakims*, homens de conhecimento, e, no século XX, as mulheres Nafisi foram para as universidades e lecionaram, numa época em que poucas mulheres ousavam sair de casa. Quando meu pai se tor-

* "Long-haired preachers come out every night/ And they tell you what's wrong and what's right/ And when you ask them for something to eat/ They tell you in voices so sweet:/ You will eat by and by, in that glorious place in the sky/ Work and pray, live on hay, you will get pie in sky when you die./ *That's* a lie!"

nou prefeito de Teerã, em vez de comemoração, houve um sentimento de desconforto na família. Meus tios mais jovens, que eram universitários na época, se recusaram a admitir que meu pai era irmão deles. Anos depois, quando meu pai caiu em desgraça, meus parentes fizeram com que todos nós tivéssemos mais orgulho dele na prisão do que enquanto era prefeito.

Aderi ao movimento estudantil iraniano com certa resistência. A prisão de meu pai e a simpatia nacionalista de minha família me sensibilizaram em relação à política, mas eu fazia mais o tipo rebelde do que o de ativista política — embora naquela época não houvesse muita diferença entre os dois. Um ponto de atração foi o fato de que os homens no movimento não tentavam me atacar ou me seduzir. Pelo contrário, eles organizavam grupos de estudo nos quais líamos e discutíamos *A origem da família, da propriedade privada e do Estado*, de Engels, e *O dezoito brumário de Louis Bonaparte*, de Marx. Na década de 1970, o estado de espírito — não só entre os iranianos, mas também entre os estudantes americanos e europeus — era revolucionário. Havia o exemplo cubano, e havia a China, é claro. O canto revolucionário e a atmosfera romântica eram contagiosos, e os estudantes iranianos estavam na linha de frente da luta. Eles eram ativos e até mesmo confrontadores, e foram para a cadeia por ocuparem o consulado iraniano em São Francisco.

O grupo de estudantes iranianos na Universidade de Oklahoma fazia parte da Confederação Mundial de Estudantes Iranianos, com membros e organizações nas grandes cidades da Europa e dos Estados Unidos. Em Oklahoma, a confederação foi responsável pela inclusão da divisão estudantil militante do Partido Comunista Revolucionário no *campus* e pela criação do Terceiro Comitê Mundial Contra o Imperialismo, composto de estudantes radicais de diferentes nacionalidades. Moldada no centralismo democrático de Lênin, a confederação exercia um forte controle sobre os estilos de vida e as atividades sociais de seus membros. Com o tempo, os que eram mais militantes e marxistas acabaram por dominar o grupo e expulsaram ou isolaram aqueles de tendências mais moderadas e nacionalistas. Eles geralmente usavam jaquetas e botas; as mulheres costumavam cortar os cabelos bem curtos, não se maquiavam e usavam jaquetas *à la* Mao e calças cáqui.

Foi nessa época que iniciei um período esquizofrênico em minha vida, no qual tentava conciliar minhas aspirações revolucionárias com meu estilo de vida. Durante os demorados encontros entre as facções rivais, eu costumava sair da sala sob diferentes pretextos, e algumas vezes me trancava no banheiro para escapar. Insistia em usar vestidos longos fora das reuniões e me recusava a cortar os cabelos. Nunca abri mão do hábito de ler e de amar escritores "contrarrevolucionários" — T.S. Eliot, Jane Austen, Sylvia Plath, Nabokov, Fitzgerald —, mas discursava apaixonadamente nas passeatas; inspirada por frases que havia lido nos romances e nos poemas, tecia as palavras em sons revolucionários. Meu anseio opressivo por meu lar se mostrava nos discursos inflamados contra os tiranos de meu país e seus financiadores americanos e, embora me sentisse alienada do próprio movimento, no qual jamais estive à vontade, eu havia encontrado uma moldura ideológica na qual podia justificar essa irrefreável, irrefletida paixão.

Dois acontecimentos tornaram o outono de 1977 uma data inesquecível: meu casamento em setembro e a última e mais dramática visita oficial do xá aos Estados Unidos, em novembro. Conheci Bijan Naderi dois anos antes, numa reunião em Berkeley. Ele era o líder do grupo com o qual eu mais simpatizava. Apaixonei-me por ele por todas as razões erradas: não por causa de sua retórica revolucionária, mas porque ele tinha um senso de confiança em si mesmo e em suas crenças que ia além da histeria do movimento. Ele era leal, completamente comprometido com tudo o que realizava, fosse com a família, o trabalho ou o movimento, mas essa lealdade jamais o cegou para o que o movimento poderia se tornar. Admirava-o tanto por isso quanto por sua recusa, tempos depois, de seguir os mandantes revolucionários.

Em muitas manifestações das quais participei, gritando slogans contra os Estados Unidos e seu envolvimento no Irã, nas reuniões de protesto em que passávamos noites inteiras discutindo, pensando que falávamos sobre o Irã, mas, na verdade, estávamos muito mais preocupados com o que acontecia na China, em todos esses eventos a imagem da pátria se agigantava. Era minha pátria, e eu sempre podia invocá-la e me relacionar com o mundo por meio de sua imagem confusa.

Minha ideia de "pátria" era paradoxal. Havia o Irã familiar, pelo qual me sentia nostálgica, o lugar dos parentes e dos amigos e das noites de verão no mar Cáspio. E tão real quanto ele havia esse outro Irã, reconstruído, sobre o qual falávamos reunião após reunião, nos questionando sobre o que o povo iraniano queria. À medida que o movimento foi ficando mais radical na década de 1970, parecia que o povo desejava que não servíssemos álcool em nossas celebrações, nem que dançássemos ou tocássemos música "decadente": só era permitido música folclórica ou revolucionária. Queriam que as moças cortassem os cabelos curtos ou que usassem rabo de cavalo. Queriam que evitássemos os hábitos burgueses de estudar.

3

Um mês depois de ter aterrissado no aeroporto de Teerã, eu me vi diante do departamento de inglês da Universidade de Teerã. Assim que cheguei, quase esbarrei num jovem de terno cinza, cabelo encaracolado e aparência amigável. Depois descobri que era outro novo recruta, que acabara de chegar dos Estados Unidos e que, como eu, estava repleto de ideias novas e interessantes. A secretária, que, apesar de sua beleza corpulenta, irradiava uma aura de delicadeza, sorriu para mim e entrou de maneira desajeitada pela porta do escritório do chefe do departamento. Retornou em seguida e acenou para que eu entrasse. Ao me dirigir até a sala, tropecei num pequeno batente de madeira entre as duas portas, perdi o equilíbrio e quase caí em cima da escrivaninha do chefe do departamento.

Fui recebida por um sorriso simpático e convidada a me sentar. Estivera naquele mesmo escritório duas semanas antes, quando fora entrevistada por outro chefe do departamento, um homem alto e gentil que me perguntou sobre alguns de meus parentes, proeminentes escritores e acadêmicos. Fiquei grata por ele ter tentado me deixar à vontade, mas fiquei com a impressão de que, até o fim de minha vida, teria que competir com aquelas sombras da família.

O dr. A. era diferente. Seu sorriso era amigável, mas não se fazia de íntimo; era como se estivesse me avaliando. Ele me convidou para uma festa em sua casa naquela mesma noite. Conversamos sobre literatura, e não sobre parentes. Tentei explicar a ele por que tinha mudado de ideia sobre minha tese. Queria fazer um estudo comparativo da literatura dos anos 1920 e 1930, dos proletários e não proletários, eu disse. Para os anos

1920, a melhor escolha é Fitzgerald, continuei. Isso parecia óbvio para ele. Mas ainda estou com dificuldade para escolher seu contraponto, opto por Steinbeck, Farrell ou Dos Passos? O senhor acha que algum deles poderá se equiparar a Fitzgerald? Bem, não no sentido literário. E em que outro sentido poderia ser? Bem, de qualquer jeito, deparei-me com os verdadeiros proletários, cujo espírito ninguém melhor que Mike Gold compreendera. Quem? Mike Gold: o editor da revista literária popular e radical *New Masses*. O senhor pode não acreditar, mas ele era alguém importante naquela época. Foi a primeira pessoa a formular o conceito de arte proletária nos Estados Unidos. Escritores ilustres, como Hemingway, por exemplo, prestavam atenção ao que ele dizia — chamava Hemingway de escritor de colarinho branco e Thornton Wilder de Emily Post da cultura.

Acabei deixando Fitzgerald fora de minha tese. Queria saber mais sobre Gold e por que ele assumira a liderança da cena literária. Na década de 1930, autores como Fitzgerald foram colocados para escanteio pelo grupo dominante, e eu desejava saber o motivo disso. Eu mesma me considerava uma revolucionária, e, portanto, queria compreender a paixão que motivava pessoas como Mike Gold. A senhora queria paixão, ele perguntou, e foi de Fitzgerald para esse outro sujeito? Nossa discussão foi interessante, e acabei aceitando o convite para a festa em sua casa naquela noite.

O outro professor, o alto e simpático chefe de departamento que eu encontrara em minha primeira visita, estava preso. Ninguém sabia quando seria libertado ou se isso realmente aconteceria. Muitos professores tinham sido expulsos, e em breve muitos outros também seriam. Esse era o cenário naqueles primeiros tempos da revolução, quando eu, inocentemente e com sentimentos absolutamente inapropriados para as circunstâncias, comecei a dar aulas e me tornei a integrante mais jovem do departamento de inglês da Faculdade de Persa e de Línguas Estrangeiras e Literatura na Universidade de Teerã. Se me oferecessem um posto semelhante em Oxford ou Harvard, não teria me sentido mais honrada ou mais intimidada.

A expressão no rosto do dr. A., enquanto eu passava pelo umbral de sua porta, foi igual à de muitos outros, muito diferentes dele, ao me contemplar ao longo dos anos. Era uma expressão de surpresa e de indulgência. Que menina engraçada, parecia dizer, que precisa ser guiada e, algumas vezes, ser colocada em seu devido lugar. Tempos depois, outra expressão emergiria, uma expressão de frustração por eu não ter me comportado de acordo com nosso contrato inicial: havia me transformado numa criança obstinada, teimosa e indisciplinada, e não podia ser controlada.

4

Minhas lembranças daqueles primeiros anos giram todas em torno da Universidade de Teerã. A universidade era o centro imóvel ao qual todas as atividades políticas e sociais estavam ligadas. Quando eu estava nos Estados Unidos e lia ou ouvia sobre as agitações no Irã, a Universidade de Teerã parecia ser o cenário das batalhas mais importantes. Todos os grupos usavam a universidade para fazer suas afirmações.

Não foi surpresa, portanto, que o novo governo islâmico se apoderasse da universidade como o lugar para suas preces semanais das sextas-feiras. Esse ato adquiriu um significado adicional, porque desde sempre, mesmo depois da revolução, os estudantes muçulmanos, especialmente os mais fanáticos, formavam uma minoria, ofuscados pelos grupos de esquerda. Parecia que, com esse ato, a facção islâmica reafirmava sua vitória sobre os outros grupos políticos: um exército vitorioso posicionado no lugar mais estimado da terra ocupada, no coração do território conquistado. Toda semana, um dos clérigos mais importantes subia no púlpito para falar aos milhares que ocupavam o território da universidade: homens de um lado, mulheres do outro. Ele se apresentava com um revólver na mão e oferecia o sermão da semana, pregando sobre os assuntos políticos mais importantes do dia. Ainda assim, parecia que o próprio território da universidade se rebelava contra essa ocupação.

Sentia naquela época que uma guerra territorial acontecia entre diferentes grupos políticos, e que essa luta era travada principalmente na universidade. Não sabia, entretanto, que eu mesma teria que enfrentar minha própria batalha. Ao olhar para o passado, sinto-me grata por não ter tido consciência de minha vulnerabilidade: com minha pequena coleção de livros, era como se eu fosse a emissária de uma terra que não existia, repleta de sonhos, a reivindicar essa terra como minha pátria. Em meio a conversas sobre traição e mudanças no governo, acontecimentos que agora ficaram confusos e atemporais em minha mente, eu sentava, sempre que tinha uma oportunidade, com livros e papéis espalhados a minha volta, tentando organizar minhas aulas. Apliquei, naquele primeiro semestre, um extenso seminário chamado Pesquisa, no qual me concentrei no livro *As aventuras de Huckleberry Finn*, e numa análise da ficção do século XX.

Minha intenção era ser politicamente justa. Ao lado de *O grande Gatsby* e de *Adeus às armas*, falei das obras de Máximo Gorki e Mike Gold. Passava a maior parte dos dias pesquisando nas livrarias que ficavam na rua em frente à universidade. Aquela rua, renomeada de avenida da Revolução, era o centro das livrarias e das editoras mais importantes de Teerã. Era um verdadeiro prazer ir de livraria em livraria e encontrar um vendedor ou um frequentador ocasional, que me apresentaria a uma preciosidade repentina, ou que me surpreenderia por conhecer um obscuro escritor inglês chamado Henry Green.

Em meio a minhas febris preparações, era convocada à universidade para tratar de assuntos que nada tinham a ver com minhas aulas e meus livros. Quase toda semana, algumas vezes todos os dias da semana, havia manifestações ou reuniões para as quais éramos convocados, independentemente de nossa vontade.

Uma lembrança se aninha arbitrária e imperceptivelmente a minha volta, me provocando de forma sedutora. Com um café em uma das mãos e uma caneta e um bloco na outra, preparava-me para trabalhar no roteiro de minha aula na varanda. O telefone tocou. Era a voz agitada e urgente de uma amiga. Ela queria saber se eu já ouvira a novidade: o aiatolá Taleghani, um clérigo muito popular e controverso, uma das figuras mais importantes da revolução, morrera. Ele era relativamente jovem e radical, e havia rumores de que fora assassinado. Uma procissão organizada em sua homenagem sairia da Universidade de Teerã.

Não me lembro do tempo passado entre o telefonema e minha presença, quase uma hora depois, na entrada da universidade. O trânsito estava muito congestionado. Bijan e eu descemos de um táxi nos arredores da universidade e fizemos o restante do caminho a pé. Depois de algum tempo andando, por alguma razão, nosso ritmo se acelerou quase como numa corrida, como se estivéssemos sendo empurrados por alguma fonte invisível de energia. Uma multidão enlutada se reunira bloqueando as ruas que levavam à universidade. Havia murmúrios de que uma luta ocorria entre membros do Mujahidin, uma organização religiosa radical que afirmava ser a herdeira espiritual e política de Taleghani, e aqueles que pertenciam ao que era chamado de Hizbollah, o Partido de Alá, formado principalmente por fanáticos e vigilantes, determinados a implementar as leis de Deus na Terra. A luta era sobre quem teria a honra de carregar o corpo de Taleghani. Muitos choravam, batendo no peito e na cabeça, gritando: "Hoje é um dia de luto! Taleghani foi hoje para o céu!"

Nas duas décadas seguintes, esse canto seria usado para muitos outros, sintoma da simbiose entre os fundadores da revolução e a morte. Aquela foi a primeira vez que vivenciei o desesperado prazer orgiástico dessa forma de luto público: era o único lugar onde as pessoas se misturavam e tocavam nos corpos das outras e compartilhavam emoções sem restrição ou culpa. Havia uma selvageria, um frenesi sexual no ar. Tempos depois, quando vi um slogan de Khomeini dizendo que a República Islâmica sobrevive por meio de suas celebrações de luto, pude testemunhar que essa afirmação era mesmo verdade.

Muitas das pessoas que encontrei naquele dia me lembraram desenhos animados que apareciam e desapareciam. Foi lá que vi Farideh? Ela pertencia a um grupo extremamente radical de esquerda — meu irmão, que conhecia alguns de seus colegas, nos apresentou, imaginando que talvez ela pudesse ajudar em minha readaptação a Teerã. Eu a vi rapidamente, ocupada como sempre, a um passo de atacar alguém ou alguma coisa: eu a vi e a perdi.

Fiquei no meio da confusão, lutando para encontrar um rosto familiar. Sempre me perdia de quem costumava ir comigo nessas manifestações. Num determinado momento, perdi de vista meu marido e fiquei procurando por ele. A multidão empurrava de um lado e de outro. As vozes pareciam ecoar de diferentes alto-falantes. Surgiram cartazes de Taleghani por todos os lados: nas paredes, nas portas e nas janelas das livrarias, até mesmo nas árvores. A rua larga em frente à universidade parecia se contrair e se expandir para acomodar nossos movimentos, e durante algum tempo eu me movi sem direção, oscilando no ritmo da multidão. Depois me vi contra uma árvore, chorando, chorando, como se alguém muito próximo a mim tivesse morrido, e eu agora estivesse completamente sozinha no mundo.

5

Antes do início do ano letivo, em setembro de 1979, passei muito tempo buscando livros para meu curso. Enquanto verificava numa livraria uns poucos exemplares de *O grande Gatsby* e de *Adeus às armas*, o livreiro se aproximou de mim:

— Se está interessada neles, é melhor comprá-los agora — disse, balançando a cabeça com tristeza.

Olhei para ele com simpatia e falei, confiante:

— Há muita procura por esses livros. Eles não podem fazer nada quanto a isso, não é?

Ele estava certo. Em poucos meses, encontrar uma obra de Hemingway e Fitzgerald tornou-se algo muito difícil. O governo não conseguiu retirar todos os livros das lojas, mas começou a fechar gradualmente as mais importantes livrarias de livros estrangeiros do país, além de impedir sua distribuição.

Na véspera de minha primeira aula, eu estava muito nervosa, como uma criança no primeiro dia de volta à escola. Escolhi minhas roupas cuidadosamente e também verifiquei meu parco estoque de livros. Deixara a maior parte deles nos Estados Unidos com minha cunhada, com um espelho antigo, presente de meu pai. Achei que os traria depois, sem saber que não regressaria por onze anos, período em que minha cunhada acabou se desfazendo da maioria deles.

No primeiro dia de aula, cheguei à universidade armada com meu *Gatsby*. Meu exemplar mostrava sinais de uso: quanto mais querido fosse o livro, mais surrado e esfolado ficava. *Huckleberry Finn* continuava disponível nas livrarias, e, como precaução, adquiri um novo exemplar. Depois de alguma hesitação, comprei também um exemplar de *Ada ou ardor*, só por garantia, pois não constava na programação de meu seminário.

A universidade foi construída na época do xá Reza, na década de 1930. Os prédios principais do *campus* têm pés-direitos muito altos, apoiados sobre sólidas colunas de cimento. São geralmente frios no inverno e úmidos no verão. Aqueles vastos prédios da década de 1930 tinham qualquer coisa estranha. Eles foram feitos para multidões: você jamais se sentia em casa.

Enquanto caminhava até o departamento de inglês, reparei nos diferentes estandes organizados no grande saguão, ao pé da larga escadaria. Havia grandes mesas, mais de dez, cobertas de livros de literatura pertencentes a vários grupos revolucionários. Os estudantes estavam em grupos, conversando e às vezes discutindo, prontos para defender seu território. Não havia inimigos visíveis, mas um sentimento de ameaça pairava sobre o salão.

Aqueles foram dias cruciais na história do Irã. Uma batalha estava sendo travada em todos os níveis a respeito dos novos moldes da constituição e da alma do novo regime. A maioria das pessoas, incluindo os clérigos importantes, era a favor de uma constituição secular. Grupos poderosos de oposição secular e religiosa se formavam para protestar contra as tendências autocráticas dentro da elite dominante. Os grupos oposicionistas mais fortes eram o Partido Republicano do Povo Mulçumano, do aiatolá Shariatmadari, e a Frente Democrática Nacional, formada por seculares progressistas, que estavam na linha de frente para preservar os direitos democráticos, incluindo os direitos das mulheres e a liberdade de imprensa. Eram grupos muito populares naquela época, e chegaram a reunir quase um milhão de pessoas no décimo segundo aniversário da morte do antigo herói nacionalista Mossadegh, na aldeia de Ahamad Abad, onde ele foi enterrado. Eles fizeram uma grande campanha pela Assembleia Constituinte. O fechamento do jornal mais popular e progressista, *Ayandegan*, provocou uma série de protestos violentos, nos quais os manifestantes foram atacados por fiscais apoiados pelo governo. Era comum, naquela época, ver esses partidários do governo em suas motocicletas, carregando bandeiras e estandartes pretos, às vezes liderados por um clérigo, conduzido por uma Mercedes-Benz blindada. Apesar desses sinais sinistros, o Partido Comunista Tudeh e a Organização Marxista Fedayin apoiavam os radicais reacionários contra os que chamavam de liberais, e continuaram a pressionar o primeiro-ministro Barzagan, de quem suspeitavam nutrir simpatia pelos norte-americanos.

A oposição era recebida com uma violência brutal. "Os que usam tamancos e turbantes lhes deram uma chance", advertira Khomeini. "Depois de cada revolução, milhares de corruptos são executados em público, queimados, e a história se acaba. Eles não têm permissão para publicar jornais." Citando o exemplo da Revolução de Outubro, e o fato de que o Estado ainda controlava a imprensa, ele continuou: "Nós fecharemos todos esses partidos, exceto um, e os poucos que agirem de maneira adequada... todos nós cometemos erros. Pensávamos que estávamos lidando com seres humanos. É evidente que não estamos. Estamos lidando com animais selvagens. Nós não os toleraremos mais."

Hoje em dia isso tudo me parece espantoso, pois, enquanto relato os acontecimentos daqueles anos, vejo que estava completamente absorvida por meu trabalho. Minha ansiedade em relação ao modo que seria recebida pela minha primeira turma era a mesma em relação às convulsões políticas.

Minha primeira aula foi numa sala comprida com janelas em apenas um dos lados. A sala estava cheia de alunos quando entrei, mas, assim que tomei meu lugar atrás da mesa do professor, meu nervosismo desapareceu. Por incrível que pareça, os alunos estavam quietos. Eu estava carregada de livros e fotocópias que levara para a aula, uma mistura eclética de escritores revolucionários cujas obras tinham sido traduzidas para o persa, e de escritores "elitistas", como Fitzgerald, Faulkner e Woolf.

A primeira aula transcorreu bem e as seguintes foram ficando mais fáceis. Eu era entusiasta, ingênua e idealista, e estava apaixonada por meus livros. Os alunos estavam curiosos sobre mim e sobre o dr. K., o jovem de cabelos encaracolados em quem eu esbarrara no escritório do dr. A.; estranhos novos recrutas, numa época em que os estudantes faziam o melhor que podiam para expulsar seus professores: todos eles eram "antirrevolucionários", termo que cobria um vasto espectro — qualquer coisa entre ter trabalhado para o antigo regime e usar linguagem obscena na sala de aula.

Perguntei a meus alunos, em nosso primeiro dia de aula, o que eles achavam que a ficção poderia proporcionar, por que, afinal, alguém deveria se preocupar em ler ficção. Foi um modo diferente de iniciar uma aula, mas consegui prender a atenção da turma. Expliquei que iríamos ler e discutir diferentes autores durante aquele semestre, mas que todos os autores escolhidos tinham a subversão como algo em comum. Alguns deles, como Gorki e Gold, eram abertamente subversivos em seus objetivos políticos; outros, como Fitzgerald e Mark Twain, eram, em minha opinião, ainda mais subversivos, embora isso não fosse óbvio. Disse aos alunos que frequentemente voltaríamos ao termo *subversão*, pois minha compreensão dessa palavra era diferente de sua definição habitual. Escrevi no quadro uma de minhas frases favoritas do pensador e filósofo alemão Theodor Adorno: "A mais elevada forma de moralidade é não se sentir em casa em sua própria casa." Expliquei-lhes que a maioria das grandes obras da imaginação pretendia nos fazer sentir como estrangeiros em nossa própria casa. A melhor ficção sempre nos força a questionar aquilo que temos como certo. Ela questiona as tradições e as expectativas, quando estas parecem ser imutáveis. Disse-lhes que gostaria que eles observassem de que modo essas obras os perturbaram, produziram desconforto, fizeram com que analisassem o mundo à sua volta, como *Alice no país das maravilhas*, através de diferentes olhares.

Naquela época, os alunos e o corpo docente se diferenciavam principalmente por suas afiliações políticas. Aos poucos comecei a associar os nomes aos rostos, aprendi a ler suas expressões, a perceber quem estava a favor ou contra e quem pertencia a qual grupo. É assustador como essas imagens de repente brotam do vazio, como se os rostos dos mortos voltassem à vida para terminar alguma tarefa que não fora finalizada.

Posso ver o sr. Bahri na fileira do meio, brincando com o lápis, a cabeça baixa, escrevendo. Ele reproduz minhas palavras ou está apenas fingindo, me perguntei. De vez em quando ele levanta a cabeça e me encara, como se tentasse decifrar um quebra-cabeça, e então a abaixa de novo e volta a escrever.

Na segunda fileira, perto das janelas, está um homem de cujo rosto me lembro bem. Ele se senta com os dois braços cruzados na frente do peito, escuta com uma postura desafiadora, atento a cada palavra, não porque deseja ou precisa aprender, mas, porque, por alguma razão, decidiu não perder nada do que se passa ali. Eu o chamarei de sr. Nyazi.

Meus alunos mais radicais se sentam nas últimas fileiras, com seus sorrisos sarcásticos. De um deles eu me lembro perfeitamente: Mahtab. Ela se senta de modo autoconfiante, olha fixamente para o quadro-negro, mas está absolutamente atenta aos que estão sentados a seu lado. Tem a pele escura e um rosto simples que parece ter mantido o ar infantil. Seus olhos são tristes. Descobri depois que nasceu em Abadan, uma cidade petrolífera no sul do Irã.

Há também Zarrin e sua amiga Vida. Elas chamaram minha atenção naquele primeiro dia porque pareciam tão diferentes, como se não tivessem o direito de estar naquela sala ou até mesmo na universidade. Elas não se encaixavam em nenhuma das categorias entre as quais os estudantes estavam divididos. Bigodes cobriam o lábio superior dos esquerdistas, para diferenciá-los dos estudantes muçulmanos, que deixavam uma linha fina entre o lábio superior e o bigode. Alguns muçulmanos também usavam barba ou deixavam a barba por fazer. As mulheres esquerdistas usavam roupas cáqui ou verde — largas camisas compridas sobre calças largas —, e as meninas muçulmanas usavam véus ou xadores. Entre esses rios imutáveis, ficavam os alunos não politizados, que eram chamados de monarquistas. Mas nem mesmo os verdadeiros monarquistas se sobressaíam como Zarrin e Vida.

Zarrin tinha a pele clara, frágil, olhos cor de mel liquefeito e cabelos castanho-claros, que colocava atrás da orelha. Ela e Vida se sentavam na primeira fila, na extrema direita, próximas da porta. As duas eram sorridentes. A presença delas naquela sala era estranha, com sua aparência serena e seus tons pastel. Eu mesma, que naquela época havia abdicado de quaisquer pretensões revolucionárias, me surpreendia com a fisionomia delas.

Vida era mais sóbria, convencional, porém, ao lado de Zarrin, sempre havia o perigo de perder o controle. Diferentemente da maioria, elas não ficavam na defensiva por não ter uma atitude não revolucionária, nem sequer pareciam sentir necessidade de se justificar. Naquela época, os estudantes cancelavam as aulas diante da mais leve provocação. Quase todo dia havia novos debates, novos acontecimentos, e, em meio a isso tudo, Zarrin e sua amiga — de modo mais deliberado do que obediente — compareciam a todas as aulas, vigorosas, elegantes e imaculadas.

Lembro-me de um dia em que meus alunos esquerdistas cancelaram as aulas, em protesto contra a morte recente de três revolucionários, e, enquanto eu descia as escadas, Zarrin e Vida me alcançaram. Na aula anterior, havia comentado com os alunos que talvez eles tivessem problemas para encontrar exemplares de alguns livros cuja leitura eu havia determinado. Elas queriam me falar sobre uma livraria com o maior estoque de livros em inglês em Teerã, e contar que ainda havia exemplares de *O grande Gatsby* e de *Herzog*.

As duas já haviam lido *Gatsby*. Os outros livros de Fitzgerald eram similares a esse? Continuamos a conversa sobre Fitzgerald enquanto descíamos a larga escadaria, passamos pelas várias mesas do saguão, cobertas por livros e itens políticos à venda, e pelos grandes grupos de alunos reunidos ao lado de uma parede coberta de jornais. Caminhamos pelo asfalto quente e nos sentamos em um dos bancos ao lado do riacho que corria pelo *campus*, e conversávamos como crianças que partilhavam as tão desejadas cerejas roubadas. Senti-me muito jovem, rindo enquanto conversávamos. E então tomamos caminhos diferentes. Nunca mais estivemos tão próximas como naquele dia.

6

"Criminosos não devem ser julgados. O julgamento de um criminoso é contra os direitos humanos. Os direitos humanos exigem que eles sejam mortos de imediato, assim que se teve conhecimento de que eram criminosos", proclamou o aiatolá Khomeini, em resposta aos protestos das organizações internacionais de direitos humanos diante da onda de execuções que se seguiu à revolução. "Eles nos criticam porque executamos os covardes." A atmosfera de celebração e de liberdade que se seguiu depois que o xá foi deposto deu lugar à apreensão e ao medo, à medida que o regime continuou a executar e a assassinar os "antirrevolucionários", e uma nova justiça de vigilantes emergiu, composta de bandos de militantes organizados para aterrorizar as ruas.

NOME: Omid Gharib
SEXO: Masculino
DATA DA PRISÃO: 9 de junho de 1980
LUGAR DA PRISÃO: Teerã
LOCAL DE DETENÇÃO: Teerã, Prisão Qasr.
ACUSAÇÕES: Ser ocidentalizado, ter sido criado numa família ocidentalizada; ficar muito tempo na Europa para estudar; fumar cigarros Winston; demonstrar tendências esquerdistas.
SENTENÇA: Três anos de prisão; morte.
INFORMAÇÃO DO JULGAMENTO: O acusado foi julgado a portas fechadas. Ele foi preso depois que as autoridades retiveram uma carta que o acusado enviou a um amigo na França. Em 1980, foi senten-

ciado a três anos. Em 2 de fevereiro de 1982, enquanto Omid Gharib cumpria sua pena, seus pais souberam que ele fora executado. As circunstâncias de sua execução são desconhecidas.

INFORMAÇÃO ADICIONAL:

DATA DA EXECUÇÃO: 31 de janeiro de 1982

LOCAL DA EXECUÇÃO: Teerã

FONTE: *Newsletter da Anistia Internacional*, julho de 1982, volume XII, número 7

Todos éramos, naquela época, anônimos passantes no aglomerado das ruas de uma metrópole, os rostos enfiados nas golas, todos preocupados com seus próprios problemas. Sentia-me distante da maioria de meus alunos. Nos Estados Unidos, quando gritávamos em protesto "morte" a isso ou a aquilo, essas mortes pareciam mais simbólicas, abstratas, como se a impossibilidade de nossos slogans nos encorajasse a insistir ainda mais neles. Em 1979, em Teerã, esses slogans se tornavam realidade com uma precisão macabra. Eu me sentia impotente: os sonhos e os slogans haviam se tornado realidade, e não havia como escapar deles.

Em meados do mês de outubro, na terceira semana de aula, eu ainda tentava me acostumar com minha rotina diária irregular na universidade. Era raro haver um dia que não fôssemos interrompidos pela notícia de uma morte ou de um assassinato. Por diversos motivos, reuniões e manifestações eram organizadas com frequência na universidade; quase toda semana as aulas eram boicotadas ou canceladas ao menor pretexto. O único modo de dar ritmo a minha vida era ler meus livros e organizar minhas aulas desordenadas, que, para minha surpresa, em meio a toda aquela confusão, ocorriam com bastante regularidade e eram assistidas pela maioria dos alunos.

Num agradável dia de outubro, tentei passar pela multidão reunida em frente a nosso edifício e fiquei próxima a uma professora de esquerda muito conhecida do departamento de história. Num impulso, parei para ouvi-la. Não lembro muito bem o que ela disse, mas guardei algumas de suas palavras num canto seguro de minha mente. Ela dizia àquelas pessoas que, a favor da independência, resolvera usar o véu. Ela usaria o véu para lutar contra os imperialistas americanos, para eles verem... Verem o quê?

A passos rápidos, continuei meu percurso na direção da sala de conferência do departamento de inglês, onde havia marcado uma reunião com um aluno, o sr. Bahri. Tínhamos uma relação formal — estava tão acostumada a chamá-lo e a pensar nele por seu sobrenome, que esqueci por completo seu primeiro nome. Mas isso é irrelevante. O que talvez seja relevante, de um modo indireto, é a cor de seus cabelos negros brilhantes, o obstinado silêncio em que permanecia mesmo quando falava e seu aparente sorriso forçado. O sorriso coloria tudo o que ele falava, dando a impressão de que o que não dissera, o que tão espalhafatosamente escondera e negara a seus ouvintes, colocava-o numa posição de superioridade.

Um dos melhores ensaios que li sobre *As aventuras de Huckleberry Finn* foi escrito pelo sr. Bahri e, desde então, enquanto permaneci na Universidade de Teerã, de algum modo ele estava sempre próximo de mim durante as agitadas reuniões. Ele se transformou em minha sombra, literalmente, jogando o peso de seu silêncio sobre mim.

Ele queria me dizer que apreciava minhas aulas e que "eles" aprovavam meus métodos de ensino. Quando determinei os muitos livros que seriam estudados, num primeiro momento os alunos reagiram e pensaram em boicotar o curso, mas, depois de algumas considerações, votaram contra. Ele havia solicitado uma reunião comigo para pedir, ou me instruir, a acrescentar mais material revolucionário e discutir mais os escritores revolucionários. Uma estimulante discussão sobre as implicações das palavras *literatura, radical, burguesia* e *revolucionária* surgiu e prosseguiu, pelo que me lembro, com grande emoção e intensidade, embora pouco progresso ocorrera sobre a simples questão das definições. Ficamos os dois de pé durante todo o encontro, na ponta de uma grande mesa cercada por cadeiras vazias.

Quando nossa conversa chegou ao fim, eu estava tão animada que me aproximei dele num gesto gentil e fraterno. Silenciosa e deliberadamente, ele se afastou com as duas mãos para trás, como se quisesse evitar até mesmo a possibilidade de um aperto de mãos. Estava aturdida demais, ainda muito desacostumada à novidade dos modos revolucionários, para ficar magoada. Ao relatar, depois, o incidente a um colega, este me lembrou, com um sorriso irônico, que nenhum muçulmano poderia ou deveria tocar numa mulher *namahram* — alguém que não fosse sua própria mulher, mãe ou irmã. Ele se virou para mim, incrédulo, e disse: "Você não sabia disso?"

Minhas experiências no Irã, em especial minhas experiências como docente, foram envoltas por aquele sentimento de aperto de mão interrompido, assim como por aquela primeira abordagem e pela intensidade de nossa conversa ingênua e animada. A imagem do sorriso de meu aluno permaneceu, brilhante ainda que opaca, enquanto a sala, as paredes, as cadeiras e a grande mesa de conferência foram cobertas por camadas e camadas do que nas obras de ficção é chamado de poeira.

7

As primeiras semanas de aula foram de agitadas reuniões. Eram reuniões do departamento, do corpo docente e com os alunos; fazíamos parte de reuniões de apoio às mulheres, aos trabalhadores, aos militantes curdos ou às minorias turcomanas. Naquela época, fiz amizades e alianças com a chefe do departamento, Farideh, minha colega brilhante e radical, e com outras pessoas dos departamentos de psicologia, de alemão e de linguística. Íamos todos almoçar em nosso restaurante favorito, próximo à universidade, para falarmos das últimas novidades e também ouvir algumas piadas. Essa atmosfera descontraída parecia um pouco fora de lugar, mas mesmo assim ainda não havíamos desistido de ter esperança.

Passávamos a maior parte do tempo fazendo piadas ou falando de um de nossos colegas que achava que ia perder o emprego: os estudantes muçulmanos o acusaram de ter feito uso de "obscenidades" na sala de aula e o ameaçaram com a expulsão. A verdade é que esse homem, o professor, adorava se preocupar consigo mesmo. Ele tinha se divorciado havia pouco tempo e precisava sustentar a ex-mulher e sua casa com piscina. Ouvíamos histórias intermináveis sobre sua piscina. De alguma maneira, inapropriadamente, ele se comparava a Gatsby, chamando a si mesmo de Pequeno Grande Gatsby. Pelo que eu podia perceber, a única coisa em comum entre eles era a piscina. Sua vaidade fazia com que ele compreendesse a realidade com as cores de sua imaginação. Mas ele não foi expulso. Permaneceu mais tempo na universidade do que nós todos e tornou-se cada vez mais intolerante com seus alunos mais notáveis, como depois fiquei sabendo, quando dois deles, Nima e Manna, pagaram um preço alto por discordarem de suas opiniões. Pelo que sei, parece que ele ainda dá aulas na universidade, reproduzindo, ano após ano, o mesmo material para os novos alunos. Mudou muito pouco, apenas se casou de novo com uma mulher bem mais jovem que ele.

Íamos também à cinemateca, que ainda não havia sido fechada, e assistíamos aos filmes de Mel Brooks e Antonioni; marchávamos nas manifestações e ainda acreditávamos que o bando de Khomeini não seria bem-sucedido, e que a guerra ainda não chegara ao fim. O dr. A. nos levou a uma exposição de fotografias de protestos e de manifestações durante a época do xá. Ele caminhava a nossa frente, apontando várias fotos daquele primeiro ano, dizendo: "Mostre-me quantos mulás vocês veem protestando, mostrem-me quantos desses filhos da... estavam nas ruas gritando pela República Islâmica." Enquanto isso, conspirações eram tramadas, assassinatos cometidos, alguns por meio da nova tática suicida nomeada homem-bomba. Os secularistas e os liberais eram ejetados pelo regime, e a retórica do aiatolá Khomeini contra o Grande Satã e seus agentes se tornava mais virulenta a cada dia.

É impressionante como tudo pode cair na rotina. Parecia que eu não me dava conta da qualidade inesperada de meu dia a dia que desvirtuava toda forma de estabilidade. Depois de algum tempo, até mesmo a revolução encontrou seu ritmo; a violência, as execuções, as confissões públicas para crimes que não foram cometidos, juízes que falavam calmamente sobre amputar a mão ou a perna de um ladrão e sobre matar prisioneiros políticos, porque, naquele momento, não havia espaço suficiente nas cadeias para abrigá-los. Certo dia, hipnotizada pela imagem de uma mãe e seu filho na tela da TV, sentei-me para assistir. O filho pertencia a uma das organizações marxistas. Na opinião da mãe, ele merecia morrer porque traíra a revolução e sua fé, e ele concordava com ela. Os dois estavam sentados em algo que se parecia com um palco vazio, exceto pelas duas cadeiras. De frente um para o outro, eles conversavam como se estivessem fazendo planos para o casamento do rapaz. Sem dar muita importância ao fato, os dois concordavam que os crimes que ele tinha cometido eram tão hediondos que a única maneira de ele os expiar e de salvar a honra da família era aceitar a própria morte.

Com *As aventuras de Huckleberry Finn* debaixo do braço, eu caminhava todas as manhãs pelas ruas largas e arborizadas que levavam à universidade. À medida que eu me aproximava do *campus*, o número de slogans nas paredes e a violência de suas exigências era maior. Nenhum deles era um protesto contra os assassinatos: as exigências eram quase sempre por mais sangue. Como os outros, eu cuidava de minha vida. Era só à noite e em meu diário que meu crescente desespero e meus pesadelos fluíam sem inibições.

Certa noite fui à cozinha pegar um copo d'água e vi na televisão o rosto machucado e espancado do antigo chefe do temido Ministério da Segurança Nacional e da Informação, um general conhecido por sua crueldade. Ele fora um dos oficiais envolvidos na falsa incriminação e prisão de meu pai. Devia ser uma reapresentação de sua confissão, porque ele fora assassinado meses antes. Quando meu pai estava na prisão, ainda me lembro do número de vezes que minha mãe amaldiçoou aquele general e seus colegas conspiradores. E lá estava ele agora, sem o uniforme, implorando pelo perdão de juízes cuja brutalidade feroz nem mesmo ele poderia imaginar. Não havia nem sequer uma fração de humanidade em sua expressão. Era como se ele fosse forçado a renegar seu antigo ser e, no processo, abdicasse de seu lugar ao lado dos outros homens. Senti-me estranhamente conectada a ele, como se a completa rendição de sua dignidade fosse capaz de me diminuir. Quantas vezes eu sonhara com uma vingança contra aquele homem? Era assim que os sonhos eram realizados?

O governo fez com que publicassem os registros fotográficos da morte desse homem e também várias outras fotografias de novas rodadas de execuções. Essas fotografias também eram reproduzidas num panfleto barato de folhas amarelas, vendido nas ruas ao lado de produtos de beleza. Comprei um desses panfletos venenosos: eu queria me lembrar de tudo. Aqueles rostos, apesar do terrível momento final, eram forçados a assumir uma pacífica indiferença diante da morte. Mas o quanto de impotência, de desamparo e de desespero aqueles horrendos rostos calmos incutiram em nós, os sobreviventes?

Nos últimos anos, Bijan e eu muitas vezes ficávamos chocados ao assistir ao espetáculo do julgamento de nossos velhos compatriotas pela televisão americana. Com fervor eles denunciaram suas ações do passado, seus antigos colegas, e confessaram que, de fato, eram inimigos do Islã. Assistimos a essas cenas em silêncio. Bijan era mais calmo do que eu, e raramente demonstrava qualquer emoção. Ele ficava sentado no sofá, com os olhos grudados na tela da televisão, sem quase mover um músculo, enquanto eu me agitava e levantava para pegar um copo de água ou mudar de posição. Sentia que precisava me agarrar a algo, e segurava com força o braço da poltrona. Quando me voltava para olhar Bijan, me via diante daquela expressão plácida, e, algumas vezes, uma onda de ressentimento brotava dentro de mim. Como era possível ele ficar tão calmo? Certa vez mudei de lugar e me sentei no chão, ao lado do sofá em que ele estava. Acho que nunca me senti tão sozinha. Alguns minutos depois, ele pousou sua mão sobre meu ombro.

Virei-me para ele e perguntei: Você nunca sonhou que isso pudesse acontecer conosco? Ele respondeu: Não, não imaginei, mas deveria. Depois que todos nós ajudamos a criar essa confusão, não merecíamos a República Islâmica. E, de algum modo, ele estava certo. Houve um breve período, entre a deposição do xá, em 16 de janeiro de 1979, e o retorno de Khomeini, em 1º de fevereiro, quando um dos líderes nacionalistas, dr. Shahpour Bakhtiar, tornou-se o primeiro-ministro. Bakhtiar talvez fosse a mente mais democrática e prudente entre os opositores políticos daquela época, que, em vez de se unirem a ele, opuseram-se e juntaram-se a Khomeini. Ao assumir o poder, ele demoliu a estrutura da polícia secreta do Irã e libertou os prisioneiros políticos. Ao rejeitar Bakhtiar e ajudar a substituir a dinastia Pahlavi por um regime bem mais reacionário e despótico, o povo iraniano e as elites intelectuais mostraram, no mínimo, um sério erro de julgamento. Lembro-me de que, naquela época, Bijan era uma voz solitária de apoio a Bakhtiar, enquanto todas as outras, inclusive a minha, exigiam apenas a destruição do velho regime, sem pensar muito nas consequências.

Um dia, abrindo o jornal, vi fotografias de Ali e Faramaz, e de outros amigos do movimento estudantil. No mesmo momento soube que tinham sido mortos. Diferentemente das fotografias dos generais, aquelas não eram tiradas depois das execuções. Eram antigas, de passaportes e de identidades estudantis. Nessas fotos inocentes, eles riam, fazendo pose para a câmera. Rasguei as páginas e durante meses as mantive escondidas em meu armário, usando-as para dar forma aos sapatos, e as retirava quase todos os dias para olhar novamente para aqueles rostos que vi pela última vez em outro país, que agora só apareciam para mim em sonhos.

8

O sr. Bahri, no início reservado e relutante em falar durante as aulas, começou a fazer observações perspicazes depois de nossa reunião. Ele falava devagar, como se suas ideias fossem se formando enquanto ele as expressava, fazia pausas entre as palavras e as frases. Às vezes ele lembrava uma criança que começa a andar, testando o solo e descobrindo potenciais desconhecidos dentro de si mesma. Nessa época, ele também estava cada vez mais envolvido na política. Tornou-se membro ativo do grupo de estudantes apoiado pelo governo — a Associação de Estudantes Muçulmanos — e com muita frequência eu o encontrava pelos corredores, envolvido em discussões. Seus movimentos eram sempre intensos, e os olhos ganharam propósito e determinação.

Conforme fui conhecendo-o melhor, percebi que não era arrogante como achara que fosse. Ou talvez eu tenha me acostumado com seu tipo de arrogância, a de um jovem naturalmente tímido e reservado que acabara de descobrir um refúgio absolutista chamado Islã. Eram a obstinação e a convicção recém-descobertas que lhe conferiam arrogância. Ele podia ser bastante gentil e, quando conversava, não nos olhava nos olhos — não porque um homem muçulmano não deve olhar nos olhos de uma mulher, mas porque era muito tímido. Foi essa mistura de arrogância e timidez que despertou minha curiosidade.

Parecia que estávamos sempre em alguma conferência particular quando conversávamos. Quase nunca concordávamos, mas era necessário discutirmos nossas diferenças e persuadirmos um ao outro quanto à correção de nossa posição. Quanto mais despropositada eu me tornava, mais poderoso ele ficava, e, de modo imperceptível, lentamente nossos papéis se inverteram. Ele não era um agitador — não fazia discursos elaborados e apaixonados —, mas trabalhou arduamente por sua ascensão, com paciência e dedicação. Quando fui expulsa da universidade, ele havia se tornado líder da Associação de Estudantes Muçulmanos.

Quando os estudantes radicais cancelavam as aulas, ele era um dos poucos que se fazia presente, com evidente desaprovação do restante. No período de cancelamento das aulas, costumávamos conversar sobre os diversos acontecimentos que se desenrolavam na universidade ou sobre as questões políticas do momento. Sempre cuidadoso, ele tentava me fazer compreender o que o Islã político significava, mas eu o repelia, porque era exatamente o Islã, como uma entidade política, que eu rejeitava. Contei-lhe sobre minha avó, que era a muçulmana mais devota que eu conhecera, mais devota que o senhor, sr. Bahri, e ainda assim ela desprezava a política. Minha avó se ressentia do fato de que seu véu, que para ela sempre fora um símbolo de sua relação sagrada com Deus, se tornara um instrumento de poder, transformando as mulheres que o usavam em signos e símbolos políticos. Onde residem suas lealdades, sr. Bahri, no Islã ou no Estado?

Não antipatizava com o sr. Bahri, mas mesmo assim desenvolvi o hábito de culpá-lo e de responsabilizá-lo por tudo o que acontecia de errado. Ele ficou sem jeito com Hemingway, se sentia ambivalente em relação a Fitzgerald, amava Twain, e achava que nós deveríamos ter um escritor nacional do mesmo calibre. Sempre amei e admirei Mark Twain, mas achava que todos os escritores eram escritores nacionais, e que não existia a entidade do Escritor Nacional.

9

Não me lembro do que eu estava fazendo ou onde eu estava naquele domingo, quando fiquei sabendo que a embaixada americana tinha sido ocupada por um bando de estudantes radicais. Era estranho, mas a única coisa da qual me lembro foi que o dia estava belo e agradável, e as notícias não se encaixaram até o dia seguinte, quando Ahamad, o filho de Khomeini, anunciou o apoio do pai aos estudantes e divulgou uma declaração desafiadora: "Se eles não nos entregarem os criminosos", ele disse, referindo-se ao xá e a Bakhtiar, "então faremos o que for necessário." Dois dias depois, em 6 de novembro, o primeiro-ministro Barzagan, que vinha sendo acusado de liberal e pró-Ocidente pela esquerda e pelos religiosos linha-dura, renunciou.

Quase que de imediato as paredes da embaixada ficaram cobertas de novos slogans: OS ESTADOS UNIDOS NADA PODEM FAZER CONTRA NÓS! ESSA NÃO É UMA LUTA ENTRE OS ESTADOS UNIDOS E O IRÃ, É UMA LUTA ENTRE O ISLÃ E A BLASFÊMIA. QUANTO MAIS DOS NOSSOS MORREREM, MAIS FORTES NOS TORNAREMOS! Uma tenda foi armada na calçada, repleta de propaganda contra os Estados Unidos, expondo seus crimes em todo o mundo e proclamando a necessidade de exportar a revolução islâmica. Na universidade, o clima era de júbilo e apreensão. Alguns de meus alunos, Bahri e Nycizi entre eles, haviam sumido e, era bem provável que estivessem participando ativamente das linhas de frente dessa nova luta. Discussões tensas e agitação substituíram as aulas regulares.

Tanto as organizações religiosas quanto as marxistas, especialmente a Mujahidin e a Fedayin Marxista,* apoiaram a invasão e ocupação da embaixada. Lembro-me de um debate acirrado quando um dos alunos, ridicularizado por ser liberal, repetia sem parar: Qual é a vantagem de fazê-los reféns? Nós já os expulsamos, não é? E um de meus alunos chegou à insana conclusão de que não, ainda não, que a influência americana estava espalhada por todos os lugares. Não estaríamos livres até que a Voz da América fosse calada.

A embaixada americana, então, não era mais conhecida como embaixada, mas como o "ninho de espiões". Quando os motoristas de táxi nos perguntavam aonde queríamos ir, nós respondíamos: Por favor, nos leve ao ninho de espiões. Ônibus vindos de províncias e aldeias chegavam diariamente em Teerã, com pessoas que nem sequer sabiam onde ficavam os Estados Unidos, e que algumas vezes até pensavam que estavam sendo levadas para lá. Elas recebiam comida e dinheiro, e podiam permanecer com suas famílias — brincando, fazendo piquenique — na frente do ninho de espiões. Em troca, era pedido que elas gritassem "Morte aos Estados Unidos!" e que, de vez em quando, queimassem uma bandeira americana.

Sentados em um semicírculo, três homens discutem acirradamente, enquanto, um pouco afastadas, duas mulheres de xador, com três ou quatro crianças ao redor, fazem sanduíches para eles. Uma festa? Um piquenique? Um Woodstock islâmico? É possível ouvi-los, se nos aproximarmos um pouco. Seus sotaques indicam que vieram da província de Isfahan. Um deles ouviu dizer que os americanos estão se convertendo ao islamismo aos milhares e que Jimmy Carter está apavorado. Ele deve mesmo estar com medo, diz um dos homens enquanto dá uma mordida em seu sanduíche. Soube que a polícia americana está recolhendo todas as fotos do imã. A verdade está misturada com rumores selvagens, rumores dos maus-tratos do xá por seus antigos aliados, e sobre a iminente revolução islâmica nos Estados Unidos. Será que os americanos vão entregá-lo?

* Grupos de guerrilheiros dispostos a sacrificar suas vidas em nome da missão. [*N. do T.*]

Um pouco mais afastado dali, pode-se ouvir cadências mais agudas e mais abreviadas: "mas isso não é centralismo democrático... tirania religiosa... aliados de longa data..." e, mais do que qualquer outra palavra, o termo *liberais*. Quatro ou cinco estudantes com livros e panfletos embaixo dos braços entabulam uma profunda discussão. Vejo que um deles é um de meus alunos esquerdistas, que me reconhece, sorri e vem em minha direção: Oi, professora. Vejo que se juntou a nós. Quem somos nós?, pergunto-lhe. Juntou-se às massas, ao povo verdadeiro, ele responde com seriedade. Mas essa manifestação não é sua, digo. A senhora está enganada. Temos que estar presentes todos os dias para manter o fogo aceso e impedir que os liberais façam um acordo, ele diz.

Os alto-falantes nos interrompem. "Nem Oriente, nem Ocidente; nós queremos a República Islâmica! Os Estados Unidos nada podem fazer! Nós lutaremos, nós morreremos, não faremos concessões!"

Nunca fui capaz de aceitar esse ar de festividade, a jovial arrogância que dominava a multidão em frente à embaixada. Duas ruas abaixo, uma realidade completamente diferente se desdobrava. Algumas vezes tinha a impressão de que o governo operava em seu próprio universo paralelo: ele criara um grande circo, montando um grande ato público, enquanto as pessoas cuidavam de suas vidas e afazeres.

O fato era que os Estados Unidos, o lugar que conhecia e onde residira por tantos anos, de uma hora para outra fora transformado numa espécie de Terra do Nunca pela Revolução Islâmica. Os Estados Unidos de meu passado se desfaziam gradualmente em minha mente, dominada por todo o clamor das novas definições. Foi quando o mito dos Estados Unidos começou a tomar conta do Irã. Mesmo aqueles que queriam seu fim estavam obcecados por ele. Os Estados Unidos se tornaram, simultaneamente, a terra de Satã e o Paraíso Perdido. Uma curiosidade dissimulada a respeito desse país se exaltava de tal modo que, com o tempo, transformaria os sequestradores nos próprios reféns.

10

Em 1980, fiz uma pequena anotação em meu diário: "*Gatsby*, de Jeff." Jeff era um repórter de Nova York com quem perambulei pelas ruas de Teerã durante alguns meses. Na época não compreendi por que me tornara tão dependente daquelas andanças sem rumo certo. Há quem recorra ao álcool nos períodos de estresse, eu me apeguei a Jeff. Precisava desesperadamente descrever o que testemunhara para essa outra parte do mundo, que, até então, eu deixara para trás, para sempre. Passei a escrever cartas para meus amigos americanos, relatando detalhadamente a vida no Irã, mas a maioria daquelas cartas jamais foi enviada.

Era óbvio que Jeff estava solitário e, embora ele tivesse uma relação de amor obsessivo com o trabalho, pelo qual era bastante reconhecido, tinha necessidade de falar com alguém em sua língua e compartilhar algumas lembranças. Descobri, para minha surpresa, que a mesma situação me afligia. Acabara de retornar a meu país, onde podia finalmente falar meu idioma nativo, e ansiava por me comunicar com alguém em inglês, preferivelmente de sotaque nova-iorquino, alguém que fosse inteligente e que admirasse *Gatsby* e Haagen-Dazs e que conhecesse o Lower East Side de Mike Gold.

Passara a ter pesadelos, acordava gritando de vez em quando, principalmente porque sentia que jamais seria capaz de sair do país outra vez. Isso tinha como base o fato de eu ter sido barrada no aeroporto nas duas vezes que tentei sair, e numa delas fui escoltada de volta até a sede do

Tribunal Revolucionário. Por fim, não saí do Irã por onze anos; mesmo depois que tive certeza de que teria permissão, não consegui sequer fazer o simples movimento de solicitar um passaporte. Sentia-me impotente e paralisada.

11

> A arte não é mais esnobe ou covarde. Ela ensina os camponeses a usar tratores, concede poemas líricos aos jovens soldados, desenvolve tecidos para as fábricas de vestidos, escreve paródias para o teatro das fábricas, serve a uma centena de outros ofícios. A arte é útil como o pão.

Essa declaração, extraída de um ensaio de Mike Gold, "Toward Proletarian Art" [Para uma arte proletária], foi publicada em 1929 no periódico radical *New Masses*. Na época, o ensaio chamou muita atenção e deu origem a um novo termo nos anais da literatura americana: o *escritor proletário*. O fato de que pudesse ter influência, e que fosse considerado por autores sérios, foi um sinal da mudança dos tempos. *O grande Gatsby* foi publicado em 1925 e *Suave é a noite*, em 1934. Entre a publicação desses dois grandes romances, muitas coisas aconteceram nos Estados Unidos e na Europa que tornaram Mike Gold influente por algum tempo e reduziram a importância de Fitzgerald, tornando-o irrelevante no cenário social e literário. Houve a Grande Depressão, a crescente ameaça do fascismo e a progressiva influência do marxismo soviético.

Antes de começar a trabalhar com *O grande Gatsby*, havíamos discutido em sala de aula alguns contos de Máximo Gorki e de Mike Gold. Gorki era muito popular na época — muitas de suas histórias e seu romance *A mãe* foram traduzidos para o persa, e ele era bastante lido pelos revolucionários, velhos e jovens. Isso fazia *Gatsby* parecer irrelevante, uma escolha estranha para lecionar na universidade, uma vez que quase todos os estudantes estavam inflamados pelo zelo revolucionário. Hoje em dia, em retrospectiva, vejo que *Gatsby* foi uma escolha acertada. Só muito depois consegui compreender como os valores que formavam o romance eram exatamente o oposto daqueles da revolução. Ironicamente, à medida que o tempo passou, seriam os valores inerentes ao *Gatsby* que triunfariam, mas naquela época ainda não podíamos perceber o quanto havíamos traído nossos sonhos.

Começamos a ler *O grande Gatsby* em novembro, mas não conseguimos terminá-lo até janeiro, em consequência das constantes interrupções às aulas. Adotar um livro desses naquela época me levava a correr alguns riscos, quando determinados títulos haviam sido banidos por serem moralmente prejudiciais. A maioria dos grupos revolucionários concordava com o governo sobre a questão das liberdades individuais, que eles condescendentemente chamavam de "burguesas" e "decadentes". Isso facilitou a promulgação de algumas das leis mais reacionárias pela nova elite dominante, que chegaram a ponto de criminalizar certos gestos e a expressão de emoções, como o amor. Antes que uma nova Constituição fosse estabelecida e um novo Parlamento fosse constituído, o novo regime anulara a lei de proteção marital. Banira o balé e a dança e avisara às bailarinas que elas podiam escolher entre atuar e cantar. Depois disso, as mulheres foram proibidas de cantar, porque a voz de uma mulher, assim como seus cabelos, era sexualmente provocante e deveria se manter oculta.

Minha escolha por *O grande Gatsby* não tinha como base o clima político da época, mas simplesmente o fato de que era um grande romance. Foi-me solicitado que trabalhasse com a literatura do século XX, e esse me parecia um princípio razoável para sua inclusão. Além disso, essa escolha possibilitaria a meus alunos um relance daquele outro mundo que estava sendo retirado de nossas vidas, perdido num clamor de denúncias. Meus alunos sentiriam a mesma solidariedade que Nick pelo amor fatal de Gatsby pela bela e infiel Daisy Fay? Costumo ler e reler *Gatsby* com uma sensação de insaciável encantamento. Não via a hora de compartilhar o livro com meus alunos, embora eu percebesse em mim um estranho sentimento de não querer compartilhá-lo com ninguém.

Meus alunos ficaram um pouco desconcertados com o livro. A história de um sujeito idealista, completamente apaixonado pela moça rica que o trai, certamente não seria satisfatória para pessoas para quem o sacrifício era definido por palavras como *massas, revolução* e *Islã*. Paixão e traição, para eles, eram emoções políticas, e o amor era algo muito distante do sentimento comovente de Jay Gatsby pela sra. Tom Buchanan. O adultério em Teerã era um entre muitos outros crimes, e a lei lidava com o assunto do mesmo modo: apedrejamento público.

Informei-lhes que se tratava de um clássico romance americano e, de certa forma, podia ser considerado o romance americano perfeito. Havia outros candidatos ao pódio: *As aventuras de Huckleberry Finn, Moby Dick, A letra escarlate*. Alguns citam seu tema, o sonho americano, para justificar sua distinção. Nos países mais antigos, somos obcecados pelo passado. Os americanos têm um sonho: eles sentem nostalgia sobre a promessa do futuro.

Embora o romance fosse especificamente sobre Gatsby e o sonho americano, disse-lhes que o autor queria que ele transcendesse seu próprio tempo e lugar. Li para eles o trecho favorito de Fitzgerald do prefácio de Joseph Conrad para *O negro do Narciso,* que fala sobre o modo como o artista "apela para nossa capacidade ao prazer e ao deslumbramento, para o sentido do mistério que cerca nossas vidas; para nossa percepção da piedade, da beleza e da dor... e para a sutil, mas invencível convicção da solidariedade, que entrelaça a solidão de incontáveis corações, com a solidariedade nos sonhos, na alegria, no sofrimento, nas aspirações, nas ilusões, na esperança, no medo que une os homens, uns aos outros, que une a humanidade inteira — o morto ao vivo, e o vivo ao que ainda não nasceu".

Tentei explicar a meus alunos que Fitzgerald e Mike Gold escreveram sobre o mesmo tema: os sonhos ou, mais especificamente, sobre o sonho americano. O que Gold apenas sonhara encontrou realização naquele país distante, agora com um nome estrangeiro, a República Islâmica do Irã. "Os velhos ideais devem morrer...", ele escrevera. "Vamos arremessar tudo o que somos no caldeirão da revolução. Porque de nossa morte nascerão glórias." Essas frases poderiam ser tiradas dos jornais do Irã. A revolução que Gold desejara era uma revolução marxista, e nossa era islâmica, mas elas tinham muito em comum, pois eram ambas ideológicas e totalitárias. A revolução islâmica, como acabou acontecendo, causou mais dano ao Islã, por usá-lo como um instrumento de opressão, do que qualquer estrangeiro jamais teria causado.

— Não busquem o tema grandioso, a grande ideia — disse a meus alunos, como se isso estivesse separado da própria história. — A ideia ou as ideias por trás da história devem chegar a vocês por meio da experiência do romance, e não como algo que lhes fosse acrescentado. Vamos escolher uma cena para ilustrar isso. Por favor, abram na página 125. Vocês se lembram que Gatsby visita a casa de Daisy e Tom Buchanan pela primeira vez. Sr. Bahri, por favor, leia o trecho que começa com "Quem quer..."

> — Quem quer ir à cidade? — perguntou Daisy com insistência. Os olhos de Gatsby flutuaram até ela.
>
> — Ah — exclamou —, você parece tão refrescado, tão calmo.
>
> Seus olhos se encontraram e os dois ficaram a se entreolhar, sozinhos no espaço. Com um esforço, ela pousou os olhos sobre a mesa.
>
> — Você parece sempre tão calmo — repetiu.
>
> Ela lhe dissera que o amava e Tom Buchanan percebeu.
>
> Ficou estarrecido. Sua boca se entreabriu, olhou para Gatsby e depois de novo para Daisy, como se acabasse de reconhecer nela alguém que conhecera muito tempo antes.

— Em um nível, Daisy simplesmente diz a Gatsby que ele lhe parece indiferente, e Fitzgerald nos diz que ela ainda o ama, mas ele não quer dizer apenas isso. Ele quer nos colocar na sala. Vamos analisar como ele deu a esta cena a textura de uma experiência real. Primeiro, ele cria uma tensão entre Gatsby e Daisy, e depois a complica com a percepção repentina de Tom sobre a relação dos dois. Esse momento, meio suspenso no ar, é muito mais efetivo do que se Nick simplesmente relatasse que Daisy tentara dizer a Gatsby que o amava.

— Sim, interrompeu o sr. Farzan — porque ele está apaixonado pelo dinheiro, e não por Daisy. Ela é apenas um símbolo.

Não, ela é Daisy, e ele está apaixonado por ela. Há o dinheiro também, mas isso não é tudo; nem mesmo é o ponto mais importante. Fitzgerald não faz um relato — ele leva o leitor para dentro da sala e recria a experiência sensual daquele dia quente de verão de tantas décadas passadas, e nós, leitores, seguramos a respiração com Tom, quando compreendemos o que acabou de acontecer entre Gatsby e Daisy.

— Mas o que importa o amor neste mundo em que vivemos? — disse uma voz no fundo da sala.

— Que tipo de mundo é adequado para o amor? — perguntei. O sr. Nyazi levantou a mão:

— Agora nós não temos tempo para o amor — disse. — Estamos comprometidos com um amor mais elevado, mais sagrado.

Zarrin se virou para ele e disse sarcasticamente:

— Por que você luta mais em uma revolução?

O sr. Nyazi enrubesceu, abaixou a cabeça e, depois de um breve momento, pegou sua caneta e começou a escrever furiosamente.

Só nesse momento, enquanto escrevo sobre o assunto, me parece estranho que estivesse de pé naquela sala falando sobre o sonho americano, e que pudéssemos ouvir de fora, embaixo da janela, os alto-falantes transmitindo canções cujo refrão era "*Marg bar Amrika*!" [Morte aos Estados Unidos!].

Um romance não é uma alegoria — disse, quando a aula estava quase terminando. — É a experiência sensual de um outro mundo. Se vocês não entrarem nesse mundo, não perderem o fôlego com os personagens e se deixarem envolver pelo destino deles, vocês não serão capazes de se identificar, e a empatia está no âmago do romance. É assim que se lê um romance: vocês assimilam a experiência. Portanto, comecem a respirar. Quero apenas que vocês se lembrem disso. Isso é tudo, estão dispensados.

12

Entre o outono de 1979 e o verão de 1980, vários acontecimentos mudaram o curso da revolução e de nossas vidas. Batalhas foram travadas e perdidas. Uma das mais significativas foi em relação aos direitos das mulheres: havia muito o governo vinha oprimindo as mulheres, e as batalhas mais importantes foram travadas naquele momento.

Certo dia, acho que no começo de novembro, comuniquei a meus alunos, assim que o último retardatário entrou na sala, que embora muitas vezes eles tivessem cancelado as aulas por motivos pessoais, e eu não concordasse com isso, naquele dia, contra meus próprios princípios, eu era forçada a cancelar a aula. Avisei-lhes que iria a uma reunião de protesto, em oposição às tentativas do governo de exigir o uso do véu às mulheres e de restringir seus direitos. Havia deixado de estar presente em algumas das grandes manifestações contra as políticas do governo revolucionário contra as mulheres e, dessa vez, estava determinada a comparecer.

Inconscientemente, eu transitava entre dois tipos de vida diferentes. Estava envolvida no que considerava ser uma defesa de mim mesma como pessoa. Era uma postura muito diferente de minha época de estudante, de minhas atividades políticas conduzidas em nome de uma entidade desconhecida, chamada de "as massas oprimidas". Isso era mais pessoal. Ao mesmo tempo, uma espécie de resistência começara a se manifestar em mim, como a leitura incessante ou — como a paixão de Herzog — o ato de escrever cartas para amigos nos Estados Unidos, que jamais foram enviadas. Sentia um desafio silencioso que também deve ter moldado meu desejo de defender, para os outros, uma entidade amorfa e vaga que pensava ser eu mesma.

Desde o começo da revolução, houve muitas tentativas abortadas de impor o uso do véu às mulheres; essas tentativas falharam principalmente por causa da resistência persistente e militante das mulheres iranianas. Por muitos motivos, o véu adquirira um significado simbólico para o regime. Impô-lo novamente significaria a vitória definitiva do aspecto islâmico da revolução, que naqueles primeiros anos não era um resultado previsto. O ato de desvelar as mulheres, determinado pelo xá Reza em 1936, tinha sido um símbolo controverso de modernização, um sinal poderoso da redução do poder dos clérigos. E era importante reafirmar aquele poder para os clérigos que governavam o país. Hoje, para mim, é possível expressar tudo isso, com a vantagem da percepção tardia, mas naquela época isso estava longe de ser evidente.

O corpo do sr. Bahri se enrijeceu enquanto ele assimilava minhas palavras. Zarrin manteve seu sorriso habitual e Vida murmurou algo em tom conspiratório. Não prestei muita atenção nas reações deles: estava muito irritada, e essa raiva era um sentimento novo para mim.

O sr. Bahri permaneceu na sala depois que dispensei a turma, ficando próximo do grupo de alunos que se reuniu a minha volta, mas não fez qualquer tentativa de se aproximar. Eu guardara minhas anotações e meus livros na bolsa, exceto *O grande Gatsby*, que continuava distraidamente em minhas mãos.

Não queria iniciar qualquer debate com Mahtab e suas amigas, cuja organização marxista havia ficado ao lado do governo, denunciando os que protestavam como desviantes, divisores e a serviço dos imperialistas. De algum modo, eu me vi discutindo, não com o sr. Bahri, mas com elas, as orgulhosas progressistas. Elas sustentavam que havia peixes maiores para fritar, que os imperialistas e seus lacaios deviam ser os primeiros. Ficar focado nos direitos das mulheres era individualista e burguês, e fazia com que ficássemos nas mãos deles. Que imperialistas, que lacaios? Vocês se referem àqueles rostos feridos e machucados exibidos todas as noites na televisão, confessando seus crimes? Vocês se referem às prostitutas que recentemente foram apedrejadas até a morte, ou à ex-diretora de minha escola, a sra. Parsa, que, como as prostitutas, tinha sido acusada de "corrupção na Terra", "ofensas sexuais" e de "violação da decência e da moralidade", por ter sido ministra da Educação? Por qual daquelas ofensas ela foi colocada dentro de um saco e apedrejada até a morte ou fuzilada? Vocês se referem a esses lacaios, e é para eliminar essas pessoas que nós temos que condescender com o regime e não protestar? Estou familiarizada com esse tipo de argumentação, rebati, afinal, estava no mesmo ramo não fazia muito tempo.

Ao me ouvir discutindo com meus alunos esquerdistas, tive a engraçada sensação de que falava com uma versão mais jovem de mim mesma, e o brilho que vi naqueles estranhos rostos familiares me assustou. Meus alunos foram mais respeitosos, menos agressivos do que eu quando defendi meu ponto de vista — eles falavam com sua professora, afinal, com quem eles simpatizavam de alguma forma, com uma companheira de viagem que poderia ser salva.

Enquanto escrevo sobre eles no brilho opaco da percepção tardia, o rosto de Mahtab vai desaparecendo lentamente e se transformando na imagem de uma outra menina, também jovem, em Norman, Oklahoma.

13

Quando morava em Oklahoma, uma de nossas facções rivais no movimento estudantil, o grupo mais radical da Confederação de Estudantes Iranianos, convocou uma conferência em Oklahoma City. Perdi a conferência porque havia uma outra reunião no Texas. Ao retornar, percebi uma atmosfera incomum de agitação entre "nossa turma" e a "deles". Aparentemente, um dos membros do grupo deles, um ex-campeão de atletismo, era suspeito de ser agente da SAVAK, a polícia secreta iraniana. Alguns integrantes cautelosos decidiram "extrair" a verdade dele. Eles o atraíram para um quarto no Holiday Inn e tentaram fazer com que ele confessasse por meio de algumas técnicas de tortura, incluindo queimadura de cigarro nos dedos. Quando saíram do quarto e estavam no estacionamento, sua vítima conseguiu escapar.

No dia seguinte, a porta se abriu no meio da conferência, deixando entrar vários agentes do FBI acompanhados de seus cães e do "acusado", que foi instruído a identificar seus opressores. Uma de nossas amigas, que já havia me advertido a respeito de minhas roupas antirrevolucionárias, com a voz embargada, contou-me o ocorrido, vangloriando-se do "poder das massas". Por "massas" ela se referia aos participantes da conferência que permaneceram no local, lado a lado, e criaram um corredor por onde os agentes, seus cães e o acusado atravessaram a sala. Enquanto eles passavam, os estudantes murmuraram ameaças em persa. Quando o ex-campeão de atletismo se aproximou de um dos líderes daquela facção, de fato a mais popular, um sujeito baixo, que, como muitos de seus companheiros, saíra da universidade para se tornar revolucionário em tempo integral, e que habitualmente usava casaco e boné imitando Lênin, o acusado se descontrolou e começou a chorar, perguntando-lhe em persa porque ele o havia tratado com tanta crueldade. O autoproclamado Lênin da revolução iraniana o encarou, triunfante, e o desafiou a "denunciá-lo" para o FBI, mas o rapaz não conseguiu acusar seus adversários e saiu com os agentes, comprovando mais uma vez a legitimidade das massas oprimidas.

No dia seguinte, havia uma pequena reportagem no *The Oklahoma Daily*. Mais do que a reportagem, o que me assustou foi o modo como tantos estudantes reagiram. Nos cafés, na união dos estudantes, até mesmo nas ensolaradas ruas de Norman, onde quer que houvesse estudantes iranianos, os ânimos de uma discussão se alteraram. Muitos mencionavam o nome do camarada Stálin, declamando frases de um livro em moda, na época, *A Brief History of the Bolshevik Party* [Uma breve história do Partido Bolchevique], ou de algum outro que tratasse do tema da destruição definitiva dos trotskistas, dos Guardas Brancos e dos ratos venenosos empenhados em acabar com a revolução.

Sentados no centro estudantil, bebendo café ou Coca-Cola, nossos camaradas, perturbando a paquera que acontecia na mesa vizinha, se inflamavam e defendiam os direitos das massas de torturar e de eliminar fisicamente seus opressores. Um deles, ainda me lembro bem, um sujeito gordinho com o rosto suave de garoto, com a barriga aparecendo debaixo do suéter azul-marinho de lã, se recusava a se sentar e ficou de pé, ao lado de nossa mesa, segurando uma garrafa de Coca-Cola, argumentando que existiam dois tipos de tortura, dois tipos de assassinato — aqueles cometidos pelo inimigo e aqueles cometidos pelos amigos do povo. Era legítimo assassinar os inimigos.

Poderia dizer ao sr. Bahri, que ultimamente se mantinha sempre curvado sobre mim em alguma discussão urgente: tenha cuidado com o que o senhor deseja. Seja cauteloso com seus sonhos, um dia eles podem se tornar realidade. Eu poderia ter lhe falado para aprender com Gatsby, com o solitário e isolado Gatsby, que também tentara recuperar seu passado e que dera humanidade a uma fantasia, a um sonho que jamais tencionara ser nada mais que um sonho. Ele foi assassinado, deixado no fundo da piscina, tão solitário na morte quanto na vida. Sei que certamente não leu o livro até o fim, pois anda muito ocupado com suas atividades políticas, mas, de qualquer modo, deixe-me lhe contar o fim do livro — me parece que você precisa saber. Gatsby é assassinado. Ele é assassinado por um crime cometido por Daisy, que atropelou a amante de Tom com o carro amarelo de Gatsby. Tom denunciou Gatsby ao marido consternado, que matou Gatsby enquanto ele estava na piscina esperando o telefonema de Daisy. Será que meus antigos camaradas previram que um dia eles seriam julgados pelo Tribunal Revolucionário, torturados e mortos como traidores e espiões? Poderiam prever, sr. Bahri? Posso lhe dizer com absoluta certeza que eles não poderiam prever. Nem em seus sonhos mais impossíveis.

14

Deixei Mahtab e suas amigas, mas aquelas lembranças não poderiam ser desprezadas facilmente: elas me perseguiram como um mendicante perverso até o momento do protesto. Dois grupos distintos e hostis se formaram entre os manifestantes, vigiando-se com desconfiança. O primeiro, o grupo menor, era formado principalmente por funcionárias do governo e de donas de casa. Elas estavam lá guiadas pelo instinto, pois seus interesses estavam em jogo. Não estavam acostumadas com aquele tipo de manifestação: permaneciam reunidas em bando, inseguras e ressentidas. Havia também as intelectuais, como eu, que tinham alguma noção do que eram as manifestações, e havia os agitadores habituais, gritando palavras obscenas e agitando slogans. Dois deles fotografavam a multidão, pulando de um lado para o outro ameaçadoramente. Nós cobríamos nossos rostos e gritávamos de volta.

O número de vigilantes aumentou de uma hora para outra. Eles se reuniram em pequenos grupos e avançaram em nossa direção. A polícia disparou para o ar alguns tiros, enquanto homens com facas, bastões e pedras se aproximaram de nós. Em vez de proteger as mulheres, a polícia começou a nos dispersar, empurrando algumas com o cano das armas e ordenando que as "irmãs" não criassem problemas e fossem para casa. Havia uma atmosfera de muita raiva por causa da zombaria. E, apesar das provocações, a manifestação continuou.

Algumas noites depois, outro protesto se formou na Universidade Politécnica. Uma multidão estava reunida no auditório, quando cheguei, rindo e conversando. Assim que uma das oradoras — uma mulher alta, usando uma saia longa, com os cabelos presos — se dirigiu ao púlpito, a luz foi apagada. Houve murmúrios de protesto, mas ninguém se mexeu. A oradora permaneceu tensa e desafiadora com o texto a sua frente, e duas pessoas seguraram uma vela e uma lanterna para que ela pudesse ler. Podíamos ver apenas seu rosto e o papel branco em suas mãos, iluminado pela lanterna atrás dela. Comigo, permaneceram a cadência de sua voz e aquela luz. Não prestávamos atenção nas palavras: estávamos ali para apoiar e servir de testemunhas daquele ato, para preservar a imagem dela oscilando à luz daquela vela.

Aquela mulher e eu estávamos destinadas a nos encontrar, principalmente em eventos públicos. A última vez que a vi foi no outono de 1999, em Nova York, quando, na qualidade de editora feminista iraniana mais conhecida, foi convidada para dar uma palestra na Columbia University. Depois da palestra, conversamos durante um café. Não a havia visto mais desde a feira de livros de Teerã de 1993, quando ela me convidara para dar uma palestra sobre o romance moderno. O evento aconteceu no segundo andar de um grande café no prédio principal da feira de livros. Enquanto eu falava, ia ficando mais entusiasmada e meu véu escorregava constantemente da cabeça. O número de pessoas do auditório foi aumentando, até que não havia mais lugar para sentar ou ficar de pé. Assim que a palestra terminou, aquela mulher foi convocada pela segurança e admoestada por causa da impropriedade de meu véu e de minha palestra inflamatória. O fato de eu ter falado sobre obras de ficção era secundário para eles. Depois disso, sua série de palestras foi proibida.

Nós nos lembrávamos desse acontecimento com um sorriso no rosto, sentadas num canto escuro de um restaurante, protegidas pelo anonimato da movimentada noite nova-iorquina. Por um momento, senti que ela não mudara desde aquela palestra, anos atrás: ainda usava uma saia longa e pesada e os cabelos presos. Apenas seu sorriso havia mudado: era um sorriso de desespero. Poucos meses depois ela foi presa com alguns ativistas importantes, jornalistas, escritores e líderes estudantis. Essas prisões fizeram parte de uma nova onda de repressão, durante a qual mais de 25 publicações foram suspensas e muitos dissidentes foram detidos ou presos. Sentada em meu escritório em Washington D.C., ouvindo essas notícias, um sentimento que eu não experimentava havia muito tempo tomou conta de mim: uma sensação de completo desamparo, raiva misturada a um sentimento de culpa, vago, mas persistente.

15

Naquela mesma época, no meio do outono, tive uma nova conversa com o sr. Bahri. Ele disse: Bem, professora, eles provavelmente mereceram, os estudantes estão com muita raiva. Nós falávamos sobre os três integrantes do corpo docente que eram ameaçados de expulsão, um deles só pelo fato de ser armênio. O outro era meu colega que se descrevia como o Pequeno Grande Gatsby: ambos foram acusados de usar linguagem obscena em classe. Um terceiro foi acusado de ser agente da CIA. O dr. A., que ainda era o chefe do departamento, se recusara a aceitar a expulsão dos professores.

O próprio dr. A. não contava mais com a simpatia do regime. Nos primeiros dias da revolução, fora levado a julgamento pelos alunos da Universidade de Teerã por defender um guarda da prisão. Dezoito anos depois do incidente, li sobre ele numa homenagem que uma de suas antigas alunas, agora uma tradutora renomada, prestou-lhe numa revista. Certo dia, assistindo ao julgamento da polícia secreta na televisão, ela reconhecera uma voz familiar, a do dr. A., que despertou sua atenção. Ele testemunhava a favor de um antigo aluno, que acreditava ser um sujeito compassivo, uma pessoa que sempre prestava ajuda aos colegas de turma com mais dificuldades. O dr. A. declarou ao tribunal: "Acredito que é meu dever como ser humano informar-lhes a respeito da personalidade do acusado." Aquele ato, naquele período da revolução, era inédito e muito perigoso.

O acusado, que cursava as aulas noturnas da universidade, era um agente penitenciário que fora denunciado por ter espancado e torturado prisioneiros políticos. Comentava-se que a pena leve, de dois anos de prisão, fora conseguida graças ao testemunho do dr. A. Ninguém que eu conheça soube o que lhe aconteceu depois.

A aluna do dr. A. lamentava ter participado do julgamento dele sem protestar. Para ela, a atitude do dr. A. era a expressão dos princípios que ele ensinara em suas aulas de literatura. Uma atitude dessas, esclareceu, só pode ser tomada por alguém que é absorvido pela literatura, que aprendeu que cada pessoa tem dimensões diferentes em sua personalidade... Aqueles que julgam precisam levar em conta todos os aspectos da personalidade do indivíduo. Somente por meio da literatura uma pessoa pode se colocar no lugar da outra e compreender seus lados contraditórios e diferentes, e evitar se tornar muito impiedosa. Fora da esfera da literatura, apenas um aspecto do ser humano é revelado. Contudo, ao compreender suas diferentes dimensões, talvez não seja tão fácil assassiná-lo... Se essa lição do dr. A. tivesse sido aprendida, certamente nossa sociedade atual seria muito melhor.

As ameaças de expulsão continuaram ao longo daquele ano, numa tentativa de expurgar o mal e, na verdade, não cessaram até hoje. Depois de uma reunião com o dr. A. e dois outros colegas, saí apressada pelo corredor e esbarrei no sr. Bahri. Num canto do longo corredor, ele conversava com o presidente da Associação Islâmica dos Funcionários da Universidade. Estavam bem próximos, numa postura que mostrava seu envolvimento em algum assunto sério, um assunto de vida e morte. Chamei o sr. Bahri, que veio em minha direção com respeito, disfarçando qualquer incômodo com minha interrupção. Questionei-o a respeito do julgamento dos integrantes do corpo docente, alegando ser ilegal.

Seu rosto mostrou uma expressão ao mesmo tempo alarmada e determinada. Ele disse que eu precisava compreender que as coisas haviam mudado. O que isso quer dizer, perguntei, que as coisas mudaram? Significa que a moralidade é importante para nossos estudantes; significa que o corpo docente é responsável perante os alunos. Isso justificava o julgamento de um professor responsável e dedicado como o dr. A.?

O sr. Bahri disse que não tinha participado daquele julgamento. Mas, sem dúvida, o dr. A. é muito ocidentalizado em suas atitudes, ele acrescentou. Ele é galanteador e desregrado.

Então essa é a nova definição para a palavra *Ocidente*, rebati, estamos agora vivendo oficialmente na União Soviética ou na China? E portanto o dr. A. deveria ser julgado por seus galanteios? Não, mas ele deveria entender certas coisas. Não há como apoiar um espião, um lacaio, alguém que é responsável pela morte de tantas pessoas. O sr. Bahri continuou seu discurso dizendo que existiam pessoas muito mais importantes que o dr. A. para serem julgadas. Havia os espiões da CIA, como o professor Z., que estavam livres para ir e vir conforme bem entendessem.

Disse-lhe que não havia provas que confirmassem que o professor era agente da CIA, e que eu duvidava que a CIA fosse ingênua a ponto de contratar alguém como ele. No entanto, mesmo aqueles a quem ele chamava de funcionários do velho regime, independentemente da culpa, não deveriam ser tratados daquela maneira. Não podia compreender por que o governo islâmico usava a morte dessas pessoas para se gabar, expondo suas imagens depois de torturadas e executadas. Por que eles nos mostram essas fotografias? Por que nossos alunos gritam slogans exigindo novas sentenças de morte diariamente?

O sr. Bahri não respondeu de imediato. Permaneceu parado, com a cabeça baixa, as mãos cruzadas na frente do corpo. Então começou a falar, devagar e com tensa precisão. Bem, eles têm que pagar, disse. Estão sendo julgados por seus atos do passado. A nação iraniana não vai tolerar seus crimes. E esses novos crimes?, perguntei assim que ele emitiu sua última palavra. Deveriam ser tolerados em silêncio? Hoje em dia todo mundo é um inimigo de Deus — antigos ministros e educadores, prostitutas, revolucionários de esquerda: todos eles assassinados diariamente. O que essas pessoas fizeram para merecer esse tratamento?

Seu rosto tornou-se rígido e uma sombra de obstinação coloriu seus olhos. Ele reafirmou que as pessoas tinham que pagar por seus crimes passados. Isso não é um jogo, disse. É uma revolução. Perguntei-lhe se eu também estava no banco dos réus por meu passado. Num certo sentido, ele estava certo: todos temos que pagar. Não havia inocentes no jogo da vida, isso é certo. Todos nós temos que pagar, mas não pelos crimes dos quais somos acusados. Há outras dívidas para acertar. Naquela época, eu não sabia que o que estava acontecendo já era parte do pagamento, que eu já começara a pagar. Foi muito depois que esses sentimentos ficaram mais evidentes.

16

Era tarde; eu estivera na biblioteca. Passava a maior parte de meu tempo na biblioteca, uma vez que estava cada vez mais difícil encontrar romances "imperialistas" nas livrarias. Saía da biblioteca com alguns livros debaixo do braço, quando notei que ele estava junto à porta. Suas mãos estavam unidas em frente ao corpo, numa atitude de reverência por mim, sua professora, mas, naquela postura forçada, pude sentir seu senso de poder. Lembro-me sempre do sr. Nyazi de camisa branca, abotoada até o pescoço. Era corpulento, tinha olhos azuis, cabelos castanho-claros encaracolados e pescoço grosso e rosado. Parecia que seu pescoço era feito de argila mole, pois, literalmente, ficava apoiado sobre o colarinho da camisa. Ele sempre foi muito educado.

"Professora, posso falar com a senhora por um segundo?" Embora estivéssemos no meio do semestre, ainda não haviam designado uma sala para mim, de modo que permanecemos no saguão para que eu pudesse ouvir o que tinha a dizer. Sua reclamação era sobre Gatsby. Ele disse que me falava aquilo para meu próprio bem. Para meu próprio bem? Que expressão estranha. Ele afirmou que eu certamente eu deveria saber o quanto ele me respeitava, pois de outra maneira não falaria comigo. Ele tinha uma queixa. Contra quem, e por que eu? A queixa era contra Gatsby. Achando graça, perguntei se ele apresentara alguma reclamação oficial contra o sr. Gatsby e lembrei-lhe que essa ação seria de qualquer modo inútil, já que o cavalheiro em questão estava morto.

Contudo, ele falava sério. Não, professora, não contra o próprio sr. Gatsby, mas contra o romance. O romance era imoral. Ensinava coisas erradas à juventude; envenenava suas mentes — eu não percebia isso? Não percebia. Lembrei-lhe que Gatsby era uma obra de ficção, e não um manual. Certamente eu podia perceber, ele insistiu, que esses romances e seus personagens se tornaram nossos modelos na vida real? Talvez o sr. Gatsby funcionasse para os americanos, mas não para uma juventude revolucionária. Por alguma razão, a ideia de que esse homem pudesse ser tentado a se tornar como Gatsby era muito atraente para mim.

Para o sr. Nyazi não havia diferença alguma entre a ficção de Fitzgerald e os fatos da própria vida. *O grande Gatsby* representava tudo que era americano, e os Estados Unidos eram, com certeza, um veneno para nós. Deveríamos ensinar os estudantes iranianos a lutar contra a imoralidade americana, disse. Ele parecia sincero; veio falar comigo com boas intenções.

Uma ideia maliciosa de repente tomou conta de mim. Nessa fase de acusações públicas, sugeri que colocássemos *O grande Gatsby* em julgamento: o sr. Nyazi seria o promotor, e ele deveria escrever um ensaio que evidenciasse a culpa do acusado. Informei-lhe que, quando os livros de Fitzgerald foram publicados nos Estados Unidos, muitas pessoas se sentiram exatamente como ele. Elas podem ter se expressado de outra maneira, mas diziam mais ou menos as mesmas coisas. Portanto, ele não deveria se sentir solitário ao emitir suas opiniões.

Apresentei a ideia à turma no dia seguinte. Não iríamos realizar um julgamento de verdade, é claro, mas teríamos um promotor, um advogado de defesa e um acusado; o restante da turma seria o júri. O sr. Nyazi seria o promotor. Precisávamos ainda do juiz, do advogado de defesa e do acusado.

Depois de alguma discussão, porque ninguém se apresentou voluntariamente para nenhum dos postos, conseguimos convencer um dos estudantes esquerdistas a ser o juiz. O sr. Nyazi e seus amigos não concordaram: esse estudante seria preconceituoso em relação ao promotor. Mais algumas deliberações e concordamos que o juiz seria o sr. Farzan, um jovem pacífico e estudioso, bastante pomposo e tímido. Ninguém queria fazer parte da defesa. Como eu escolhi o livro, deveria defendê-lo.

Argumentei que, nesse caso, eu não deveria ser o advogado de defesa, mas o acusado, e prometi cooperar com meu advogado e falar em minha própria defesa. Zarrin, que até então passara o tempo todo cochichando com Vida, depois de algumas cutucadas persuasivas, finalmente ofereceu-se como voluntária. Zarrin queria saber se eu era Fitzgerald ou o próprio livro. Decidimos que eu seria o livro. Fitzgerald poderia ter tido, ou não, qualidades que provavelmente seriam detectadas no livro. Concordamos que seria permitido ao restante da turma, a qualquer momento, interromper a defesa ou a acusação com comentários e questões.

Eu não concordava com o fato de ter sido escolhida para ocupar o lugar do acusado, pois isso colocaria o promotor numa posição constrangedora. Seria mais interessante se um dos alunos escolhesse participar, mas ninguém queria falar em nome de *O grande Gatsby.* Havia um tom de arrogância no sr. Nyazi, algo tão inflexível, que no fim me convenci de que eu não deveria ter medo de intimidá-lo.

Alguns dias depois, o sr. Bahri veio falar comigo. Não nos encontrávamos havia algum tempo. Ele estava indignado. Agradou-me notar que, por estar agitado, pela primeira vez deixara de lado seu modo polido de falar. Era necessário colocar aquele livro em julgamento? Ele queria que eu descartasse o livro sem qualquer palavra em sua defesa? Bem, de qualquer modo, essa é uma boa época para julgamentos, não é?, foi o que respondi.

17

Na semana anterior ao julgamento, o que quer que eu fizesse, fosse conversar com amigos ou com a família ou preparar as aulas, parte de minha mente estava constantemente ocupada, formulando meus argumentos. Não se tratava meramente de uma defesa do romance *O grande Gatsby*, mas de toda uma maneira de analisar e entender a literatura — e a realidade. Bijan, que parecia se divertir bastante com a ideia, disse-me certo dia que eu estudava o *Gatsby* com a mesma intensidade que um advogado examina minuciosamente um livro de direito. Você não leva isso a sério, não é?, perguntei. É claro que levo a sério, ele respondeu. Você se colocou numa posição vulnerável em relação a seus alunos. Você permitiu, mais que isso, você os forçou a questionar seu julgamento como professora. Por isso você tem que ganhar essa causa. Isso é muito importante para alguém que acabou de ingressar no corpo docente de uma universidade, em seu primeiro semestre letivo. Mas quanto a minha solidariedade, não conte com ela. Você está amando isso tudo, admita, você adora esse drama e essa ansiedade. Seu próximo passo será tentar me convencer de que a revolução inteira depende disso.

Depende sim, você não vê?, implorei. Ele deu de ombros e disse: Não me diga. Sugiro que você exponha suas ideias ao aiatolá Khomeini.

No dia do julgamento, saí mais cedo de casa e fiquei vagando pelas avenidas arborizadas antes de ir para a sala de aula. Ao entrar no prédio da Faculdade de Persa e de Línguas Estrangeiras e Literatura, vi Mahtab perto da porta, conversando com outra garota. Tinha um ar petulante, como uma menina preguiçosa que tivesse acabado de receber a nota mais alta. Ela me perguntou: Professora, você se importa se Nassrin assistir à aula de hoje? Olhei para Mahtab e para sua jovem amiga: ela não poderia ter mais de 13 ou 14 anos. Era muito bonita, apesar de seus evidentes esforços para esconder sua beleza. A bela aparência contrastava com sua expressão solene, que era neutra e impenetrável. Apenas o corpo parecia expressar algo: ela colocava o peso sobre uma perna e depois sobre a outra, enquanto a mão direita segurava e soltava a alça de sua bolsa pesada.

Mahtab, mais animada que de costume, informou-me que o inglês de Nassrin era melhor que o da maioria dos alunos da universidade e que, quando lhe contou sobre o julgamento de *O grande Gatsby*, ela ficara tão curiosa que lera o livro inteiro. Virei-me para Nassrin e perguntei: O que você acha de *O grande Gatsby*? Depois de uma pausa, ela respondeu calmamente: Não posso dizer. Você não sabe ou não quer me dizer?, perguntei. Ela respondeu: Eu não sei, mas talvez eu apenas não possa lhe dizer.

Aquilo foi o começo de tudo. Depois do julgamento, Nassrin pediu permissão para assistir a minhas aulas sempre que pudesse. Mahtab me disse que ela era sua vizinha. Ela pertencia a uma organização muçulmana, mas era uma menina muito interessante, disse Mahtab, usando uma expressão que os esquerdistas utilizavam para descrever alguém que tentavam recrutar.

Disse a Nassrin que ela podia frequentar minhas aulas com uma condição: no fim do semestre teria que escrever um ensaio de quinze páginas sobre *O grande Gatsby*. Como de costume, ela ficou quieta por um momento, como se não tivesse palavras suficientes sob seu comando. Suas respostas eram sempre relutantes e forçadas; fazendo as pessoas se sentirem quase culpadas por fazê-la falar. Ela primeiro se opôs, e depois disse: Não sou tão boa nisso. Você não precisa ser tão boa, eu disse. E tenho certeza de que você é — afinal, está usando seu tempo livre aqui. Não quero um ensaio acadêmico; quero que escreva suas impressões. Quero que me diga com suas próprias palavras o que *O grande Gatsby* significa para você. Ela olhava fixamente para a ponta de seus sapatos, e, num murmúrio, disse que tentaria.

Dali em diante, todas as vezes que eu entrava na sala de aula, procurava por Nassrin, que estava sempre seguindo Mahtab e se sentava a seu lado. Ela passava a aula toda fazendo anotações e estava presente mesmo nas vezes em que Mahtab não comparecia. Então de repente ela deixou de aparecer, até o último dia de aula, quando a vi num canto, ocupada com suas anotações.

Depois que aceitei a jovem intrusa, deixei as duas de lado e prossegui com meus afazeres. Precisava parar no escritório do departamento antes da aula e pegar um livro que o dr. A. havia deixado para mim. Ao chegar à sala de aula naquela tarde, senti um silêncio pesado no ar. A sala estava cheia; apenas um ou dois alunos ausentes — além do sr. Bahri, cujas atividades, ou desaprovação, o mantiveram afastado. Zarrin ria e trocava anotações com Vida, e o sr. Nyazi mantinha-se num canto conversando com dois outros estudantes muçulmanos, que voltaram para seus lugares assim que me viram. Mahtab estava sentada ao lado de sua nova recruta, sussurrando com ela de modo conspiratório.

Falei rapidamente sobre a tarefa da semana seguinte e comecei a preparar o julgamento. Chamei primeiro à frente o sr. Farzan, o juiz, e lhe disse para se sentar em minha cadeira. Ele se dirigiu devagar para a frente da classe, com um maldisfarçado ar de satisfação. Uma cadeira foi colocada ao lado do juiz para as testemunhas. Sentei-me ao lado de Zarrin, no lado esquerdo da sala, perto de uma grande janela, e o sr. Nyazi se sentou com alguns de seus amigos do outro lado, perto da parede. O juiz abriu a sessão. E assim começou o caso da República Islâmica do Irã *versus O grande Gatsby*.

O sr. Nyazi foi chamado para apresentar seu caso contra o acusado. Não se levantou, mas arrastou sua cadeira para o meio da sala e começou a ler um papel que tinha nas mãos com uma voz monótona. O juiz se sentou desconfortavelmente atrás de minha escrivaninha e parecia estar hipnotizado pelo sr. Nyazi. De vez em quando, piscava sem parar.

Alguns meses atrás resolvi organizar meu velho arquivo e me deparei com o trabalho do sr. Nyazi, escrito à mão, numa caligrafia imaculada.

Começava com o título "Em nome de Deus", palavras que depois se tornaram mandatórias em todos os cabeçalhos oficiais e em todas as palestras públicas. O sr. Nyazi pressionava as páginas de seu texto, em vez de segurá-las, como se estivesse com medo de que elas lhe escapassem.

— O Islã é a única religião no mundo que atribuiu um papel sagrado à literatura para guiar o homem a uma vida sagrada — entoou. — Isso fica claro quando nós consideramos que o Alcorão, a palavra do próprio Deus, é o milagre do Profeta. Através da Palavra você pode curar ou destruir. Você pode guiar ou corromper. É por isso que a Palavra pertence a Satã ou a Deus. O imã Khomeini relegou uma grande tarefa a nossos poetas e escritores — disse, triunfante, abaixando uma página e pegando outra. — Ele lhes conferiu uma missão sagrada, muito mais nobre do que aquela dos escritores materialistas do Ocidente. Se nosso imã é o pastor que conduz o rebanho para seu próprio pasto, então os escritores são os cães de guarda que precisam conduzi-lo de acordo com os ditames do pastor.

Do fundo da sala, podíamos ouvir algumas risadas. Olhei ao redor e pude notar Zarrin e Vida confabulando. Nassrin olhava intensamente para o sr. Nyazi e mastigava distraidamente a ponta do lápis. O sr. Farzan parecia preocupado com uma mosca invisível e continuava piscando sem parar. Quando voltei minha atenção novamente para o sr. Nyazi, ele dizia:

— Perguntem a vocês mesmos o que preferem: a proteção de uma tarefa sagrada e santificada ou a recompensa materialista do dinheiro e da posição que corrompeu — e aqui ele fez uma pausa, sem tirar os olhos do papel, parecendo arrancar as palavras insípidas para a superfície —, que *corrompeu* — repetiu — os escritores ocidentais, e que privou sua obra de espiritualidade e de propósito. É *por isso* que nosso imã diz que a pena é mais poderosa que a espada.

Os cochichos e os risinhos abafados nas fileiras do fundo ficaram mais perceptíveis. O sr. Farzan era um juiz muito inepto para prestar atenção, mas um dos amigos do sr. Nyazi gritou:

— Sua Excelência, o senhor poderia instruir os senhores e as senhoras no fundo para respeitarem o tribunal e o promotor?

— Assim seja — disse o sr. Farzan, de modo despropositado.

— Nossos poetas e escritores nessa grande batalha contra o Grande Satã — Nyazi continuou — desempenham o mesmo papel que nossos fiéis soldados, e a eles será conferida a mesma recompensa no céu. Nós, estudantes, como os futuros guardiões da cultura, temos uma pesada tarefa à frente. Hoje nós plantamos a semente da vitória do Irã dentro do ninho de espiões, em nosso próprio solo. Nossa tarefa, como nosso imã já declarou, é expurgar o país da decadente cultura ocidental e...

Nesse momento, Zarrin se levantou.

— Objeção, Sua Excelência! — ela protestou.

O sr. Farzan olhou para ela com certa surpresa.

— A que você objeta?

— Este julgamento é sobre *O grande Gatsby* — disse Zarrin. — O promotor ocupou quinze preciosos minutos de nosso tempo sem dizer uma única palavra sobre o acusado. Para onde isso está indo?

Por alguns segundos, o sr. Nyazi e o sr. Farzan ficaram olhando para ela, assombrados. Então, sem olhar para Zarrin, o sr. Nyazi disse:

— Este é um tribunal islâmico, não é o seriado *Perry Mason*.* Posso apresentar o caso da maneira que quiser, e estou estabelecendo o contexto. Quero dizer que, como muçulmano, não posso aceitar *O grande Gatsby*.

Tentando ser merecedor de seu papel, o sr. Farzan disse:

— Bem, por favor, continue.

A interrupção de Zarrin aborreceu o sr. Nyazi, que, depois de uma pausa, levantou a cabeça de seu papel, e disse com certa agitação:

— Você tem razão, não vale a pena...

Durante alguns segundos ficamos sem saber a que ele se referia, até que ele continuou.

* Série de TV norte-americana da década de 1960 cujas reprises fizeram sucesso no mundo todo até os anos 1990. Perry Mason é um advogado especialista em defender casos aparentemente indefensáveis. [*N. do T.*]

— Eu não preciso ler um papel, e não preciso falar sobre o Islã. Tenho evidências suficientes. Cada página, *cada* página — protestou — deste livro é sua própria condenação. — Ele se virou para Zarrin, e a expressão de indiferença dela foi o bastante para transformá-lo.

— Durante todo o período de nossa revolução, temos dito que o Ocidente é nosso inimigo, é o Grande Satã, não por causa de seu poder militar, não por causa de seu poder econômico, mas por causa, por causa... — outra pausa — por causa de seu ataque sinistro às próprias raízes de nossa cultura. O que nosso imã chama de agressão cultural. Isso que eu chamaria de um estupro de nossa cultura — declarou o sr. Nyazi, usando um termo que mais tarde se tornaria a marca registrada da crítica da República Islâmica ao Ocidente. — E se vocês quiserem ver um estupro cultural, não precisam ir muito além desse livro. Ele pegou seu exemplar de *O grande Gatsby* debaixo da pilha de papéis e começou a balançá-lo em nossa direção.

Zarrin levantou-se novamente.

— Sua Excelência — ela disse com um desprezo maldisfarçado —, essas são alegações infundadas, falsidades...

O sr. Nyazi não permitiu que o juiz respondesse. Ele ergueu-se um pouco de sua cadeira e protestou:

— Você vai me deixar terminar? Você terá sua vez! Eu lhes direi por que, eu lhes direi por quê... E então se virou para mim e, com uma voz mais suave, disse: — Senhora, não é nenhuma ofensa pessoal.

Eu, que começava a me divertir com o jogo, disse:

— Continue, por favor, e lembre-se de que estou aqui no papel do livro. Terei algo a dizer no final.

— Talvez durante o reinado do corrupto regime Pahlavi — Nyazi continuou — o adultério fosse aceito como norma.

Zarrin não deixou passar.

— Eu objeto! — ela protestou. — Não existe base factual para essa afirmação.

— Ok — ele admitiu —, mas os valores da época não permitiam que o adultério fosse punido. Esse livro prega relações ilícitas entre um homem e uma mulher. Primeiro, nós temos Tom e sua amante, a cena no apartamento dela... até mesmo o narrador, Nick, está envolvido. Ele não gosta das mentiras deles, mas não faz objeção alguma a sua fornicação, e ao fato de que se sentam no colo um do outro e... aquelas festas na casa de Gatsby... lembrem-se, senhoras e senhores, esse Gatsby é o herói do livro. E quem é ele? Ele é um charlatão, um adúltero, um mentiroso... esse é o homem que Nick celebra, e de quem sente pena, esse homem, esse destruidor de lares!

O sr. Nyazi estava visivelmente agitado enquanto enumerava os fornicadores, os mentirosos e os adúlteros que andavam livremente no mundo luminoso de Fitzgerald, imunes a seu ódio e a sua acusação.

— A única pessoa simpática aqui é o marido transtornado, o sr. Wilson — disparou o sr. Nyazi. — Quando ele mata Gatsby, ele o faz pela mão de Deus. Ele é a única vítima. Ele é o símbolo genuíno do oprimido, na terra do, do, do Grande Satã!

O problema do sr. Nyazi era seu modo de se expressar sempre monótono, mesmo quando ficava alterado e não lia seu texto. Naquele momento, por exemplo, ele basicamente gritava e protestava, mas seu corpo se mantinha quase imóvel.

— A única coisa boa deste livro — disse ele, balançando o acusado em uma das mãos — é que expõe a imoralidade e a decadência da sociedade americana, mas nós lutamos para nos livrar desse lixo, e é uma boa hora para que livros como este sejam banidos. — Ele continuava a chamar Gatsby de "esse sr. Gatsby", e não conseguia sequer falar o nome de Daisy, a quem se referia como "aquela mulher". Na opinião do sr. Nyazi, não havia uma única mulher virtuosa em todo o romance. — Que tipo de modelo estamos mostrando para nossas irmãs inocentes e modestas — perguntou a sua audiência cativa — oferecendo-lhes este tipo de livro para ler?

Ele ficava cada vez mais animado, embora se recusasse a se levantar da cadeira.

— Gatsby é desonesto — ele protestou, com a voz esganiçada. — Ele ganha seu dinheiro por meios ilegais e tenta comprar o amor de uma mulher casada. Este livro pretende ser sobre o sonho americano, mas que tipo de sonho é esse? Será que o autor quer nos sugerir que devemos todos ser adúlteros e bandidos? Os americanos são decadentes, e estão em declínio porque esse é o sonho deles. Eles estão se acabando! Esse é o último suspiro de uma cultura morta! — concluiu, triunfante, provando que Zarrin não era a única que assistia a *Perry Mason*.

— Talvez nosso honorável promotor não devesse ser tão severo — Vida disse, assim que ficou evidente que Nyazi esgotara seus argumentos. — Gatsby morre, afinal, e então podemos dizer que ele recebeu sua merecida recompensa.

Mas o sr. Nyazi não estava convencido.

— E apenas Gatsby merece morrer? — ele perguntou, manifestando desprezo. — *Não*! Toda a sociedade americana merece o mesmo destino. Que tipo de sonho é esse, roubar a mulher do outro, pregar o sexo, enganar e trapacear e... e depois aquele sujeito, o narrador, Nick, afirma que ele é moral!

O sr. Nyazi continuou com essa linha de pensamento por algum tempo, até que parou subitamente, como se tivesse se engasgado com as próprias palavras. Mesmo assim, não se mexeu. Mesmo assim, nenhum de nós se manifestou para pedir que ele voltasse a seu lugar na sala, para que o julgamento pudesse prosseguir.

18

Zarrin foi chamada para defender seu caso. De frente para a turma, ela se colocou de pé, elegante e profissional em sua saia azul-marinho pregueada e jaqueta de lã com botões dourados, os punhos brancos aparecendo por baixo das mangas. Seus cabelos estavam presos com um laço, num rabo de cavalo baixo na nuca, e o único acessório que usava eram brincos de ouro. Ela circulou lentamente ao redor do sr. Nyazi; dando, às vezes, uma volta repentina para enfatizar algum ponto de seu discurso. A garota tinha poucas anotações e raramente as consultava quando se dirigia à turma.

Enquanto falava, continuou a andar lentamente na frente da sala. Seu rabo de cavalo, em harmonia com seus movimentos, balançava de um lado para o outro afagando levemente a parte de trás do pescoço, e cada vez que se virava era confrontada pelo Sr. Nyazi, sentado duro feito uma rocha naquela cadeira. Ela começou com uma passagem que eu tinha lido de um dos contos de Fitzgerald.

— Nosso querido promotor cometeu a falácia de chegar muito perto de um parque de diversões — ela disse. — Ele não consegue mais distinguir a ficção da realidade.

Zarrin sorriu, voltando-se docemente para "nosso promotor", preso em sua cadeira.

— Ele não deixa espaço, nenhum lugar para respirar entre esses dois mundos. Ele demonstrou a própria fraqueza; a incapacidade de ler um livro em seus próprios termos. Tudo que ele sabe é julgar, a exaltação crua e simplista do certo e do errado. — O sr. Nyazi levantou a cabeça ao ouvir essas palavras, enrubesceu, mas não disse nada. — Mas um romance é bom — continuou Zarrin — porque a heroína é virtuosa? É ruim se sua personagem se extravia da moral que o sr. Nyazi insiste em impor, não somente a nós, mas também a todas as obras de ficção?

O senhor Farzan se levantou da cadeira.

— Minha senhora — ele disse, dirigindo-se a mim. — Sendo o juiz, significa que não posso dizer nada?

— Claro que pode — respondi, e então depois disso ele proferiu uma crítica longa e truncada sobre o vale de cinzas e a decadência das festas de Gatsby. Em sua opinião, o principal fracasso de Fitzgerald era sua incapacidade de vencer a própria ganância: ele escreveu histórias baratas por dinheiro, e corria atrás dos ricos. — Vocês sabem — disse por fim, já exausto com todo aquele esforço. —, Fitzgerald disse que os ricos são diferentes.

Concordando fervorosamente, o sr. Nyazi balançou a cabeça.

— Sim — ele interrompeu —, e nossa revolução se opõe ao materialismo pregado pelo sr. Fitzgerald. Nós não precisamos dos materialismos ocidentais ou dos produtos americanos. — Ele fez uma pausa para respirar, ainda não havia terminado. — Nós *podemos* usar seu conhecimento técnico, mas *devemos* rejeitar sua moral.

Zarrin observava, séria e indiferente. Ela esperou alguns segundos depois da explosão do sr. Nyazi, antes de dizer calmamente:

— Parece que estou sendo confrontada por dois promotores. Agora, se me permitem, posso continuar? — Ela arremessou um olhar de desdém para onde estava o sr. Farzan. — Gostaria de lembrar ao promotor e ao júri a citação que nos foi lida em nossa primeira discussão sobre esse livro, do *Jacques le Fataliste*, de Diderot: "Para mim, a liberdade do estilo [do autor] é quase a garantia da pureza de sua moral." Discutimos também que um romance não é moralista, no sentido habitual da palavra. Ele pode ser chamado de moralista quando nos sacode de nosso estupor e nos faz confrontar as verdades absolutas nas quais acreditamos. Se isso é verdade, então *O grande Gatsby* funcionou brilhantemente. Esta é a primeira vez que um livro criou tamanha controvérsia em uma turma.

— *O grande Gatsby* está sendo julgado porque nos perturba, pelo menos alguns de nós — acrescentou, provocando algumas risadas. — Esta não é a primeira vez que um romance, um romance não político, foi colocado em julgamento por um Estado. — Ela se virou, e seu rabo de cavalo se virou com ela. — Lembram-se dos famosos julgamentos de *Madame Bovary, Ulisses, O amante de Lady Chatterley* e *Lolita?* Em todos os casos, o romance venceu. Mas deixem-me pôr em foco o ponto que parece perturbar o senhor juiz, assim como o promotor: o fascínio pelo dinheiro e seu papel no romance.

— É verdade que Gatsby reconhece que dinheiro é uma das atrações de Daisy. De fato, é ele quem chama a atenção de Nick para o fato de que na sedutora voz dela está o tilintar do dinheiro. Mas esse romance *não* é sobre um jovem pobre e seu amor pelo dinheiro. — Para enfatizar o que queria dizer, ela fez uma pausa. — Quem afirmar isso não fez seu dever de casa. — Ela se virou para o promotor paralisado a sua esquerda, foi até a carteira dele e pegou seu exemplar de *O grande Gatsby.* Segurando-o no alto, ela se dirigiu ao sr. Farzan, virando-se de costas para Nyazi, e disse: — Não, Excelência, esse romance não é sobre "os ricos são diferentes do senhor e de mim", embora eles sejam: como os pobres, e também o senhor, de fato, são diferentes de mim. Esse romance fala sobre riqueza, mas não sobre o materialismo vulgar em que o senhor e o sr. Nyazi continuam a insistir.

— Diga a eles! — alguém falou do fundo da sala.

Virei-me. Houve risadinhas e murmúrios. Zarrin fez uma pausa, sorrindo. O juiz, bastante espantado, protestou:

— Silêncio! Quem disse isso? — Nem mesmo ele esperava uma resposta.

— Sr. Nyazi, nosso estimado promotor — Zarrin disse ironicamente —, parece que não precisa de testemunhas. Aparentemente, ele é testemunha e promotor ao mesmo tempo, mas vamos trazer nossas testemunhas do próprio livro. Vamos chamar alguns dos personagens. Chamarei agora nossa testemunha mais importante.

— O sr. Nyazi se ofereceu para ser juiz dos personagens de Fitzgerald, mas Fitzgerald tinha outro plano. Ele nos deu seu próprio juiz. Portanto, talvez devêssemos escutá-lo. Que personagem merece ser nosso juiz? — Zarrin disse, virando-se na direção da turma. — Nick, naturalmente, e vocês se lembram de como ele próprio se descreve: "Todo mundo acredita que tem pelo menos uma das virtudes cardeais, e esta é a minha: sou uma das poucas pessoas honestas que já cheguei a conhecer." Se existe um juiz nesse romance, é Nick. Há um senso comum de que ele é o personagem menos interessante, porque funciona como um espelho.

— Os outros personagens são, em última instância, julgados de acordo com a própria honestidade. E acontece que os representantes da riqueza são os mais desonestos. Prova A: Jordan Baker, com quem Nick está romanticamente envolvido. Existe um escândalo sobre Jordan que, a princípio, Nick não consegue lembrar. Ela havia mentido sobre uma disputa, exatamente como mentiria sobre um carro que pediu emprestado, e que depois deixou do lado de fora com a capota arriada. "Ela era incuravelmente desonesta", Nick nos conta, "não era capaz de suportar uma situação de desvantagem e, creio eu, começara muito cedo a lançar mão de subterfúgios, para poder conservar o sorriso frio e insolente com o qual encarava o mundo, e satisfazer, ao mesmo tempo, as exigências de seu corpo rijo e elegante."

— A Prova B é Tom Buchanan. Sua desonestidade é mais óbvia: trai a mulher, acoberta o crime dela, e não se sente culpado. O caso de Daisy é mais complicado, porque como tudo mais sobre ela, sua desonestidade cria certo encantamento; ela faz os outros se sentirem cúmplices de suas mentiras, porque são seduzidos por elas. E há ainda, é claro, Meyer Wolfshiem, o obscuro sócio de Gatsby. Ele frauda o campeonato nacional de beisebol. "Jamais me ocorrera que um homem pudesse zombar da fé de cinquenta milhões de pessoas — com a frieza de um arrombador que faz explodir um cofre." A questão da honestidade e da desonestidade, portanto, o modo como as pessoas são e a maneira como se apresentam para o mundo, é um subtema que está por trás de todos os principais acontecimentos no romance. E quem são os mais desonestos nesse romance? — ela perguntou, novamente se virando para o sr. Nyazi. — As mesmas pessoas que nosso promotor afirma que Fitzgerald defende e aprova.

— Mas isso não é tudo. Ainda não acabamos com os ricos. — Zarrin pegou seu livro e o abriu numa página marcada. — Com a permissão do sr. Carraway — ela disse —, eu gostaria de citá-lo sobre a questão dos ricos. — E começou a ler: — "Eram pessoas descuidadas, Tom e Daisy, despedaçavam coisas e criaturas e depois se refugiavam em seu dinheiro, ou em sua vasta indiferença, ou no que quer que fosse que os mantivesse unidos, e deixavam que as outras pessoas limpassem a sujeira que haviam feito..."

— Vejam — disse Zarrin, virando-se novamente para o sr. Farzan —, esse é o julgamento que o personagem mais confiável do romance faz sobre os ricos. Neste livro, os ricos, representados primariamente por Tom e Daisy Buchanan e, numa extensão menor, por Jordan Baker, são pessoas indiferentes. Afinal, é Daisy quem atropela Myrtle e deixa que Gatsby leve a culpa, sem nem mesmo enviar flores para o enterro dele.

Zarrin fez uma pausa, deu uma volta em torno da cadeira, aparentemente sem se importar com o juiz, o promotor e o júri.

— A palavra *descuidada* é a chave aqui — ela disse. — Lembram-se de quando Nick reprova Jordan por seu modo irresponsável de dirigir, e ela responde levianamente que, mesmo sendo descuidada, espera que as outras pessoas sejam cuidadosas? *Descuidados* é o primeiro adjetivo que vem à mente quando se descreve os ricos deste romance. O sonho que eles personificam é um sonho adulterado, corrompido, que destrói quem quer que se aproxime dele. Veja, sr. Nyazi, este livro não é menos uma condenação de suas classes ricas e superiores do que qualquer um dos livros revolucionários que todos nós lemos. — Ela se virou para mim subitamente e disse com um sorriso: — Eu não tenho certeza sobre como podemos definir um livro. Não concordaria que seu objetivo não é a defesa das classes abastadas?

Fiquei aturdida com a questão repentina de Zarrin, mas aproveitei a oportunidade para pôr em foco um ponto que era central em minhas discussões sobre a ficção em geral.

— Se uma crítica da indiferença é um erro — disse, certa de minhas palavras —, então, pelo menos, estou em boa companhia. Essa indiferença, certa falta de empatia, aparece nos personagens negativos de Jane Austen: em lady Catherine, na sra. Norris, no sr. Collins ou nos Crawfords. O mesmo tema reaparece nas histórias de Henry James, e nos heróis monstruosos de Nabokov: Humbert, Kinbote, Van e Ada Veen. A imaginação, nessas obras, é equiparada à empatia; não podemos experimentar tudo que os outros vivenciaram, mas podemos compreender até mesmo os indivíduos mais monstruosos das obras de ficção. Um bom romance é aquele que mostra a complexidade dos indivíduos; e que cria espaço suficiente para que todos esses personagens tenham uma voz; por isso um romance é chamado de democrático, não porque defenda a democracia, mas porque essa é sua natureza. A empatia está no cerne da questão, no centro de *O grande Gatsby*, como em tantos outros grandes romances. O maior pecado é ficar cego diante dos problemas e dos sofrimentos das outras pessoas. Não os enxergar significa negar sua existência. — Disse tudo isso de uma vez só, espantada com meu próprio ardor.

— Sim — disse Zarrin, me interrompendo. — Não poderíamos dizer que essa cegueira ou indiferença em relação aos outros nos remete à categoria de um outro tipo de pessoa, as indiferentes? — Ela deu uma olhada para o sr. Nyazi e acrescentou: — Aqueles que veem o mundo em preto e branco, inebriados pela probidade das próprias ficções.

— Sr. Farzan, se na vida real Fitzgerald era obcecado pelos ricos e por sua riqueza, em sua ficção, ele revela o poder corrupto e decadente da riqueza sobre pessoas decentes, como Gatsby, ou sobre pessoas criativas e vívidas, como Dick Diver em *Suave é a noite*. Como não consegue compreender isso, o sr. Nyazi perde o ponto fundamental do romance.

Nyazi, que passou algum tempo com o olhar fixo no chão, levantou-se de repente e disse:

— Eu objeto!

— Exatamente a que o senhor objeta? — disse Zarrin, levemente irônica.

— A indiferença não é o bastante! — ele replicou. — Isso não torna o romance mais moralista. Eu questiono o pecado do adultério, as mentiras e a traição, e você fala em indiferença?

Zarrin fez uma pausa e depois se virou novamente para mim.

— Gostaria de chamar o acusado. — Ela então se virou para o sr. Nyazi e disse, com um brilho malicioso nos olhos: — O senhor gostaria de interrogar o acusado? — Nyazi murmurou um não desafiador. — Está bem. Senhora, por favor, pode subir à tribuna? — Eu me levantei, bastante sobressaltada, e olhei a minha volta. Não havia cadeira. O sr. Farzan, atento dessa vez, levantou-se e me ofereceu a sua. — Ouviu as declarações do promotor — Zarrin disse, falando para mim. — Tem algo a dizer em sua defesa?

Sentia-me desconfortável, envergonhada e relutante para falar. Zarrin fizera um bom trabalho, e eu não via necessidade de eu mesma fazer mais colocações. Mas a turma estava aguardando, e eu não podia voltar atrás naquele momento.

Sentei-me desajeitadamente na cadeira que me foi oferecida pelo sr. Farzan. Enquanto me preparava para esse julgamento, descobrira que não importava o quanto eu tentasse, não conseguiria articular em palavras os pensamentos e as emoções que tanto me encantaram ao ler *O grande Gatsby*. Ficava sempre voltando à explicação de Fitzgerald sobre o romance: "Esse é o grande fardo desse romance", ele dissera, "a perda daquelas ilusões que conferem tanta verossimilhança e tanta cor ao mundo, de tal modo que você não se importa se as coisas são verdadeiras ou falsas, na medida em que elas partilham a glória mágica." Eu queria dizer a eles que o livro não era sobre adultério, mas sobre a perda dos sonhos. Era de importância vital para mim que meus alunos aceitassem *O grande Gatsby* como era, que o celebrassem e o amassem por causa de sua beleza espantosa e angustiada, mas o que eu tinha a dizer precisava ser mais concreto e mais prático.

— Você não lê *O grande Gatsby* para aprender se o adultério é bom ou ruim — eu disse —, mas para aprender sobre como assuntos como o adultério, a fidelidade e o casamento são complicados. Um grande romance eleva suas percepções e sua sensibilidade sobre as complexidades da vida e dos indivíduos e impede que se encare a moralidade por meio de fórmulas determinadas sobre o bem e o mal...

— Mas, senhora — o sr. Nyazi me interrompeu —, não há nada tão complicado como ter um romance com a mulher de um outro homem. Por que o sr. Gatsby não encontra uma mulher só para si? — disse, aborrecido.

— Por que você não escreve seu próprio romance? — uma voz abafada disparou de algum lugar do meio da sala. O sr. Nyazi ficou estarrecido. Depois disso, mal consegui articular uma palavra. Parecia que todos ali haviam descoberto que precisavam entrar na discussão.

Atendendo a uma sugestão minha, o sr. Farzan ordenou um recesso de dez minutos. Deixei a sala junto a alguns alunos para pegar um ar fresco. No saguão, encontrei Mahtab e Nassrin envolvidas numa conversa. Perguntei a elas o que estavam achando do julgamento.

Nassrin estava furiosa porque Nyazi parecia se achar o guardião da moralidade. Ela disse que não estava afirmando que aprovava Gatsby, mas, pelo menos, ele estava preparado para morrer por seu amor. Nós três começamos a andar pelo corredor. A maioria dos alunos se reunira em volta de Zarrin e de Nyazi, que estavam no meio de uma acalorada discussão. Zarrin acusava Nyazi de tê-la chamado de prostituta. O rosto dele estava quase azul de raiva e de indignação, e ele a acusava de ser mentirosa e tola.

— O que devo pensar de seus slogans que dizem que as mulheres que não usam o véu são prostitutas e agentes de Satã? Chama isso de moralidade? — ela gritou. — E as mulheres cristãs que não acreditam em usar véus? Todas elas são, cada uma das mulheres cristãs solteiras são prostitutas decadentes?

— Mas este é um país islâmico — Nyazi gritou. — Essa é a lei, e quem quer...

— A lei? — Vida o interrompeu. — Vocês chegaram e mudaram as leis. Isso é a lei? A lei também era usar a estrela amarela na Alemanha nazista. Todos os judeus deveriam usar a estrela porque havia a maldita lei?

— Oh! — disse Zarrin com ironia. — Nem tente falar com ele sobre isso. Ele vai dizer que todos são sionistas e que receberam o merecido. — Nyazi parecia pronto para avançar nela e dar-lhe um tapa no rosto.

— Acho que está na hora de usar minha autoridade — murmurei para Nassrin, que parecia petrificada.

Pedi que se acalmassem e voltassem a seus lugares. Quando os gritos diminuíram e as acusações foram cessando, sugeri que iniciássemos a discussão. Nós não votaríamos no fim do julgamento, mas deveríamos ouvir o júri. Seus veredictos seriam dados por meio de suas opiniões.

Um ou outro aluno esquerdista defendeu o romance. E creio que só o fizeram porque os ativistas muçulmanos eram absolutamente contra o livro. Em essência, sua defesa não era muito diferente da condenação de Nyazi. Eles disseram que precisávamos ler ficção como *O grande Gatsby* porque era necessário saber sobre a imoralidade da cultura norte-americana. Na opinião deles, deveríamos ler materiais mais revolucionários, mas livros como *O grande Gatsby* eram necessários para entender o inimigo.

Um dos alunos esquerdistas mencionou uma famosa declaração do camarada Lênin sobre como ouvir a "Sonata ao luar" o tornara mais humano. Lênin afirmara que a sonata o fazia querer dar tapinhas nas costas das pessoas quando era preciso amansá-las. De qualquer modo, a principal objeção de meus alunos radicais ao romance é que ele os distraía de seus deveres como revolucionários.

Apesar da intensa discussão, ou por causa dela, muitos de meus alunos estavam em silêncio, embora vários deles estivessem ao redor de Zarrin e de Vida, murmurando palavras de encorajamento e de louvor. Depois descobri que a maioria dos alunos apoiava Zarrin, mas muito poucos estavam preparados para expressar suas opiniões em voz alta, principalmente porque lhes faltava autoconfiança para articular seus pontos de vista de modo "eloquente", segundo me informaram a advogada de defesa e o promotor. Alguns alunos disseram ter gostado do livro, mas não afirmaram isso publicamente. Por que não o fizeram? Estavam todos tão certos e seguros de suas posições, mas não podiam dizer por que haviam gostado do livro — apenas gostaram.

Pouco antes do fim da aula, Zarrin, que estava muito silenciosa desde o recesso, de repente se levantou. Embora falasse em voz baixa, parecia agitada. Ela disse que questionava o fato de as pessoas se darem ao trabalho de estudar e se formar em literatura. Isso significava alguma coisa?, ela se perguntava. Quanto a *O grande Gatsby*, ela nada mais tinha a dizer em sua defesa. O romance era sua própria defesa. Talvez houvesse pouca coisa para aprender com ele, com o sr. Fitzgerald. Ela não aprendera da leitura do livro que o adultério era algo bom, ou que todos nós deveríamos nos transformar em impostores. As pessoas entraram em greve ou partiram para o Oeste depois de ler Steinbeck? As pessoas vão caçar baleias depois de ler Melville? As pessoas não são mais complexas que isso? E os revolucionários são desprovidos de sentimentos e de emoções pessoais? Eles nunca se apaixonam ou apreciam a beleza? Este é um livro fantástico, disse ela, com tranquilidade. Ele a ensina a valorizar seus sonhos, mas também a se precaver deles, a procurar pela integridade em lugares incomuns. De qualquer modo, ela tinha gostado de ler o livro, e isso também conta, vocês não veem?

Naquela expressão "vocês não veem?" havia uma nota genuína de preocupação que ia além de seu desprezo e de seu ódio pelo sr. Nyazi, um desejo de que até *ele* pudesse ver, e enxergar definitivamente. Ela fez uma pausa e olhou para seus colegas. Todos ficaram em silêncio. Nem mesmo o sr. Nyazi tinha nada a dizer.

Senti-me muito bem depois daquela aula. Quando o sinal tocou, indicando o término da aula, muitos alunos nem sequer perceberam. Não houve um veredicto formal, mas a animação que a maioria deles demonstrava naquele momento era o melhor veredicto que eu poderia ter. Eles continuaram conversando quando saí da sala e não era sobre reféns, sobre Rajavi ou Khomeini, mas sobre Gatsby e seu sonho corrompido.

19

Para meus alunos e eu, as discussões a respeito de *O grande Gatsby* eram tão essenciais e arrebatadoras quanto os conflitos ideológicos que se arrastavam pelo país. Com o tempo, diferentes versões desse debate dominaram o cenário político e ideológico. Incendiaram editoras e livrarias acusadas de propagar obras imorais de ficção. Uma escritora fora detida por causa do teor imoral de seus textos e também fora acusada de disseminar a prostituição. Prenderam jornalistas, fecharam revistas e jornais e alguns de nossos melhores poetas, como Rumi e Omar Khayyam, foram censurados.

Em respeito à tradição, os revolucionários islâmicos encaravam os escritores como os guardiões da moralidade. Ironicamente, essa visão distorcida permitiu que os escritores passassem a ocupar um lugar sagrado, e isso os paralisou. O preço a pagar por esse nobre lugar era um tipo de impotência estética.

Para mim, o "julgamento" de *O grande Gatsby* criou um espaço para meus sentimentos e desejos. Até então — no decorrer das atividades revolucionárias de toda a minha vida — não havia sentido de modo tão intenso o que ali experenciava sobre meu trabalho e sobre a literatura. Tinha necessidade de expor essa sensação e, por isso, no dia seguinte pedi a Zarrin que ficasse na sala depois da aula, queria que soubesse quanto havia gostado de sua defesa durante o julgamento. Eu receio que tenha caído em ouvidos surdos, ela disse, desanimada. Não tenha tanta certeza disso, afirmei.

Cruzei com um colega dois dias depois, que me disse: Outro dia ouvi gritos vindos da direção de sua sala. Imagine qual foi minha surpresa quando, em vez de Lênin *versus* o imã, fiquei sabendo que era Fitzgerald *versus* o Islã. Você deveria ficar agradecida ao jovem pupilo. Qual deles? — perguntei rindo. O sr. Bahri, parece que ele se transformou no brilhante cavaleiro de armadura. Soube que ele acalmou os ânimos e conseguiu persuadir a associação islâmica de que você colocara os Estados Unidos em julgamento.

A universidade passava por muitas mudanças naquela época, e os ataques entre os alunos radicais e muçulmanos se tornaram mais frequentes e mais visíveis. "Como vocês puderam ficar insensíveis a ponto de permitir que um bando de comunistas tomasse o controle da universidade?", afirmou Khomeini, ao repreender um grupo de estudantes muçulmanos. "Vocês são inferiores a eles? Desafiem, argumentem, enfrentem e expressem o que sentem." Como costumava fazer, ele emendou numa espécie de parábola. Khomeini perguntara a um importante líder clérigo, Modaress, o que deveria fazer diante de um funcionário em sua cidade que decidiu chamar seus dois cachorros de Sheikh e Seyyed, um claro insulto aos clérigos. Khomeini relatou que o conselho de Modaress fora simples e claro: "Mate-o." E então ele concluiu, citando Modaress: "Ataque primeiro e deixe que os outros reclamem. Não seja a vítima e não lamente."

20

Alguns dias depois do julgamento, eu peguei meus pertences e saí da sala de aula um pouco preocupada. O clima do julgamento ainda predominava na turma. Os alunos ainda se aproximavam de mim nos corredores para opinar sobre o livro. Até mesmo dois ou três ensaios sobre o assunto foram escritos espontaneamente. Parada na escadaria do lado de fora do prédio, com a luz suave do fim de tarde sobre mim, me distraí com uma discussão entre alguns alunos muçulmanos e marxistas. Eles estavam bastante agitados. Vi que Nassrin permanecia ali, um pouco afastada do grupo, prestando atenção à discussão.

Logo, Zarrin, Vida e uma colega delas se aproximaram de mim. Ficamos ali observando o show, sem tomar qualquer atitude, quando o sr. Bahri apareceu na porta com uma expressão carrancuda e decidida. Ele parou quase a meu lado, fixou o olhar em mim e disse: "Não é nada de mais. Eles só estão se divertindo." Então saiu. Fiquei ali, tomada de surpresa, com Zarrin e suas amigas.

Nassrin continuou no mesmo lugar, sozinha e hesitante, mesmo depois de o grupo ter se dispersado. Chamei-a para junto de nós, e ela se aproximou com timidez. Estava uma tarde agradável naquele dia, as árvores e suas sombras pareciam envolvidas numa dança apaixonada. Não lembro como começou, mas minhas alunas me fizeram falar de meu tempo de estudante. Falei-lhes sobre o que os estudantes americanos entendiam como protesto: rapazes de cabelos compridos correndo pelas ruas.

Elas riram de minhas histórias, mas um silêncio se interpôs entre nós quando nos deparamos com o cenário a nossa frente. Disse-lhes que talvez minhas melhores lembranças fossem de meus professores. Meus quatro professores favoritos eram: o dr. Yoch, um conservador, o revolucionário dr. Gross, o dr. Veile e o dr. Elconin, ambos liberais. Uma delas disse: "Oh, professora" — elas me chamavam de professora; o que soava ainda mais estranho naquela época do que agora —, "a senhora iria gostar do professor R., que até pouco tempo dava aula no departamento.

Só poucas alunas o conheciam, e apenas uma delas assistira a algumas de suas aulas. Professor da Faculdade de Belas-Artes, era também um controverso crítico de teatro e de cinema e escritor de contos. Podia ser considerado um criador de tendências: com 21 anos se tornara o editor literário de uma revista e em pouquíssimo tempo já acumulara inimigos e admiradores no círculo literário. Parecia que agora, com quase 40 anos, ele anunciara sua aposentadoria. Boatos de que ele escrevia um romance circulavam pela universidade.

Uma das meninas achava que ele era mal-humorado e imprevisível. A amiga de Zarrin a corrigiu: ele não era mal-humorado, apenas diferente. A outra virou-se para mim e disse: "Ele é aquele tipo de pessoa que tem tudo para se tornar célebre. O tipo de pessoa que não se pode ignorar."

Corria a lenda de que ele não estabelecia um horário para suas aulas, uma aula podia começar às três da tarde e continuar por mais cinco ou seis horas. E os alunos não podiam sair de sala até que a aula terminasse. Sua fama rapidamente se espalhou, especialmente entre os interessados por cinema. Muitos alunos de outras universidades, mesmo ameaçados de punição, fugiam para assistir às aulas do professor R. Não lhes era permitido entrar na Universidade de Teerã sem o cartão de identidade estudantil, mas, para eles, se tornara um desafio participar daquelas aulas. Os mais dedicados e rebeldes pulavam as cercas para escapar dos guardas na entrada. Suas palestras estavam sempre lotadas; os estudantes costumavam ficar horas na fila só para entrar.

Ele dava aulas de teatro e cinema — teatro grego, Shakespeare, Ibsen e Stoppard, assim como Laurel e Hardy (*O gordo e o magro*) e os Irmãos Marx. Ele adorava Vincente Minnelli, John Ford e Howard Hawks. Essas histórias ficaram registradas em meu inconsciente e só fui rememorá-las anos depois, quando ele me presenteou com fitas de vídeo em meu aniversário — *O pirata, Johnny Guitar* e *Uma noite na ópera*.

Vida me perguntou se eu soubera de sua última façanha antes de ser expulso. Ele saiu antes de ser expulso, outra aluna corrigiu. Não ouvi nenhum comentário sobre sua partida, disse, nem sobre sua façanha, como ela afirmara. Mas, depois que ouvi a história pela primeira vez, fiquei ansiosa para repeti-la a qualquer ouvinte interessado. Quando o conheci — meu mágico —, eu o faria repeti-la e repeti-la para mim muitas e muitas vezes.

Certo dia, os estudantes radicais e os membros do corpo docente do Departamento de Teatro da Faculdade de Belas-Artes se reuniram para mudar o currículo escolar. Na opinião deles, alguns cursos eram muito burgueses, e, portanto, desnecessários.

Debates inflamados ocorreram, e os estudantes de teatro exigiram que Ésquilo, Shakespeare e Racine fossem substituídos por Brecht e Gorki, e também por Marx e Engels — a teoria revolucionária era mais importante que as peças de teatro. Todos os membros do corpo docente estavam sentados numa plataforma no saguão, exceto o tal professor, que ficou de pé junto à porta.

Num aceno democrático, perguntou-se se alguém desaprovava a nova proposta. Do fundo da sala, uma voz disse serenamente: "Eu discordo." Um silêncio caiu sobre o recinto. A voz apresentou como justificativa sua convicção de que ninguém, fosse líder revolucionário ou herói político, era mais importante que Racine. O que ele podia ensinar era Racine. Se não queriam aprender sobre Racine, isso era com eles. Quando decidissem dirigir uma universidade de verdade e recolocassem Racine no currículo, então ele ficaria muito feliz em voltar para lecionar. Muitos se viraram abruptamente na direção da voz, sem acreditar no que ouviam. Era o mágico impertinente. Alguns começaram a atacá-lo e a atacar suas opiniões "formalistas" e "decadentes". Diziam que as ideias dele eram antigas e que ele deveria se atualizar. Uma moça se levantou e tentou acalmar os gritos de indignação. Ela lembrou que o professor sempre privilegiara os interesses dos alunos e, portanto, deveria ter uma oportunidade de se defender.

Tempos depois, quando lhe contei a história que ouvira, ele me corrigiu: começara a falar do fundo da sala, mas foi convidado a subir ao púlpito. Ele caminhou até lá sob o silêncio que já o julgava.

Quando falou novamente, foi para dizer que achava que um único episódio de *O gordo e o magro* tinha mais valor que todos os tratados revolucionários, incluindo os de Marx e Lênin. O que eles chamavam de paixão não era paixão, nem mesmo loucura; era alguma emoção grosseira que não valia como verdadeira literatura. Disse que, se mudassem o currículo, ele se recusaria a lecionar. Fiel a sua palavra, jamais voltou, embora participasse das vigílias contra o fechamento das universidades. Ele queria que seus alunos soubessem que sua saída naquele dia nada tinha a ver com o medo de uma retaliação do governo.

Disseram que ele quase se exilou em seu apartamento, se encontrando com um seleto grupo de amigos e discípulos. "Aposto que ele receberia a senhora, professora", disse uma de minhas alunas. Eu não tinha tanta certeza.

21

Concluímos nosso estudo sobre *O grande Gatsby* em janeiro. As ruas estavam cobertas pela neve. Eu não tinha mais meu velho exemplar, com observações nas margens e no fim do livro. Quando saí do Irã, deixei meus preciosos livros para trás. O exemplar de *O grande Gatsby* que tenho agora é novo, publicado em 1993. A capa não me é familiar e não sei muito bem como manuseá-lo.

Gostaria de começar com uma citação de Fitzgerald que é essencial para compreender não somente *O grande Gatsby*, mas toda a sua obra. Temos discutido o que *Gatsby* significa, e abordamos algumas questões, mas há uma tendência em todo o romance, que acho que determina sua essência, que é a questão da perda, a perda de uma ilusão. Nick desaprova todas as pessoas com quem Gatsby, de uma maneira ou de outra, se envolve, mas não faz o mesmo julgamento de Gatsby. Por quê? Porque Gatsby tem o que Fitzgerald, em sua história "Absolution" [Absolvição] chama de "honestidade de imaginação".

O sr. Nyazi levantou a mão.

— Mas Gatsby é o mais desonesto de todos — criticou. — Ele ganha dinheiro com atividades ilegais e se associa a criminosos.

— De certo modo, o senhor está certo — eu disse. — Gatsby falsifica tudo, até mesmo seu nome. Os outros personagens do romance têm posições e identidades mais estáveis. Gatsby está o tempo todo sendo construído e reconstruído pelos outros. Em suas festas, seus convidados especulam em voz baixa a respeito de quem ele é, e sobre seus feitos fabulosos ou terríveis. Tom começa a investigar sua verdadeira identidade, e o próprio Nick tem interesse em saber mais sobre o misterioso Jay Gatsby. Ainda assim, o que Gatsby inspira é uma curiosidade tingida pelo assombro. Na verdade, Gatsby é um charlatão, mas ele é também um sonhador romântico e trágico, que se torna herói por acreditar no próprio delírio romântico.

Gatsby não consegue suportar a mesquinhez de sua vida. Ele tem um "dom extraordinário para a esperança, uma disponibilidade amorosa" e "uma sensibilidade aguçada para as promessas da vida". Visto que não pode mudar o mundo, ele recria a si mesmo, de acordo com seus sonhos. Vamos analisar como Nick explica isso:

> A verdade é que Jay Gatsby, de West Egg, Long Island, nasceu da concepção platônica que ele tem de si mesmo. Era um filho de Deus — frase que, se significa algo, significa justamente isso — e devia se dedicar ao Serviço de Seu Pai, o serviço de uma grandiosa beleza, vulgar e ilusória. Inventou então o Jay Gatsby, exatamente o que se esperava que um garoto de 17 anos inventasse, e foi fiel a essa concepção até o fim.

A lealdade de Gatsby estava focada em seu ser reinventado, que viu sua realização na figura de Daisy. Foi para as promessas daquele ser que ele permaneceu fiel, e não para um sonho mesquinho de riqueza e de prosperidade. Desse modo, a "ilusão colossal" nasce, e ele sacrifica sua vida por essa ilusão. Como Fitzgerald afirmou: "Nenhuma paixão ou entusiasmo pode competir com aquilo que um homem guarda em seu coração." A lealdade de Gatsby a Daisy está relacionada à lealdade que tem por si mesmo.

> Falou muito sobre o passado e depreendi que queria recuperar algo, alguma ideia de si mesmo, talvez, que se transformara no amor por Daisy. Sua vida ficara confusa e desordenada a partir de então, mas se pudesse voltar uma só vez ao ponto de partida e analisar tudo com vagar, talvez pudesse descobrir do que se tratava…

O sonho, entretanto, permanece incorruptível, e se estende além de Gatsby e de sua vida pessoal. Ele permanece em uma dimensão mais ampla na cidade, na própria Nova York, no Leste, o refúgio que outrora se tornara o sonho de centenas de milhares de imigrantes, e que agora é a Meca dos indivíduos do Meio-Oeste, que foram em busca de uma vida nova e de aventuras. A cidade evoca os sonhos encantados, mas também abriga casos amorosos e relacionamentos reais como o de Tom e Myrtle. Assim como Daisy, a cidade guarda uma promessa, uma possibilidade que, quando é atingida, se torna degradada e corrompida. A cidade é o elo entre o sonho de Gatsby e o sonho americano. O sonho não é sobre o dinheiro, mas sobre o que ele imagina que pode vir a ser. Não é uma análise sobre os Estados Unidos como um país materialista, mas como um país *idealista*, um país que transformou o dinheiro num meio de recuperar um sonho. Não há nada de estranho nessa ideia. No fim, os ideais mais nobres e a mais desprezível realidade estão juntos. Por favor, abram o livro na última página. Vocês devem se lembrar de que esse é o último adeus de Nick à casa de Gatsby. Sr. Bahri, vejo que hoje nos honrou com sua presença. Poderia ler o trecho da terceira linha no parágrafo que começa com "A maioria dos casarões da orla..."

> E, à medida que a lua subia, as casas inúteis começaram a se dissolver até que aos poucos tive a percepção da velha ilha que florescera uma vez aos olhos de marinheiros holandeses — uma promessa fresca e verde do novo mundo. Suas árvores desaparecidas, as árvores que tinham cedido espaço para a casa de Gatsby, haviam numa época alimentado em sussurros o derradeiro e maior dos sonhos humanos; durante um momento encantado fugaz, o homem devia ter prendido a respiração na presença deste continente, compelido a uma contemplação estética que não entendia nem desejava, face a face pela última vez na história com algo à altura de sua admiração.

Devo ler um pouco mais? Por favor, continue até o fim do próximo parágrafo.

> Sentado ali, meditando sobre o velho e desconhecido mundo, pensei no assombro de Gatsby quando descobriu pela primeira vez a luz verde na extremidade do embarcadouro de Daisy. Ele viera de tão longe até seu relvado azul e seu sonho deve ter parecido tão próximo que dificilmente deixaria de agarrá-lo. Não sabia que o sonho já estava além dele, em algum canto na vasta escuridão além da cidade, onde os campos obscuros da república se estendiam debaixo da noite.

Ele podia ser desonesto e mentir sobre si mesmo, mas a única coisa que não podia fazer era trair a própria imaginação. Gatsby é traído pela "honestidade de sua imaginação". Ele morre, porque na realidade nenhuma pessoa como ele pode sobreviver.

Nós, leitores, assim como Nick, aprovamos e desaprovamos Gatsby. Temos mais certeza sobre o que desaprovamos do que sobre o que admiramos, porque, como Nick, somos aprisionados pelas implicações românticas de seu sonho. Sua história casa com os contos dos pioneiros que chegaram às praias dos Estados Unidos em busca de uma nova terra, de um futuro novo e de seus sonhos, já coloridos com a violência que vinha implícita em torná-los reais.

Gatsby não deveria ter tentado possuir seu sonho, expliquei. Até mesmo Daisy sabe disso; ela está tão apaixonada por ele quanto jamais poderia estar, mas ainda assim não consegue ir contra a própria natureza e não o trair. Numa noite de outono os dois param num lugar onde "a calçada estava branca com o luar..."

> Pelo canto dos olhos, Gatsby viu que os retângulos da calçada formavam na verdade uma escada e subiam para um lugar secreto acima das árvores — ele poderia subir até lá, se fosse sozinho, e uma vez lá poderia sugar o sumo da vida, sorver o incomparável leite de todas as maravilhas.
>
> Seu coração batia cada vez mais rápido enquanto o rosto claro de Daisy se aproximava do seu. Sabia que quando beijasse esta mulher e unisse para sempre suas visões inexprimíveis ao hálito perecível

> dela, seu pensamento nunca mais correria à frente de todos, como o pensamento de Deus.

Agora, poderia voltar e ler a partir de "Não — Gatsby..."

> Não — Gatsby acabou se saindo bem no fim; o que atormentava Gatsby, a poeira fétida que flutuava na esteira dos seus sonhos, é que bloqueou temporariamente meu interesse pelos sofrimentos malogrados e pela exultação fugaz dos homens.

Para Gatsby, o acesso à fortuna é um meio para um fim; é um meio para a posse de seu sonho. Esse sonho o deixa incapaz de diferenciar a imaginação da realidade — ele tenta criar um reino encantado da "poeira fétida". Durante algum tempo esses devaneios proporcionaram um escape a sua imaginação; eram uma insinuação satisfatória do caráter irreal da realidade, uma promessa de que o rochedo do mundo estava apoiado com firmeza nas asas de uma fada.

Vamos rever todos os pontos que discutimos. O romance é sobre relações vívidas e concretas, sobre o amor de um homem por uma mulher e sobre a traição desse amor por essa mulher. Mas é também sobre a riqueza, sobre seu grande poder de atração e de destruição, sobre a indiferença que vem com essa riqueza. O romance discute também o sonho americano, o sonho de poder e de riqueza; fala sobre a perda e a deterioração dos sonhos, tão logo sejam transformados em realidade. É o desejo e sua imaterialidade que tornam o sonho puro.

O que nós, no Irã, tínhamos em comum com Fitzgerald era esse sonho que se tornou nossa obsessão e se apoderou de nossa realidade, esse sonho belo e terrível, impossível de se tornar real, pelo qual qualquer violência podia ser justificada ou perdoada. Isso era o que tínhamos em comum, embora não fôssemos conscientes disso.

Os sonhos, sr. Nyazi, são ideais perfeitos, completos em si mesmos. Como pode impô-los sobre uma realidade incompleta, imperfeita, constantemente em mutação? O senhor poderia se tornar um Humbert, que destrói o objeto de seu sonho; ou um Gatsby, que destrói a si mesmo.

Naquele dia, ao deixar a sala de aula, não lhes disse o que eu mesma apenas começava a perceber: como nosso próprio destino se tornava semelhante ao de Gatsby. Ele queria realizar seu sonho repetindo o passado, e no final descobriu que o passado estava morto, que o presente era uma fraude e que não existia um futuro. Isso não era semelhante a nossa revolução, que chegara em nome de nosso passado coletivo e que destruíra nossas vidas em nome de um sonho?

22

Fiquei esgotada depois da aula. Saí rapidamente, como se tivesse um compromisso importante. Não tinha nada para fazer. Coloquei casaco, chapéu e luvas e saí. Não tinha nenhum lugar para onde ir. Nevara muito naquela tarde, e depois o sol iluminara os montes de neve branca, fresca e limpa. Quando eu era criança, antes de me mandarem para a Inglaterra, eu tinha uma amiga, uma amiga de infância que eu amara muito, bem mais velha que eu. De vez em quando, nós caminhávamos por um longo tempo pela neve. Íamos até nossa confeitaria predileta, na qual havia deliciosos sonhos de creme. Comprávamos os sonhos e voltávamos para a neve, nós os devorávamos enquanto conversávamos bobagens e caminhávamos e caminhávamos.

Saí da universidade e fui caminhar pela rua das livrarias. Com chapéus de lã enfiados sobre as orelhas, os vendedores de rua haviam aumentado o volume de seus aparelhos de som e balançavam o corpo para se manterem aquecidos. Caminhei pela rua até que as livrarias deram lugar a outras lojas e a um cinema que frequentávamos quando éramos crianças, mas que agora estava fechado. Tantos cinemas foram incendiados durante aqueles dias gloriosos da revolução! Continuei minha caminhada até chegar à praça Ferdowsi, assim nomeada em homenagem a nosso maior poeta épico. Teria sido neste lugar que eu e minha amiga paramos para rir naquele dia, enquanto saboreávamos nossos sonhos de creme?

Com o tempo, a neve ficou suja pela poluição de Teerã; minha amiga foi para o exílio e eu voltei para casa. Até então, a ideia de pátria tinha sido amorfa e ilusória; ela se apresentava em relances torturantes, com a familiaridade impessoal de velhas fotografias de família. Mas todos esses sentimentos pertenciam ao passado. A pátria se transformava constantemente bem diante de meus olhos.

Senti que perdia alguma coisa naquele dia, que lamentava uma morte que ainda não tinha acontecido. Senti como se tudo fosse esmagado, como pequenas flores selvagens, para dar lugar a um jardim mais elaborado, onde tudo seria controlado e organizado. Nunca tivera essa sensação de perda quando estudava nos Estados Unidos. Naqueles anos, meu anseio estava certamente ligado àquele lar, àquela pátria que era minha, para a qual eu poderia voltar na hora que quisesse. Só depois que retornei foi que compreendi o verdadeiro significado do exílio. Enquanto caminhava por aquelas amadas ruas, ternamente relembradas, senti que esmagava as memórias que jaziam no caminho.

23

O semestre começou de maneira estranha. Não havia muitas ofertas de disciplinas. No ano anterior, o governo reuniu esforços para suprimir grupos políticos de oposição, fechar jornais e revistas progressistas e punir antigos funcionários do governo, e travou uma guerra contra as minorias, especialmente os curdos. A atenção agora estava voltada para as universidades, um ninho de dissidentes, um território onde revolucionários muçulmanos não detinham o poder. As universidades desempenhavam naquele período o mesmo papel dos jornais que foram censurados, protestando contra a supressão das forças progressistas. Todos os dias havia uma reunião, uma manifestação, uma palestra de protesto em uma das universidades, especialmente na Universidade de Teerã.

Em uma manhã, quando entrava no prédio de meu departamento, senti que algo estava errado. Uma grande fotografia de Hashemi Rafsanjani, que na época era o presidente da Câmara Legislativa, estava pendurada na parede oposta à entrada. Ao lado dela havia um folheto que alertava os estudantes sobre uma "conspiração" para fechar as universidades. Abaixo da fotografia e da advertência, um grupo de alunos se concentrava. Quando me aproximei, os estudantes abriram espaço para mim — alguns eram meus alunos — e no centro do grupo encontrei o sr. Nyazi, que travava uma inflamada discussão com um dos líderes da organização estudantil de esquerda.

O sr. Nyazi negava veementemente que o governo tivesse qualquer intenção de fechar as universidades. O outro estudante citou o discurso do sr. Rafsanjani na Universidade Mashad, sobre a necessidade de purificar o sistema educacional e de iniciar uma revolução cultural nas universidades. Eles continuaram argumentando, encorajados pelo falatório da pequena multidão a sua volta. Não permaneci até o fim da discussão; era evidente que aquilo não teria fim. Naqueles dias, as forças seculares e esquerdistas dominavam as universidades, e os desdobramentos disso ainda não eram concebíveis para alguns de nós. Pensar que as universidades seriam fechadas parecia tão irreal quanto a possibilidade de as mulheres finalmente serem obrigadas a usar o véu.

Não levou muito tempo até que o governo anunciasse sua intenção de suspender as aulas e formar um comitê para a implementação da revolução cultural. Esse comitê recebeu a tarefa de reconstruir as universidades, de modo que as tornasse aceitáveis para os líderes da República Islâmica. O que eles queriam não era muito claro, mas não tinham dúvida sobre o que não queriam. O comitê foi autorizado a expulsar docentes, funcionários e alunos indesejáveis, a criar um novo conjunto de regras e um novo currículo. Foi o primeiro esforço organizado para expurgar do Irã o que era chamado de cultura ocidental decadente. A maioria dos estudantes e dos membros do corpo docente não concordou com essa ordem, e mais uma vez a Universidade de Teerã se tornou o cenário de uma batalha.

Era cada vez mais impossível frequentar as aulas. Íamos de uma reunião a outra, como se pela simples força do movimento fôssemos capazes de detê-los. Estudantes e professores participavam de passeatas. Havia muitas discordâncias entre as várias organizações estudantis.

Os estudantes se reuniam em manifestações e greves brancas. Fui a uma dessas manifestações, embora naquele momento não sentisse afinidade com nenhuma organização específica. Se os esquerdistas chegassem ao poder, eles fariam a mesma coisa. Esse não era o ponto principal. O objetivo era salvar a universidade, que, como o Irã, nós todos colaboramos para destruir.

24

E, então, mais um ciclo de violentos protestos começou. Iniciávamos nossa manifestação em frente à Universidade de Teerã e, enquanto caminhávamos, as pessoas iam aderindo à marcha. Íamos na direção das áreas mais pobres e, geralmente numa viela estreita ou num determinado cruzamento, "eles" apareciam e nos atacavam com facas e paus.

Os manifestantes se dispersavam, se reorganizavam mais à frente, na mesma rua. Continuávamos andando pelas ruas e pelas vielas sinuosas sem calçamento e, novamente, "eles" apareciam e nos atacavam com suas facas desembainhadas, e corríamos outra vez, e outra vez nos reuníamos em algum ponto mais adiante.

Lembro-me especialmente de um dia em que eu saíra cedo de casa com Bijan; ele me deixou perto da universidade, a caminho de seu trabalho. Alguns quarteirões antes da universidade percebi a presença de um grupo de jovens que carregava cartazes e caminhava na direção da universidade. Avistei Nassrin, a quem não via fazia algumas semanas. Ela segurava alguns folhetos e caminhava na primeira fileira. Num determinado ponto, ela e outra menina se separaram do grupo e dobraram a esquina. De repente, lembrei que Nassrin jamais havia me entregado o ensaio prometido sobre *Gatsby*; ela saíra de minha vida tão repentinamente quanto tinha entrado. Tive dúvidas se a veria de novo.

Caminhava ao lado de um grupo de estudantes que cantava e que se formara de repente. Ouvimos sons de tiros e não conseguimos identificar de onde vinham. Eram reais. Num momento estávamos parados na frente do portão de ferro da universidade e depois corríamos na direção das livrarias, a maioria fechada por causa dos tumultos. Protegi-me no toldo de uma que ainda estava aberta. A meu lado, um vendedor deixara seu som ligado; a voz chorosa de alguma cantora lamentava a traição do amante.

O dia foi um longo pesadelo. Eu perdera a noção do tempo e me vi ao lado de grupos que rapidamente se dispersavam, perambulando de uma rua para a outra. À tarde, uma grande manifestação se formou, e logo se transformou no mais sangrento confronto entre estudantes e o governo. Ônibus do governo traziam trabalhadores de fábricas, além dos habituais asseclas, sicários e milicianos, armados com paus e facas para encenar um confronto com os estudantes. Os trabalhadores foram levados para se levantar contra os esquerdistas, que viam o proletariado como seus aliados naturais.

Logo que o confronto começou, todos corremos em direções diferentes. Lembro-me de que num determinado momento encontrei uma antiga colega de escola, minha melhor amiga no sexto ano. Em meio aos tiros, cantos e gritos, nós nos abraçamos e conversamos sobre as duas décadas em que não nos vimos. Ela me disse que todos iam para o hospital perto da Universidade de Teerã, para onde, supostamente, os corpos dos estudantes feridos e assassinados eram levados.

Logo depois eu a perdi na multidão e me vi sozinha no entorno do grande hospital, cujo nome fora mudado recentemente de Pahlavi, o nome do último xá, para imã Khomeini. Naquele momento, comentava-se que a polícia e os guardas teriam roubado os corpos dos estudantes assassinados para evitar que a notícia de suas mortes fosse anunciada. Os estudantes queriam invadir o hospital para impedir que os corpos fossem removidos.

Caminhei na direção do prédio principal, e agora tenho a impressão de que fiquei caminhando infinitamente naquele sentido, sem jamais me aproximar do prédio; eu caminhava numa espécie de transe, pessoas corriam em minha direção e também na direção oposta. Todo mundo parecia ter um propósito — menos eu; eu andava sozinha. De repente, vi um rosto familiar vindo em minha direção: era Mahtab.

Quando olhei para ela, paralisada e cheia de medo, ela me fez lembrar de um animal acuado, em perigo. Talvez fosse o choque que a fazia caminhar em linha reta, mecanicamente, mantendo um equilíbrio quase perfeito. Imagine Mahtab vindo em minha direção. Duas meninas bloqueiam minha visão, e então ela aparece, usando uma camisa larga bege e jeans: ela se movimenta em meu campo de visão e nossos olhos se encontram.

Ela estava pronta para passar por mim, mas parou por um breve segundo. Ela parou para me informar que "eles" conseguiram sequestrar os corpos do necrotério do hospital. Ninguém sabia para onde os corpos tinham sido levados. Ela disse isso e sumiu, eu não a vi durante outros sete anos.

Enquanto fiquei ali, sozinha perto do hospital, com gente correndo a minha volta, tive uma sensação estranha: senti como se meu coração tivesse se separado de meu corpo, e aterrissasse num espaço vazio, um amplo vazio que eu não sabia que existia. Senti-me cansada e aterrorizada. O medo não era das balas: elas eram muito momentâneas. Estava com medo de alguma privação, como se o futuro me abandonasse.

25

Os estudantes montaram guarda na universidade para impedir seu fechamento. Eles mantiveram a vigília, que quase terminou num confronto sangrento, até serem expulsos pelas forças do governo, as únicas a empunhar armas. E, então, os milicianos, os guardas revolucionários e a polícia tomaram o controle da universidade.

Foi numa daquelas vigílias que vi o sr. Bahri. A noite trazia uma tensão no ar, e, no falso aconchego dessas situações, sentávamos no chão e contávamos histórias e piadas. Ele estava sozinho, num canto escuro, encostado em uma árvore. Então, o que acha disso?, perguntei-lhe. Ele deu um sorriso e disse: Não, o que *a senhora* acha? Sr. Bahri, eu disse calmamente, o que eu acho tornou-se irrelevante. Tão irrelevante que acho que vou para casa agarrar um bom livro e tentar dormir um pouco.

Sabia que o havia assustado, mas também assustei a mim mesma. Senti de repente que aquela não era minha luta. Para a maioria dos que estavam ali a excitação da batalha compensava tudo, mas eu não estava empolgada, não daquela maneira. Importava-me quem fecharia a universidade, meus alunos esquerdistas ou os islâmicos? O que importava para mim era que a universidade não fosse fechada, que funcionasse como uma universidade e não se transformasse num campo de batalha entre diferentes forças políticas. Mas levou algum tempo, mais de dezessete anos, para eu finalmente digerir e formular essa compreensão. Naquele momento, fui para casa.

Logo em seguida, o governo conseguiu fechar as universidades. Eles expurgaram o corpo docente, os alunos e os funcionários. Alguns estudantes foram assassinados ou presos; outros simplesmente desapareceram. A Universidade de Teerã havia se tornado sede de muito desapontamento, de muito sofrimento e de muita dor. Nunca mais eu iria tão ansiosa para uma aula, como fiz naqueles dias na alvorada da revolução.

26

Na primavera de 1981 — ainda posso sentir o sol e a brisa da manhã no rosto — tornei-me dispensável. Exatamente um ano depois que voltei para minha pátria, minha cidade, meu lar, descobri que o mesmo decreto que transformara o Irã em República Islâmica do Irã havia me tornado irrelevante, assim como tudo que eu tinha sido. O fato de partilhar esse destino com muitos outros não me consolava muito.

Havia me tornado irrelevante depois da chamada Revolução Cultural que provocou o fechamento das universidades, quando eu ficara sem trabalho. Nós íamos à universidade, mas não tínhamos muito o que fazer. Comecei a escrever um diário e a ler Agatha Christie. Andava pelas ruas com meu repórter americano, falando sobre o Lower East Side de Mike Gold, e o West Egg de Fitzgerald. Em vez de aulas, éramos convocados para reuniões. A administração queria que parássemos de trabalhar e, ao mesmo tempo, que fingíssemos que nada havia acontecido. Embora as universidades estivessem fechadas aos alunos, o corpo docente era obrigado a comparecer e a apresentar projetos para o Comitê da Revolução Cultural.

Aqueles dias foram difíceis, a única coisa boa foram as amizades duradouras que fizemos com os colegas de nosso e de outros departamentos. Eu era a mais jovem e a mais nova integrante do grupo, e tinha muito a aprender. Eles me contaram sobre os dias pré-revolucionários, sobre a animação e a esperança; falaram sobre alguns de seus colegas que jamais retornaram.

O Comitê recentemente eleito para a implementação da Revolução Cultural se reuniu com a Faculdade de Direito e de Ciências Políticas e a Faculdade de Persa, Línguas Estrangeiras e Literatura, no auditório da Escola de Direito. Apesar das orientações formais e informais para as mulheres do corpo docente e para as funcionárias sobre a questão do véu, até aquele dia a maioria das mulheres em nossa universidade não obedecera às novas regras. Aquela reunião foi a primeira a que compareci na qual todas as mulheres participantes usavam lenços ou véus na cabeça. Todas, isto é, exceto três: Farideh, Laleh e eu. Éramos independentes e consideradas excêntricas, e assim nós três fomos para a reunião com a cabeça descoberta.

Os três membros do Comitê da Revolução Cultural estavam sentados muito sem jeito. Suas expressões variavam entre a arrogância, o nervosismo e o tom desafiador. Aquela reunião foi a última na Universidade de Teerã na qual os docentes puderam criticar abertamente o governo e suas políticas relacionadas à academia. Aqueles que incomodavam ou descumpriam as regras foram expulsos.

Farideh, Laleh e eu nos sentamos juntas, como crianças malcriadas. Cochichávamos, consultávamos umas às outras, continuamos a levantar a mão para pedir para falar. Farideh repreendeu o comitê por ter usado as dependências da universidade para torturar e intimidar os estudantes. Eu disse ao Comitê Revolucionário que minha integridade como professora e como mulher estava comprometida pela insistência para que eu usasse o véu sob falsas pretensões, por uns poucos mil tumans* por mês. A questão não era tanto o véu, mas a liberdade de escolha. Minha avó se recusara a sair de casa durante três meses quando foi impedida de usar o véu. Eu seria igualmente inflexível em minha escolha. Mal sabia que, em breve, teria que escolher entre usar o véu ou ser presa, açoitada e talvez morta se desobedecesse.

* Tuman — antiga moeda de ouro persa e unidade financeira equivalente a 10 mil dinares. [*N. do E.*]

Depois da reunião, uma de minhas colegas mais pragmáticas, uma mulher "moderna", que decidiu usar o véu e ficou na universidade por outros dezessete anos depois que saí, me disse com um toque de sarcasmo na sua voz: "Você está travando uma batalha perdida. Por que perder seu emprego por causa de uma questão como essa? Em mais duas semanas você será forçada a usar o véu nas mercearias."

A resposta simples, naturalmente, era que a universidade não era uma mercearia. Mas ela estava certa. Em breve seríamos forçadas a usá-lo em todos os lugares. E os esquadrões da moralidade, com suas armas e seus carros Toyota de patrulha, vigiariam as ruas para assegurar nossa obediência. Naquele dia ensolarado, entretanto, quando minhas colegas e eu mostramos nossa discordância, esses incidentes não pareciam combinados. Tantos docentes protestaram que nós achamos que ainda podíamos ganhar.

Saímos da reunião com um sentimento de júbilo. O Comitê tinha sido claramente derrotado: suas reações foram ineficazes e, à medida que a reunião progredia, eles se tornaram mais incoerentes e defensivos. Quando emergimos do salão da assembleia, o sr. Bahri esperava por mim com um amigo. Ele não falou com minhas colegas, dirigiu todos os seus comentários a mim. Ele não conseguia compreender: como eu podia ter feito aquilo? Nós não éramos amigos? Sim, nós éramos amigos, mas aquilo não era pessoal — não daquela maneira. A senhora não vê que está inconscientemente ajudando o inimigo, os imperialistas?, ele disse pesarosamente. É pedir muito que a senhora obedeça a umas poucas regras para salvar a revolução? Eu poderia ter perguntado a ele qual revolução, mas não o fiz. Farideh, Laleh e eu estávamos muito eufóricas, e íamos almoçar para comemorar.

Poucos meses depois, foram estabelecidos comitês que resultaram na expulsão de alguns dos melhores professores e alunos. O dr. A. renunciaria e partiria para os Estados Unidos. Farideh seria expulsa e mais tarde iria para a Europa. O jovem professor brilhante, que eu encontrara naquele primeiro dia no escritório do dr. A. também seria expulso — eu o reencontraria onze anos depois, numa conferência em Austin, no Texas. Do antigo grupo, somente permaneceríamos eu e Laleh, e em breve nós também seríamos expulsas. O governo tornaria o véu obrigatório e colocaria mais professores e estudantes em julgamento. Fui a mais uma manifestação, convocada pelo Mujahidin, mas apoiada por todas as forças de oposição, exceto o Partido Comunista Tudeh e a Organização Fedayin. O primeiro presidente da República Islâmica estava refugiado, e em breve sairia do país. Mais de meio milhão de iranianos participaram das batalhas mais sangrentas da revolução. Mais de mil pessoas foram presas, muitas, inclusive adolescentes, executadas no próprio local. Oito dias depois, em 28 de junho, o quartel do Partido Republicano Islâmico foi bombardeado, e mais de oitenta de seus membros e líderes importantes foram mortos. O governo reagiu com truculência, prendeu e executou indivíduos a esmo.

Quando a universidade começou o processo de minha demissão, não foram os colegas de anos, mas o sr. Bahri e seus amigos — quase todos antigos alunos que receberam zero naquele semestre por não comparecerem às aulas — que me defenderam e que adiaram minha expulsão o máximo que puderam.

Os sentimentos que eu achava que tinha deixado para trás voltaram quando o regime islâmico atacou novamente os estudantes, quase dezenove anos depois. Dessa vez o regime abriria fogo contra aqueles que admitira nas universidades, aqueles que eram seus próprios filhos, os filhos da revolução. Mais uma vez meus alunos iriam aos hospitais em busca dos corpos assassinados que foram roubados pelos guardas e vigilantes, e para tentar evitar que sumissem com os feridos. Só que dessa vez eu caminhava por aquele lugar em minha imaginação, enquanto lia os faxes e os e-mails de meus antigos alunos no Irã, em meu escritório em Washington, D.C., tentando decifrar algo além do desespero de suas palavras.

Gostaria de saber por onde anda o sr. Bahri neste exato momento para lhe perguntar: Como aquilo tudo acabou, sr. Bahri — esse foi seu sonho, seu sonho de revolução? Quem será o responsável por todos esses fantasmas em minha memória? Quem pagará pelos instantâneos dos assassinados e dos executados que escondemos em nossos sapatos e armários, enquanto seguíamos com nossas vidas? Diga-me, sr. Bahri — ou, para usar aquela excêntrica expressão de Gatsby: Diga-me, meu velho camarada —, o que faremos com todos esses cadáveres em nossas mãos?

Parte III

JAMES

1

A guerra começou em uma manhã, de forma repentina e inesperada. Foi declarada no dia 23 de setembro de 1980, um dia antes do início das aulas nas escolas e nas universidades. Estávamos no carro, voltando de Teerã após uma viagem ao mar Cáspio, quando ouvimos sobre o ataque iraquiano no rádio. Tudo começou de maneira muito simples. O radialista anunciou a guerra como um fato consumado, como alguém anuncia um nascimento ou uma morte. Nós aceitamos a notícia como um fato irrevogável e que gradualmente permearia todos os aspectos de nossas vidas. Quantos acontecimentos ocupam o momento em que acordamos numa manhã e descobrimos que nossas vidas foram modificadas para sempre por forças além de nosso controle?

O que detonou a guerra? Foi a arrogância dos revolucionários islâmicos que condenavam o que consideravam regimes reacionários e heréticos no Oriente Médio e incitaram as populações desses países a insurreições revolucionárias? Ou foi o fato de que o novo regime era particularmente contrário a Saddam Hussein, que tinha exilado o aiatolá Khomeini do Iraque após insinuações de que havia feito um acordo com o xá? Ou ainda, haveria sido uma resposta à antiga hostilidade entre o Iraque e o Irã e à crença dos iraquianos em uma vitória rápida e fácil com a promessa de apoio do Ocidente, contrário ao governo revolucionário do Irã?

Quando os acontecimentos históricos são reunidos, analisados e classificados em artigos e livros, sua confusão desaparece e ganham certa lógica e clareza que não são percebidas no momento em que ocorrem. Para mim, como para uma grande parcela dos iranianos, a guerra começou em uma manhã de outono, de maneira inesperada, inoportuna e totalmente sem sentido.

Durante todo o outono saí para longas caminhadas pelas extensas e arborizadas alamedas próximas a nossa casa, cercadas de jardins perfumados e riachos que serpenteavam o trajeto. Eu pensava sobre minha própria ambivalência em relação à guerra, uma vez que meus sentimentos de raiva estavam misturados com os de amor e desejo de proteção por meu lar e meu país. Em uma noite de setembro — no momento do crepúsculo que marca a mudança de estação e quando, por um breve instante, o ar está preenchido de verão e outono, meus pensamentos foram distraídos pelas cores magníficas do pôr do sol que se descortinava a minha frente. Eu cheguei justamente no momento em que a luz desaparecia por entre os galhos das trepadeiras e fiquei ali, acompanhando o reflexo diáfano do pôr do sol até que dois transeuntes, vindos da direção oposta, me distraíram e, então, continuei meu caminho.

Ao final da ladeira, na parede a minha direita, em grandes letras pretas estava uma citação do aiatolá Khomeini: ESTA GUERRA É UMA BÊNÇÃO PARA NÓS! Eu respondi a essa frase com raiva. Uma bênção para quem?

2

A guerra contra o Iraque, que havia começado em setembro de 1980, se estendeu até julho de 1988. Tudo o que aconteceu durante esses oito anos, e os rumos que nossa vida tomou, foi de muitas maneiras determinado por esse conflito. Embora não tenha sido a pior guerra do mundo, deixou um saldo de mais de um milhão de mortos e feridos. A princípio a guerra pareceu unir o país: éramos todos iranianos e o inimigo atacou nossa terra natal. Mesmo assim, nem todos puderam participar da mesma maneira. Do ponto de vista dos representantes do regime islâmico, o inimigo atacara o Irã e a República Islâmica, mas, acima de tudo, o Islã.

A polarização interna criada pelo regime interferiu em todos os aspectos da vida cotidiana. As forças de Deus atacavam não só um emissário do Satã, ou seja, o Iraque de Saddam Hussein, mas lutavam também contra seus agentes dentro do país. Desde o início da revolução até a guerra contra o Iraque e o período posterior a seu fim, o regime islâmico nunca esqueceu sua guerra santa contra os inimigos internos. Todas as formas de crítica eram percebidas como de inspiração iraquiana e uma ameaça à segurança nacional. Os indivíduos e os grupos que não fossem leais ao regime eram excluídos dos esforços de guerra. Eles poderiam ser mortos ou enviados para a linha de frente de batalha, mas não podiam expressar suas preferências sociais ou políticas. Havia somente duas forças no mundo, o exército de Deus e o de Satã.

Tudo o que acontecia ou qualquer manifestação social apresentava uma conotação simbólica de lealdade. O novo regime ultrapassou o simbolismo romântico, mais ou menos presente em qualquer sistema político, e habitou o domínio do puro mito. As consequências foram devastadoras. A República Islâmica não estava baseada unicamente na ordem estabelecida pelo profeta Maomé durante seu reinado na Arábia, mas refletia as próprias determinações do profeta. A guerra do Irã contra o Iraque foi semelhante ao conflito contra os infiéis liderado pelo terceiro e mais aguerrido imã Hussein. Os iranianos almejavam conquistar Karbala, a cidade sagrada do Iraque, onde está localizado seu santuário. Os nomes dos regimentos iranianos homenageavam o profeta e os doze santos xiitas. Formavam, assim, o exército de Ali, Hussein ou Mahdy, o décimo segundo imã, cujo retorno era esperado pelos Shi'a. As investidas do exército contra os iraquianos tinham o codinome das batalhas vitoriosas de Maomé. O aiatolá Khomeini não era um líder religioso ou político, mas um imã, e, dessa maneira, suas ações refletiam essa condição.

Nesse período, me tornei uma colecionadora ávida e insaciável. Eu colecionava fotos de mártires, jovens, alguns ainda crianças, publicadas nos jornais ao lado dos testamentos deixados antes de partirem para a guerra. Recortei também a exaltação do aiatolá Khomeini sobre um menino de 13 anos que havia se atirado na frente de um tanque de guerra do inimigo. E ainda os relatos de jovens que antes de se unir ao exército recebiam a chave do paraíso para usarem penduradas em torno do pescoço. A eles era dito que, tão logo se tornassem mártires, iriam diretamente para o paraíso. O que a princípio era um impulso para registrar os acontecimentos em meu diário, tornou-se progressivamente um ato voraz e febril de armazenar informações, como se, por intermédio dessa coleção de fatos, eu pudesse malograr as forças que estavam além de meu controle e impor meu próprio ritmo e razão.

Levou algum tempo para que pudéssemos compreender o real significado daquela guerra, apesar de o rádio, a televisão e os jornais estarem constantemente noticiando o andamento do conflito. Os meios de comunicação estimulavam as pessoas a se beneficiarem dos apagões e utilizavam um sistema de alarme para nos ensinar: após a sirene vermelha uma voz soaria avisando: "Atenção! Atenção! Este é um alarme. Por favor, dirijam-se para os abrigos..." Abrigos? Que abrigos? Em nenhum momento, ao logo dos oitos anos de conflito, o governo criou um programa unificado para garantir a segurança dos cidadãos. Por abrigos eles queriam dizer os porões de prédios, que em muitos momentos eram implodidos durante os ataques, soterrando quem estivesse embaixo. No entanto, muitos de nós só nos demos conta de nossa própria vulnerabilidade tempos depois, quando Teerã foi atingida, como as demais cidades.

Nossa ambivalência em relação à guerra refletia a ambivalência diante do regime. Durante os primeiros ataques aéreos contra Teerã, uma casa localizada na parte rica da cidade foi atingida. Havia rumores de que o porão da casa havia sido ocupado por membros da guerrilha de oposição ao governo. Hashemi Rafsanjani, então porta-voz do Parlamento, com o objetivo de tranquilizar a população, argumentou, durante a cerimônia de prece realizada às sextas-feiras, que o bombardeio não tinha causado nenhum dano real, visto que as vítimas eram "subversivos ricos e arrogantes", que seriam eventualmente mortos. Ele também recomendou às mulheres que se vestissem adequadamente para dormir, pois em caso de ataque não estariam "expostas de maneira indecente aos olhares de estranhos".

3

— Vamos comemorar! — gritou minha amiga Laleh, antes de sentar-se à mesa em nosso restaurante favorito, onde eu a aguardava.

Esse encontro se deu algumas semanas depois de nossa reunião com o Comitê da Revolução Cultural. Daquele momento em diante sabíamos que nossa opção seria seguir as regras ou sermos expulsas. Desde o anúncio do governo de que o uso do véu seria obrigatório no ambiente de trabalho, não conseguia entender a motivação para o entusiasmo de Laleh.

— Celebrar o quê? — disse ela após uma pausa para retomar o fôlego. — Depois de nove anos, oito e meio para ser mais exata, fui expulsa da universidade. Eu agora sou oficialmente irrelevante, então o almoço é por minha conta! E já que não podemos brindar publicamente a meu novo status, vamos comer até explodir! — ela acrescentou, esforçando-se para ver com bons olhos um acontecimento que a deixaria sem renda, e ainda mais importante, a obrigaria a deixar um trabalho que ela amava e que fazia de maneira competente.

Não dar o braço a torcer, acho que é assim que se diz. Bem, essa atitude estava se tornando bastante comum entre amigos e colegas de trabalho.

Laleh foi à universidade naquele dia para conversar sobre sua situação com o chefe do departamento de psicologia. Desde seu retorno da Alemanha alguns anos antes, ela era professora do departamento e não havia usado o véu um dia sequer. Claro que não! O segurança do portão a chamou para dentro da cancela. Imagino que essa sala seja uma cela, com extensas barras, feitas de metal, quem sabe. Ou cimento? Com uma janela e uma porta? Poderia telefonar para Laleh, que há dois anos finalmente migrou para os Estados Unidos e agora vive em Los Angeles. Poderia perguntar a ela, que, ao contrário de mim, tem uma memória bastante precisa.

Você conheceu o novo guarda?, ela me perguntou, com um pedaço de alface pendurada no garfo. Aquele estabanado, com um ar pesaroso, e grandalhão... Ela estava evitando usar a palavra *gordo*. Não, eu não tive o prazer de conhecê-lo. Enfim, ele tem as mesmas dimensões de Oliver Hardy. Maior, ela disse, mastigando sua alface com uma determinação feroz. Mas as semelhanças param por aqui. Quero dizer, esse homem era gorducho, mas nada jovial, é um desses sujeitos sombrios, melancólicos e acima do peso e que nem saboreiam a comida, você sabe o tipo.

Por favor, pode esquecer esse guarda sorumbático e continuar com a história, implorei a ela. Só depois de atacar um tomate-cereja que ficava continuamente deslizando de seu garfo ela continuou o relato. Ele saiu da jaula e disse: Senhora, sua identificação, por favor. Então peguei a minha identidade, mostrei a ele e segui adiante. Ele me chamou novamente: Senhora, não sabe que não pode continuar dessa maneira? Tenho passado *dessa maneira* por este portão nos últimos oito anos. Não, senhora, precisa colocar um véu, conforme a nova regulamentação. Este é um problema meu, e não seu. Mas ele não se deteve. Estou autorizado a parar qualquer mulher. Neste momento, eu o interrompi. Eu não sou *qualquer mulher!* Afirmei com toda a autoridade que consegui reunir.

Ele protestou e disse: Está bem. Aqui está uma ordem assinada pelo próprio diretor, afirmando que nenhuma garota, e rapidamente se corrigiu, nenhuma mulher, poderá passar pelo portão na sua condição. Ele falou *na sua condição*?, perguntei. Sim, foi exatamente o que ele disse. Dei mais um passo; ele me impediu de passar. Dei um passo à direita; e ele também. Parei, e ele parou. Por alguns segundos ficamos nos olhando, e então ele disse: se entrar nesta condição eu serei punido. Em qual *condição*? perguntei a ele. Eu sou a única pessoa responsável por minha condição, então não ande por aí dizendo que você é responsável por mim. Eu não sei dizer o que me levou a discutir com aquele pobre homem, as mãos de Laleh tremiam, e falar para ele coisas que ele simplesmente não poderia entender. Por alguns minutos ficamos parados, e de repente, num impulso, olhei por cima de seu ombro esquerdo, e, quando ele se virou, eu me pus a correr. Correr? Sim, exatamente, correr.

Neste instante do relato fomos servidas de escalopinho de vitela e purê de batata. Laleh começou a fazer círculos com o garfo no purê, procurando por algum tesouro escondido. Eu achei que ele havia desistido, disse por fim. O que ele deveria ter feito era pegar o maldito telefone e contatar as autoridades responsáveis. Mas não, não fez. Rapidamente olhei para trás para me certificar de que tinha desistido, mas ali estava ele, e juro para você, ele levantou o cinto e mexia os quadris de um lado para o outro. *Ele mexia os quadris?* Sim, juro para você. Ela balançou o garfo de um lado para o outro no purê de batatas. Então, ele pôs-se a correr atrás de mim.

Laleh e o guarda gorducho correram pelas ruas amplas e arborizadas da universidade. De tempos em tempos, Laleh olhava para trás para verificar se ele continuava em seu encalço. E disse que toda vez que parava, em vez de o guarda tentar alcançá-la, fazia justamente o contrário, parava como se estivesse sendo impedido por freios invisíveis. Então, novamente puxava o cinto, fazia o mesmo movimento com os quadris e continuava a perseguição. Ela disse que ele lembrava um peixe grande, atrapalhado e ofegante.

Em sua tentativa de fuga, Laleh passou por três alunos assustados, percorreu os estreitos degraus que levam à Faculdade de Persa, Línguas Estrangeiras e Literatura, quase caiu quando o salto ficou preso em um buraco no chão, seguiu pela ampla área em frente ao prédio em direção ao corredor escuro e fresco, subiu o lance de escadas até o segundo andar e, quando chegou, parou repentinamente na entrada do departamento de psicologia, quase caindo nos braços do chefe de departamento, que estava em pé em frente à porta conversando com um colega de trabalho. Ele tentou esconder seu embaraço ao perguntar: Qual é o problema, professora Nassri, aconteceu algum levante? Pouco depois, o guarda diligente, com o suor descendo pelas bochechas como lágrimas de desespero e com o quepe na mão, parou diante da porta onde estava Laleh. Explicou ao chefe do departamento o que havia ocorrido, e este, sem saber se deveria rir ou zangar-se, o dispensou, prometendo fazer um relatório minucioso para as autoridades competentes. Uma hora depois, Laleh saiu do departamento, retornou ao portão de entrada e, sem mesmo olhar para o guarda, marchou para fora como uma mulher livre.

Uma mulher livre? Sim, a universidade me deu a opção de seguir as novas regras ou sair. Optei por não me submeter, então sou uma mulher livre. Perguntei o que iria fazer, como se não estivesse na mesma situação que ela. Ela respondeu que não sabia e encolheu os ombros. Acho que costurar ou fazer bolos, como antes.

Essa é uma característica assombrosa de Laleh. Embora pareça ser a última pessoa no mundo que saiba assar um bolo, é uma costureira talentosa e uma cozinheira fantástica. Quando a conheci, ela me pareceu ser totalmente diferente de mim. Organizada e um pouco distante, o tipo de pessoa que definiria como correta. E sua formação alemã tornava essa ilusão ainda mais verdadeira. Eu costumava implicar com ela, dizendo que a palavra *imaculada* foi criada justamente para ela. Conforme a conheci melhor, pude perceber que todo esse senso de ordem era uma camuflagem para sua natureza apaixonada e de desejos insaciáveis.

Seus cabelos eram volumosos e rebeldes. Não sucumbiam à escova, ao pente, gel ou até mesmo ao permanente. No entanto, ela os domava depois de horas dedicadas a alisá-los, dando uma aparência de matrona. Ela costumava dizer, ou faço isso ou raspo a cabeça, com a voz cheia de exasperação. Seus olhos negros e grandes, que piscavam de maneira travessa, contrastavam com sua aparência conservadora. Anos depois, ao subir em árvores com minha filha de três anos de idade, pude imaginar o autocontrole que precisou se impor para suprimir sua espontaneidade.

Como havia previsto, Laleh sobreviveu durante dois anos costurando. Ao se negar a dar aulas utilizando o véu, ela não obteve a licença para trabalhar com psicologia infantil, sua especialidade. Então, voltou a costurar, atividade que deplorava, e por um tempo eu e outras amigas saímos vestindo belas saias de chintz com tecidos florais, até que uma delas a convidou para trabalhar em sua escola.

Nosso apetite parecia insaciável. Laleh pediu creme de caramelo e eu, duas bolas de sorvete de baunilha e café, acompanhados de café turco e uma porção de nozes. Espalhei as nozes cuidadosamente pelo café embebido no sorvete. Nós comentamos que em nosso departamento, Farideh fora expulsa e o dr. A. havia partido para os Estados Unidos. Nossos colegas mais cuidadosos, que conseguiram passar ilesos por esse processo, disseram que a demissão da Farideh foi mais um resultado de sua resistência obstinada, ou, conforme definido por um dos colegas de departamento, de sua teimosia, do que do empenho da administração em expulsá-la.

4

Poucos dias depois, retornei à Universidade de Teerã para mais uma reunião com o sr. Bahri. Ele agendou encontro com a esperança de que poderia me convencer a aceitar as novas regras. Eu estava totalmente preparada para uma corrida no portão de entrada, mas, para minha surpresa, não recebi o mesmo tratamento dispensado a Laleh. O guarda moroso não era o mesmo descrito por ela. Não era esbelto nem gordo, e não me pediu identificação. Simplesmente, fingiu não me ver. Suspeitei que o sr. Bahri tivesse solicitado a ele que não interferisse.

A sala de reuniões era semelhante àquela onde o havia encontrado pela primeira vez para discutir sobre o papel da literatura e da revolução: ampla, fresca e vazia. Tinha um ar empoeirado e uma mesa longa com doze cadeiras. O sr. Bahri e seu amigo já estavam sentados no meio da mesa, de frente para a porta. Ambos levantaram quando entrei na sala e aguardaram eu me acomodar para se sentarem novamente. Optei por me sentar de frente para os dois.

O sr. Bahri foi diretamente ao ponto. Mencionou a fuga de Laleh e a paciência admirável demonstrada pela administração com "esse tipo de comportamento". Durante toda a reunião, seus olhos pareciam estar colados em uma caneta esferográfica preta, que ele girava de um lado a outro na mão, como se representasse um objeto misterioso e cujo significado esperava revelar. Ele e seus companheiros sabiam que antes da revolução, quando a professora Nassri frequentava os lugares mais pobres e tradicionais da cidade, ela usara o véu. Sim, ela o fazia em respeito à fé da população local, respondi friamente, e não porque era obrigatório. Durante toda a conversa, o amigo do sr. Bahri permaneceu em silêncio.

Ele não compreendia por que estávamos criando tantas complicações por causa de um pedaço de pano. Não percebíamos que havia questões muito mais importantes a serem tratadas? Que a revolução estava em jogo? O que era mais importante, lutar contra as influências satânicas do Ocidente imperialista ou prender-se obstinadamente a preferências pessoais e que geram rupturas dentro do movimento revolucionário? Essas não foram suas palavras exatas, mas, em essência, era o que queria dizer. Naqueles dias, as pessoas realmente falavam dessa maneira. Percebíamos, tanto nos círculos revolucionários quanto nos intelectuais, que reproduziam um roteiro e desempenhavam papéis em uma versão islâmica de um romance soviético.

Era curioso ouvir o sr. Bahri, um defensor da fé islâmica, referir-se ao véu como um pedaço de pano. Eu procurei lembrá-lo de que precisávamos demonstrar maior respeito em relação a esse "pedaço de pano" do que forçar seu uso entre aquelas que não o desejavam. O que ele achava que os alunos pensariam delas, caso as vissem com o véu, quando juraram nunca fazer isso? Não diriam que elas venderam suas crenças em troca de milhares de tumans por mês? O que você pensaria, sr. Bahri?

Afinal, o que poderia pensar? Um aiatolá severo, um filósofo-rei cego e improvável, impôs seu sonho em um país e sobre uma população, almejando nos recriar a partir de sua visão míope. Ele formulou uma visão sobre mim como uma mulher muçulmana, como uma mulher muçulmana e professora, e esperava que eu me comportasse e vestisse de acordo com esse ideal. Eu e Laleh, ao recusarmos esse ideal, não estávamos adotando um princípio político, mas, sim, existencial. Não, eu não poderia dizer ao sr. Bahri que não era simplesmente o ato de negar o uso daquele pedaço de pano, mas a transformação imposta, que me fazia olhar no espelho e odiar a estranha na qual havia me tornado.

Percebi naquele dia como era inútil "discutir" minha visão de mundo com ele. Como alguém poderia argumentar que representava Deus na terra? O sr. Bahri, pelo menos naquele momento, retirava sua energia da crença de que estava inquestionavelmente do lado certo. Por outro lado, eu não passava de uma pecadora. Por alguns meses, imaginei que isso iria acontecer, mas foi depois dessa conversa com o sr. Bahri e seu amigo que percebi que tinha me tornado irrelevante.

Ao sair da sala, não cometi o equívoco de tentar apertar a mão dele. O sr. Bahri me acompanhou como um educado anfitrião que conduz seu respeitável convidado até a porta. Suas mãos permaneceram para trás. Repeti inúmeras vezes "não se incomode", e quase tropecei, tamanha a ansiedade de sair da sala. Tão logo cheguei ao primeiro andar, olhei para trás. Ele mantinha-se imóvel, com seu terno marrom, sua blusa parecida com a do camarada Mao, abotoada até o pescoço, com as mãos para trás, olhando perplexa e fixamente para mim. Um adeus entre amantes, Laleh mais tarde descreveria com um ar de malícia, enquanto eu contava para ela minha história e degustava uma segunda porção de sorvete. Nesse outro momento, acomodada no frescor de sua sala de estar.

Ao deixar o sr. Bahri naquela tarde, caminhei durante 45 minutos e parei em frente a minha livraria preferida, especializada em livros publicados em inglês. Entrei nela impulsionada por uma intuição de que em breve não teria a oportunidade de fazê-lo. E estava certa: poucos meses depois, a Guarda Revolucionária invadiu a livraria e a fechou. O cadeado de ferro que colocaram na porta de entrada indicava que não teria mais volta.

Selecionei os livros com avidez e fui atrás de todos os disponíveis de Henry James e os seis romances de Jane Austen. Escolhi *Howards End* e *Uma janela para o amor.* Em seguida, procurei os livros que ainda não tinha tido a oportunidade de ler, quatro romances de Heinrich Böll e outros que lera havia muito tempo — *Feira das vaidades; As aventuras de Roderick Random; O legado de Humboldt* e *Henderson, o rei da chuva.* Selecionei também uma edição bilíngue dos poemas de Rilke e *A pessoa em questão,* de Nabokov. E, ainda, travei um debate interno em relação a um exemplar não condenado de *Fanny Hill.* Por fim, escolhi alguns títulos de suspense. Entre eles, Dorothy Sayers e, para meu deleite, achei *O último caso de Trent*, dois ou três romances de Agatha Christie, alguns títulos de Ross MacDonald, todos os livros de Raymond Chandler e dois de Dashiell Hammett.

Eu não tinha dinheiro para comprar todos os livros que selecionei. Escolhi os poucos que podia pagar e recusei a oferta gentil do dono da livraria de pagar pelos demais depois. Enquanto ele guardava os livros que tinha deixado reservados em duas sacolas de papel, sorriu e disse: Não se preocupe. Você não vai ficar sem os livros, a grande maioria das pessoas já nem conhece mais esses autores. E quem vai querer lê-los num momento como esse?

É verdade, quem teria interesse nessa literatura? Pessoas como eu haviam se tornado tão irrelevantes quanto Fitzgerald era para Mike Gold, ou Nabokov para a União Soviética de Stálin, Henry James para a Sociedade Fabiana ou Jane Austen para os revolucionários de sua época. No táxi, passei os dedos pelas capas dos poucos livros que tinha comprado, acariciando sua superfície. Estava certa de que meu encontro com o sr. Bahri significava que em breve eu também seria expulsa. Decidi não ir mais à universidade, esperando que me expulsassem. Com bastante tempo livre, poderia me entregar à leitura sem culpa.

5

Pouco tempo depois, o governo aprovou uma nova regulamentação restringindo a maneira como as mulheres deveriam se vestir em público, forçando-nos a usar um xador, uma túnica comprida ou um lenço. A experiência demonstrara que a implementação dessas regulamentações só ocorreria com o uso da força. Em função da oposição às leis, o governo forçou a adoção das novas regras primeiro no ambiente de trabalho, e, em seguida, nas lojas. Os comerciantes estavam proibidos de atender qualquer mulher que estivesse sem o véu. O não cumprimento das normas era punido com multas, até 76 chibatadas e prisão. Tempos depois, o governo criou esquadrões da moralidade: quatro homens e mulheres armados em Toyotas brancos, com o objetivo de monitorar as ruas e garantir o cumprimento das leis.

Conforme tento organizar os acontecimentos, incoerentes, daquele período, fica mais claro para mim que a sensação de que eu estava caindo em um abismo foi acompanhada por dois eventos decisivos que ocorreram simultaneamente: a guerra e a perda de meu emprego. Até então, não havia me dado conta de como a rotina cria a ilusão da estabilidade. Agora que não poderia mais me intitular professora, ou escritora, e que não podia mais me vestir ou caminhar pelas ruas livremente, gritar ou cumprimentar um colega do sexo oposto, agora que todos esses atos eram ilegais, eu me senti leve e parte de uma ficção, como se estivesse caminhando sobre o vento. É como se tivesse existido e, depois, sido apagada em um golpe rápido e violento.

Essa sensação de irrealidade me estimulou a inventar novos jogos, ou como defino hoje em dia, jogos de sobrevivência. Minha obsessão permanente com o uso do véu me fez adquirir uma túnica negra e comprida, que me cobria da cabeça ao tornozelo. As mangas pareciam as de um quimono, largas e longas. Adquiri o hábito de esconder as mãos dentro das mangas e fingia que elas não existiam mais. Aos poucos, fingia que todo o meu corpo desaparecia: meus braços, seios, barriga e pernas se derretiam e fundiam em um pedaço de pano que se mexia de um lado para o outro, guiado por uma força invisível.

O início desse jogo foi no dia em que estive no Ministério da Educação Superior, acompanhando uma amiga que queria validar seu diploma. Eles nos revistaram dos pés à cabeça, e, de todos os assédios sexuais que enfrentei ao longo de minha vida, esse foi um dos piores. A segurança me disse para deixar as mãos para cima, para cima, para cima, ela insistiu, conforme inspecionava meu corpo meticulosamente. Ela se mostrou contrariada pelo fato de eu estar usando pouca roupa embaixo da túnica. Eu expliquei que debaixo da túnica eu usaria o que bem quisesse. Ela pegou um lenço e me disse para retirar a sujeira das bochechas. Expliquei que não estava suja. Então, ela pegou o lenço e esfregou em minha bochecha e, como ela não conseguiu o resultado esperado, porque eu não estava usando nenhuma maquiagem, conforme havia dito, ela esfregou com mais força. Achei que ela estivesse tentando tirar minha pele.

Meu rosto queimava e eu me sentia suja — meu corpo todo parecia imundo, como uma blusa suada que precisava ser jogada fora. Foi quando tive a ideia de criar esse jogo: decidi tornar meu corpo invisível. As mãos ásperas da mulher eram como raios X ao reverso, que deixavam a superfície à mostra e a parte interna invisível. Quando ela terminou a inspeção, eu estava me sentindo tão leve quanto o vento, um ser destituído de carne e osso. Para esse truque funcionar, eu precisava me abster do contato com outras superfícies sólidas, em especial, com seres humanos. Minha invisibilidade era diretamente proporcional a minha capacidade de evitar que as pessoas notassem minha presença. Então, de tempos em tempos eu reaparecia parcialmente quando eu desejava desafiar alguma autoridade, eu deixava uma mecha de cabelo para fora do véu e encarava-os de maneira que ficassem desconfortáveis.

Às vezes, numa atitude inconsciente, eu tirava minhas mãos escondidas nas mangas, e começava a tocar minhas pernas e barriga. Elas existem? Eu existo? Essa barriga, essas pernas e mãos? Infelizmente, os guardas revolucionários e o os guardiões de nossa moralidade não viam o mundo com os mesmos olhos que eu. Eles viam mãos, rosto e batom rosa. Eles viam mechas de cabelos e meias onde eu enxergava algum ser etéreo sendo levado pela rua, silenciosamente.

Foi nessa época que eu falava para qualquer um que se mostrasse interessado que pessoas como eu haviam se tornado irrelevantes. Essa desordem patológica não era privilégio meu. Muitos compartilhavam a sensação de que não pertenciam mais a este mundo. Eu escrevia, de forma bastante dramática, para uma amiga norte-americana: "Você me pergunta o que é ser irrelevante? O sentimento é o mesmo que percorrer a sua antiga casa como um fantasma errante, com questões não resolvidas. Imagine-se retornando: a estrutura é familiar, mas a porta não é mais de madeira, e sim de metal. As paredes foram pintadas de rosa espalhafatoso, e a espreguiçadeira de que tanto gostava não existe mais. Seu escritório é agora a sala de estar, e sua estimada estante de livros deu lugar a um novo aparelho de TV. Essa é sua casa, e ao mesmo tempo, não mais. E você não é mais relevante nesse espaço, para as paredes, portas e o chão: você não é mais vista."

O que as pessoas que se tornaram irrelevantes devem fazer? Às vezes conseguem escapar, e me refiro a uma fuga física, e, caso não seja possível, elas vão tentar retornar e participar da brincadeira, assimilando as características do conquistador. Ou tentarão escapar de outra forma, e, como a Claire em *The American* [O americano], vão transformar sua pequena esquina em um santuário: a parte essencial de sua vida ficará submersa.

Minha crescente irrelevância, esse vazio que sentia dentro de mim, fez com que eu me ressentisse da paz e da felicidade que meu marido sentia. Principalmente pela sua aparente indiferença pelo que eu enfrentava como mulher e acadêmica. Ao mesmo tempo, eu dependia dele para ter a sensação de segurança que ele criava para todos nós. Apesar de tudo desmoronar a nosso redor, ele calmamente seguia seu caminho e buscava criar um cotidiano tranquilo e normal. Por ser uma pessoa bastante reservada, ele canalizava sua energia para criar um ambiente familiar seguro, assim como na sua relação com os amigos e o trabalho. Era sócio em uma empresa de arquitetura e engenharia e adorava os colegas de escritório que, assim como ele, dedicavam-se inteiramente à profissão. Como seu trabalho não estava relacionado diretamente a questões culturais ou políticas e a empresa era particular, eles permaneciam em relativa paz. Ser um bom arquiteto ou um engenheiro civil dedicado não ameaçava o regime político, e Bijan mostrava-se extremamente entusiasmado pelos grandes projetos que recebiam: um parque em Isfahan, uma fábrica em Borujerd, e uma universidade em Ghazvin. Ele sentia-se criativo e prestigiado. Acima de tudo, sentia-se útil para o país. Ele tinha a opinião de que tínhamos que servir o país, independentemente de quem o governasse. O problema é que eu tinha perdido a noção do que significavam as palavras *lar, serviço* e *nação.*

Voltei a ser criança, quando pegava livros de modo aleatório, me jogava no primeiro canto e lia, lia. Peguei *Assassinato no Expresso do Oriente, Razão e sensibilidade, The Master and Margarita* [O mestre e a margarida], *Herzog, The Gift* [O dom], *O conde de Monte Cristo, A vingança de Smiley* — qualquer livro que achasse na biblioteca de meu pai e na casa de amigos e em sebos, — e os li, todos, como uma alcoólatra que afogava seus sofrimentos inarticulados.

Os livros representavam o único santuário que eu conhecia e que me ajudava a sobreviver, eles protegiam algum aspecto de meu ser que estava em constante refúgio. Meu outro santuário, que devolveu algum senso de sanidade e de relevância a minha vida, foi de natureza mais íntima e pessoal. No dia 23 de abril de 1982, minha sobrinha Sanan nasceu prematuramente. No momento em que a vi, pequena e encolhida em uma incubadora, senti uma conexão e uma emoção muito forte: soube que ela seria um bem importante para minha vida. No dia 26 de janeiro de 1984, nasceu minha filha, Negar, e no dia 15 de setembro de 1985, meu filho, Dara. Tenho que ser precisa em relação ao dia, mês e ano em que nasceram, detalhes que me emocionam cada vez que penso sobre o nascimento abençoado deles, e não tenho embaraço algum em me tornar sentimental ao me lembrar da chegada deles a este mundo. Essa bênção, como outras que vieram, estavam misturadas com diferentes questões. Para começar, tornei-me mais ansiosa. Até aquele momento, eu me preocupara com a segurança de meus pais, marido, irmão e amigos, mas minha ansiedade em relação a meus filhos ultrapassou tudo. Quando minha filha nasceu, senti como se recebesse uma dádiva que de uma maneira inexplicável preservou minha sanidade. E foi o mesmo com o nascimento de meu filho. Ainda assim, para mim era uma fonte de remorso e de sofrimento que suas lembranças da infância, diferentemente das minhas, fossem tão maculadas.

Negar enrubesce todas as vezes que menciona que seu tipo de obstinação, e sua defesa apaixonada do que considera justo vem do fato de que eu, quando grávida, lia muitos romances do século XIX. Minha filha tem o hábito de jogar a cabeça para a direita e para trás em um único movimento, e de franzir um pouco seus lábios em desafio a qualquer autoridade contra a qual esteja protestando. Eu a deixo envergonhada, e ela sempre me pergunta por que eu falo essas coisas. Bem, as pessoas não dizem que o que a mãe come durante a gravidez e que seu estado de espírito e suas emoções têm reflexos para a criança? Quando estava grávida de você, li muito Jane Austen, as irmãs Brontë, George Eliot e Henry James. Veja seus dois romances preferidos: *Orgulho e preconceito* e *O morro dos ventos uivantes*. Mas *você*, acrescento com alegria, *você* é Daisy Miller. Não conheço essa Daisy ou Maisie, seja lá de quem está falando, ela me diz, franzindo os lábios, e não vou gostar de James, *eu sei*. Mas ela é como Daisy: uma mistura de vulnerabilidade e de coragem que traduzem seus gestos de desafio, sua maneira de jogar a cabeça para trás, que notei pela primeira vez quando mal completara 4 anos, na sala de espera de um consultório de dentista.

Quando Dara me pergunta de forma brincalhona: E eu? O que você leu quando estava grávida de mim? Eu respondo: Só para me desafiar, você se tornou tudo que eu imaginei que você não seria. E acredito de verdade nisso. Mesmo no útero, ele tomou para si a tarefa de provar que todas as minhas ansiedades eram descabidas. Durante a gravidez, Teerã era alvo de bombardeios contínuos, e, na época, eu estava completamente histérica. Havia histórias sobre mulheres grávidas que davam à luz crianças aleijadas, e como a ansiedade das mães afetava o desenvolvimento do feto. Eu imaginava que meu bebê seria afetado por todas as doenças — isto é, se nós fôssemos poupados e se vivêssemos para assistir ao nascimento daquela criança. Como poderia saber que, ao contrário de protegê-lo, ele vinha ao mundo para me proteger?

6

Por um longo tempo, me senti absorvida por minha própria irrelevância. Ao fazer isso, inconscientemente analisava minhas opções. Deveria desistir e ceder a essa não existência que me fora imposta por uma força que eu não respeitava? Deveria fingir aquiescer às exigências impostas pelo regime e, em segredo, burlar suas exigências? Deveria sair do país, como tantos amigos fizeram, ou foram forçados a fazer? Deveria sair de meu emprego em silêncio, como alguns de meus colegas? Existia outra opção?

Nessa época participei de um pequeno grupo de estudo sobre literatura persa clássica. A cada domingo, nos reuníamos na casa de um dos participantes e estudávamos por algumas horas texto após texto. Nas noites de domingo — durante os blecautes contornados à luz de velas — e alternadamente na casa de cada membro do grupo nos reuníamos ano após ano. Mesmo quando nossas diferenças pessoais e políticas nos distanciavam uns dos outros, os textos nos mantinham unidos. Como um grupo de conspiradores, em torno da mesa da sala de jantar líamos a poesia e a prosa de Rumi, Hafez, Sa'adi, Khayyam, Nezami, Ferdowsi, Attar e Beyhaghi.

Cada um lia trechos em voz alta, e a sensação era de que as palavras subiam literalmente pelo ar e desciam sobre nós como névoa, tocando os cinco sentidos. As palavras tinham uma qualidade provocadora e brincalhona. Há tanta alegria no poder da linguagem em deliciar e ao mesmo tempo assombrar. Eu me perguntava com frequência: quando perdemos a capacidade de provocar e de lançar luz aos diferentes aspectos da vida, por meio de nossa poesia? Em que momento isso foi perdido? O que tínhamos agora era uma retórica açucarada, uma hipérbole pútrida e enganadora, impregnada do excesso de água de rosas ordinárias.

Recordei-me de uma história que ouvira diversas vezes sobre a conquista árabe da Pérsia e que trouxe o Islã para o Irã. De acordo com o relato, os árabes, ao atacarem o Irã, foram vitoriosos porque os próprios persas, provavelmente cansados da tirania exercida pelo governante, traíram seu rei e abriram as portas ao inimigo. No entanto, depois da invasão, quando seus livros foram queimados, os santuários destruídos e a língua dominada, os persas se vingaram ao recriarem sua história por meio do mito e da linguagem. O grande poeta épico iraniano, Ferdowsi, reescreveu os mitos sobre os reis e heróis persas numa linguagem pura e sagrada. Meu pai, que lera Ferdowsi e Rumi para mim durante toda minha infância, costumava dizer que nossa verdadeira pátria e nossa verdadeira história estavam na poesia. Lembrei-me disso porque, em certo sentido, estávamos reproduzindo-a. Mas, dessa vez, os inimigos não vieram de fora, mas sim de dentro de nosso próprio país. E eles utilizaram um discurso baseado em nosso passado, distorcendo-o, e nos roubando Ferdowsi e Hafez.

Aos poucos, comecei a desenvolver alguns projetos com o grupo. Escrevi meu primeiro artigo em persa, utilizando o material de pesquisa para minha dissertação sobre Mike Gold e os escritores proletários da década de 1930 nos Estados Unidos. Persuadi um amigo do grupo a traduzir para o persa um livro de Richard Wright, *The American Hunger* [A fome americana], e escrevi a introdução. O livro falava das experiências de Wright como membro do Partido Comunista, suas provações e dificuldades, e, por fim, sua ruptura com o partido. Depois incentivei meu amigo a traduzir *Lectures on Russian Literature* [Palestras sobre a literatura russa], de Nabokov. Eu traduzi poemas de Langston Hughes. Um escritor iraniano bastante conhecido, e que era membro do grupo, me estimulou a publicar artigos sobre a ficção persa moderna, que ele incluiria na revista literária onde trabalhava como editor, e, posteriormente, eu participaria de discussões literárias realizadas todas as semanas com jovens escritores iranianos.

Minha carreira de escritora começou neste momento, e se estende por mais de duas décadas, até o presente. Criei uma concha protetora em torno de mim mesma, e me dediquei à escrita, principalmente à crítica literária. Atirei meus diários num canto do armário e me esqueci deles. Escrevi sem consultá-los uma vez sequer.

Os artigos que publiquei tiveram uma boa aceitação, embora aquilo não me trouxesse muita satisfação. A sensação é de que o conteúdo era muito ordenado e a linguagem, erudita. Eu me envolvia apaixonadamente com os assuntos sobre os quais escrevia, mas existiam regras e convenções a serem seguidas. Sentia falta da impulsividade e do entusiasmo, elementos presentes quando estava em sala de aula, e que produziam um diálogo acalorado com meus alunos. Em relação aos artigos, parecia ter me tornado uma professora séria, seca. Meus artigos tiveram sucesso exatamente pelas mesmas razões que eu os criticava internamente. No fim, porém, eles me conferiram respeito e admiração.

7

Certo dia, peguei o telefone e liguei para meu mágico. Deve haver alguma explicação lógica para este ato. É verdade que tinha começado a refletir sobre minha vida intelectual insatisfatória, sentia falta de minhas aulas e me sentia inquieta e desesperada. Mesmo assim, não sei explicar por que decidi ligar naquele dia específico, e não um dia antes ou depois.

Havia uma série de mitos em torno dele, como, por exemplo, que ele só recebia poucas pessoas e, se a luz de uma de suas salas voltadas para a rua estivesse acesa à noite, era um sinal de que receberia visitas; do contrário, não deveriam incomodá-lo. Essas histórias não me impressionavam, pelo contrário, eram as únicas razões pelas quais hesitara em telefonar. Ele criara uma ficção tão elaborada em torno de suas relações com o mundo que, quanto mais afirmava ser desprendido delas, parecia estar ainda mais envolvido. Esses mitos exerciam a função de cápsulas protetoras, eram como um casulo, e naquela terra as pessoas precisavam deles, e elaboravam mentiras como uma forma de proteção. Assim como o véu.

Então, o que me motivou a telefonar para ele naquele dia foi, essencialmente, um impulso. Eu estava sozinha em casa à tarde, lendo em vez de trabalhar. De vez em quando olhava o relógio e dizia, daqui a meia hora, uma hora, vou começar a trabalhar, assim que chegar ao fim do capítulo. Ia até a geladeira, fazia um sanduíche e comia enquanto continuava a leitura. Acho que foi depois de terminar o sanduíche que levantei e disquei o número dele.

O telefone tocou duas vezes, no terceiro surgiu uma voz: Alô? Sr. R.? Sim? É Azar; uma pausa. Azar Nafisi. Oh, sim, sim. Posso vê-lo? Mas é claro. Quando? Qual é a melhor hora para o senhor? Que tal às cinco horas depois de amanhã? Depois ele me explicou que as dimensões do apartamento permitiam que atendesse ao telefone no terceiro toque. Caso não o fizesse, significava que não estava em casa, ou que não queria atendê-lo.

Independentemente do fato de termos estabelecido uma relação de maior intimidade com o tempo, a verdade é que sempre me vi da mesma maneira daquele primeiro encontro. Sentei na sua frente em uma cadeira solitária, e ele em um duro sofá marrom. Nós dois estávamos sentados com as mãos apoiadas nos joelhos. Ele porque era habitual e eu porque estava nervosa e, inconscientemente, me comportei como uma criança na escola quando está diante de um professor muito respeitado. Em cima da mesa, que estava localizada entre nós dois, ele colocara uma bandeja com duas canecas de chá e uma caixa de chocolates. Os chocolates eram quadrados vermelhos com letras pretas: Lindt. Um luxo raro, sobretudo porque era difícil encontrá-lo nas lojas de produtos estrangeiros, além dos preços exorbitantes. O chocolate era o único luxo que permitia a si e a seus visitantes. Deve ter havido dias em que quase passou fome, mas sempre tinha um estoque de chocolates naquela geladeira meio vazia, do qual ele não comia muito, mas reservava para amigos e visitantes. Esqueci de acrescentar, o dia estava nublado e com neve. Importaria se eu dissesse que vestia um suéter amarelo, calças cinza e botas pretas, e ele trajava um suéter marrom e jeans?

Ele parecia estar muito confiante, diferentemente de mim, e agiu como se eu viesse pedir socorro, e nossa tarefa fosse montar um elaborado plano de resgate. De certa maneira, isso era verdade. Ele falava como se conhecesse não só os fatos mais corriqueiros de minha vida e personalidade, mas também os mistérios desconhecidos, criando uma intimidade formal, um estranhamento partilhado. Naquele primeiro encontro, assim como Tom Sawyer e Huck Finn, nós iniciamos uma conspiração — não de ordem política, mas uma conspiração tramada por crianças que tentam se proteger do mundo dos adultos.

Conforme falava, ele completava minhas frases, articulava meus desejos e demandas e, no momento em que fui embora, já tínhamos estabelecido um plano. Essa era uma de suas melhores qualidades. As pessoas que iam vê-lo sempre saíam com algo concreto: como se comportar em relação a uma amante, de que maneira começar um novo projeto ou estruturar uma palestra. Não me lembro com clareza da natureza do plano, mas tenho certeza de que ele se lembra, porque raramente esquece. Não terminei o chá ou experimentei o chocolate, mas fui para casa atordoada e preenchida. Conversamos sobre minha vida naquele momento, sobre a atividade intelectual no país e depois sobre Rumi e James. Embora essa não tenha sido a intenção, nos detivemos numa inútil discussão que o levou até sua imaculada biblioteca, e eu fui embora com alguns livros debaixo do braço.

Esse primeiro encontro marcou nosso relacionamento, ao menos para mim, até o dia em que saí do Irã. Não me preocupava em me comportar como uma adulta em relação a ele, não só porque era conveniente, mas porque me agradava. Fazia com que me sentisse isenta de certas responsabilidades. Ele criou em torno de si mesmo a ilusão de ser um mestre, de estar sempre no controle da situação, embora ele não estivesse tão no controle como eu havia inicialmente pensado, e eu não fosse uma iniciante desamparada.

Em geral, eu o encontrava uma vez para almoçarmos, e a outra no início da noite, duas vezes na semana. Com o tempo, adicionamos a nossa rotina caminhadas noturnas próximas a minha casa ou à dele e conversávamos sobre projetos, novidades e fofocas. Algumas vezes, íamos a um de seus cafés ou restaurantes favoritos acompanhados de um de seus amigos mais próximos. Encontrávamos também dois amigos em comum e que possuíam uma livraria que se tornara um ponto de encontro de escritores, intelectuais e jovens, para almoços eventuais e passeios pelas montanhas. Ele jamais foi a minha casa, mas frequentemente enviava provas de sua afeição a minha família, uma caixa de chocolates (que acabaram sendo associados a ele) e, em certos dias da semana, vídeos, livros e, às vezes, sorvete.

Ele costumava me chamar de "senhora professora" — termo mais usado no Irã do que nos Estados Unidos. Depois de nosso primeiro encontro, quando os amigos lhe perguntaram: Como é a senhora professora? Ele respondia: Ela é legal. É muito americana — uma versão americana de *Alice no país das maravilhas*. Isso era um elogio? Não particularmente; era um fato. Já mencionei que Jean Arthur era sua atriz favorita, gostava de Renoir e de Minnelli e que almejava ser escritor?

8

Os momentos de transição tendem a acontecer de maneira repentina. Mas é claro que isso não é verdade, pois para que ocorram é necessário um lento processo de transformação. Quando olho para trás, tenho dificuldade em identificar o que me levou de volta à sala de aula, quase contra minha vontade e utilizando o véu, que eu jurara nunca usar.

Os sinais surgiram a partir de uma combinação de pequenos eventos, como os telefonemas inesperados de diferentes universidades, incluindo a Universidade de Teerã, pedindo-me para lecionar. Quando eu recusava, eles sempre diziam: Bem, que tal experimentar uma ou duas aulas, só para sentir como as coisas estão caminhando agora? Muitos tentaram me convencer de que as coisas estavam diferentes, que pessoas como eu eram importantes e que o clima estava mais "tranquilo". Ministrei um ou dois cursos na Universidade Islâmica Livre e na antiga Universidade Nacional, mas não aceitei o posto de professora em tempo integral.

Em meados dos anos 1980, começou a surgir um novo tipo de islâmico que percebia que nem todas as diretrizes adotadas pela revolução eram adequadas, e optou por intervir. Em especial, no que se refere à guerra contra o Iraque, que permanecia sem resolução. Aqueles que haviam sido ardorosos defensores da revolução, agora com 18, 19 e 20 e poucos anos — e a geração ainda mais jovem, que estava amadurecendo, descobriu o cinismo e a corrupção dos líderes que assumiram o poder. O governo também entendeu que precisava do quadro de intelectuais que expulsara das universidades para atender às demandas crescentes dos estudantes.

Representantes do governo e alguns dos antigos revolucionários finalmente compreenderam que não havia meios de o regime islâmico desaparecer com os intelectuais. Forçando-nos a viver à margem, o regime nos tornara ainda mais interessantes, perigosos e, de certa maneira, mais poderosos. Além disso, estávamos em pequeno número e, por causa disso, éramos também mais procurados. Assim, decidiram nos receber de volta, talvez em parte para exercerem um maior controle. Começaram, portanto, a contatar pessoas que, como eu, haviam sido taxadas de decadentes e ocidentalizadas.

A sra. Rezvan, ambiciosa professora do departamento de inglês da Universidade Allameh Tabataba'i, era uma das intermediárias entre os revolucionários mais progressistas e os intelectuais seculares. No início da revolução, seu marido tinha sido um radical islâmico, e ela dispunha de conexões tanto com os revolucionários progressistas quanto com os secularistas — os *insiders* e os *outsiders*. E estava determinada a usar ambos em seu proveito.

A sra. Rezvan, que parecia ter surgido do nada, se empenhou em mudar o curso de minha vida pela simples força de sua determinação. Lembro-me de nosso primeiro encontro, em especial, porque se deu durante um dos momentos da guerra chamados de a "guerra das cidades". Durante um longo período, os dois lados atacaram cidades importantes como Teerã, Isfahan e Tabriz, no Irã, e Bagdá e Mosul, no Iraque. Geralmente a luta arrefecia por um tempo até o próximo bombardeio, que poderia durar um ano.

Em uma manhã no inverno de 1987, minha filha, então com 3 anos, meu filho de 1 ano e meio e eu estávamos sozinhos em casa. Naquele dia, Teerã foi atingida, antes da hora de costume, por dois bombardeios, e eu procurava distrair a atenção dos dois. Coloquei uma de suas canções favoritas num pequeno gravador que contava a história de um galo e uma raposa — enquanto encorajava minha filha a cantar. A cena lembrava muito um filme sentimental: mãe corajosa, filhos corajosos. Não me sentia corajosa, mas a aparente tranquilidade se devia a uma ansiedade paralisante, traduzida em calma. Tão logo os ataques terminaram, fui para a cozinha e preparei o almoço das crianças. Em seguida fomos para o hall, onde nos sentíamos mais seguros por ter um menor número de janelas, e eu construía castelos de cartas que eles destruíam com um toque de suas pequenas mãos.

Depois do almoço, o telefone tocou. Era uma amiga que tinha sido uma de minhas alunas no ano anterior. Ela gostaria de saber se eu teria disponibilidade para ir à sua casa na quarta-feira à noite. Sua colega, sra. Rezvan, tinha muito interesse em me conhecer. Ela gostava de mim e tinha todos os meus artigos. Por fim, minha amiga disse, a sra. Rezvan é um fenômeno por si mesma; caso não existisse, teríamos que criá-la. Por favor, você pode?

Em meio a outro blecaute, alguns dias depois do telefonema, fui até sua casa. Quando cheguei, tudo estava escuro e, ao entrar no longo corredor, pude ver na escuridão, sob a luz de uma lâmpada de querosene, a imagem de uma mulher baixa, atarracada, vestida de azul. Sua aparência física ficou retida de maneira clara e vívida em minha mente. Posso ver seu rosto, o nariz bem-definido, o pescoço curto e os cabelos escuros cortados bem curtos. Mas nada disso resume a sra. Rezvan. Mesmo depois da intimidade que estabelecemos, de nos visitarmos mutuamente, de nossos filhos se tornarem quase amigos e de nossos maridos se conhecerem, ela continuou sendo a mesma sra. Rezvan. O que não consigo descrever é sua energia, que parecia estar aprisionada dentro de seu corpo. Ela parecia estar em movimento constante em seu pequeno escritório, em minha sala de estar e nos corredores da universidade.

A sra. Rezvan tinha uma postura sempre determinada. Ela conseguia que as pessoas, selecionadas cuidadosamente, realizassem as tarefas que tinha estabelecido para cada uma delas. Poucas vezes conheci alguém cuja vontade se impusesse tão fortemente. Não era a simplicidade de suas feições, mas sim a determinação, a força de vontade e o tom meio irônico de sua voz que nos acompanhavam, mesmo quando ela não estava presente.

Às vezes ela aparecia inesperadamente em minha casa, com tamanha ansiedade que eu achava que tinha acontecido algum desastre. Mas era somente para me informar que eu deveria participar de uma reunião ou algo parecido. Ela sempre tratava esses pedidos como questões de vida ou morte. Sou grata a alguns desses "deveres", como me forçar a encontrar com jornalistas religiosos progressistas — que naquele momento eram chamados elegantemente de "reformistas" — e a contribuir para suas publicações com artigos meus. Eles demonstravam fascínio pela literatura e pela filosofia ocidental e, para minha surpresa, percebi que em alguns aspectos compartilhávamos da mesma opinião.

Na noite em que nos conhecemos, ela disse, com uma expressão séria, sem nenhum traço de humor ou de ironia, é um privilégio conhecê-la. Gostaria de ser sua aluna. Essa afirmação me deixou tão desnorteada, que imediatamente antipatizei com ela. Fiquei sem graça e com dificuldade de me expressar.

Durante o encontro, só ela falou a maior parte do tempo. Ela lera meus artigos e tinha informações a meu respeito por intermédio de amigos e alunos. Não, ela não estava tentando me agradar, tinha muito interesse em aprender. De qualquer maneira, eu deveria dar aula em sua universidade, pois era a única liberal no Irã que ainda mantinha algumas das melhores cabeças do país. O chefe do departamento é um acadêmico sério e não é um homem de literatura, você vai gostar dele. O estudo da literatura neste país não podia ser pior, em especial da literatura inglesa, sem dúvida é o mais desesperador de todos. Aqueles que se importam precisam fazer alguma coisa a respeito. Não devemos deixar nossas diferenças atrapalharem, e sim trabalharmos juntos.

Depois de nosso primeiro encontro, ela me pressionou por intermédio de várias pessoas a aceitar sua oferta para dar aula regularmente na Universidade Allameh Tabataba'i. Ela me telefonava constantemente, evocava Deus, os alunos, meu dever com a pátria e com a literatura. Era meu dever nesta vida lecionar em sua universidade, e para isso fazia promessas, inclusive de conversar com o diretor da universidade ou com qualquer outra pessoa que eu julgasse necessário.

Disse-lhe que não usaria o véu em sala de aula. Ela perguntou: Você não usa o véu sempre que sai de casa? Ou quando vai à mercearia, ou anda pelas ruas? A sensação é de que precisava ficar lembrando às pessoas que a universidade não era a mesma coisa que uma mercearia. Ela argumentava: O que é mais relevante, o véu ou os milhares de jovens que estão ansiosos para aprender? E a liberdade para ensinar o que eu quiser? Qual é o problema?, ela perguntava como se estivéssemos tramando uma conspiração. Eles não tinham proibido as discussões sobre as relações entre homens e mulheres, sobre bebida alcoólica, política e religião — então, o que sobrou para se falar? Eles abrirão uma exceção para a senhora, respondeu. O fato é que agora as coisas estão muito mais livres. Todos tiveram a oportunidade de provar o sabor das coisas boas; e também querem chegar lá. Assim, por que não ensinar James, Fielding ou quem julgar necessário — por que não?

9

O encontro com a sra. Rezvan me deixou desnorteada. Ela era como uma intermediária que implorava, em nome de um amante infiel, lealdade absoluta em troca de meus sentimentos. Bijan achou que eu devia aceitar o convite, pois sentia que era realmente o que eu desejava, embora eu não admitisse para mim mesma. A maioria de meus amigos me deixou ainda mais confusa: é melhor ajudar os jovens que poderiam não ter a oportunidade de aprender ou me recusar a me comportar como era exigido pelo regime? Ambos os lados eram categóricos em suas posições: para uns eu seria uma traidora caso optasse por abandonar os jovens e os relegar aos ensinamentos de ideologias corrompidas; outros insistiam que eu estaria traindo as posições que tinha defendido até aquele momento se trabalhasse para um regime que estava levando tantos colegas e estudantes à ruína. Os dois lados estavam corretos.

Em uma certa manhã resolvi telefonar para o mágico em meio a um ataque de pânico e confusão. Marcamos um encontro urgente no fim da tarde, em um de nossos cafés preferidos. No período pré-revolucionário ele tinha sido um bar e depois ressurgiu como um pequeno café. Pertencia a um armênio, e em letras miúdas na porta de vidro estava o aviso obrigatório, em grandes letras pretas, MINORIA RELIGIOSA. Jamais vou me esquecer disso. Qualquer restaurante que fosse administrado por um não muçulmano tinha que colocar esse aviso na entrada para que os bons muçulmanos, que consideravam sujos todos os não muçulmanos, e que não compartilhavam dos mesmos pratos, copos ou xícaras, pudessem saber de antemão. O espaço interno do bar era estreito e tinha uma curva ampla, com sete ou oito bancos posicionados de um lado e, no outro, próximo a uma parede totalmente coberta de espelho, outro conjunto de bancos. Ao entrar, ele já estava sentado no fundo do café. Levantou-se ao me ver e, com uma reverência imperceptivelmente brincalhona, curvou-se dizendo: Minha senhora, estou aqui a seu serviço, ao mesmo tempo que puxava um banco para eu me sentar.

Tão logo fizemos o pedido, eu disse quase sem ar: Isso é uma emergência. Imaginei, ele respondeu. Então me convidaram para dar aula novamente. É uma novidade?, perguntou. Não, sendo que dessa vez estou em dúvida, não sei o que fazer. Não sei bem como, mas acabei desviando a atenção daquele tema para discutir sobre um livro em que estava envolvida naquele momento, *Continental Op*, de Dashiell Hammett, e sobre o excelente ensaio de Steve Marcus a respeito de Hammett, no qual ele citava uma frase de Nietzsche. Essa frase me tocara, pois tinha muito a ver com o momento que vivenciávamos. "Quem luta contra os monstros", segundo Nietzsche, "deve cuidar para não se tornar um deles. E ao olhar longamente para o abismo, o abismo também olha para dentro de você". Eu tinha um talento espantoso para desviar a atenção de assuntos pessoais importantes, e fiquei tão envolvida em nossa discussão que esqueci completamente o motivo daquele encontro.

De repente ele disse: Você não vai se atrasar? Eu deveria ter percebido o passar do tempo através da mudança das cores na janela e a luz pálida do lado de fora. Telefonei para Bijan, e disse a ele, bastante envergonhada, que chegaria atrasada. Ao desligar vi que meu mágico estava pagando a conta. Ainda não terminamos, protestei sem muita ênfase. Precisamos conversar sobre o assunto que nos trouxe aqui. Imaginei que tudo o que conversamos hoje fosse o assunto principal — sua redescoberta do amor pelo sr. Hammett & Cia. Você tem sorte que eu tenha desistido da vida e não tenha interesse em seduzi-la, pois só precisaria deixá-la falar sobre Hammett, ou sobre o desrespeito infame aos romances policiais no país e outros temas que despertam seu interesse. Não, eu disse, com um certo embaraço, me refiro à proposta de voltar a dar aula. Ah, isso, ele disse pronto para concluir a discussão. Bem, não há dúvidas de que deve aceitar a oferta.

Mas eu não iria tomar uma decisão tão facilmente. Estava muito envolvida pela ideia da defesa de imperativos morais, de tomar partido e tudo o mais. Então, continuei a discussão de maneira implacável sobre os aspectos morais implicados em voltar para um emprego ao qual eu tinha jurado não retornar, devido à obrigatoriedade do uso do véu. Ele levantou uma sobrancelha com um sorriso indulgente: Senhora, disse finalmente, *por favor* abra os olhos e veja onde está vivendo. Em relação a seu posicionamento de não se submeter ao regime, lembre-se de que ninguém pode beber um copo d'água sem a devida autorização dos guardiões da moral da República Islâmica. A senhora adora trabalhar, então vá, seja indulgente consigo mesma e aceite os fatos como são. Nós, intelectuais, mais ainda do que os cidadãos comuns, temos a opção de jogar escrupulosamente nas mãos deles e definimos essa atitude como diálogo construtivo, ou abandonamos completamente a vida para lutar contra o regime. Várias pessoas construíram suas carreiras por meio da oposição ao regime, mas, por outro lado, também não conseguem ficar sem ele. A senhora não pretende pegar em armas contra o regime, não é mesmo?

Concordei com sua posição, mas não gostaria de fazer um acordo com eles. E perguntei-lhe: De qualquer maneira, como *você* pode me dar esse tipo de conselho? Olhe para si mesmo. O que tenho eu? O senhor não se recusou a ensinar, a escrever ou a fazer qualquer outra coisa sob esse regime? Por intermédio de suas ações, o senhor não está dizendo que deveríamos sair de cena? Não, não estou dizendo isso. A senhora continua com o equívoco de me usar como parâmetro. Eu não sou uma referência. Poderia ser até mesmo chamado de covarde. Não pertenço ao mesmo clube que eles, mas pago um preço alto. Não perco, mas também não ganho nada. Na verdade é como se não existisse. Veja, eu saí não só da República Islâmica do Irã, mas da vida, mas a *senhora* não pode fazer isso, ou melhor, não tem a intenção de fazê-lo.

Procurei reverter o argumento, e lembrá-lo de que havia se tornado um modelo para seus amigos e, até mesmo, para seus inimigos. Ele não concordou. Não, o motivo pelo qual sou tão popular é que ofereço aos outros o que eles têm que identificar em si mesmos. Você precisa de mim porque consigo articular e justificar o que a senhora quer fazer e não porque lhe digo o que espero que faça. Esta é a razão pela qual a senhora gosta de mim — um homem sem qualidades. Perguntei: E o que o senhor deseja? Pessoalmente, desisti, mas faço com que seja possível para a senhora fazer o que almeja. No entanto, você vai precisar pagar o preço, disse. Lembra-se da citação que leu sobre o abismo? Que é impossível não ser tocado por ele. Entendo que queira ter o bolo e comê-lo ao mesmo tempo e sei sobre aquela inocência, ou *persona* de *Alice no país das maravilhas* que quer manter.

Você ama dar aula. Todos os que estão à sua volta, incluindo eu, servimos como substitutos. Você gosta de dar aula, então por que não vai em frente e aceita a proposta? Ensine-os sobre seus Hammetts e suas Austens — vá e se divirta. Bem, respondi, nós não estamos falando de prazer aqui. Mas, é claro, ele disse de maneira zombeteira, você que se orgulha constantemente de seu amor por Nabokov e por Hammett, agora quer me dizer que não devemos fazer o que amamos! Isso é o que chamo de imoral. E completou em um tom mais sério, então agora também se juntou à multidão. O que aprendeu dessa cultura é que qualquer coisa que gere prazer é ruim e imoral. Moral é ficar sentada em casa, girando seus polegares e sem ter o que fazer. Se veio até mim esperando que eu lhe diga que seu dever é dar aula, veio à pessoa errada. Não farei isso. E sim, lhe digo o seguinte: volte para a sala de aula porque sente prazer; você vai reclamar menos em casa, será uma pessoa melhor e, provavelmente, seus alunos também se divertirão e, quem sabe, até aprendam alguma coisa.

No táxi de volta para casa, ele quebrou o silêncio que reinava sobre nós dois e disse: Estou falando sério, volte para a sala de aula. Não precisa ser para sempre. Pode parar se quiser. Negocie, mas sem comprometer seus princípios essenciais. E não se preocupe com o que seus colegas e amigos falarão a seu respeito. Independentemente do que faça, vamos dizer algo. Se voltar, dirão: ela entregou os pontos. Se não voltar: ela está com medo de aceitar o desafio.

Então, fiz o que ele me aconselhou, e eles falaram em minhas costas exatamente quando julgaram que deveriam.

10

A sra. Rezvan me telefonou menos de uma semana depois de meu encontro com o mágico. Queria que eu agendasse um horário com o chefe do departamento, que era um homem gentil. Ela insistiu que as coisas estavam diferentes agora. Eles ficaram mais liberais, pois entenderam a importância de uma boa formação acadêmica. Mas ela esqueceu de mencionar que "eles" queriam o impossível: alguém com uma boa formação acadêmica para pregar seus ideais e se comportarem de acordo com suas normas. Entretanto, ela não se enganara em relação ao chefe do departamento. Era um linguista de primeira linha, que tinha cursado uma das melhores universidades dos Estados Unidos. Era religioso, mas não misturava religião com ideologia, e não era subserviente. Diferentemente da maioria, estava realmente interessado em padrões acadêmicos de qualidade.

O encontro com o chefe de departamento foi seguido de uma conversa bem menos prazerosa com o reitor da universidade, que se mostrou bem menos flexível. Depois de tratar dos temas convencionais, ele adotou uma expressão séria, dando a entender: Chega desses assuntos banais como filosofia e literatura — agora, vamos tratar do essencial. Ele demonstrou ter preocupação com meu "histórico" acadêmico, em especial, no que se referia a minha resistência em usar o véu. Disse-lhe que, como era uma exigência da lei, e não era permitido aparecer em público sem ele, então, eu o usaria. Mas que não faria concessões sobre o conteúdo de minhas aulas: ensinaria o que quisesse e da maneira que julgasse adequada. Ele se mostrou surpreso, mas concordou, pelo menos a princípio, com meus termos.

Ao longo da reunião, como era de se esperar de um homem muçulmano, ele não me olhou nos olhos. Manteve a cabeça baixa na maior parte do tempo, como um jovem tímido de 18 anos. Seu olhar estava focado ora no desenho do tapete, ora na parede. Em alguns momentos brincou com a caneta, olhando-a intensamente, o que me fez lembrar de meu último encontro com o sr. Bahri. Passei a conhecer o comportamento dos homens religiosos como uma especialista. Eles demonstravam o que pensavam a seu respeito pela forma como evitavam olhá-la. Alguns faziam questão de desviar o olhar de forma agressiva. Uma vez, um funcionário de alto escalão de uma organização que havia sido convidada por um amigo para redigir um relatório de avaliação olhou o tempo todo para o outro lado durante os trinta minutos de minha exposição. Depois, fez seus comentários olhando para meu colega. Ao que pude ver, ele suava de vergonha. Algum tempo depois, me dirigi somente a meu colega, ignorando a presença do funcionário da organização — e por estupidez de minha parte recusei o pagamento no final.

O reitor, no entanto, parecia desviar seu olhar por modéstia e devoção genuínas. Embora não apreciasse seu comportamento, não senti nenhuma hostilidade em relação a ele. Se nós não estivéssemos na República Islâmica do Irã, poderia ter demonstrado algum senso de humor nessa situação particularmente estranha, porque era claramente mais embaraçosa e difícil para ele do que para mim. E certamente ele estava curioso e ansioso para discutir assuntos que conhecia pouco a respeito, como literatura inglesa, e igualmente ansioso para demonstrar seus conhecimentos sobre Platão e Aristóteles.

A sra. Rezvan, ao ouvir o relato de meu encontro com o reitor, ressaltou que eu não era a única com receio de me "comprometer". A universidade também estava preocupada. Ao me convidarem para fazer parte do corpo docente, eles também estavam assumindo alguns riscos.

Antes que eu pudesse perceber, estava preparando minha primeira aula. Durante o primeiro semestre, fiquei responsável por três cursos introdutórios para a graduação: introdução ao romance, ao teatro e à crítica. E dois cursos de pós-graduação, um sobre a ficção no século XVIII e outro sobre um panorama da crítica literária. Minhas turmas tinham em média de trinta a quarenta alunos, e os seminários de pós-graduação eram sempre cheios, alguns com mais de trinta alunos. Quando resolvi reclamar da carga de trabalho, eles me lembraram de que alguns dos professores excediam mais de vinte horas por semana de trabalho. Para os administradores da universidade, a qualidade do trabalho não era muito relevante. Eles chamaram minhas expectativas de irreais e idealistas, e eu considerei a sua indiferença um crime.

Nenhum dos dois lados manteve suas promessas. Eu sempre usei meu véu de maneira inadequada, e isso se tornou uma justificativa constante de assédio. E eles não desistiram de me forçar a ensinar e a me comportar da maneira que consideravam a mais aceitável. No entanto, por um longo período vivemos sob uma espécie de trégua, e a sra. Rezvan se tornou uma espécie de intermediária entre a administração e eu, suavizando as tensões, como um mediador tentando resolver as disputas em meio à crise do casamento. Porém, como uma boa mediadora, ela não se esqueceu de suas próprias vantagens — convencer pessoas como eu a adotar uma postura mais participativa aumentava sua influência em relação aos demais funcionários da universidade — e, enquanto ela permaneceu lá, o casamento resistiu.

Ela me falava em um tom irônico de como deveríamos nos unir e salvar a literatura dos ignorantes na faculdade, que não conheciam nada sobre o assunto. Você sabia que a professora de literatura do século XX, que dava aula antes de você, indicava apenas *A pérola*, de John Steinbeck, e um romance persa? E um professor na Universidade Alzahrah achava que *Grandes esperanças* fora escrito por Joseph Conrad?

11

"Atenção! Atenção! Esta sirene é sinal de perigo. Alerta vermelho! Saiam agora e se direcionem para os abrigos!" Eu me pergunto em que momento de minha vida, e depois de quantos anos, o eco da sirene vermelha — que se assemelha a um violino estridente que toca impiedosamente sobre todo o nosso corpo — desapareceria de minha mente. Associo os oitos anos de guerra à voz estridente que, ao longo do dia e nas horas mais inesperadas, invadia nossas vidas. Foram estabelecidos três níveis de perigo, mas nunca consegui diferenciar entre as sirenes vermelha (perigo), amarela (possibilidade de perigo) e branca (fim do perigo). O perigo ainda pairava sobre nós mesmo quando soava a sirene branca. A sirene vermelha, geralmente, soava muito tarde, quando a bomba já havia caído, e, de qualquer maneira, a universidade não tinha um abrigo que pudesse nos oferecer refúgio.

Em Teerã, os ataques aéreos foram inesquecíveis por diferentes razões, como, por exemplo, pelas amizades repentinas e os momentos de intimidade que inspiravam. Conhecidos que vinham para o jantar não tinham alternativa a não ser passar a noite. Em algumas circunstâncias o número de convidados chegava a doze, e já pela manhã era como se nos conhecêssemos a vida inteira. E as noites sem dormir! Em nossa casa, eu era a que apresentava a maior dificuldade. Minha preocupação era dormir perto das crianças de modo que, se algo acontecesse, todos seriam afetados da mesma maneira. Meu marido dormia, ou tentava dormir, durante os ataques. Mas eu pegava dois travesseiros, algumas velas, um livro e ia para um pequeno hall que separava nosso quarto do quarto das crianças, e me instalava na soleira da porta. Tinha a ilusão de que, se ficasse acordada, poderia desviar a bomba e evitar que nossa casa fosse destruída.

Uma noite em particular, acordei subitamente às três ou quatro horas da manhã, e descobri que a casa estava às escuras. Como a pequena lamparina do hall estava apagada, soube na mesma hora que estávamos passando por mais um blecaute. Ao olhar pela janela, constatei que as luzes da rua também estavam apagadas. Acendi uma lanterna e ela fez um pequeno círculo de luz em meio à escuridão. Alguns minutos depois, fui com meus travesseiros ficar ao lado da porta das crianças, com duas velas acesas e um livro. De repente ouvi uma explosão. Meu coração bateu com força, minha mão foi automaticamente para minha barriga, como ocorria durante a minha gravidez. Meus olhos fingiram que não tinha nada acontecendo e repousaram sobre uma página de *Daisy Miller*.

Nessa época, inconscientemente estimulada pela leitura de alguns autores, peguei no lápis e papel outra vez. Sempre mantive o hábito prazeroso dos tempos de faculdade de sublinhar passagens e fazer anotações. Grande parte de minhas notas sobre *Orgulho e preconceito*, *A herdeira*, *O morro dos ventos uivantes*, *Madame Bovary* e *Tom Jones* foi feita durante as noites de insônia, quando minha concentração era maior, alimentada talvez pelo esforço de ignorar a ameaça das bombas e dos foguetes.

Tinha acabado de começar a leitura de *Daisy Miller*, e estava na passagem em que o jovem americano, Winterbourne, cujo comportamento é influenciado pelo estilo europeu, encontra a charmosa e enigmática srta. Daisy Miller na Suíça. Winterbourne fica fascinado por essa bela jovem — que para alguns é um tanto leviana e vulgar; enquanto para outros, inocente e ingênua —, mas tem dificuldade em decidir se ela é uma "paquera" ou uma "boa moça". A trama enfatiza a indecisão de Winterbourne entre Daisy, que despreza as regras do refinamento, e a tia aristocrática dele que, junto com a comunidade de americanos esnobes, decide ignorá-la. Estava justamente no momento em que Daisy pede a Winterbourne para apresentá-la à sua tia. Winterbourne tenta dizer-lhe delicadamente que sua tia não vai recebê-la. A srta. Daisy para e fixa o olhar nele, abrindo e fechando seu enorme leque. Sua beleza ainda podia ser distinguida na escuridão. "Ela não deseja me conhecer!", disse subitamente. "Por que não fala a verdade?" Novamente, fui interrompida pelo som de outra explosão. Estava com sede, mas não consegui levantar para pegar um copo d'água. Depois, ocorreram mais duas explosões. Continuei a ler, e meus olhos passeavam ora pelo livro, ora pelo hall escuro. Embora tenha medo do escuro, a guerra e as explosões constantes tornaram esse medo insignificante. Um trecho do livro de que sempre me lembrarei, mas não só por causa daquela noite, é o trecho em que Daisy diz a Winterbourne:

> — Não tenha medo. Eu não sinto medo! — e riu.
>
> Winterbourne sentiu um leve estremecer em sua voz. Estava emocionado, admirado, mortificado.
>
> — Minha cara jovem! — protestou. — É a saúde dela que é debilitada. Ela não recebe muitas pessoas.
>
> A moça andou mais alguns passos, e continuou sorrindo. — Não tenha medo — repetiu.

Essa frase expressa tanta coragem e, ao mesmo tempo, reflete a ironia do fato de Winterbourne estar realmente com medo, mas não de sua tia, e sim dos encantos da srta. Daisy Miller. Por um breve instante, acreditei que pudesse estar realmente distraída, sem perceber as explosões do lado de fora, e consegui grifar as palavras *Não tenha medo.*

Ao dar continuidade à leitura, três coisas aconteceram quase ao mesmo tempo: minha filha me chamou de seu quarto, o telefone tocou e alguém bateu na porta da frente. Peguei uma vela, fui para o telefone e avisei a Negar que estaria com ela num segundo. Neste instante, a porta do hall foi aberta e minha mãe, com uma vela na mão, entrou e disse: Está tudo bem? Não fique com medo! Quase toda noite, depois das explosões, minha mãe repetia esse mesmo gesto, como num ritual. Ela foi para o quarto de minha filha e eu atendi ao telefone. Era uma amiga querendo saber se estávamos bem, pois tinha tido a impressão de que as explosões aconteceram na parte da cidade onde morávamos. E isso também se tornou um ritual, telefonar para os amigos e a família para se certificar de que estavam bem. No entanto, o alívio de uns não apagava a morte de outras pessoas.

Durante as noites intercaladas pelo som das sirenes vermelhas e brancas, inconscientemente tracei minha futura carreira. As noites intermináveis eram dedicadas à leitura de ficção. Quando voltei para a sala de aula, percebi que já havia preparado meus dois cursos sobre romance. Na década e meia que se seguiu, mais do que qualquer outra coisa, pensei, escrevi e lecionei ficção. As leituras me deixaram curiosa não só em relação às origens do romance, mas também em relação ao que percebi depois, como a presença de uma estrutura essencialmente democrática. E procurei entender por que o romance realista nunca foi verdadeiramente bem-sucedido em nosso país. Se um som pode ser preservado da mesma forma que uma folha ou uma borboleta, eu poderia dizer que, nas páginas de *Orgulho e preconceito*, o mais polifônico entre todos os romances, e de *Daisy Miller* está escondida uma folha de outono, da mesma maneira que o som da sirene vermelha.

12

Com as sirenes e a voz mecânica, que nos alertava para o perigo, havia também os sacos de areia pelas ruas e os bombardeios, que ocorriam em geral de manhã cedo, ou após a meia-noite. Tínhamos longos ou curtos intervalos entre a calmaria e o recomeço dos bombardeios, mas havia também Austen, James e as turmas no quarto andar do prédio onde estava localizada a Faculdade de Persa, Línguas Estrangeiras e de Literatura. Em cada lado do corredor estreito e comprido, havia duas sequências de salas. De um lado, a vista dava para as montanhas localizadas não muito distantes dali; do outro, um jardim adorável e um pouco melancólico, sempre um tanto malcuidado, com um pequeno lago e uma estátua trincada. Círculos e quadrados de arbustos e de flores, cercados por árvores, se encontravam em torno do lago. As flores davam a impressão de terem nascido a esmo: lindas rosas, dálias grandes e narcisos. Em minha visão, o jardim pertencia às páginas de um romance de Hawthorne e não à universidade.

Minha aparição em público se dava por meio de um ritual. Tinha o cuidado de não usar maquiagem e as formas de meu corpo desapareciam depois que vestia uma camiseta, calças pretas folgadas e confortáveis, sempre um número maior que o meu, e, por cima de tudo, minha túnica preta comprida, com o véu que ficava preso no pescoço. Minha bolsa estava sempre repleta de livros e cadernos de anotações, embora a maioria fosse desnecessária, eu os levava comigo de qualquer jeito, como se constituíssem uma rede de segurança.

Por alguma razão, a distância que separava minha casa da universidade ficou difusa em minha lembrança. É como se, num passe de mágica, sem que eu precisasse ultrapassar o portão verde e o guarda, ou a porta de vidro da entrada do prédio e os avisos que denunciavam a cultura ocidental, aparecia subitamente dentro da Faculdade de Persa, Línguas Estrangeiras e Literatura, no final das escadas.

Ao subir os degraus, eu procurava não tomar conhecimento dos cartazes espalhados pelas paredes. Mostravam principalmente fotografias em preto e branco da guerra com o Iraque e alguns slogans denunciando o Grande Satã, isto é, os Estados Unidos, e os emissários de Satã. Ao lado das fotografias, tinham citações do aiatolá Khomeini — VENCEREMOS SE MATARMOS OU MORRERMOS! NOSSAS INSTITUIÇÕES DE ENSINO DEVEM SER ISLAMIZADAS! A GUERRA É UMA BÊNÇÃO DE DEUS PARA NÓS!

Nunca superei meu ressentimento em relação a essas fotografias, esquecidas e desesperançadas, espalhadas pelas paredes creme. A sensação era de que, de alguma maneira, os cartazes gastos e seus slogans interferiam em meu trabalho, fazendo com que me esquecesse de que estava ali, na universidade, para ensinar literatura. Os textos espalhados pelas paredes nos admoestavam a respeito da cor de nossos uniformes, e nos lembravam dos códigos de conduta. Mas nunca divulgavam palestras, filmes ou livros.

13

Duas semanas após o início do segundo semestre na Allameh, quando abri a porta de minha sala, percebi que um envelope tinha sido colocado por debaixo da porta. Tenho até hoje o envelope e o papel amarelo que estava dentro dele, dobrado ao meio. No envelope constava meu nome e o endereço da universidade datilografado, e no papel uma linha solitária, infantil e indecente: *A Nafisi é uma adúltera e deve ser expulsa*. Essa foi a recepção calorosa que tive ao retornar formalmente ao mundo acadêmico.

No mesmo dia, falei com o chefe do departamento. O diretor também tinha recebido um bilhete semelhante. Questionei-me por que havia me contado. Ele e eu sabíamos que a palavra *adúltera*, assim como outras apossadas pelo regime, tinha sido esvaziada de significado. Era um insulto com o objetivo de fazê-la se sentir suja e desqualificada. Mas também não era nenhuma novidade que isso podia acontecer em qualquer lugar: o mundo está repleto de ódio, de indivíduos doentes que deixam por debaixo das portas bilhetes obscenos.

O que mais incomoda e machuca é que essa mentalidade governava nossa vida. Essa era uma linguagem semelhante à utilizada pelos jornais oficiais, pela rádio e pela televisão, e entre os clérigos. Eles a usavam para desabonar e arruinar os inimigos. E grande parte era bem-sucedida nessa tarefa suja. O que me fazia sentir inferiorizada, e de algum modo conivente, era saber que muitas pessoas foram destituídas de seus meios de sobrevivência por acusações semelhantes. As motivações poderiam ser as mais distintas: riram alto em público ou apertaram a mão de alguém do sexo oposto. Eu deveria simplesmente me sentir grata à estrela da sorte por ter sido alvo somente de uma linha escrita em um papel de baixa qualidade?

Na ocasião, entendi por que haviam me falado que essa universidade e meu departamento, em especial, tinham uma postura mais "liberal". Não queria dizer que fariam algo para evitar novos incidentes, mas que eu não sofreria nenhuma medida punitiva por causa deles. A administração não demonstrou ter entendido por que eu estava com raiva: eles atribuíram minha reação a um acesso "feminino", como se acostumaram a chamar meus protestos ao longo dos anos seguintes. Eles deram a entender que estavam preparados para tolerar minhas "extravagâncias", ou seja, a maneira informal como me dirigia aos alunos, minhas piadas ou o fato de meu véu escorregar com frequência, ou ainda o fato de eu adotar livros como *Tom Jones* e *Daisy Miller.* A isso eles davam o nome de tolerância. E o curioso é que, de uma maneira distorcida, era uma expressão de tolerância — e eu deveria demonstrar minha gratidão.

14

Quando penso em mim nesse momento, estou sempre subindo as escadas e nunca as descendo. Mas naquele dia eu as desci, como fazia todos os dias. Desci e, tão logo entrei em meu escritório, deixei os livros e os cadernos dos quais não precisava e reuni minhas anotações para a primeira aula. Desci num passo mais devagar para o quarto andar, virei à esquerda e, próximo ao fim do extenso corredor, entrei na sala de aula. O tema era Introdução ao Romance II. O autor a ser debatido era Henry James, *Daisy Miller*, a obra.

Ao abrir o livro e espalhar minhas anotações, vi de relance os quarenta rostos que me olhavam fixamente, aparentemente prontos para meu comando. Tinha me familiarizado com alguns deles, e me consolavam. Do lado das meninas, na terceira fileira, estavam Mahshid e Nassrin.

No semestre anterior, no primeiro dia de aula, eu ficara surpresa ao ver Nassrin na sala de aula. Meu olhar percorrera os rostos dos outros alunos e se voltara para Nassrin, que me olhava e sorria, como se dissesse: Sim, sou eu. Você não está enganada. Sete anos haviam se passado desde que a vira pela última vez, a pequena Nassrin, carregando folhetos embaixo do braço, e que depois desaparecera por uma rua ensolarada perto da Universidade de Teerã. De tempos em tempos, eu me perguntava qual teria sido seu destino — quem sabe esteja casada? E, sentada ao lado de Mahshid, lá estava ela, com uma expressão de maior atrevimento no rosto, suavizada por um blush pálido. Quando a vira pela última vez, ela estava com um véu e uma túnica larga, ambos de cor azul-marinho. Agora vestia um xador preto e pesado que a cobria da cabeça aos pés. A sensação era de que ficava ainda menor sob o xador, com seu corpo todo escondido debaixo do tecido escuro e sem forma. A postura também estava diferente: geralmente se sentava altiva na ponta da cadeira, preparada para correr a qualquer instante. Agora se curvava de maneira letárgica, parecia sonhadora e absorta, e escrevia em câmera lenta.

Quando a aula terminara, Nassrin ficara na sala. Eu percebera que alguns de seus velhos gestos ainda eram os mesmos, como os movimentos inquietos de suas mãos e o fato de jogar o peso do corpo ora sobre um pé ora sobre o outro. Enquanto juntava meus livros e minhas anotações, perguntara-lhe: Por onde tem andado? Lembra que ainda precisa me entregar um ensaio sobre *O grande Gatsby*? Sorrindo, disse: Não fique preocupada, tenho uma ótima justificativa. Neste país, o que não falta são boas justificativas.

Ela relatara de forma sucinta os últimos sete anos de sua vida e de como, pouco tempo depois de termos nos visto pela última vez, ela e outros amigos foram presos por distribuírem panfletos na rua. Não ousei perguntar por mais detalhes. Você se lembra dos dias em que o regime atacava como louco os Mujahidin — nossa, eu fui muito sortuda. Eles executaram muitos amigos, mas para mim deram uma pena de apenas dez anos. Você acha que dez anos foi sorte? Bem, sim. Lembra-se da história sobre a menina de 12 anos que estava correndo em volta da prisão perguntando por sua mãe e levou um tiro? Bem, eu estava lá, e tinha o mesmo desejo de gritar por minha mãe. Eles executaram muitos jovens e eu poderia ter estado entre eles. Mas, neste caso, o fato de meu pai ter contatos entre os religiosos me ajudou. Ele tinha amigos no Comitê — um dos *haj aghas** tinha sido seu aluno. Minha vida foi preservada por causa de meu pai, e com isso recebi um tratamento diferenciado. Depois de algum tempo, minha sentença de dez anos foi reduzida para três, e

* Aquele que fez a peregrinação a Meca durante o Haj, no último mês do calendário islâmico. O muçulmano que realizou essa peregrinação alcança uma posição de destaque na família e na sua comunidade. [*N. do E.*]

acabei sendo libertada. No início, eles não me deixaram dar continuidade aos estudos e fiquei, e ainda estou, em condicional. Só no ano passado fui autorizada a voltar para a universidade, e então aqui estou. Seja bem-vinda mas lembre-se — você continua me devendo um ensaio, eu disse. E eu tentara assimilar sua história, tão naturalmente quanto ela pretendera que eu o fizesse.

Ainda posso ver o plácido sorriso de porcelana de Mahshid. Já Nassrin parecia mais letárgica — a sensação era que ela nunca tinha uma boa noite de sono —, mas, no fim, tornara-se uma das alunas mais brilhantes.

No canto direito da sala, próximo à parede, estavam duas integrantes da Associação de Estudantes Muçulmanos. Como esqueci seus nomes, terão que suportar o incômodo de serem renomeadas de srta. Hatef e srta. Ruhi. Elas, normalmente, chamavam atenção de forma negativa. De vez em quando, debaixo de seus xadores negros, que não revelam nada mais do que um nariz aquilino em uma, e um nariz pequeno e arrebitado em outra, murmuravam ou sorriam.

Elas utilizavam o xador de maneira peculiar. E eu já tinha reparado isso em outras mulheres, especialmente entre as mais jovens. Não existe em seus movimentos nenhum traço da timidez de minha avó, cujos gestos imploravam e ordenavam ao interlocutor que as ignorasse, ou que desviasse o olhar e as deixasse sozinhas. Durante toda a minha infância e começo de adolescência, o xador de minha avó tivera um significado especial para mim. Era um refúgio, um mundo à parte. Lembro-me da maneira como ela o enrolava em volta do corpo e como caminhava por seu jardim quando as romãs floresciam. O xador agora estava impregnado de um significado político. Havia se tornado frio e ameaçador, usado com rebeldia por mulheres como a srta. Hatef e a srta. Ruhi.

Na quarta fileira, sentava uma menina bonita, com um rosto muito doce. Seu nome é Mitra e suas notas eram as mais altas. Ela era quieta, raramente dizia uma palavra durante a aula, e, quando o fazia, expressava-se com tamanha calma que às vezes eu não entendia o que queria dizer. Descobri Mitra em suas provas e, mais tarde, em suas anotações de aula.

No lado da sala onde se concentravam os rapazes, encontrava-se Hamid, que em breve se casaria com Mitra e entraria no ramo da computação. Ele não usava barba, era bonito e inteligente, tinha um sorriso desarmado enquanto conversava com os amigos a seu lado. Sentado atrás de Hamid estava o sr. Forsati. Sempre o via com um casaco marrom-claro e calças escuras. Ele também era sorridente, mas descobri que esse sorriso faz parte de seu jeito de ser. A barba não era cheia, mas aparada. Ele pertencia a um novo tipo de estudante muçulmano — muito diferente do sr. Bahri, cuja fé nos princípios revolucionários é inquestionável. O sr. Forsati é um muçulmano, mas não é devoto aos ideais religiosos que formaram a primeira geração de estudantes islâmicos. Seu interesse era essencialmente em seguir adiante. Não parecia ser próximo a ninguém da turma, mas é possível que fosse a pessoa mais poderosa na sala, justamente porque era o chefe da Jihad Islâmica, uma das duas organizações estudantis legalizadas no Irã. A outra, a Associação de Estudantes Islâmicos, era mais revolucionária e religiosa em suas práticas. Logo descobri que, se tivesse a intenção de mostrar um filme no período da aula ou organizar uma série de palestras, o sr. Forsati precisaria fazer *lobby* em meu nome, mas geralmente ele o fazia com prazer.

Durante a aula, meu olhar involuntariamente repousava na última carteira, ao lado da parede. Desde o início do semestre, a bagunça que surgia nesse canto me irritava e me divertia ao mesmo tempo. Geralmente, no meio da aula, o ocupante alto e desengonçado daquela carteira — vamos chamá-lo de sr. Ghomi — se erguia pela metade, sem levantar completamente, e esperava que eu lhe desse a permissão para falar, e, então, ele começava a enumerar suas objeções. Sempre eram objeções — disso eu podia ter certeza.

O sr. Nahvi, um estudante mais velho que sentava ao lado do sr. Ghomi, era mais contido do que seu amigo. Falava calmamente, sobretudo porque estava sempre seguro do que dizia, de forma objetiva e monótona, como se pudesse ver as palavras sendo formuladas diante de seus olhos. Muitas vezes me acompanhava até minha sala, falando basicamente sobre a decadência do Ocidente, ou sobre como a ausência "do absoluto" tinha sido a causa de sua destruição. Esses assuntos eram ditos com convicção por ele, como se não houvesse margem para opiniões divergentes. Quando eu falava, ele fazia uma pausa, de maneira respeitosa, para dar continuidade da mesma maneira monótona, do ponto onde tinha parado. Essa era a segunda vez que o sr. Ghomi frequentava minhas aulas. Na primeira vez, ainda durante meu semestre na Allameh, ele aparecia após longos intervalos, pois dizia estar envolvido com a milícia e no esforço de guerra. Porém, sua efetiva participação na guerra nunca ficou muito clara. Ele não se alistou e nunca foi para a linha de frente. A guerra tinha se tornado uma boa justificativa para que alguns dos ativistas islâmicos forçassem privilégios não merecidos do corpo docente. O sr. Ghomi, a despeito de não ter sido aprovado nas provas finais, sem tampouco ter comparecido à maioria delas, se mostrou ressentindo quando eu o reprovei. Jamais tive certeza se a fantasia que ele criou de participar da guerra tinha se tornado tão fundamental a ponto de acreditar nela. De qualquer forma, parecia verdadeiramente magoado, e eu me sentia quase culpada, mesmo sem motivo. Agora ele comparecia mais às aulas. Em todas as ocasiões que me confrontava com alunos semelhantes, sentia falta do sr. Bahri, que respeitava a universidade o suficiente para não abusar de sua posição.

A participação do sr. Ghomi era bastante regular e, sempre que comparecia à aula, criava algum tipo de comoção. Ele decidira transformar Henry James na maior questão de debate entre nós dois. A cada oportunidade ele levantava e perguntava, ou melhor, gritava suas objeções. James era seu alvo favorito. Mesmo que nunca tenha me questionado abertamente, ele o fazia de maneira indireta, insultando James, como se os dois tivessem algum problema pessoal.

15

Ao selecionar os livros *Daisy Miller* e *A herdeira* para minhas aulas, não imaginava que a srta. Daisy Miller e a srta. Catherine Sloper se transformariam em temas tão controversos e constantes de discussão. Eu os tinha selecionado porque me pareceram mais acessíveis em relação às obras posteriores de James. Antes dele, tínhamos nos debruçado sobre *O morro dos ventos uivantes*.

A ênfase do curso introdutório estava justamente na maneira como os romances, enquanto uma nova forma de narrativa, transformaram radicalmente a concepção sobre as relações entre os indivíduos. Consequentemente, modificaram também as atitudes tradicionais das pessoas em relação à sociedade e a percepção acerca de seus direitos e deveres. Em nenhum outro lugar essa mudança é tão aparente e reveladora como nas relações entre homens e mulheres. Desde que Clarissa Harlow e Sophia Western — duas filhas de origem modesta e aparentemente obedientes — se recusaram a casar com homens que não amavam, elas mudaram o curso da narrativa e possibilitaram questionar uma das principais instituições de sua época, o casamento.

Embora Daisy e Catherine não tenham muitas coisas em comum, ambas desafiam as convenções de sua época quando não permitem que suas atitudes sejam comandadas por determinações sociais. Elas fazem parte de uma longa linhagem de heroínas desafiadoras, que inclui Elizabeth Bennet, Catherine Earnshaw e Jane Eyre. Essas mulheres criaram as principais complicações para a trama dos romances, com sua recusa em obedecer. Elas são mais complicadas que as heroínas do século XX, obviamente mais revolucionárias, porque não pretendiam ser radicais.

Para uma parte de meus alunos, Catherine e Daisy pareciam de difícil compreensão, pois eles não entendiam qual era o grande problema retratado pelas duas histórias. Por que Catherine resolveu desafiar seu pai e seu pretendente? E por que Daisy provocava tanto Winterbourne? O que é que ambas queriam de seus homens confusos? Desde o primeiro momento em que aparece com sua sombrinha e seu vestido branco de musselina, Daisy cria uma excitação e inquietação no coração e na mente de Winterbourne. Ela se apresenta como um quebra-cabeça, um mistério estonteante, ao mesmo tempo muito difícil e muito fácil de decifrar.

Neste momento da explicação, começo a me preparar para uma discussão mais detalhada sobre Daisy, quando o sr. Ghomi levanta a mão. Seu tom é de protesto, e imediatamente eu adoto uma postura defensiva e irritada. Ele pergunta o que é que faz essas mulheres serem tão revolucionárias? Daisy Miller é, obviamente, uma moça má: reacionária e decadente. Vivemos numa sociedade revolucionária, e nossas mulheres revolucionárias são aquelas que desafiam a decadência da cultura ocidental sendo modestas. Elas não lançam olhares lânguidos para os homens. E continua quase sem ar, com uma espécie de veneno em suas palavras, pouco condizente com uma obra de ficção. Ele afirma abruptamente que Daisy é má e merece morrer, e quer saber por que a srta. F., na terceira fileira, acha que a morte não é uma recompensa justa.

Após seu pequeno discurso, o sr. Ghomi se senta triunfal e olha ao redor para ver se alguém o desafiará. Mas ninguém se manifesta. Exceto eu, naturalmente: todos esperam que eu desempenhe essa tarefa. O sr. Ghomi tinha o hábito de conseguir sempre desviar a aula de seu curso. No início eu ficava com raiva dele, mas com o tempo percebi que, algumas vezes, ele conseguia articular sentimentos que os outros não ousavam expressar.

Ao perguntar ao restante da turma o que acham, ninguém responde. Encorajado pelo silêncio, o sr. Ghomi levanta a mão mais uma vez. Nossa moral é maior, porque experimentamos o verdadeiro mal; estamos em guerra contra o mal, uma guerra travada em casa e no estrangeiro. Neste momento, Mahshid decide falar. Não sei se vocês se lembram, ela diz serenamente: James vivenciou duas guerras terríveis. Quando era jovem, passou pela Guerra Civil nos Estados Unidos e, antes de morrer, testemunhou a Primeira Guerra Mundial. A resposta do sr. Ghomi foi um imperceptível levantar de ombros; é possível que ele considerasse que aquelas duas guerras não continham o mesmo significado do que as enfrentadas pelo Irã.

Eu me vejo sentada em minha cadeira, num silêncio que parece ser deliberado. Depois do fim da aula, permaneço sentada, aprisionada num vácuo de luz vindo das grandes janelas, sem cortinas, que cobrem um lado da sala. Três alunas se aproximam de minha mesa. Queremos que saiba que a maioria desta turma discorda daqueles sujeitos, uma delas diz. As pessoas têm medo de falar. Esse é um tópico controvertido. Se dissermos a verdade, temos medo de ser denunciadas. Se manifestarmos o que ele quer ouvir, temos medo de você. Nós todos gostamos de suas aulas.

No caminho de volta para casa naquela noite eu pensei, e todas as vezes que essa conversa voltava a minha mente: Vocês gostam da aula, mas vocês gostam de *Daisy Miller*? De verdade?

16

O sr. Ghomi tinha opiniões fortes sobre as Daisy Miller deste mundo, mas a turma vacilava em relação ao herói do romance, Winterbourne. Com exceção do livro *A casa de bonecas*, não havia outra obra que provocasse reações tão apaixonadas. Suas paixões eram fruto basicamente da confusão, das dúvidas. Daisy os desarticulava e confundia, ao não lhes dizer claramente o que era certo ou errado.

Ao fim de uma das aulas, uma aluna tímida que costumava se sentar na fileira da frente, mas que dava a impressão de se esconder na sombra da última fileira, hesitou perto de minha mesa. Ela queria saber se Daisy era uma moça ruim. O que a senhora acha?, ela me perguntou. O que eu achava? E por que sua pergunta tão simples me irritou tanto? Agora tenho certeza que minha ambiguidade e hesitação, a negativa em dar uma resposta direta e a insistência no fato de que a ambiguidade era fundamental para o romance jamesiano, desapontou-a terrivelmente e, daquele momento em diante, perdi parte da autoridade que tinha sobre ela.

Abrimos o livro no momento crucial, que se passa no Coliseu. Daisy, ao desafiar toda a prudência e o decoro, foi apreciar a luz da lua ao lado do sr. Giovanelli, um italiano inescrupuloso que a seguia por toda parte, para desgosto de seus concidadãos. Winterbourne os vê juntos, e sua reação revela mais sobre o caráter dele do que sobre o dela: "Winterbourne parou horrorizado e, ao mesmo tempo, aliviado. Foi como se houvesse lançado luz sobre a ambiguidade do comportamento de Daisy. E o enigma parecia fácil de ser decifrado. Ela era o tipo de moça que um cavalheiro não precisava ter o trabalho de respeitar."

Para Daisy, a noite no Coliseu é fatal por várias razões: naquela noite, ela contrai a febre romana da qual morrerá. Mas sua morte é quase predeterminada pela reação de Winterbourne. Após declarar sua indiferença e, quando ela retoma a carruagem para partir, ele lhe recomenda que tome as pílulas contra a febre romana. "Não me importa", diz Daisy num tom estranho, "se eu tiver ou não a febre romana". Todos na turma concordaram que, simbolicamente, a atitude do jovem em relação a Daisy determina seu destino. Ele é o único cuja opinião ela considera e deseja. Ela constantemente lhe pergunta o que pensa de suas atitudes. Mesmo sem lhe dizer nada, ela deseja incisiva e desafiadoramente que ele prove sua devoção por ela, não por meio de sermões, mas aceitando-a do jeito que ela é. É irônico que, em última análise, Daisy é a que realmente se importa, e que prova sua devoção ao morrer.

Winterbourne e meus alunos ficaram aliviados ao descobrir a resposta para o enigma de Daisy. A srta. Ruhi perguntou por que o romance não terminara com a morte de Daisy. Não parecia o melhor ponto para concluir a narrativa? A morte de Daisy parecia um bom final para todas as partes envolvidas. O sr. Ghomi se vangloriava do fato de que ela pagara por seus pecados com a própria vida, mas a maioria da turma sentia compaixão por ela, sem sentimento de culpa algum.

No entanto, esse não é o fim. O romance acaba exatamente da mesma maneira que começou, não com Daisy, mas com Winterbourne. No começo da história, sua tia o adverte de que ele corre o risco de cometer um grave erro em relação a Daisy. Com isso, ela queria dizer que Daisy poderia enganá-lo. Mas, depois de sua morte, Winterbourne ironicamente relembra sua tia: "A observação que me fez no verão passado estava correta. Eu tinha que acabar cometendo algum engano. Vivi tempo demais no estrangeiro." Ele tinha subestimado Daisy.

No começo do romance, o narrador cita um rumor de que Winterbourne estaria ligado a uma mulher estrangeira. O romance termina nos levando de volta ao início, com essa mesma afirmação. "Todavia continuou a viver em Genebra, de onde continuam a se difundir as explicações mais contraditórias sobre os motivos de sua permanência no lugar — a notícia de que está 'estudando' intensamente e a insinuação de que ficara bastante interessado por uma senhora estrangeira muito inteligente."

O leitor, ao se identificar com o herói até aquele momento, é deixado no escuro. Somos levados a acreditar que Daisy, como a flor, é um belo e breve interlúdio. Mas essa conclusão também não é completamente verdadeira. No final, o tom do narrador nos deixa em dúvida se Winterbourne nunca mais poderá ver a vida como antes. Nada será verdadeiramente o mesmo outra vez, nem para Winterbourne, nem para seu confiante leitor — como tive a oportunidade de descobrir muito tempo depois, quando meus antigos alunos voltaram às suas conclusões "errôneas" em seus trabalhos de sala de aula e em suas conversas.

17

No livro *The Tragic Muse* [A musa trágica] James explica que seu objetivo ao escrever é produzir "arte como uma complicação humana e um obstáculo social". Fui lembrada dessa observação por minha amiga Mina. E isso é o que o torna tão difícil. Mina era uma especialista em James, e contei-lhe sobre as dificuldades de meus alunos com *Daisy Miller*. Ela acrescentou, com uma certa ansiedade: Espero que não esteja pensando em tirá-lo do curso por ser muito difícil. Eu lhe assegurei que não tinha essa intenção: de qualquer modo, não era porque fosse muito difícil para eles, mas, sim, porque gerava um sentimento de desconforto.

Falei para Mina que meu maior desafio não eram alunos como Ghomi, que se opunham tão agressivamente à ambiguidade, mas sim os demais, vítimas da atitude de Ghomi em relação a eles. Veja, tenho a sensação de que pessoas como Ghomi optam pelo ataque porque sentem medo do que não compreendem. A primeira impressão é que querem dizer que não precisam de James, mas o que querem realmente dizer é, temos medo desse sr. James — ele surpreende, atordoa, confunde, e nos deixa um pouco inquietos.

Mina me contou que, quando explicava o conceito da ambiguidade no romance, sempre usava o truque da cadeira. Na aula seguinte, coloquei uma cadeira em minha frente. E perguntei à turma: O que vocês veem? Uma cadeira. Então coloquei a cadeira tombada no chão. Agora o que vocês veem? Ainda uma cadeira. Em seguida, endireitei a cadeira, escolhi alguns alunos para ficarem de pé espalhados pela sala, e pedi aos que estavam sentados e aos que estavam de pé para descreverem a mesma cadeira. Vocês veem que é uma cadeira, mas, ao descreverem-na, vocês estão levando em conta sua posição na sala e sua própria perspectiva. Então, não podem dizer que existe apenas uma maneira de ver a cadeira, certo? Não, obviamente que não. Se vocês não podem dizer isso a respeito de um objeto tão simples como uma cadeira, como poderiam fazer um julgamento absoluto sobre qualquer indivíduo?

A maior parte da turma permaneceu em silêncio, e, para encorajar que manifestassem suas ideias, pedi aos alunos para escreverem suas impressões sobre as obras lidas ao longo do curso, no formato de um diário, em um caderno qualquer. Nos diários, eles eram livres para escrever sobre outros assuntos relacionados à aula, ou sobre suas experiências, mas escrever sobre os livros era obrigatório. A srta. Ruhi sempre descrevia as tramas, demonstrando que pelo menos lera os livros, e, em alguns casos, que tinha lido também comentários sobre os livros. Mas raramente expressava suas próprias ideias. Numa determinada ocasião, ela mencionou que a princípio se mostrara contrária à imoralidade de *O morro dos ventos uivantes*, até que lera em algum lugar sobre seus aspectos místicos, mas no caso de Henry James não parecia haver qualquer misticismo envolvido — ele era muito mundano, embora às vezes muito idealista.

Os cadernos da srta. Ruhi eram sempre arrumados e limpos. No cabeçalho de cada tarefa ela escrevia numa bela caligrafia: "Em nome de Alá, o Compassivo, o Misericordioso." Na sua percepção, Daisy não era somente imoral, mas irracional. Mas achava bom saber que, até mesmo numa sociedade decadente como os Estados Unidos, ainda existiam algumas normas e padrões segundo os quais as pessoas eram julgadas. Ela também citou outro professor, que lamentava o fato de certos autores criarem personagens irracionais e imorais tão atraentes que os leitores instintivamente simpatizavam com eles. E ainda lamentava o fato de que a sra. Costello, tão correta e tão justa, ou a sra. Walker, fossem descritas sob uma óptica tão negativa. Para ela, isso demonstrava os poderes ao mesmo tempo satânicos e divinos de um escritor. Um escritor como James, de acordo com ela, era como Satã: ele tinha poderes infinitos, mas os usava para fazer o mal, para gerar simpatia por uma pecadora como Daisy e aversão por pessoas mais virtuosas, como a sra. Walker. A srta. Ruhi absorveu a mesma percepção do sr. Nyazi e de tantos outros.

Já o sr. Ghomi foi bastante fiel a seu estilo. Ele raramente demonstrava qualquer indício de que tivesse lido os romances. Discursava e vociferava sobre a imoralidade, o mal e o demônio. Ele adquiriu o hábito de querer me "educar", escrevendo citações do imã Khomeini e de outros religiosos sobre o papel da literatura, a decadência do Ocidente e Salman Rushdie. Em seus cadernos, colava recortes de jornais que reportavam assassinatos e a corrupção nos Estados Unidos. Teve uma semana que ele estava tão desesperado que começou a citar slogans colados nas ruas. Gostei, em especial, de um deles: UMA MULHER EM UM VÉU ESTÁ TÃO PROTEGIDA COMO UMA PÉROLA NUMA CONCHA. Quando esse slogan surgiu, era acompanhado de um desenho de uma concha meio aberta, que revelava em seu interior uma pérola brilhante.

Seu amigo silencioso, o sr. Nahvi, escreveu tratados filosóficos bastante interessantes sobre os riscos da dúvida e da incerteza. Ele questionou se a incerteza retratada por James não era uma das razões para a destruição do Ocidente. Como muitos outros, o sr. Nahvi considerava certas coisas como certas, entre elas a decadência do Ocidente. Ele falava e escrevia como se essa destruição fosse um fato, sobre o qual nem mesmo os infiéis ocidentais protestavam. De vez em quando me entregava com seu caderno um panfleto ou um livro sobre "Literatura e compromisso" e "Os conceitos da literatura islâmica", entre outros.

Alguns anos mais tarde, quando Mahshid e Mitra participaram de minhas aulas secretas às quintas-feiras, e na ocasião voltamos à leitura de *Daisy Miller*, ambas lamentaram terem se mantido silenciosas na época da universidade. Mitra confessou que invejava a coragem de Daisy. Era tão estranho e pungente ouvi-las falarem sobre Daisy, como se estivessem se referindo a uma pessoa real e sobre a qual tivessem julgado erroneamente — uma amiga ou um parente.

Ao final de uma das aulas, ao sair da sala, vi a sra. Rezvan, que estava se encaminhando para seu escritório. Ela se aproximou de mim e disse:

— Continuo ouvindo relatos interessantes sobre suas aulas! — A mulher tinha olheiros por todos os lados. — Espero que agora acredite quando disse que precisávamos colocar alguma coisa na cabeça dessas crianças. A revolução esvaziou suas mentes de qualquer forma ou pensamento, e nossa própria *intelligentsia*, o *crème-de-la-crème*, não é muito melhor do que isso.

Disse a ela que ainda não estava convencida de que a melhor maneira de resolver isso era por meio da universidade. Acreditava que poderíamos dar outro tratamento à questão, com uma frente unida de intelectuais fora do ambiente acadêmico. Ela me olhou de soslaio e disse: Sim, a senhora pode fazer isso também, mas o que a faz crer que terá mais sucesso dessa maneira? Afinal de contas, nossa elite intelectual não agiu melhor que os clérigos. Não soube da conversa entre o sr. Davaii, nosso romancista mais importante, e o tradutor de *Daisy Miller*? Um dia, eles foram apresentados. O romancista diz: Seu nome me é familiar — você não é o tradutor de Henry Miller? Não, de *Daisy Miller*. Correto, não foi James Joyce quem escreveu este? Não. Henry James. Oh, sim, claro, Henry James. A propósito, o que anda fazendo Henry James atualmente? Ele está morto — está morto desde 1916.

18

Falei para meu mágico que a melhor maneira de descrever minha amiga Mina seria utilizando uma frase que Lambert Strether, protagonista do livro *The Ambassadors* [Os embaixadores], de James, usou para descrever a si mesmo para sua "alma gêmea", Maria Gostrey. Ele diz a ela: "Eu sou um fracasso perfeitamente equipado." Um fracasso perfeitamente equipado?, ele perguntou. Sim, e sabe como ela respondeu?

> — Ainda bem que você é um fracasso, este foi o motivo pelo qual o escolhi! Qualquer outra coisa atualmente é abominável. Olhe ao seu redor, veja os exemplos de sucesso. Você seria um deles, me diga sinceramente, pela sua honra? Olhe para mim — ela continuou. Por um breve instante, seus olhares se encontraram.
>
> — Compreendo — Strether retrucou. — Você também está fora disso.
>
> — A superioridade que percebe em mim — ela concordou — anuncia minha futilidade. Se você soubesse — ela suspirou — os sonhos da juventude! Mas nossas realidades foram justamente o que nos uniram. Somos irmãos de armas derrotados.

E disse a ele, algum dia escreverei um ensaio chamado "Fracassos perfeitamente equipados". E será sobre sua importância para as obras de ficção, especialmente para a ficção moderna. Acredito que esse tipo específico seja semitrágico — às vezes cômico e às vezes patético, ou ambos. Dom Quixote me vem à cabeça, mas esse personagem é essencialmente moderno, nascido e criado numa época em que o fracasso era celebrado indiretamente. Vejamos, Pnin é um exemplo, Herzog também e Gatsby talvez, mas talvez não — porque, no fim das contas, ele não escolhe o fracasso. A maioria dos personagens favoritos de James e de Bellow pertence a essa categoria. São pessoas que conscientemente escolheram o fracasso para preservar a própria integridade. Elas são mais elitistas do que meramente esnobes, em função de seus elevados padrões de exigência. James, creio, sentia que ele mesmo, de muitas maneiras, era um deles, com seus romances incompreendidos e sua determinação em manter o tipo de ficção que sentia ser correto. Assim é minha amiga Mina, seu amigo Reza e, naturalmente, você também. Mas não é ficcional, não é mesmo? E ele disse: Bem, neste exato momento pareço ser uma fantasia de sua imaginação.

Acho que senti que Mina era um fracasso perfeitamente equipado logo que a conheci depois da revolução, durante uma de minhas últimas reuniões de departamento na Universidade de Teerã. Eu estava atrasada e, logo que entrei na sala, vi uma mulher vestida de preto, sentada do lado oposto da porta, à direita do chefe do departamento. Seus olhos e seus cabelos curtos encaracolados eram negros como a noite, e ela parecia estar indiferente às discussões à sua volta. Ela não parecia estar calma, mas reservada dentro de si mesma. Era uma dessas pessoas que são irrevogável e incuravelmente honestas e, por isso mesmo, inflexíveis e vulneráveis. Isso é o que me lembro sobre ela: um refinamento forçado para manter as aparências, um ar de "dias melhores" grudado a tudo que usava. Desde aquele primeiro olhar de relance até nosso último encontro, muito tempo depois, quando a encontrava me sentia conflitada por dois tipos de emoções: respeito intenso e dor. Havia um senso de fatalismo a seu respeito, sobre o que ela aceitava como seu fardo, que eu não conseguia suportar.

Mina era tema recorrente de conversas entre Farideh e o dr. A. — falavam sobre seu conhecimento, seu compromisso com a literatura e com seu trabalho. Farideh era essencialmente generosa, apesar de seu obstinado compromisso com o que ela chamava de revolução, e isso fazia com que se abrisse para certas pessoas, mesmo quando eram oponentes ideológicos. Tinha um instinto para identificar os rebeldes, aqueles genuínos, que, assim como o dr. A., Mina ou Laleh, discordavam de seus princípios políticos. Ela compartilhava instintivamente os sentimentos de Mina e tentava consolá-la, embora discordasse dela sobre quase todos os demais assuntos.

Depois de dois anos sabáticos na Universidade de Boston, para onde fora escrever seu livro, Mina fora chamada de volta. Ela recebeu um ultimato para voltar ao Irã e, a meu ver, cometeu um equívoco em concordar. O livro era sobre Henry James. Mina estudou com Leon Edel e, quando a vi pela primeira vez, ela mal conseguiu formular uma frase. Naturalmente, ela nunca mais lecionou: retornou para ser expulsa. Recusou-se a usar o véu ou fazer concessões: seu único comprometimento foi retornar ao país. E talvez não tenha sido uma concessão, mas sim uma necessidade.

O pai de Mina foi um poeta laureado — sua família era culta e rica. Quando éramos jovens, nossas famílias passavam fins de semana juntas. Ela era mais velha do que eu e nunca conversou verdadeiramente comigo durante aquelas reuniões familiares, mas eu me lembrava vagamente dela. Ela está em algumas das velhas fotografias de minha infância, em pé atrás de seu pai no jardim de casa, com um de seus tios, meu pai e um jovem que não consigo identificar. Ela parece solene, com a sombra de um sorriso que parece estar atrelado a alguma outra coisa.

Farideh e eu nos esforçamos para dizer a Mina o quanto a valorizávamos e como ficamos revoltadas pelo fato de a universidade não ter a mesma preocupação. Ela ouvia impassivelmente, mas parecia gostar de nossa estima e de nosso respeito. Seu irmão favorito, presidente de uma grande companhia, tinha sido preso no começo da revolução. Diferentemente de muitos, ele se recusou a se submeter ao novo regime. Embora não fosse politicamente ativo, ele apoiava a monarquia e, como sua irmã, dizia o que pensava, até mesmo na cadeia. Ele havia sido insolente, e isso já era motivo suficiente. Foi executado. Desde então Mina só se veste de preto. Naqueles dias, devotava grande parte de seu tempo à esposa do irmão e aos sobrinhos.

Mina vivia numa mansão absurdamente grande com sua mãe. O dia em que Farideh e eu fomos visitá-la, cada uma levou um grande buquê de flores, estava ensolarado, mas logo que entramos no hall de entrada que mais parecia um mausoléu, o tempo parecia ter mudado. Sua mãe abriu a porta. Ela conhecia meus pais e passou algum tempo conversando comigo sobre eles e, de maneira abrupta, mas educada, nos deixou tão logo a filha desceu a escada em espiral. Estávamos de pé, nos primeiros degraus, com nossos buquês coloridos e nossos vestidos de cores em tons pastel, com uma aparência muito fresca e leve diante da sombria austeridade daquela casa, que parecia empurrar todas as coisas para as sombras.

Mina expressava suas alegrias e satisfação de maneira solene. Mas ela demonstrava estar muito feliz em nos ver, e nos conduziu para o imenso semicírculo de sua sala de estar. A sala parecia ter seus próprios lamentos, como uma viúva que aparece pela primeira vez em público sem seu marido. A sala tinha pouca mobília; havia espaços vazios onde deveriam existir cadeiras, mesas e um piano.

A mãe de Mina era uma mulher majestosa de 60 e muitos anos. Ela nos serviu o chá em uma bandeja de prata, com refinadas xícaras de vidro, em suportes de prata. Sua mãe era também uma cozinheira maravilhosa, de modo que ir à sua casa era sempre motivo de comemoração. No entanto, era uma festa melancólica, porque não há comida suficiente que possa trazer alegria àquela mansão deserta. A hospitalidade encantadora de nossa anfitriã, seus esforços para que nos sentíssemos bem-acolhidas, somente enfatizaram sua perda bem dissimulada.

O realismo na ficção era a obsessão de Mina, e Henry James, sua paixão. O que ela sabia, o sabia a fundo. De certa maneira nós nos complementávamos, porque meu conhecimento era impulsivo e desorganizado, e o dela, meticuloso e absoluto. Podíamos conversar por horas a fio. Antes que Farideh fosse para a clandestinidade e se juntasse a um grupo revolucionário, escapando pelo Curdistão para a Suécia, nós três costumávamos conversar durante horas, algumas vezes noite adentro, sobre ficção e política.

Quando se tratava de política, Farideh e Mina eram radicalmente diferentes — uma era marxista declarada, a outra monarquista determinada. Contudo, o que ambas partilhavam era seu ódio incondicional pelo regime vigente. Quando penso sobre como seus talentos foram desperdiçados, meu ressentimento em relação ao sistema aumenta. Foi um regime que eliminou, fisicamente, os mais brilhantes e os mais dedicados, ou os forçou a desperdiçar seu talento, transformando-os em ardentes revolucionários, como Farideh, ou em ermitãos, como Mina e meu mágico. Eles se isolaram em si mesmos, e fervilhavam em seus sonhos destroçados. Pois o que seria de Mina sem seu James?

19

No fim do inverno e no começo da primavera de 1988, os ataques aéreos recomeçaram sobre Teerã. Não consigo me lembrar desse período e dos 168 ataques de mísseis sobre Teerã sem pensar na primavera e na sua delicadeza peculiar. O Iraque atacou a refinaria de petróleo de Teerã em um sábado, e as notícias despertaram os velhos medos e ansiedades que estavam adormecidos havia mais de um ano, desde que as últimas bombas atingiram a cidade. O governo iraniano respondeu com um ataque a Bagdá, e na segunda-feira o Iraque começou sua primeira sucessão de ataques de mísseis sobre Teerã. A intensidade do que aconteceu depois transformou aquele evento num símbolo de tudo que eu vivenciaria nos últimos nove anos, como um poema perfeito.

Ao fim dos primeiros ataques, achamos melhor pôr fita adesiva nas janelas. Em primeiro lugar, transferimos as crianças para nosso quarto, e cobrimos as janelas com cobertores grossos e xales. Mais tarde, nós as colocamos no pequeno hall sem janelas que fica localizado entre os quartos, o cenário de meus encontros clandestinos com James e Nabokov. Poucas vezes pensamos seriamente em sair de Teerã. Certa vez, num acesso frenético, esvaziamos uma sala pequena que mais tarde foi transformada em meu escritório, perto da garagem, e reforçamos as janelas; depois voltamos a dormir nos quartos. Eu, que tinha sido a mais aterrorizada durante a primeira série de ataques sobre Teerã, agora parecia a mais calma, como se quisesse compensar meu comportamento anterior.

Durante a primeira noite dos ataques de mísseis, assistíamos a um documentário da televisão alemã com uns poucos amigos, e que celebrava a vida do falecido diretor russo exilado Andrei Tarkovsky. Numa tentativa de apaziguar os intelectuais, o Festival de Cinema Fajr, antigo Festival de Teerã, apresentava sessões especiais dos filmes de Tarkovsky. Embora os filmes fossem censurados e exibidos em russo, sem legendas, havia filas na porta do cinema horas antes de a bilheteria abrir. Ingressos eram vendidos por cambistas a preços muito mais altos, e houve brigas na entrada do cinema, especialmente entre aqueles que vinham das províncias para o festival.

Depois da aula, o sr. Forsati veio a meu encontro para dizer que conseguira duas entradas extras para a exibição do filme *O sacrifício*, de Tarkovsky, ao qual já tinha demonstrado para a turma interesse em assistir. Como o sr. Forsati era chefe da Jihad Islâmica, uma das associações estudantis da universidade, tinha acesso aos desejados ingressos do festival. Disse que a obsessão por Tarkovsky estava tão generalizada que até mesmo o ministro do Petróleo e sua família tinham ido a uma sessão. As pessoas estavam sedentas por cinema. Ele me disse, rindo, que, quanto menos elas compreendiam, mais o tratavam com respeito. Respondi que, se esse era o caso, então eles deveriam amar Henry James. Com perspicácia, ele respondeu: Isso é diferente; as pessoas respeitam Joyce do jeito que respeitam Tarkovsky. Sobre James, elas pensam que o compreendem, ou que deveriam compreendê-lo, e assim apenas ficam com raiva. As pessoas parecem ter mais problemas com James do que com os escritores mais difíceis, como Joyce. Perguntei ao sr. Forsati se ele iria assistir ao filme de Tarkovsky. Ele respondeu: se eu for, será apenas para ser um romano em Roma; de qualquer maneira, prefiro Tom Hanks.

Fui assistir ao filme *O sacrifício* em uma bela tarde de inverno, bem, não realmente inverno, mas uma mistura de inverno e primavera. No entanto, a característica mais impressionante do dia não foi o clima magnífico, mas a multidão na frente do cinema. Parecia uma manifestação. Havia intelectuais, funcionários de escritórios, donas de casa, algumas com os filhos pequenos, um jovem mulá que esperava desconfortavelmente num lado — o tipo de mistura que você jamais esperaria encontrar em Teerã.

A explosão repentina de cores luminosas na tela do cinema provocou um silêncio calmo na audiência. Eu não ia ao cinema havia cinco anos; tudo o que se podia ver naquela época eram velhos filmes revolucionários do leste europeu ou filmes iranianos de propaganda. Não posso dizer honestamente o que achei do filme — a experiência de estar numa sala de cinema, sentada em uma poltrona de couro frio e confortável, com uma tela imensa à frente, foi muito impressionante. Como sabia que não compreenderia as palavras, e que se eu pensasse na censura ficaria com muita raiva para assistir, rendi-me à mágica das cores e das imagens.

Olhando para trás, parece-me que o entusiasmo em torno de Tarkovsky por uma audiência que provavelmente não sabia nem pronunciar seu nome, e que em circunstâncias normais o teria ignorado, ou criticado, foi fruto de uma intensa privação sensorial. Estávamos sedentos por alguma expressão de beleza, mesmo em um filme abstrato, incompreensível, superintelectualizado, sem legendas e censurado, a ponto de estar irreconhecível. Havia uma sensação de contentamento em estar num lugar público pela primeira vez em anos, sem medo ou ódio, de estar próximo a uma multidão de estranhos sem que isso representasse uma manifestação, uma passeata, uma fila de pão ou uma execução pública.

O filme retratava a guerra e o juramento feito pelo herói em fazer um voto de silêncio caso sua família fosse poupada da devastação da guerra. O filme tratava da ameaça oculta por trás do fluxo aparentemente calmo da vida cotidiana e da beleza luxuriante da natureza; a maneira como a guerra se fazia sentir pelo chacoalhar da mobília durante um ataque aéreo e sobre o terrível sacrifício exigido para confrontar essa ameaça. Durante um breve espaço de tempo, vivenciamos coletivamente a espécie de beleza aterradora que só pode ser percebida por meio da angústia extrema, expressa por meio da arte.

20

Em 24 horas, 14 mísseis atingiram Teerã. Como tínhamos mudado as crianças novamente de quarto, naquela noite coloquei um pequeno sofá ali e fiquei acordada lendo até as três horas da manhã. Li um mistério denso de Dorothy Sayers, segura e protegida por Lord Peter Wimsey, seu fiel empregado e sua amada erudita. Eu e minha filha acordamos de madrugada com o som de uma explosão na vizinhança. Não foi somente o barulho ensurdecedor da explosão — se é que se pode chamar aquilo de barulho. Foi mais do que o som, sentimos a explosão, como a queda de um peso maciço sobre a casa, que balançou, e os vidros tremeram nos batentes das janelas. Depois dessa última explosão, levantei e fui para o terraço. O céu estava azul e rosa, as montanhas cobertas pela neve; a uma certa distância, onde o míssil caíra, a fumaça espiralava para o alto.

A partir daquele dia recomeçamos a rotina que nos foi imposta pelos constantes bombardeios e ataques de mísseis. Depois de cada explosão havia numerosos telefonemas. Amigos e parentes que telefonavam e vice-versa. Um alívio selvagem, primitivo, do qual sempre me senti um pouco envergonhada, era disparado inevitavelmente pelo som das saudações familiares. A reação geral, naquela época, era uma mistura de pânico, ódio e desamparo. Mais ainda, de impotência. Depois de oito anos de guerra, o governo iraniano não fizera praticamente nada para proteger a cidade, além de ampliar a propaganda. E podia apenas se vangloriar da avidez do povo iraniano pelo martírio.

Depois do primeiro ataque, a cidade de Teerã, que é sabidamente superpovoada e poluída, virou praticamente uma cidade fantasma. A maioria das pessoas fugiu para lugares mais seguros. Li há pouco num relatório que mais de um quarto da população, incluindo funcionários do governo, escapou da cidade. Uma nova piada que circulava era que, até aquele momento, essa tinha sido a política mais efetiva do governo para lidar com os problemas da poluição e da população de Teerã. Para mim, a cidade repentinamente ganhou um novo *pathos*, como se, sob os ataques e as deserções, deixasse cair seu véu vulgar para revelar uma face humana, decente. Teerã se assemelhava ao sentimento que provavelmente era compartilhado pela maioria de seus cidadãos remanescentes: triste, desesperançada e indefesa, mas não sem uma certa dignidade. As fitas adesivas coladas nas janelas para prevenir a implosão dos vidros contavam a história de seu sofrimento, ainda mais contundente por causa de sua beleza recém-recuperada, pelo frescor verde das árvores lavadas pelas chuvas da primavera, as flores e as altas montanhas cobertas pela neve, agora tão próximas, como se estivessem coladas contra o céu.

O Irã libertou a cidade de Khorramshahr, capturada pelos iraquianos, depois de dois anos de guerra. No contexto de outras derrotas, Saddam Hussein, encorajado por seus vizinhos árabes preocupados com a continuidade dos conflitos, demonstrara sinais de reconciliação. Mas o aiatolá Khomeini e alguns membros da elite dominante se recusaram a assinar uma trégua. Eles agora estavam determinados a capturar a cidade sagrada de Karballa, no Iraque, o local de martírio do imã Hussein. Todos os métodos disponíveis foram usados para atingir seus propósitos, até o que ficou conhecido como os ataques das "ondas humanas", quando milhares de soldados iranianos, principalmente meninos e jovens de 10 a 16 anos e homens de meia-idade e velhos, limpavam os campos minados, caminhando sobre eles. Muitos jovens foram atraídos pela propaganda do governo que lhes oferecia uma vida heroica e aventureira na frente de batalha, e os encorajava a se alistar na milícia, mesmo contra o desejo de seus pais.

Minhas vigílias noturnas com Dashiell Hammett e outros autores recomeçaram. O resultado foi que acrescentei uma nova matéria a minhas aulas quatro anos mais tarde — o conto de mistério, começando por Edgar Allan Poe.

21

Quando os bombardeios recomeçaram, precisamos transferir as aulas para o segundo andar. A cada novo ataque as pessoas impulsivamente corriam em direção à porta e desciam as escadas, pois era mais seguro ficarmos no primeiro piso. E, com isso, o número de alunos foi reduzido à metade. Muitos haviam retornado para suas cidades natais ou para vilarejos e cidades mais distantes que não eram alvo dos ataques, enquanto outros simplesmente optaram por ficar em casa.

A retomada dos bombardeios fez com que pessoas como o sr. Ghomi ficassem ainda mais importantes. Eles apareciam e desapareciam com um senso de urgência renovado. As associações islâmicas usavam todas as oportunidades possíveis para interromper as aulas, ao organizarem marchas militares para anunciarem uma vitória, ou para velar um membro da universidade que havia se tornado mártir com a guerra. Durante a leitura de uma passagem de *A herdeira* ou *Grandes esperanças*, seríamos interrompidos pelo som de uma marcha militar e, por mais que quiséssemos, todas as tentativas em prosseguir com a discussão eram malogradas.

O som desagradável e tumultuado desta cacofonia era contrastado pelo silêncio da maioria dos alunos e funcionários da universidade. Eu ficava surpresa que um número maior de estudantes não utilizasse esses eventos para faltar às aulas ou para deixar de cumprir com as tarefas de casa. A aparente docilidade refletia um sentimento generalizado de resignação na cidade. Conforme a guerra entrava em seu oitavo ano, sem vitórias, sinais de exaustão estavam cada vez mais aparentes entre seus maiores defensores. Nesse momento, nas ruas e em lugares públicos, as pessoas expressavam seu descontentamento em relação à guerra ou acusavam seus perpetradores, enquanto na televisão e no rádio os ideais do regime continuavam sendo propagados. A imagem recorrente nessa época era a de um homem mais velho, com barba e turbante, conclamando a uma jihad contínua para uma audiência de jovens que usavam lenços vermelhos de "mártires" em suas testas. Esses eram os remanescentes de um vasto grupo de jovens que havia sido mobilizado pela excitação de empunhar armas de verdade e pela promessa de receberem as chaves do paraíso, onde poderiam finalmente desfrutar dos prazeres que lhes haviam sido negados durante toda a vida. No mundo deles a derrota era impossível e, assim, não tinha o menor sentido fazer concessões.

Os mulás nos refestelavam com histórias sobre as batalhas desiguais nas quais os santos xiitas foram martirizados pelos infiéis, enquanto, em outros momentos, soluçavam histericamente, levando a audiência a um torpor no qual percebiam o martírio com bons olhos, tanto em nome de Deus quanto do imã. No entanto, os espectadores viam essas manifestações com um silêncio desafiador. Mas o significado desse sentimento só poderia ser percebido no contexto do compromisso exigido pela hierarquia dominante, e que estava permeado historicamente pela inevitável resignação.

A morte em vida, o desejo de morte do regime e os mísseis enviados pelo Iraque só poderiam ser tolerados quando já se sabia de antemão que levariam uma última mensagem, em um momento previamente determinado, e não havia como fugir. Foi nessa época que percebi o que significava esse silêncio resignado. Refletia a crença perniciosa que todos nos considerávamos, pelo menos em parte, responsável pelos fracassos históricos de nosso país. Eu compreendi que essa resignação era, possivelmente, e sob aquelas circunstâncias, a única forma de resistência digna à tirania. Não podíamos discutir abertamente nossos desejos, mas por meio do silêncio demonstrávamos nossa indiferença às exigências impostas pelo regime.

22

Até hoje consigo ouvir as marchas de lamentação e de vitória que tantas vezes atrapalharam minha aula para anunciar a morte de um aluno ou funcionário da universidade, ou alguma vitória do Exército do Islã sobre o inimigo. No entanto, ninguém parecia interessado em mencionar que o inimigo tão criticado era muçulmano também. Lembro-me em especial de um dia em que a marcha estava comemorando a morte de um dos líderes da Associação de Estudantes Muçulmanos. Depois da aula eu fiquei próxima a umas alunas que estavam agrupadas no pátio, fazendo piadas sobre o estudante morto e rindo. Elas brincavam dizendo que sua morte era um casamento celebrado no paraíso — já que diziam com frequência que seu único objeto de afeto era Deus. Essa era uma alusão feita aos testamentos deixados pelos mártires da guerra e que eram amplamente difundidos. A grande maioria defendia a ideia de que o martírio era seu maior desejo porque prometia a união com o "Amado".

Ah, sim, Deus, está certo, riam as meninas. Deus disfarçado de todas as mulheres que devorava com o olhar antes de reportá-las por falta de decoro. Era assim que ele ficava excitado. Eles são todos uns pervertidos sexuais, todos eles, diziam elas.

Nassrin contou uma história sobre uma professora de religião da escola do primo de 12 anos de idade. Essa professora orientara suas alunas para que se cobrissem com o véu, prometendo que no paraíso receberiam uma recompensa justa. No paraíso, encontrariam riachos de vinho e seriam admiradas por homens fortes, musculosos e jovens. Seus lábios carnudos pareciam estar salivando tão logo ela mencionou os jovens musculosos, como se fossem uns carneiros premiados que ela já podia visualizar perfeitamente assados e prontos para o consumo.

Acredito que minha expressão assustada impediu que continuassem com as piadas. Eu não conhecia o jovem mártir e provavelmente, caso o tivesse conhecido, não teria gostado dele. De qualquer maneira, esse ar de contentamento era chocante.

As alunas sentiram que deveriam me dar explicações. A senhora não o conhece, disse Mojgan. Perto dele, o sr. Ghomi é um anjo. Ele era um pervertido sexual. Você sabia que ele causou a expulsão de uma amiga porque disse que o pedacinho de pele aparente embaixo de seu véu o estava provocando? Eles pareciam uns cães de caça. Em seguida Nassrin fez um discurso sobre uma das guardas, dizendo que suas inspeções eram verdadeiros assédios, pois em uma das ocasiões ela apertou e acariciou Niloofar até o momento em que ela ficou histérica. Eles nos expulsam por rirmos alto, mas você sabe o que fizerem com essa mulher quando descobriram? Ela recebeu uma reprimenda, foi suspensa por um semestre e depois estava de volta a seu posto.

Mais tarde eu disse a Nassrin que, quando as vi brincando com a morte do estudante, me veio à mente um poema de Bertolt Brecht. Eu não me lembro exatamente de como era, mas dizia o seguinte: "de fato vivemos em um momento de trevas, onde falar sobre as árvores parece um crime." Gostaria de me lembrar do restante do poema, mas tem um verso no final que diz "que pena, nós, que queríamos bondade, não pudemos nós mesmos ser benevolentes".

Por um instante, Nassrin não disse nada. Depois de algum tempo falou.

— A senhora não tem ideia de como sofremos. Na semana passada caiu uma bomba perto de nossa casa e atingiu um prédio. Alguns vizinhos relataram que em um dos apartamentos estava tendo uma festa de aniversário e em torno de vinte crianças morreram.

E ela continuou:

— Logo após o bombardeio e antes que as ambulâncias pudessem chegar ao local, seis ou sete motoqueiros chegaram simplesmente do nada, e começaram a circular pela área. Eles tinham faixas vermelhas na cabeça e começaram a gritar: *Morte à América! Morte a Saddam! Vida longa a Khomeini.* As pessoas que estavam próximas ficaram caladas, mas os olhavam com ódio. Alguns tentaram auxiliar os feridos, mas os assassinos não deixaram ninguém chegar perto. Eles gritavam sem parar: *Guerra! Guerra! Até a vitória.* Como você acha que nós nos sentimos olhando aquela cena?

O ritual era o seguinte: após os bombardeios, os emissários da morte tinham a função de evitar qualquer manifestação de luto ou protesto. Na ocasião da morte de dois de meus primos pelo regime, alguns de meus parentes partidários do governo telefonaram para meu tio a fim de parabenizá-lo pela morte do filho e da nora.

Nós trocamos histórias enquanto caminhávamos, e Nassrin me contou com mais detalhes sobre o período em que esteve presa e como tudo foi um acidente. Eu lembro como ela era jovem, ainda estava no ensino médio. A senhora estava preocupada com nossas brincadeiras cruéis sobre "eles", mas não sei se sabe, quase tudo o que dizem sobre a prisão é verdade. Uma das piores situações é quando chamam o nome de alguém durante a noite, pois sabíamos que seria o próximo a ser executado. Eles diriam "boa noite" e, em seguida, ouviríamos o barulho do tiro. Era possível saber o número de execuções a cada noite, ao contar o número de cartuchos espalhados pelo chão. Uma das meninas que estava lá, e cuja sina era simplesmente ser muito bonita, foi presa por uma acusação fajuta de conduta imoral. Ela ficou presa cerca de um mês e foi continuamente estuprada, sendo levada de um guarda para o outro. A história ficou bastante conhecida entre os demais presos porque ela não estava lá por acusações com base em atuação política. Os guardas se casavam com as virgens e depois as executavam. A filosofia por detrás disso era que se morressem virgens poderiam ir para o paraíso. Você fala sobre traições. A maioria forçava aqueles que tinham se "convertido" ao Islã a executar seus camaradas para demonstrar sua lealdade ao regime. E completou com rancor, se eu não tivesse tido certos privilégios, se eu não tivesse sido *abençoada* por ter um pai que compartilhava de suas crenças, só Deus sabe onde estaria agora — no inferno com as outras meninas que foram molestadas ou entre aqueles que tiveram que colocar uma bala na cabeça de seus amigos para demonstrar sua lealdade ao Islã.

23

Henry James escreveu em seu diário no dia 4 de agosto de 1914:

> Tudo ficou difuso nesse momento por essa terrível situação. Hoje é uma (segunda-feira) de agosto, feriado bancário, mas com um suspense horrível e as piores possibilidades no ar.

Nos dois últimos anos de sua vida, Henry James estava completamente mudado após seu envolvimento durante a Primeira Guerra Mundial. Até então, não havia estado ativo social e politicamente, procurou manter-se distante de todos os aspectos passionais da existência. Críticos como H. G. Wells, por exemplo, o condenaram pela sua atitude distanciada em relação à vida, que o impedia de se envolver com qualquer questão de natureza social ou política. Sobre sua experiência na guerra, ele escreveu "ela quase me matou. Eu desprezo o fato de ter vivenciado algo tão terrível e hediondo".

Ainda muito jovem, James havia presenciado a Guerra de Secessão nos Estados Unidos. Ele foi proibido de participar da guerra, na qual dois de seus irmãos haviam lutado com honra e coragem, em função de uma dor na coluna causada pelo esforço para apagar um celeiro em chamas. E então se manteve afastado psicologicamente da guerra, lendo e escrevendo. É possível que suas tentativas contínuas de auxiliar os ingleses durante a Primeira Guerra Mundial tenham sido em parte para compensar sua apatia anterior. No entanto, também é verdade que se sentiu perplexo com o sentimento de horror provocado pela guerra. Ele escreveu a um amigo: "Mas eu tenho uma imaginação permeada pelo desastre — e vejo a vida como feroz e sinistra."

Durante a juventude, James escreveu ao pai afirmando estar convencido sobre a "organização transitória do corpo social. E o único estado de espírito possível é constantemente demonstrar sua insatisfação e seu respeito". E foi justamente o que fez nas suas melhores obras. Em quase todos os seus romances a disputa pelo poder é elemento central da história. E essa disputa pelo poder está enraizada na resistência do personagem principal em aceitar as normas sociais, e em seu desejo por integridade e reconhecimento. No livro *Daisy Miller* a tensão existente entre o velho e o novo resultou na morte de Daisy. Já na obra *The Ambassadors,* são o poder extraordinário e a pressão exercida pela sra. Newsome sobre o embaixador e sua família que geram a tensão central da história. É curioso observar que nessa disputa o antagonista sempre representa preocupações mundanas, enquanto o desejo do protagonista é preservar sua integridade em face das agressões externas.

James, que veio a descobrir os próprios poderes durante a Guerra Civil, escreveu em parte para compensar sua impossibilidade de participar da guerra. Depois, próximo à sua morte, ele queixou-se da impotência das palavras diante de tamanha desumanidade. Em uma entrevista concedida ao *The New York Times* em 21 de março de 1915, ele disse:

> A guerra utilizou-se de palavras, e elas foram enfraquecidas e deterioradas como os pneus dos carros. Assim como milhares de outras coisas, nos últimos seis meses, e mais do que em qualquer outro período, elas foram sobrecarregadas e esvaziadas da sua ilusão de felicidade. Agora somos confrontados com uma depreciação de todos os termos, ou ainda, com a perda da capacidade de expressão por meio de uma crescente fraqueza. Podemos muito bem nos perguntar quais fantasmas ainda poderão andar.

A despeito de seu desespero, ele voltou às palavras. Dessa vez não escreveu mais ficção, mas panfletos sobre a guerra, incitando a participação americana na guerra, a não mais se manter indiferente ao sofrimento e às atrocidades que estavam ocorrendo na Europa. Ele escreveu cartas contundentes, algumas revelando seu horror diante dos acontecimentos, em outras, ele consolava amigas que haviam perdido seus maridos ou filhos na guerra.

Ele se envolveu em uma série de atividades, visitava soldados belgas feridos em hospitais e, posteriormente, visitava os soldados britânicos. Arrecadou dinheiro para os refugiados e feridos belgas e escreveu propaganda de guerra do outono de 1914 até dezembro de 1915. James aceitou o posto de chefe honorário do Corpo de Voluntários das Ambulâncias Motorizadas dos Estados Unidos e ingressou no Fundo Chelsea, criado para auxiliar os refugiados belgas. Essas atividades representaram um redemoinho na vida desse escritor tímido e recluso, cujas paixões e buscas mais ardentes estavam até então reservadas para suas obras. De acordo com seu biógrafo Leon Edel: "... o mundo parecia se reconfortar com sua presença, e muitas vezes ele precisou se proteger contra esse choro contínuo e abundante em seus ombros." Enquanto visitava os hospitais, James se assemelhava a Whitman nas suas rondas aos hospitais para visitar os feridos da Guerra Civil. Ele dizia que as visitas aos hospitais o deixavam menos "esgotado e enfraquecido quando vou em determinados dias e tento empurrar o carrinho da conversação colina acima para eles".

Quais teriam sido os horrores e a fascinação que levaram esse homem, que havia durante toda a sua vida se protegido da vida pública, a envolver-se tão ativamente nos esforços de guerra?

Uma das razões que motivaram seu envolvimento foi a carnificina, a morte de inúmeros jovens, assim como o deslocamento de tantas pessoas e a destruição. Enquanto ele pranteava a mutilação da existência, sentia uma admiração infinita pelas demonstrações de coragem que encontrava, tanto nos muitos jovens que foram à guerra quanto naqueles que ficaram para trás. James mudou-se para Londres em setembro. Ele escreveu, "eu ouço, vejo e recebo informações. Sofro sozinho". Ele pressionou o embaixador norte-americano em Londres e outros oficiais, criticando-os por sua neutralidade. Ele escreveu panfletos defendendo os britânicos e seus aliados.

James enfatizou em muitas de suas cartas um elemento importante para tratar a insensatez da guerra. Ele mostrava-se consciente, ao contrário de muitos outros, do preço que essa crueldade teria para as emoções, e como esses eventos geravam maior resistência à compaixão. Na verdade, a insensibilidade se torna uma estratégia de sobrevivência. Ele insistia, como em suas obras de ficção, na qualidade mais importante do ser humano — o sentimento — e repreendia a "paralisia de minha própria capacidade de fazer algo a não ser sentir, cada vez mais e mais".

Anos depois, em uma ficha cor-de-rosa que eu carreguei, através dos oceanos, de Teerã a Washington D.C., achei duas citações de James acerca de suas experiências durante a guerra. Eu as tinha copiado para Nassrin, mas acabei nunca mostrando a ela. A primeira era de uma carta que ele tinha escrito para uma amiga, Clare Sheridan, cujo marido — com quem estava recém-casada — havia sido morto na guerra. Ele escreveu:

> Não sou capaz de lhe pedir para não se lamentar ou sentir revolta porque, para meu próprio sofrimento, imagino tudo, e também porque não sou capaz de lhe dizer para não sentir. Sinta, sinta — sinta por tudo aquilo que representa, e, mesmo que isso mate uma parte de você, essa é a única maneira de se viver, especialmente frente a tanta pressão. É a única alternativa para honrar e celebrar os seres admiráveis e que são nosso orgulho e nossa inspiração.

Nas cartas escritas para os amigos, ele continuamente os incita a sentir, pois o sentimento liberaria a compaixão e os lembraria de que viver vale a pena.

Uma das características que distinguem a reação de James em relação à guerra foi o fato de sua emoção e de seus sentimentos não terem sido motivados pelo patriotismo. Os Estados Unidos, sua terra natal, não estavam em guerra. Ao contrário da Grã-Bretanha, país onde viveu nos últimos quarenta anos. No entanto, apesar de todo esse tempo, nunca havia solicitado a cidadania britânica, mas finalmente o fez. Poucos meses antes de morrer, em junho de 1915, Henry James adotou a nacionalidade britânica. E escreveu para Harry, seu sobrinho, que gostaria de tornar seu status civil compatível com seu status moral e material.

> Se não fosse a guerra, certamente teria continuado da mesma maneira, como se fosse a coisa mais simples e fácil e, até mesmo, amigável; mas as circunstâncias estão completamente modificadas.

O motivo mais imediato para essa mudança foi ter sido enquadrado na categoria de "estrangeiro amigável" e precisar de permissão policial em todas as ocasiões que viajava de Londres para sua cidade natal, Sussex. Mas a motivação mais importante e simbólica foi seu desencantamento com a neutralidade dos Estados Unidos na guerra. Ele escreveu a uma amiga, Lilly Perry, afirmando que "a presença do Inimigo transformara-o da cabeça aos pés, principalmente quando a própria nação não faz absolutamente nada para a outra, que se mantém em contínua transformação".

Como outros grandes escritores e artistas, James escolheu as causas às quais se manteve fiel e a sua própria nacionalidade. Seu verdadeiro país e seu lar era fruto de sua imaginação. Ele escreveu para sua velha amiga Rhoda Broughton.

> Para mim negra e medonha é a tragédia que se acumula, e estou doente e sem possibilidade de cura por tê-la vivenciado e assistido. Nós dois, objetos de ornamentação de nossa geração, deveríamos ter sido poupados da destruição de nossas crenças, para nós, que ao longo dos anos presenciamos o crescimento da civilização, o pior se concretizou.

Ele escrevera também para sua amiga Edith Wharton sobre o aniquilamento da civilização. "Para mim, a única luz na escuridão é a ação e a unanimidade absoluta deste país." Para James, a percepção sobre o lar estava intimamente atrelada à de civilização. Durante a guerra, em Sussex, ele teve dificuldade em ler e achou impossível trabalhar. Ele descreveu como se estivesse vivendo sob "o feitiço funesto de nossa civilização assassinada".

James escreveu em setembro de 1914, quando os alemães atacaram e destruíram a Catedral de Reims, na França:

> As palavras não preenchem o abismo criado por essa destruição — não o tocam, nem aliviam o coração, não lançam luz à escuridão, nem mesmo com uma centelha; a dor provocada no coração e a angústia das mortes não são reduzidas por nada, nem mesmo quando a definimos como o crime mais hediondo cometido contra a mente do homem.

Durante toda sua vida ele lutou pelo poder — não pelo poder político, ao qual desprezava, mas, sim, pelo poder da cultura. Para James, a cultura e a civilização representavam tudo, e a maior fonte de liberdade do homem era sua "independência de pensamento", que permitia ao artista em geral apreciar a "agressão provocada pelas infinitas formas de ser". Ao mesmo tempo, sentia-se indefeso e impotente diante de tamanha carnificina e destruição. Sua afinidade com a Inglaterra, e com a Europa de maneira geral, estava imbuída desse senso de civilização, de uma tradição embasada na cultura e na humanidade. Mas, naquele momento, ele também assistira à depravação da Europa, sua fadiga em relação a seu próprio passado, sua natureza predatória e cínica. Não é de admirar que tenha usado todos os seus poderes, inclusive o das palavras, para auxiliar aqueles que acreditava estarem corretos. Ele não era insensível ao potencial curativo desses poderes e escreveu à sua amiga Lucy Clifford: "Precisamos criar nossas próprias contrarrealidades para a vida que tanto prezamos."

24

Dias depois da conversa que tive com Nassrin, encontrei duas jovens do lado de fora de minha sala, antes da aula. Uma delas era Nassrin, com seu habitual sorriso pálido, e a outra, vestida com um xador preto que a cobria da cabeça aos pés. Depois de olhar fixamente para essa aparição, finalmente reconheci uma antiga aluna, Mahtab.

Ficamos ali, paralisadas por alguns segundos. Nassrin tinha um ar praticamente desinteressado. A indiferença tinha se transformado em uma forma de defesa contra as memórias desagradáveis e a realidade que não podemos controlar. Precisei de alguns segundos para digerir essa nova Mahtab, a estudante esquerdista que usava uma calça cáqui, e que era sua marca registrada, a quem havia visto pela última vez em um hospital à procura de seus companheiros assassinados. Essa Mahtab, em pé em minha frente e com um sorriso triste, que parecia implorar por reconhecimento. Fiz um gesto incerto com a intenção de abraçá-la, mas recuei e perguntei como ela estava depois de todos aqueles anos. Então me lembrei de convidá-las a minha sala. Tinha muito pouco tempo livre antes da próxima aula.

Mahtab e Nassrin mantiveram contato, e, quando ela soube que eu estava lecionando na Universidade Allameh, se encheu de coragem para vir conversar comigo e saber se poderia assistir a minha aula. E, talvez, depois da aula, eu estivesse disponível e, se não fosse causar nenhum problema, ela poderia me contar mais sobre si mesma. Certamente respondi que sim, e que ela poderia assistir à aula.

Ao longo das duas horas em que dei aula sobre *A herdeira*, de James, meus olhos com frequência repousavam sobre Mahtab e em seu xador preto. Ela estava sentada, ereta e ouvindo com uma espécie de nervosismo, em um estado constante de alerta, bem diferente do que era. Quando a aula terminou, ela me acompanhou até minha sala com Nassrin. Convidei-as a sentar e ofereci chá para ambas, que recusaram. Ignorei a recusa e saí da sala para pedir o chá. Ao retornar, fechei a porta para que pudéssemos ter maior privacidade. Mahtab sentara-se na beirada da cadeira, e Nassrin estava de pé a seu lado, olhando fixamente para a parede em frente. Pedi a Nassrin que se sentasse porque ela estava me deixando nervosa, em seguida, me virei para Mahtab e perguntei, no tom mais indiferente que pude, o que ela tinha feito em todos aqueles anos.

A princípio ela me olhou com uma resignação amável, como se não tivesse compreendido minha pergunta. Depois mexeu os dedos, que estavam escondidos embaixo das dobras de seu xador, e disse: Bem, eu estive no mesmo lugar que Nassrin. Pouco tempo depois que a vi naquela manifestação, fui presa. Por sorte, a sentença foi de apenas cinco anos — eles sabiam que eu não era uma figura importante em nossa organização e me soltaram antes do tempo, depois de dois anos e meio, por bom comportamento. Ela deixou que eu adivinhasse o significado de bom comportamento para o tipo de pessoa que a havia colocado na cadeia. Bateram à porta, e o sr. Latif entrou com o chá. Interrompemos a conversa até que ele saísse da sala.

Depois que ele saiu, disse que se lembrava muito de mim e de nossas aulas. Quando os primeiros interrogatórios tinham acabado, ela foi para uma cela com mais quinze prisioneiras, onde encontrou Razieh, outra de minhas alunas. Balançou a pequena xícara de chá que eu lhe oferecera, sem que seu xador escorregasse, e disse: Razieh me falou de suas aulas sobre Hemingway e James em Alzarah, e eu lhe contei sobre o julgamento de *O grande Gatsby*. Nós rimos muito, mas a senhora sabe, ela foi executada. Tive sorte. Menos de um ano depois da saída da prisão, Mahtab se casou e teve um filho, e estava grávida de três meses. Não é possível ver com o xador, ela disse, e apontou timidamente para a barriga.

Não havia nada que eu pudesse perguntar a ela sobre minha aluna assassinada. Preferia não saber como elas viveram na prisão e que outras memórias partilharam. A sensação é que, se ela me contasse, eu poderia acabar fazendo algo impensado e não conseguiria voltar para a sala de aula naquela tarde. Então, perguntei sobre a idade de seu bebê, mas não fiz perguntas sobre seu marido. Seria possível fazer minha pergunta favorita: vocês estavam apaixonados? Conhecia muitas histórias sobre meninas que, tão logo saíram da prisão, casaram-se. As motivações poderiam ser para diminuir as suspeitas dos carcereiros, que de alguma maneira achavam que o casamento era um antídoto para as atividades políticas, ou para provar aos pais que eram "boas" meninas, ou, ainda, simplesmente por falta de alternativas.

— Sabe, sempre achei bonita a história de *O grande Gatsby* — Mahtab falou ao levantar para sair. — A cena que leu para nós sobre o dia em que Daisy encontra Gatsby, depois de cinco anos, e ela com o rosto molhado pela chuva. E a outra, quando ele lhe parece estar tão distante, e ela querendo revelar para ele que o amava. O julgamento de Gatsby foi divertido, sabia?

Sim, eu sabia. O fato de elas se lembrarem de *O grande Gatsby*, e ainda, de que se divertiram com o livro já seria motivo suficiente para me sentir gratificada, mas, entre outras coisas, eu pensei em como a satisfação de ler *O grande Gatsby*, a partir daquele momento, estaria maculada para sempre e atrelada, em minha lembrança, ao período que Mahtab passou na prisão e à execução de Razieh.

Eu senti que deveria abrir a janela para deixar o ar entrar, tão logo elas saíram. De minha sala eu podia ver o pátio, e a sensação era de que a neve acariciava as árvores. Mahtab deixou para trás um ar um tanto quanto denso, uma atmosfera palpável de dor e resignação. Ela tivera sorte ao sair da prisão e se casar, e de ter a obrigatoriedade de ir todo mês se apresentar aos guardas da prisão, de ser aquela cuja cidade natal estava em ruínas e tinha uma criança de dois anos de idade? Ela tivera sorte enquanto Razieh estava morta. Nassrin disse também que tivera sorte. Meus alunos desenvolveram um estranho conceito de sorte.

A segunda citação de James que estava na ficha cor-de-rosa fala sobre sua reação frente à morte de Rupert Brooke, o jovem e belo poeta inglês, que morreu durante a guerra por envenenamento do sangue. Ele escreveu:

> Confesso que não tenho filosofia, nem piedade, nem paciência, nem a arte da reflexão, nem uma teoria de compensação para confrontar situações tão assombrosas, tão cruéis e tão insanas, elas são indescritivelmente alarmantes e irreparáveis para mim, eu as miro com olhar de raiva e ruína.

Próxima às últimas palavras, posteriormente, acrescentei: *Razieh*.

25

Minhas alunas apareciam dos lugares mais estranhos e de esquinas sombrias me traziam notícias! Eu não podia viajar, mesmo hoje não consigo visitar esses lugares, independentemente do número de vezes que eu ouça falar sobre eles. Mesmo assim, é possível que houvesse algum traço de alegria sobre Mahtab e Razieh na cela, sem que soubessem se iriam sobreviver ou não, enquanto conversavam sobre James e Fitzgerald. É possível que *alegre* não seja a palavra correta. Falo isso porque não poderia imaginar que levariam meus romances favoritos para esse lugar, meus emissários dourados que vieram de outro mundo. Eu penso em Razieh na prisão, e em Razieh olhando para o pelotão que atiraria contra ela numa noite qualquer, possivelmente na mesma noite em que lia *The Long Goodbye* [O longo adeus] ou *The Bostonians* [Os bostonianos].

Eu me lembro hoje, como me lembrava naquela época, de que uma das características mais marcantes de Razieh era seu amor por James. Lembro-me da turma para a qual dei aula na Universidade Alzahrah e todas as frustrações que senti. O maior diferencial dessa "universidade" era o fato de ser a única universidade somente para mulheres. Tinha um *campus* pequeno, com um jardim arborizado, e eu dava duas aulas, e também trabalhava na Universidade de Teerã, no primeiro ano que retornei à sala de aula. Eu fiquei bastante assustada ao corrigir as provas semestrais, e perceber que a maioria dos alunos, em vez de responder às perguntas, simplesmente reproduziram o que eu havia dito durante as aulas. Em quatro provas específicas, a repetição era impressionante. A sensação é de que haviam transcrito palavra por palavra do que falara sobre *Adeus às armas*, inclusive os "vocês sabem" e minhas divagações sobre a história de vida de Hemingway. Ao corrigir as provas, eu senti como se tivessem me dado uma paródia bizarra de minhas aulas.

A primeira impressão é de que tinham colado. Era impensável que pudessem recriar minhas aulas de maneira tão precisa, sem o uso de notas. No entanto, as demais professoras me disseram que essa era uma prática comum. Os alunos memorizavam tudo o que era dito pelos professores e reproduziam o que tinham aprendido, sem mudar uma única palavra.

Na aula seguinte à prova, eu estava furiosa. Foi uma das raras ocasiões em meu tempo de professora que senti raiva e a demonstrei para os alunos. Era jovem e com pouca experiência, e acreditava que certos padrões eram não só esperados como compreendidos. Lembro-me de ter falado que teria sido melhor se tivessem colado, pois exigia o mínimo de engenhosidade e esforço, mas repetir o conteúdo das aulas sem mudar nada, e não incluir nem um traço de pessoalidade nas respostas... E continuei falando e, conforme continuava, eu me senti ainda mais reforçada por minha indignação. Foi o tipo de raiva que entorpece, e que se leva para casa para mostrar aos familiares e amigos.

O silêncio foi absoluto, mesmo entre aquelas que não tinham cometido o pecado que eu lhes atribuía. Liberei a turma mais cedo, mas as culpadas e algumas outras permaneceram para se defender. Elas eram amáveis em suas alegações: queriam perdão e não sabiam como fazer diferente. Era o que a maioria dos professores esperava. Duas estavam quase chorando. O que poderiam fazer? Nunca aprenderam como fazer de outro jeito. Elas aprenderam a memorizar desde o primeiro dia da escola primária. Havia sido dito a elas que suas opiniões não tinham valor.

Razieh permaneceu na sala mesmo depois que quase todas já haviam ido embora. E disse que gostaria de conversar comigo. A culpa não é delas — disse —, quero dizer, de certa maneira sim, mas sempre acreditei que a senhora se importava com a gente.

O tom de reprovação em sua voz me deixou espantada.

— Acha que, se eu não me importasse, teria ficado com tanta raiva?

— É, esse acaba sendo o jeito mais simples — disse ela tranquilamente. — Primeiro deve lembrar-se de nossa origem. A maioria dessas meninas nunca recebeu um elogio ou foi estimulada por ninguém, para nada. Nunca lhes foi dito que são boas em alguma coisa, e que devem pensar por si mesmas. E a senhora agora as confronta, como se elas tivessem traído princípios que nunca aprenderam a valorizar. Mas a senhora devia saber disso.

E lá estava ela, essa menina pequena, minha aluna, me passando um sermão. Provavelmente não tinha mais do que 20 anos e, mesmo assim, conseguiu demonstrar autoridade sem ser impertinente. E disse, elas amam suas aulas. Até mesmo aprenderam a amar Catherine Sloper, mesmo ela não sendo bonita e sem reunir os atributos que procuram nas heroínas. Respondi: Em tempos de revolução como o nosso, não me surpreenderia que minhas alunas não se importassem com os sofrimentos e preocupações de uma jovem americana, rica e comum, do final do século XIX. Mas ela protestou veementemente, é justamente nesses tempos de revolução que elas se importam ainda mais. Não sei dizer por que as pessoas que se encontram em melhores condições acham que as menos afortunadas não almejam ter coisas boas — como ouvir uma boa música, comer uma boa comida ou ler Henry James.

Ela era uma menina pequena e com uma tez escura. Sua seriedade deve ter sido um peso para sua figura tão frágil. Mas ela não era nada frágil. Como uma pessoa com uma aparência tão delicada poderia passar a impressão de tanta resistência, eu não sei dizer. Razieh. Não consigo me lembrar de seu sobrenome, mas posso utilizar seu primeiro nome sem ter que me preocupar com sua segurança, porque está morta. É irônico que eu só possa escrever os nomes reais de pessoas mortas. Ela era respeitada entre suas colegas de classe e, naquele tempo fortemente influenciado pelas ideologias, prendia a atenção daquelas que estavam entre um campo ideológico ou outro. Ela era um membro ativo do Mujahidin, mas mesmo assim desconfiava de possíveis traços de hipocrisia do grupo. Ela não tinha pai, e sua mãe trabalhava como faxineira. Tanto sua mãe quanto ela eram pessoas muito religiosas, e foi justamente sua crença que a levou para o Mujahidin, pois desprezava os islamistas que usurparam o poder.

A aptidão de Razieh para a beleza era extraordinária. Ela disse: Sabe, toda minha vida eu passei na pobreza. Eu precisava roubar livros e entrar sorrateiramente nas salas de cinema — mas, meu Deus, como eu amava aqueles livros! Não creio que nenhuma criança rica jamais tenha gostado de *Rebecca* ou... *E o vento levou* como eu, quando pedia emprestadas as edições traduzidas nas casas onde minha mãe trabalhava. Mas no caso de James — ele é diferente de todos os demais escritores que já tenha lido. Acho que estou apaixonada, completou rindo.

Razieh era essa mistura peculiar de paixões contraditórias. Ela era amarga e determinada, implacável e dura, e ainda assim amava romances e escrevia com paixão. Ela me disse que sua intenção não era escrever, mas dar aulas, por ser uma escritora pouco articulada. Ela disse: Invejamos pessoas como a senhora, e gostaríamos de poder ser como você. Como não podemos, nós a destruímos. Quando deixei aquela universidade, eu a vi apenas uma vez. Acredito que ela tenha sentido que eu as havia abandonado ao deixar sua pequena universidade para dar aulas na Universidade de Teerã. Eu lhe pedi que assistisse a minhas aulas e que mantivesse contato, mas ela nunca me procurou.

Meses depois da manifestação sangrenta no verão de 1981, eu estava caminhando por uma rua larga e ensolarada perto da Universidade de Teerã quando, na direção oposta, vi uma pequena figura enrolada num xador negro. Só prestei atenção porque ela parou por um instante, parecendo estar espantada. Era Razieh. Ela não me cumprimentou, e em seu olhar senti uma rejeição, um apelo para não ser reconhecida. Nós nos olhamos mutuamente e continuei caminhando. Eu jamais esquecerei aquela rápida troca de olhares, de seu corpo tão esguio e pequeno, de seu rosto fino e seus olhos grandes, assim como uma coruja, ou um diabinho em um conto de fadas.

26

Em nome de minha aluna Razieh, mudarei de assunto para falar sobre seu livro predileto. Será uma homenagem póstuma.

O que foi que deixou Razieh intrigada no livro *A herdeira*? É claro que houve algum nível de identificação com a desventurada heroína, mas não é tão simples assim.

A herdeira é um livro bastante direto, mas seus personagens enganam: eles não agem de acordo com as expectativas, começando pela heroína Catherine Sloper. Catherine está presa na redoma criada por um pai inteligente e bem-sucedido. Ele a ignora. Não perdoou sua filha, devotada e tímida, pela morte de sua querida esposa durante o parto. Mais ainda, ele não superou sua desilusão pelo fato de Catherine não ser brilhante ou bonita. Catherine também está presa por seu amor por Morris Townsend, o "belo" (de acordo com suas palavras) jovem pródigo que a corteja exclusivamente por seu dinheiro. A sra. Penniman, a tia viúva, frívola, sentimental e intrometida, tenta abrandar as aspirações sentimentais de Catherine ao comportar-se como cupido, completa o triunvirato diabólico.

Catherine pode ser vista como uma heroína excepcional, até mesmo para James. Ela é exatamente o inverso do que imaginamos que uma heroína deva ser: intensa, saudável, comum, insípida, literal e honesta. Ela está em meio a três personagens espertos e egocêntricos, que a maltratam e a subestimam, mas mesmo assim ela permanece leal e bondosa. James a deixa despida, camada por camada, de todos os atributos que fazem uma heroína interessante. E todas essas qualidades que ele retira de Catherine, distribui entre os demais personagens. Morris Townsend é aquinhoado com "beleza" e inteligência. À sra. Penniman, um amor maquiavélico pela intriga, e ao dr. Sloper, ironia e discernimento. Ao mesmo tempo, nega a eles o principal atributo de sua heroína: a compaixão.

Catherine não é diferente de outras heroínas, e equivoca-se ao demonstrar ter o dom de enganar a si mesma. Ela crê que Morris a ama, e se recusa a acreditar nas investidas de seu pai, que defende o contrário. James não gostava que seus heróis e heroínas fossem infalíveis. Na verdade, todos eles cometem erros que são em geral nocivos, principalmente para eles mesmos. Seus equívocos, como em uma tragédia clássica, se tornam essenciais para seu processo de amadurecimento.

O mais cruel entre os três é o dr. Sloper e, ao mesmo tempo, é o mais correto tanto em sua vida profissional como privada, e acerta em quase todas as previsões que faz em relação a sua filha. De maneira precisa, e com o toque de ironia que lhe é habitual, prevê que a sra. Penniman tentará convencer sua filha de que "um jovem com bigode está apaixonado por ela. Não será verdade. Nenhum jovem, com ou sem bigode, nunca irá se enamorar de Catherine". Desde o início, o dr. Sloper desconfia das intenções de Morris Townsend em relação à filha, e tenta fazer de tudo para impedir seu casamento. Mas ele nunca consegue atingir o coração da filha. Ela sempre o surpreende, justamente porque ele não a conhece verdadeiramente e subestima Catherine. E faz algo ainda pior: seu fracasso é um fracasso do coração, porque o coração de Catherine é despedaçado em dois momentos — em um, por seu suposto amor; em outro, por seu pai. Ele é igualmente culpado do mesmo crime do qual acusa Morris, a falta de um sentimento verdadeiro de amor. Se pensarmos no dr. Sloper, somos lembrados de uma das contribuições de Flaubert: "Você deve ter um coração para poder sentir o coração dos demais." Imediatamente a imagem do pobre sr. Ghomi me veio à mente, e que nunca percebeu todas estas sutilezas — ou, de repente, felizardo. Para o sr. Ghomi, que não tinha nenhuma preocupação com escrúpulos: em seu livro, a filha deve obedecer ao pai, e não havia nada mais a dizer a respeito.

O dr. Sloper nunca percebe as necessidades da filha. Ele reclama de sua falta de grandes realizações, sem observar seus anseios ocultos pela música e pelo teatro. Ele vê suas tolices, e não seu desejo intenso de ser amada. Não é por coincidência que, em seu primeiro encontro com Morris Townsend, no casamento da prima, Catherine, que "começou a se interessar pela moda", usa um vestido vermelho de cetim. O narrador informa ao leitor que "a sua grande indulgência" "certamente foi a manifestação de um desejo inarticulado; ela procurou se expressar através das roupas e compensar sua timidez por meio de uma sinceridade no vestir". O vestido é um verdadeiro desastre; a cor não lhe cai bem, fazendo com que pareça dez anos mais velha. E acaba sendo o alvo principal das colocações irônicas de seu pai. Nessa mesma noite, Catherine conhece Morris e se apaixona. Por duas vezes seu pai perde a oportunidade de compreendê-la e de ajudá-la.

Dessa maneira, o dr. Sloper cometeu o crime mais imperdoável na ficção — a cegueira. De acordo com o poeta John Shade na obra de Nabokov *Fogo pálido,* a piedade é a senha. O respeito pelos demais, a empatia, é o aspecto central do romance. É a característica que une Austen a Flaubert, e James a Nabokov e Bellow. Acredito que o vilão na ficção moderna surja da seguinte maneira: uma criatura sem compaixão, sem empatia. A versão personificada do bem e do mal que usurpa e individualiza os conceitos mais arquetípicos, como a coragem e o heroísmo, e que modelou o épico ou o romance. O herói protege sua integridade individual independentemente das circunstâncias.

Eu acredito que grande parte de meus alunos iria concordar com essa percepção sobre o mal, pelo fato de estar muito próxima da própria experiência. A ausência de empatia, em minha opinião, é o principal pecado do regime, do qual todos os demais se originaram. Minha geração teve a oportunidade de experimentar a liberdade individual e a perdeu. Não importa quão dolorosa tenha sido essa perda, a lembrança de sua existência nos protege do deserto que é o presente. Mas o que essa geração pode fazer para se proteger? Como a Catherine, seus desejos, anseios e a necessidade de expressão se manifestaram de maneira estranha.

Conforme ela é menosprezada pelo pai, alvo de manipulação pela tia e, por fim, abandonada por seu pretendente, Catherine Sloper aprende, por meio da dor, a se posicionar em relação a cada um deles — mas de seu próprio jeito, quieta e humilde. Em todas as circunstâncias, ela se mantém fiel ao próprio estilo de lidar com os acontecimentos e com as pessoas. Ela desafiou o pai, que estava em seu leito de morte, ao recusar-se a prometer que nunca se casará com Morris, mesmo que não pretenda fazê-lo. Ela também se nega a "abrir o coração" para a tia e abrandar sua curiosidade. Ao final do livro, em uma passagem magnífica, ela não aceita o pedido de seu volúvel pretendente após vinte anos. Ela deixa todos surpresos com suas ações, que não são manifestadas pelo desejo de vingança, mas sim pela decência e dignidade, dois termos fora de moda, mas bastante admirados pelos protagonistas de James.

Catherine é a única que demonstra a capacidade de mudar e amadurecer, mesmo que a heroína tenha tido que pagar um preço alto por essa transformação, como em tantos romances de James. E, de certa forma, ela se vinga de seu pai e de seu pretendente: ela se recusa a ceder. No fim, o triunfo é dela.

Se é que podemos chamar de triunfo. Podemos acreditar na defesa de James em ter uma "imaginação para o desastre". Muitos de seus protagonistas são infelizes, não obstante têm uma aura de vitória. Isso se dá porque esses personagens dependem essencialmente do próprio senso de integridade, para eles a vitória não está atrelada à felicidade. O que está em jogo é uma satisfação pessoal, um movimento para dentro de si, e que os deixa completos. A recompensa não é a felicidade — palavra fundamental nos romances de Austen, mas que raramente aparece no universo de James. A conquista dos personagens de James é o respeito próprio. E ele nos deixa convencidos de que essa conquista é a mais difícil, quando, ao final da leitura da última página de *A herdeira*, logo que o exasperado pretendente de Catherine vai embora, sabemos que: "Enquanto isto, na sala de estar, Catherine pega seu bordado, senta-se e recomeça o trabalho — sendo que desta vez para toda a vida."

27

Mais uma vez toquei a campainha do apartamento dele, e novamente não houve resposta. Eu me afastei da porta e olhei pela janela da sala de estar: as cortinas estavam fechadas e todo o restante tinha uma coloração creme e estava em silêncio. Eu tinha um encontro marcado com ele naquela tarde, e em seguida Bijan iria me buscar para me levar a um jantar na casa de amigos. Eu pensei em procurar um telefone, justamente quando surgiu um vizinho segurando uma sacola com frutas. Ele abriu a porta do prédio e disse que eu poderia entrar, sorrindo de maneira acolhedora. Agradeci e me pus a subir a escadaria. Meus chamados não tiveram resposta, e, como a porta do apartamento estava aberta, entrei.

Não havia nada em desordem no apartamento, tudo estava em seu devido lugar: a cadeira de balanço, o *kilim*, o jornal do dia dobrado perfeitamente sobre a mesa e a cama arrumada. Percorri um cômodo após o outro, tentando identificar um sinal ou alguma indicação para essa mudança na rotina. A porta estava aberta. Ele provavelmente tinha saído para providenciar algo, como café ou leite, e por isso deixou a porta destrancada. Qual outro motivo poderia explicar sua ausência? O que mais teria acontecido? Será possível que eles o tenham levado? E tão logo essa ideia repousou sobre meus pensamentos, se recusou a ir embora. E, como um mantra, reverberou em minha mente: eles o levaram, eles o levaram, eles… Não era algo improvável, já tinha acontecido com outras pessoas. Uma vez, o apartamento de um escritor foi encontrado destrancado. Quando seus amigos chegaram, viram os restos do café da manhã na mesa da cozinha, a gema de ovo espalhada no prato, um pedaço de torrada, manteiga, um pouco de geleia de morango, a xícara de chá quase vazia. Todos os cômodos pareciam descrever uma ação inacabada, pela metade. No quarto, a cama estava desfeita, pilhas de livros estavam espalhadas pelo chão do escritório e em cima da poltrona. Em cima da mesa, um livro aberto e um par de óculos. Seus amigos descobriram duas semanas depois que ele tinha sido levado pela polícia secreta para interrogatório. Esses interrogatórios faziam parte de nossa vida diária.

Por quê? Qual teria sido o motivo para o terem levado? Ele não estava envolvido em partidos políticos e não publicava artigos defendendo uma causa ou outra. Por outro lado, ele tinha muitos amigos... Como eu poderia saber se ele estava ou não envolvido sigilosamente com algum grupo, ou um líder de guerrilha? Esse pensamento parecia absurdo, mas qualquer explicação era preferível a nenhuma: eu precisava identificar um motivo para o desaparecimento de um homem cuja vida estava atrelada a rotinas, ciente de suas obrigações e que sempre chegava cinco minutos antes do horário marcado. Percebi nesse momento que ele havia criado deliberadamente uma imagem de si mesmo longe de suas rotinas, deixando apenas farelos de pão para nós seguirmos.

Fui até o telefone que estava próximo ao sofá na sala de estar. Deveria ligar para seu melhor amigo, Reza? Mas acabaria deixando-o igualmente preocupado, deveria esperar um pouco, para me certificar de que não retornaria em breve. E se eles voltassem e me achassem aqui? Fique quieta, *fique quieta!* Aguarde, ele estará de volta a qualquer minuto. Olhei para meu relógio e ele estava apenas 45 minutos atrasado. Só? Vou esperar por mais meia hora e então tomarei uma decisão.

No escritório, eu passei os olhos pelos livros, todos catalogados por tema e título. Escolhi um romance, e depois o coloquei de volta. Depois escolhi um livro de crítica literária, e percebi que era *Quatro quartetos*, de Eliot. Não era uma ideia ruim. E, da mesma maneira que costumávamos abrir um livro de Hafez, fechei os olhos e percorri os dedos pelas páginas, deixando que parassem ao acaso. A página selecionada era o meio de *Burnt Norton*, cujas palavras iniciais são:

No ponto de repouso onde o mundo se move. Não só a carne
ou a sua ausência.
Sem ponto de partida nem chegada. No ponto de repouso, a dança
Simplesmente é.

Ao fechar o livro, voltei para o sofá e me senti extremamente cansada. O telefone tocou. Em caso de ser um amigo, ele desistirá após três toques. Mas e se não for? E se porventura for ele? Ele saiu deixando a porta aberta, pode ser que tenha telefonado para minha casa e, como não encontrou ninguém, resolveu procurar por mim aqui. Por que não deixou um bilhete? Se fosse eu, com minha mente desorganizada, provavelmente não teria me lembrado de deixar um bilhete, mas esse não era o caso dele. Certamente teria lembrado. Pode ser que ele não tenha tido tempo de escrever, ou não *pudesse*. Caso tivessem realmente vindo buscá-lo, ele não teria dito: Esperem, vou deixar um bilhete para minha amiga, e mais tarde poderão passar aqui para buscá-la. "Querida Azar, me desculpe, mas não pude esperá-la. Em breve voltarão para levá-la."

De repente, o pânico tomou conta de mim. E senti que deveria contatar Reza. É preferível telefonar para Reza a morrer de ansiedade. Afinal, duas cabeças pensam melhor que uma. Falei com Reza e expliquei o que tinha ocorrido. Seu tom de voz era calmo, mas será que não senti um certo pânico em sua entonação, encoberto por suas palavras reconfortantes? Ele disse: Em meia hora estarei aí.

Tão logo recoloquei o fone no gancho, eu me arrependi de ter telefonado. Em caso de que algo ruim acontecesse, não ajudaria em nada envolver mais pessoas, e, na hipótese de estar tudo bem... Recomecei a leitura de *Quatro quartetos* abrindo dessa vez no início, no trecho que costumava ler em voz alta para mim mesma, na época em que estava estudando Eliot na universidade:

Tempo presente e tempo passado
É possível que ambos estejam juntos no tempo futuro

E o tempo futuro é parte do passado.
Se o tempo é para sempre presente
Todo tempo é irresgatável.

Como não percebi antes a passagem sobre o tempo presente como irresgatável, mesmo tendo lido este poema inúmeras vezes? Li em voz alta, caminhando em círculos em torno da sala:

O que poderia ter acontecido é mera conjectura
E permanece eternamente como possibilidade
Somente em um mundo de especulações.
O que poderia ter acontecido e o que foi de fato
Se encontram em um mesmo lugar, que é sempre o presente.

Então a leitura chegou em minha parte favorita, e quase chorei.

Os passos reverberam na lembrança
Ao longo dos caminhos que não percorremos
Na direção da porta que nunca abrimos
Para o roseiral. As minhas palavras ecoam
Na sua lembrança.
Mas com qual finalidade
Espalhando a poeira acumulada em uma travessa de pétalas de rosa.
Eu não sei.

Reli as duas linhas finais, e, para meu espanto, senti as lágrimas descerem por meu rosto. Seu amigo chegou. Ao entrar, imediatamente procurou me reconfortar e transferi para ele todo o meu medo e ansiedade. Ele segurou minhas mãos, deu uns tapinhas em minhas costas e disse: Não se preocupe. Ele é meio maluco — é possível que tenha tido que ir para uma reunião de emergência, para editar algo. Não é a primeira vez que ele desaparece para cumprir com uma dessas tarefas, às vezes ele só retorna depois de alguns dias. Mesmo tendo agendado um encontro antes? Será que ele não teria deixado ao menos um bilhete? Sentamos no sofá depois de um tempo, com as mãos dadas, o sentimento era de abandono e intimidade, ao compartilharmos nossos medos e nossas dúvidas.

Não ouvimos a chave na fechadura nem a porta abrir. Ele tinha esquecido que deixara a porta destrancada. Ao entrar, suas primeiras palavras foram: me desculpem. Eu saí com o Garoto. Seu semblante estava muito pálido e, se sobrancelhas arqueadas pudessem curvar-se, eu diria que era o que tinha acontecido com as suas. A fadiga se confrontou com o arrependimento, com a percepção da ansiedade que ele tinha nos feito passar. Bem, o mínimo que poderia ter feito é ter sido preso ou entrado com seus interrogadores, eu disse com bastante cansaço na voz. Quer dizer que estava com o Garoto?

O Garoto era a maneira que ele se referia a um homem, que na época que o conhecera tinha 18 anos e estava no último ano do ensino médio, em uma de suas aulas no ano da revolução. Meu mágico sentia uma afeição especial pelo Garoto, que almejava cursar a faculdade de medicina e era fascinado por suas conversas sobre Ésquilo e Chaplin. Embora tivesse sido aprovado em primeiro lugar, não pôde se matricular na escola de medicina por ter dito que era baha'i. Ao longo do reinado do xá, os baha'is foram protegidos e floresceram — um pecado pelo qual o xá nunca foi perdoado. Com a revolução, suas propriedades foram confiscadas e os líderes, assassinados. Aos baha'is não eram concedidos direitos civis, após a promulgação da constituição islâmica, e eles eram barrados nas escolas, nas universidade e nos locais de trabalho.

A alternativa que o Garoto poderia ter adotado era ter publicado no jornal, como muitos fizeram, negando que pertencesse à seita considerada decadente e imperialista e desonrando seus pais — que por sorte estavam na Europa, afastados de qualquer ameaça —, afirmando que fora convertido por um aiatolá. Era a única exigência para que as portas pudessem estar novamente abertas. Mas ele optou por continuar dizendo que era baha'i, mesmo que não fosse praticante e não tivesse inclinações religiosas. Sua decisão implicava negar a si mesmo uma carreira brilhante como médico. E não há dúvidas de que seria um médico brilhante.

Vivia com sua velha avó, realizando trabalhos ocasionais — já que não podia permanecer por muito tempo em um único emprego. Nessa época trabalhava em uma farmácia, e este foi o mais próximo que chegou de se tornar médico. Nós nunca nos encontramos, mas ouvira falar sobre ele, sobre sua beleza devastadora e seu amor por uma jovem muçulmana, que o abandonou, optando por se casar com um homem rico e mais velho. Mais tarde, ela tentou uma reconciliação.

Logo antes do almoço, o Garoto tinha telefonado para ele. A avó, doente havia muito tempo, tinha morrido, e ele ligou do hospital, ainda em estado de choque. Falou diversas vezes que não sabia o que fazer. Então meu mágico rapidamente foi a seu encontro e pensou que estaria em casa em pouco tempo, bem antes de nosso encontro.

Na frente do hospital ele o viu, estava ao lado de uma mulher delicada e sem ossos: a tia. o Garoto quase chorou, mas era impossível chorar na frente de um mentor quase divino, e assim se controlou, os olhos secos, em um estado pior do que se tivesse chorado. Nos primeiros anos da revolução, todos os cemitérios baha'i tinham sido destruídos, e os túmulos, demolidos com tratores. Sendo assim, não havia um lugar para enterrá-la. A história que tinha ouvido era de que o cemitério dera lugar a um parque ou playground. Depois, soube que tinha sido transformado em um centro cultural chamado Bakhtaran. O que deveria fazer com sua avó morta e sem um local em que pudesse enterrá-la?

Levantei e andei de um lado ao outro da sala. Ele apontou para um lugar no sofá e me disse para sentar. Não fique inquieta — isso, boa menina. Respondi: Antes de qualquer coisa preciso fazer uma ligação. Falei com Bijan, e pedi que fosse à festa sem mim, eu o encontraria depois. Ao voltar, ouvi Reza falando: Essa obsessão em tomar posse dos vivos e dos mortos é impressionante. No início da revolução, um revolucionário ordenou que demolissem o túmulo do xá Reza, destruindo o monumento que deu lugar a um banheiro público. E ele mesmo o inaugurou. Interrompi a conversa e perguntei se gostariam de um café. Coloquei três canecas sobre a mesa, junto com um bule de água quente e café instantâneo. O mágico levantou, foi à geladeira e nos trouxe uma caixa de chocolates, como um perfeito cavalheiro.

Então, o Garoto pegou emprestado o carro de um amigo, e estava parado em frente ao hospital acompanhado de sua tia, que estava chorando. A despeito dos protestos do Garoto, ele não poderia deixá-lo ali com a tia, enquanto tomava as devidas providências em relação ao corpo. O mágico tinha pensado em me pedir apoio e telefonou para minha casa, mas não houve resposta. Não, ele não tinha vislumbrado a possibilidade de ligar para Reza ou outro amigo qualquer, e entrou no carro com o Garoto.

Voltaram para o hospital, e se dirigiram para os fundos, onde estava o cadáver, que lhes foi entregue enrolado em uma mortalha branca. Cada um segurou em uma ponta do tecido, colocando-o no porta-malas do carro. Seguiram até um jardim localizado fora de Teerã, e sobre o qual ele já ouvira falar, para enterrar o corpo. Uma das preocupações era com a milícia — afinal, o que diriam a eles? O que poderiam fazer para impedir que revistassem o porta-malas do carro? O Garoto também se preocupou com o carro, que era de um amigo, e ele não queria envolver pessoas inocentes nesse assunto. Pessoas inocentes!, exclamou meu mágico. Como alguém pode se sentir culpado por querer enterrar a própria avó, sem mesmo poder oferecer a ela um enterro qualquer, ainda mais um digno?

Gostaria de poder tocá-lo, mas esse evento o havia deixado fora de nosso alcance: a sensação é que ainda estava dentro do carro, indo em direção ao jardim. Foram muitas as circunstâncias em que não era possível expressar manifestações de solidariedade. O que deve ser dito quando alguém relata a você situações de violência como estupros e assassinatos de virgens — sinto muito, eu entendo? Meu mágico e Nassrin não queriam compaixão: eles esperavam que pudéssemos entender sua dor e que transformássemos nossa empatia no formato dessa dor. No caso dele, com certeza, era ainda pior: ele se sentia culpado e com raiva.

Os dois percorreram a estrada pela qual já tinham passado muitas vezes antes em direção ao mar Cáspio. Tudo passou despercebido, a terra, as árvores e as montanhas, enquanto a tia permanecia calada: permaneceu sentada no banco de trás, e ocasionalmente ouviam soluços. Não havia nada que pudessem conversar, então começaram uma conversa casual sobre a premiação do Oscar no ano anterior.

Não havia nada de especial em relação ao jardim. Por detrás dos muros de tijolos, ele viu as árvores altas do lado de dentro. Eles buzinaram e um senhor abriu o portão. Foram-lhes mostrados alguns túmulos com lápides, e duas covas que tinham sido abertas recentemente. Aos familiares era esperado que realizassem o ritual final de lavar o corpo do ente morto e cobri-lo. O Garoto e sua tia entraram em uma pequena construção, e meu mágico ficou sentado esperando enquanto segurava um pequeno buquê de narcisos que comprara no caminho. Todo o resto aconteceu como num sonho: depositar o corpo na cova, cobri-lo de terra, esperar por uns instantes, depositar as flores a seu lado e ir embora. O Garoto pagou ao velho, eles voltaram para o carro e se dirigiram para o apartamento. Disse por fim: aqui estou a seu serviço. Virando-se para mim, seu olhar tinha bondade. Desculpe-me, como fui insensível em não ter pensado em seus sentimentos.

Permanecemos sentados por mais algum tempo. Se conversamos, eu não me lembro. Em seguida, me levantei e pedi, por favor, que chamasse um táxi. Logo que a campainha tocou, levei mais tempo do que o usual para colocar a túnica e o véu, pegar minha bolsa e me despedir. O motivo de minha visita não foi mencionado — as coisas tinham perdido o sentido. Com certeza, teríamos o dia seguinte, e então telefonaria para agendar um novo encontro. Naquele momento, beijei ambos no rosto, agradeci a Reza e desci as escadas correndo, em direção ao carro que me esperava.

28

Duas noites antes do anúncio do primeiro cessar-fogo entre as cidades, recebi uns amigos que vieram assistir a *Mogambo*, filme de John Ford. O sr. Forsati tinha adquirido o hábito de me emprestar vídeos. Certo dia, ele inesperadamente foi até minha sala carregando um pequeno pacote em suas mãos. E dentro tinha o filme *Quero ser grande*. Desse dia em diante, ele passou a me trazer diversos filmes em geral, de lançamentos americanos de segunda e terceira linha. Diziam que os islamistas compravam os vídeos dos marinheiros que serviam no Golfo, e que estavam autorizados a ver filmes proibidos, e depois os contrabandeavam. Com o tempo comecei a fazer pedidos, inclusive de clássicos como *Uma mulher para dois*, *Tempos modernos*, ou os filmes de Howard Hawks, John Ford, Buñuel ou Fellini. Ele desconhecia esses nomes, e no começo teve dificuldade de encontrá-los, possivelmente porque os próprios marinheiros não demonstravam muito interesse. Mas um dia ele me trouxe *Mogambo* e disse que era um presente. Até então, nunca havia pensado que me apaixonaria por um filme antigo, mas ali estava: não só tinha uma cópia, mas a impressão de que eu gostaria de assistir a ele.

Nessa mesma noite, houve um blecaute que durou muitas horas e atingiu a cidade inteira. Permanecemos sentados à luz de velas, conversando e bebendo Vishnovka, uma vodca caseira feita de cerejas. As explosões ocasionais interrompiam o fluxo da conversa. Na noite seguinte, o Iraque anunciou que estaria disposto a um cessar-fogo caso pudesse lançar seu último míssil. Tudo parecia um jogo de criança, e o que realmente importava era quem falaria por último.

O cessar-fogo foi interrompido depois de dois dias. Muitas pessoas tinham acreditado que duraria mais tempo, e retornaram para Teerã. As lojas ficaram abertas até mais tarde e as ruas estavam cheias de pessoas que faziam suas compras para o Ano-Novo. Algumas horas antes, eu tinha feito uma aposta com um amigo de quanto tempo o cessar-fogo duraria. E estas apostas se tornaram bastante frequentes. Nós apostávamos em quando, onde e quantos mísseis atingiriam a cidade. As apostas nos ajudavam a reduzir a tensão, embora muitas de nossas vitórias nos parecessem bastante lúgubres.

Os ataques foram reiniciados em uma segunda-feira às dez e meia da noite. No dia seguinte, bem cedo, seis mísseis atingiram Teerã e um número considerável de pessoas que tinham voltado para a cidade foi embora quase imediatamente. O sentimento de pressa que acometeu repentinamente a cidade era interrompido, de tempos em tempos, pelas marchas militares que ecoavam das mesquitas, dos escritórios do governo, dos prédios do Comitê Revolucionário e das casas. Essas marchas eram temporariamente substituídas por "anúncios importantes" em relação aos ataques de mísseis em Bagdá e sobre as novas vitórias contra o "inimigo imperialista-sionista". Essas vitórias da "luz contra a escuridão" supostamente deveriam nos alegrar e consolar ao sabermos que os iraquianos enfrentavam destino semelhante.

29

No dia 21 de março de 1988, antes do Ano-Novo iraniano, as universidades foram fechadas até o cessar-fogo. As pessoas estavam cansadas e pareciam não se importar mais com os decretos emitidos pelo governo. Os casamentos e as festas aconteciam normalmente, indiferentes às milícias e aos guardas revolucionários. Os motociclistas vestidos de negro, ou emissários da morte, como também eram conhecidos, não mais apareciam após os bombardeios, quando as pessoas exprimiam seu desespero e sua raiva, amaldiçoando Saddam e nosso próprio regime. As rotinas foram suspensas, e procurávamos estratégias para escapar dessa realidade. Os passeios e as escaladas pelas montanhas ao redor de Teerã, e as longas caminhadas, foram incorporados ao cotidiano. Estas atividades acabavam trazendo novas amizades, mesmo que não durassem muito tempo.

O nome do ditador iraquiano era agora muito familiar e quase tão conhecido como o de Khomeini. Sobretudo porque quase exercera o mesmo controle sobre nossos destinos. Seu poder em relação a nossas vidas o tornara uma presença incômoda. Nenhuma decisão-chave poderia ser tomada sem levá-lo em consideração, ou o que faria a seguir. As pessoas se referiam a seu nome com frequência e de maneira casual. Personagem constante nas brincadeiras das crianças, todos os seus movimentos, do passado, presente e futuro, eram um dos temas favoritos das conversas.

Em função dos bombardeios iraquianos contínuos sobre as maiores cidades do país, especialmente Teerã, o regime foi forçado a diminuir a intensidade do controle que exercia em nossas vidas. Pela primeira vez, os guardas revolucionários e os Comitês estavam menos presentes; os esquadrões de controle dos vícios raramente eram vistos transitando pelas ruas. Em um período em que Teerã estava imersa num luto profundo, a cidade foi capaz de mostrar sua face mais alegre. Um número cada vez maior de mulheres utilizava lenços coloridos, e não mais as cores escuras prescritas pelo regime. Muitas usavam maquiagem, e as meias de náilon ficavam visíveis sob suas túnicas. As festas com dança e bebidas alcoólicas eram organizadas sem que fosse necessário subornar os comitês locais nos bairros, e sem a preocupação com os esquadrões de vigilância.

Ironicamente, o lugar onde o regime procurou manter o poder foi em nosso imaginário. Na televisão eram transmitidos inúmeros documentários sobre as duas guerras mundiais. E conforme as ruas de Teerã, até então quase vazias, se tornaram mais animadas e coloridas, assistíamos pela televisão a imagens de londrinos procurando comida no lixo ou amontoados em abrigos subterrâneos. Ou ainda como a população de Stalingrado e Leningrado tinha sobrevivido ao cerco de suas cidades, sendo obrigada a se alimentar da população morta. O objetivo não era apenas justificar uma guerra, cada vez mais impopular e desesperada, e cujo fim o regime se recusava a aceitar até que tivesse "libertado" o Iraque, mas também intimidar e controlar uma população impaciente, ao gerar o temor de uma desgraça ainda maior, lembrando-nos de que nem tudo tinha ido tão bem no *front* ocidental.

Nós tínhamos começado a acreditar em rumores. E naquela primavera surgiu um novo boato: de que o Iraque tinha mísseis com maior poder de destruição e que poderiam ser lançados contra qualquer parte da cidade, sem aviso prévio. Para mascarar nosso medo, nós nos convencemos de que as bombas utilizadas até então não eram tão ruins, e rezávamos para não sermos atacados com os novos mísseis. Por fim, em abril, sofremos ataques dos temidos mísseis e, logo depois, deu-se o ataque iraquiano em uma cidade curda localizada no território iraquiano, com armamentos químicos. E esse ataque parecia ser o anúncio de desdobramentos ainda mais aterrorizantes. Os últimos rumores eram de que o Iraque planejava usar essas mesmas bombas químicas contra Teerã e outras grandes cidades. O regime procurou utilizar essas notícias para criar um pânico generalizado. Os jornais diários publicavam edições extras para ensinar à população como se defender de um ataque químico. Foi criado um novo alarme, dessa vez verde. Os poucos treinamentos com o sinal verde, além de generalizar o pânico, nos convenceram de que ninguém conseguiria escapar dos efeitos paralisantes da nova ameaça. No "Dia de combate à bomba química", durante o qual os guardas revolucionários marcharam pelas ruas com máscaras e veículos antigás, interromperam o trânsito em grande parte da cidade.

Pouco tempo depois, uma padaria localizada em uma zona populosa de Teerã foi atingida por um míssil. As pessoas que se encontravam próximo ao local da explosão viram nuvens de farinha subindo pelo ar. Alguém gritou: "Bomba química!" Foi gerada uma imensa confusão e muitos ficaram feridos em função da colisão de carros e pessoas que fugiam desesperadas. Para se certificarem de que estava tudo bem, os guardas revolucionários chegaram ao local empunhando suas máscaras de gás para amparar as vítimas.

Nesse momento, a maioria dos bairros da cidade tinha sinais de terem sido alvo dos ataques de mísseis. E estes continuaram sem trégua. Fileiras de casas e de lojas tinham vidros quebrados, seguidas por casas em que os danos eram bem maiores, com as ruínas de uma ou duas casas, onde somente uma simples estrutura poderia ser identificada em meio aos destroços. Ao sairmos para visitar um amigo ou fazer compras, passávamos por esses locais como se estivéssemos passando por uma curva simétrica, desde os locais menos atingidos até aqueles completamente em ruínas. Em seguida, chegávamos aos lugares mais familiares e, finalmente, a nosso destino final.

30

Há muito tempo eu não via Mina. E as festividades organizadas para o Ano-Novo iraniano eram uma boa oportunidade para restabelecer relações de amizade. Eu me lembro bem do dia em que fui visitá-la porque ocorreram dois eventos muito importantes. Uma antiga colega ia se casar, e nesse dia Teerã foi atingida por sete mísseis. A primeira explosão aconteceu justamente quando eu saía de uma floricultura. Eu, um dos funcionários da loja e um pedestre observamos a nuvem que subia na zona ocidental da cidade. Parecia branca e inocente, como uma criança que acabou de cometer um assassinato.

Mina ficou feliz em me receber. De certa forma, eu representava seu único contato com o mundo acadêmico. Sua família havia vendido a mansão e se mudado para uma casa nova, uma espécie de versão fantasmagórica, só que menor, de seu antigo lar. Mina continuava vestindo-se de preto. Parecia apagada e infeliz. Ela me contou que estava enfrentando surtos de depressão, e por isso tomava remédios.

Insisti em perguntar a respeito de seu livro inacabado sobre James. Eu tinha uma visão simplista de que tão logo ela começasse a trabalhar no livro, tudo voltaria ao normal. Mas ela respondeu que nunca mais recomeçaria o trabalho. E acrescentou mais tarde que precisava de tempo para respirar, para que pudesse se concentrar novamente no trabalho. Enquanto isso, ela traduzira *The Modern Psychological Novel* [A psicologia moderna do romance], de Leon Edel, e estava começando a tradução de *The Rise of the Novel* [O surgimento do romance], de Ian Watt. Naturalmente, hoje em dia, esses livros estão fora de moda, ela disse. Todo mundo virou pós-moderno. Eles não podem nem mesmo ler os textos originais — estão muito dependentes de algum pseudofilósofo para lhes dizer o que significam. Eu disse a ela que não tinha com que se preocupar e que James também estava fora de moda, o que era um sinal indicativo de que estávamos fazendo a coisa certa.

Mina era uma tradutora meticulosa e literal, e isso criava algumas dificuldades com seu editor, que pedia a ela que deixasse os textos mais "acessíveis" ao público. Ela desconsiderava as traduções existentes dos livros de Virginia Woolf, recusando-se a usar a tradução iraniana de *Mrs. Dalloway* para as citações do livro de Edel, e isso lhe gerou ainda mais problemas.

Ela me perguntou sobre minhas aulas. Respondi que eu e meus alunos estávamos tendo dificuldades com James, especialmente com sua prosa. Ela sorriu e disse: Então seus alunos estão em boa companhia. Alguns dos melhores críticos e escritores já tinham reclamado da mesma coisa. É verdade, mas aqui nosso problema não é o mesmo, você sabe. Eu indiquei autores mais difíceis — Nabokov e Joyce —, mas mesmo assim continuam tendo mais dificuldades com James. O realismo aparente lhes dá a ilusão de que a compreensão será mais fácil, e, no final, acabam ainda mais atordoados. Veja, o que é essa palavra, *fuliginous*? Ele a usa no *The Bostonians* — *fuliginous eyes** — e em *The Ambassadors*, para descrever o rosto de Waymarsh. Mas o que significa essa palavra maldita? Sabe que não consta do *American Heritage Dictionary* [Dicionário Americano Heritage]?

Mina me impediu de continuar; suas convicções não a deixavam. Da mesma maneira que Catherine Sloper tinha um coração sem espaço para "distrações", e, embora fosse brilhante, algumas vezes entendia as coisas de forma absurdamente literal. Ela disse bastante emocionada: De que outra maneira, senão dando consistência às suas palavras, ele poderia criar a ilusão da vida? Você está vislumbrando a possibilidade de tirá-lo do currículo do curso?

---

* Olhos fuliginosos, que adquiriram tonalidade escura. [*N. do T.*]

Havia muito tempo, ela já tinha me feito essa pergunta, e de tempos em tempos expressava o mesmo receio. Respondi que certamente esse não era o caso. Como eu poderia excluir um autor que, ao descrever uma mulher brilhante, em vez de usar palavras como encantadora ou deslumbrante, a definia como a "não obscura srta. B"? Eu adoraria poder reproduzir a complexidade de sua linguagem. Mas devemos dar um crédito a meus alunos — lembre-se, a maioria deles foi alimentada com *A pérola*, de Steinbeck.

Contei a ela sobre a diversão que tivemos no dia que escolhemos os melhores e os piores trechos. Mahshid selecionou "árvores assombradas por pássaros", enquanto Nassrin leu uma citação do livro *The Ambassadors* que descrevia um almoço à beira-mar:

> A maneira como Madame de Vionnet, sentada do lado oposto dele e da toalha de linho intensamente branca, dos *omeletes aux tomates* e da garrafa de Chablis cor de palha, agradeceu a ele por tudo com um sorriso de uma criança, enquanto os seus olhos moviam-se para dentro e para fora da conversa. Iam de encontro à atmosfera acolhedora da primavera, na qual o verão já tinha começado a pulsar, e retornavam para o seu rosto e aos seus questionamentos mundanos.

As conversas com Mina, que aparentemente não tinham nenhuma relevância para os acontecimentos que estavam a nosso redor, eram uma fonte de satisfação para nós duas. Somente agora, quando procuro resgatar os fragmentos desses dias, percebo como falávamos pouco de nossas vidas particulares — sobre amor e casamento e como nos sentíamos em relação à maternidade ou, ainda, por não ter filhos. Parecia-nos que, à exceção da literatura, a política tinha nos devorado e eliminado qualquer traço de nossa vida particular ou privada.

31

Um dos últimos mísseis lançados antes do cessar-fogo atingiu uma casa próxima, em uma alameda perto da residência de dois amigos, um casal que morava com sua filha mais nova. Eles tinham uma editora e uma livraria não muito longe de casa, onde muitos escritores e intelectuais iranianos se reuniam, e os debates se estendiam até tarde da noite. Na noite anterior, alguns amigos, incluindo Laleh, tinham ficado em nossa casa para assistir a filmes até quase de madrugada. Na confusão, ao mesmo tempo com um certo ar de aconchego, nós fizemos um café da manhã com pão, creme fresco, geleia caseira e café. Estava justamente na cozinha quando senti a casa estremecer. Dessa vez, tinha sido bem perto e, em breve, saberíamos quanto.

Depois do bombardeio, muitas pessoas correram em direção ao lugar atingido. Enquanto dúzias de pessoas, principalmente mulheres e crianças, estavam sangrando, berrando, chorando e amaldiçoando, corriam para o lado oposto para se proteger. No momento em que os guardas revolucionários e as ambulâncias chegaram, os gritos ficaram ainda mais altos. Timidamente, os guardas se puseram a inspecionar a área. No lado de fora da casa atingida pelo míssil, duas crianças estavam deitadas no chão, sem se mover. Duas mulheres mortas foram retiradas dos escombros pelos guardas: uma era muito jovem e usava um vestido caseiro colorido. A outra era de meia-idade e gorda. A saia estava grudada nas suas coxas.

Na noite seguinte ao bombardeio, fomos visitar nossos amigos para reconfortá-los. Estava chovendo suavemente, e a atmosfera exalava um aroma de terra fresca e de flores da primavera. Uma pequena multidão estava reunida próxima às casas destruídas. Nossa anfitriã nos conduziu para dentro de casa, graciosa como nunca, e nos serviu chá aromático e pastéis delicados e saborosos. Ela tinha conseguido, de alguma maneira, preencher o vaso da cozinha com lilases.

As janelas foram quebradas e pedaços de vidro tinham danificado seus quadros valiosos. Eles passaram a noite anterior removendo cacos de vidro que tinham se espalhado pela casa. Sorrindo, ela nos levou até o terraço. Atrás de nós estavam minhas queridas montanhas e, a nossa frente, as três casas arruinadas. Na casa menos danificada, um homem e uma mulher procuravam objetos no local que parecia ter sido o segundo andar. Na casa do meio só tinha praticamente entulho.

32

O fim da guerra se deu da mesma maneira que tinha começado, repentina e quietamente. Ao menos foi assim que nos pareceu. Os efeitos da guerra nos acompanhariam por muito tempo, ou talvez para sempre. A princípio estávamos desnorteados, perguntávamo-nos como iríamos retomar um cotidiano considerado normal até o início da guerra. O regime islâmico aceitara a paz relutantemente, sobretudo em função de sua incapacidade de evitar as investidas iraquianas. As constantes derrotas no campo de batalha fizeram com que membros da milícia e da Guarda Revolucionária ficassem mais propensos ao desespero e à desilusão. Entre os defensores do regime, o estado de espírito também era sombrio. A declaração do aiatolá Khomeini afirmava que, para ele, a paz significava "beber um copo de veneno" e esse estado de ânimo também podia ser encontrado nas universidades, em especial entre os membros da milícia, veteranos de guerra e demais partidários do regime. Para eles a paz se assemelhava à derrota.

Embora a guerra com o inimigo externo tivesse acabado, o mesmo não acontecia na guerra com o inimigo doméstico. Após a assinatura do acordo de paz, o aiatolá Khomeini estabeleceu uma comissão com três membros para tratar da questão referente às prisões iranianas. O objetivo principal era avaliar a lealdade dos prisioneiros políticos ao regime. Milhares de presos, entre eles alguns que estavam na prisão havia muitos anos aguardando o julgamento, e outros que já tinham cumprido suas sentenças e aguardavam serem libertados, foram executados sumariamente e em segredo. Essas vítimas foram assassinadas duplamente. A segunda vez, pelo silêncio e anonimato que marcaram as execuções, roubando-lhes uma morte com algum tipo de significação e reconhecimento. Citando Hannah Arendt, selaram o fato de que nunca tinham existido realmente.

Por fim, quando as aulas recomeçaram, a matéria foi retomada praticamente do mesmo ponto em que tínhamos parado. Algumas mesas foram retiradas e havia uma série de alunos ausentes de forma misteriosa, enquanto alunos novos e estranhos tinham surgido. Mas, com exceção dessas pequenas mudanças, não havia outras indicações de que a universidade tinha permanecido fechada nos últimos dois meses. Não havia uma atmosfera de comemoração, mas um sentimento generalizado de alívio acompanhado da exaustão.

Foi então que se iniciaram a desilusão e o desencantamento. Não só a guerra estava perdida, como a economia estava arruinada. Havia pouca oferta de trabalho, e aqueles que se alistaram sem nenhuma qualificação profissional dependiam das compensações prometidas pelo regime aos veteranos de guerra. Mas essas compensações não foram distribuídas de forma equitativa. Grande parte das fundações criadas em nome dos mártires da guerra se transformou em fontes de renda e riqueza para as lideranças corruptas. Mais tarde, esses filhos da revolução iriam expor o grau de corrupção e revolta. Os que estavam nas associações islâmicas e haviam desfrutado o gosto e o poder das coisas ocidentais, usaram seu poder, principalmente, para usufruir de privilégios negados aos demais.

Com o fim da guerra, a Jihad Islâmica, a associação estudantil da qual o sr. Forsati fazia parte, ficou mais aberta, e começou a questionar os membros mais conservadores da Associação de Estudantes Muçulmanos. Com o reinício das aulas, passei a encontrá-lo mais assiduamente. Ele era apaixonado pelo cinema e almejava criar uma empresa ligada a vídeos e filmes. Com seu auxílio, organizei uma série de programas culturais em toda a universidade. Pessoalmente, ele não era muito criativo, no entanto, sua criatividade se expressava em uma forma benigna de autopromoção e aprimoramento.

A princípio, me pareceu como se gradualmente, e da mesma forma que as imagens de um velho filme desaparecem, o sr. Ghomi também se afastava de minha vida. Mas não era verdade. Ele não só continuou a frequentar minhas aulas como seus ataques contra James e outros romancistas permaneciam vorazes. Na verdade, seu ressentimento e sua raiva estavam ainda mais fortes, resultando em explosões quase infantis. A diferença estava no restante de nós. Não dávamos mais tanta atenção ao que dizia ou fazia; quando ele falava, os outros respondiam. Ele e seus amigos tinham a necessidade de nos lembrar diariamente que, embora Saddam Hussein não representasse mais um incômodo, o mesmo não acontecia em relação à ameaça do Ocidente, do imperialismo, do sionismo e de seus agentes secretos. A grande maioria de nós estava muito cansada até mesmo para responder.

Próximo à fileira de carteiras do lado da janela, onde o sr. Ghomi e o sr. Nahvi se sentavam, tinha um jovem tranquilo, professor do ensino fundamental. Vamos chamá-lo de sr. Dori. Meu olhar percorreu o lugar em que se encontrava o sr. Forsati e Hamid, depois seguiu para o outro lado da sala, onde ficam as mulheres, e vi Mahshid, Nassrin e Sanaz. Na fileira do meio, na carteira da ponta, estava Manna. Fiz uma pausa no rosto sorridente de Manna e voltei meu olhar em direção à fileira do corredor, era por Nima que procurava.

Quando vejo Manna e Nima, lembro-me da primeira vez que os vi em minha sala de aula. Seus olhos brilhavam em uníssono, e se assemelhavam a meus filhos quando queriam fazer algo para me deixar feliz. Àquela altura, poucos interessados de fora vinham assistir às minhas aulas. Eles eram, na maioria, antigos alunos que, mesmo após terem se formado, continuavam a frequentar às aulas, assim como alunos de outras universidades, jovens escritores e alguns estranhos que simplesmente se instalavam em qualquer lugar vago. Como não tinham muito acesso a discussões sobre literatura inglesa, dedicavam um tempo extra para assistir às aulas, sem que isso implicasse receber créditos acadêmicos.

Na manhã que encontrei Manna e Nima em pé na porta de minha sala, ambos sorrindo e ansiosos para assistir a meu seminário, eu concordei sem muita hesitação.

Aos poucos, meus alunos regulares deixaram de ser os reais protagonistas em classe, mesmo que eu não tivesse nenhuma reclamação a seu respeito, e justamente os que vinham de fora eram os que participavam das aulas em função de seu interesse pelos livros que estávamos estudando.

Nima me pediu que fosse sua orientadora de dissertação, porque ninguém na Universidade de Teerã conhecia Henry James. Eu tinha prometido a mim mesma nunca mais voltar a essa universidade, um lugar repleto de lembranças amargas e dolorosas. Nima procurou me persuadir de várias maneiras e, por fim, me convenceu. Assim que a aula terminava, saíamos juntos. Manna quase sempre ficava calada e Nima se encarregava de tecer histórias sobre os absurdos de nossa vida diária na República Islâmica.

Geralmente ele caminhava a meu lado, e Manna nos acompanhava num passo ligeiramente mais lento, ao lado dele. Ele era alto e bonito como um menino; embora não estivesse acima do peso, era encorpado, como se tivesse mantido sua gordura infantil. Seus olhos exprimiam bondade e travessura. Sua voz era surpreendentemente suave. Não era feminina, mas suave e grave, como se fosse impossível para ele elevar o tom depois de um certo nível.

Compartilhar histórias virou um hábito entre nós três, e um aspecto permanente em nosso relacionamento. Disse-lhes que, ao ouvir suas histórias e ao reviver algumas de minhas, a sensação era de que vivíamos em um conto de fadas, no qual todas as fadas madrinhas resolveram entrar em greve e nos deixaram no meio de uma floresta, não muito longe da casa de doces da bruxa malvada. Algumas vezes precisávamos trocar essas histórias para nos convencermos de que realmente tinham acontecido, e assim elas se tornavam reais.

No ensaio de Nabokov sobre *Madame Bovary*, ele disse que todos os grandes romances se assemelham a um conto de fadas. Nima perguntou, você quer dizer que nossas vidas, reais e imaginárias, são assim? Eu sorri. Realmente, às vezes tinha a sensação de que nossa época era mais ficcional do que a própria ficção.

33

No sábado, dia 3 de junho de 1989 e menos de um ano depois do acordo de paz, o aiatolá Ruhollah Khomeini morreu. Sua morte só foi anunciada oficialmente na manhã seguinte, às sete horas, mesmo que muitos iranianos, de fato a maioria, já soubessem ou suspeitassem. Milhares de iranianos se reuniram perto de sua casa nos arredores de Teerã, aguardando as notícias. Mas antes do anúncio o governo fechara os aeroportos e as fronteiras e cortara as linhas telefônicas internacionais.

Eu me lembro da manhã em que recebemos a notícia sobre a morte de Khomeini. Nossa família inteira estava reunida na sala de estar, e permanecemos em um estado de estupor e de espanto que as mortes sempre provocam. E essa não era uma morte comum. O radialista não tinha conseguido se conter, e soluçava enquanto repassava a notícia. A partir desse momento, essa seria a maneira como qualquer figura pública se comportaria nas cerimônias fúnebres ou quando era entrevistada. Soluçar parecia ser uma exigência, como se não houvesse outra forma de revelar a magnitude de nossa dor.

O encontro na sala de estar, com o inevitável cheiro de café ou chá, nos trouxe um sentimento de união e proximidade ao especularmos sobre aquela morte. Desejada por muitos, temida por outros, e aguardada, agora que tinha realmente acontecido, mostrou-se um anticlímax para amigos e inimigos. Desde o primeiro ataque cardíaco de Khomeini e sua hospitalização no começo da década de 1980, os rumores de uma morte iminente surgiam como ervas daninhas persistentes, e, toda vez que tentava tirá-las, nasciam outra vez. E agora que a vivenciávamos, o evento era menos extraordinário do que nossas expectativas tinham criado. As cerimônias fúnebres extraordinárias que foram organizadas em todo o país não conseguiram suprir esse desapontamento.

O evento trouxe para nossa sala de estar uma mistura peculiar de pessoas. Meu pai, que estava separado de minha mãe havia alguns anos e que depois de sofrer um acidente morava temporariamente no apartamento de meu irmão. A ex-sogra de meu irmão, que também vivia no mesmo apartamento por uns tempos. Ela e minha mãe não se davam muito bem, e não se falavam fazia algum tempo. Nesse dia, porém, foi invocada uma trégua provisória, graças à natureza da ocasião.

Estava com meu filho no colo, cuja posição era bem característica de crianças muito pequenas. O conforto absoluto que ele sentia em meu colo transferia para mim esse sentimento de despreocupação. Inconscientemente acariciava seu cabelo fino, encaracolado, e, de tempos em tempos, tocava sua pele suave. Minha filha de 5 anos olhava atentamente pela janela, enquanto os adultos conversavam. De repente, ela se virou e gritou: Mamãe, mamãe, ele não morreu! As mulheres ainda estão usando seu véu. Sempre associo a morte de Khomeini às palavras de Negar — porque a menina tinha razão: quando as mulheres não usassem mais véu em público, seria o verdadeiro dia de sua morte e o fim da revolução. Até lá, permaneceríamos vivendo com sua presença.

O governo decretou cinco dias de luto nacional e quarenta dias de luto oficial. As universidades foram fechadas e as aulas, interrompidas. Estava me sentindo inquieta e sem nada para fazer, então decidi ir à universidade. Tudo parecia difuso, como o efeito de uma miragem no calor intenso. Essa sensação permaneceu comigo ao longo daquele dia e por todos os demais durante o período de luto, quando parte do tempo era dedicada a assistirmos na televisão ao funeral e às intermináveis cerimônias.

Havia poucas pessoas dentro do prédio quando cheguei ao *campus* da universidade. O silêncio era tão denso que sufocara os cânticos e as marchas fúnebres dos alto-falantes. Fui até meu escritório e selecionei alguns livros. Ao descer as escadas, encontrei o sr. Forsati e um de seus amigos do Departamento de Persa. A aparência de ambos era solene e seus olhos estavam marejados. Eu os olhei com um sentimento de solidariedade constrangida, sem conseguir encontrar as palavras adequadas. Em suas mãos estavam folhetos com a imagem de Khomeini que iriam colar nas paredes. Peguei dois e fui embora.

Tempos depois, o livro de poemas Sufi de Khomeini, que tinha sido dedicado à sua nora, foi publicado. Após sua morte, houve a necessidade de humanizá-lo, atitude a que ele tinha se oposto em vida. E então pudemos ver o que de fato era algo raro, seu lado humano, expresso pela estima que dedicava à nora jovem e bela. Foi em seus cadernos que ele escreveu os últimos poemas. Ela descreveu na introdução do livro de poesias como ele havia dedicado seu tempo para conversar com ela, ensinar-lhe filosofia e misticismo, e as circunstâncias em que ela lhe dera o caderno. Foi dito que seus cabelos eram longos e loiros, e eu a imaginei caminhando com o ancião pelo jardim, circundando as flores e os arvoredos, e discutindo filosofia. Será que usava o véu quando estavam juntos? Será que ele se reclinava próximo a ela enquanto percorriam as aleias do jardim, em torno dos canteiros de flores? Adquiri um exemplar do fino volume de poemas, e levei-o para os Estados Unidos com os dois folhetos. Eram relíquias de um tempo cuja realidade parecia tão frágil, que às vezes preciso de evidências concretas para comprovar sua fugidia existência.

Tenho dificuldade para lidar com datas e números — e foi necessário confirmar duas vezes a data em que Khomeini tinha morrido —, mas consigo lembrar de meus sentimentos e de imagens. Tal qual sonhos perturbadores, as imagens daqueles dias se misturam em minha lembrança com os sons: da voz estridente e exagerada do anunciador que parecia sempre estar à beira de um choro convulsivo, das marchas, das orações, das mensagens emitidas pelas altas autoridades e os cantos daqueles que estavam em luto, todos esses sons se confundiam: "Hoje é dia de luto! Khomeini está próximo a Deus!"

No amanhecer da segunda-feira, o corpo do aiatolá Khomeini foi levado de sua residência em Jamaran, em Teerã, para um imenso terreno localizado nas colinas do norte, numa área chamada Mosalla. Esse era um lugar para oração. O corpo ficou temporariamente sob um pódio, feito de blocos. Khomeini estava coberto por um sudário branco e repousava numa caixa de vidro refrigerada, com os pés voltados em direção à Meca. Foi colocado sobre o peito o turbante preto que indicava seu status religioso como descendente direto do Profeta Maomé.

O que fiquei sabendo sobre os eventos que aconteceram naquele dia agitado, foi por meio de fragmentos. Lembro-me bem do caixão feito de vidro, e que as flores dispostas em torno do púlpito eram plantas ornamentais. Assim como do enxame de pessoas que acompanhavam o enterro — foi anunciado que centenas de milhares estavam chegando a Teerã, como um exército vestido de negro e empunhando bandeiras negras. Os homens rasgavam as camisas e batiam no peito, enquanto as mulheres, vestidas com seus xadores negros, gritavam e gemiam, os corpos contorcidos em êxtase de dor.

Eu me lembrei agora das mangueiras de água: em função do calor e da multidão, os bombeiros jogavam água sobre as pessoas de tempos em tempos, para diminuir o calor, mas o efeito dessa cena foi estranhamente sexual. Ao recriá-la em minha mente, consigo ouvir o barulho dos jatos de água refletidos no céu. Ocasionalmente alguém desmaiava e, em meio àquele frenesi, e com um senso de ordem impressionante, era como se tudo tivesse sido ensaiado, as pessoas que estavam próximas levantavam-na acima de suas cabeças e a conduziam para um lugar seguro.

Ao saber que muitos tinham morrido naquele dia e que milhares ficaram feridos, me perguntei de maneira tola qual status seria conferido a essas mortes. Nós dávamos maior patente e distinção aos mortos do que aos vivos. Os opositores do regime e os baha'is não tinham status algum, a eles eram negados túmulos, e os corpos eram então jogados em valas comuns. Por outro lado, havia os mártires da guerra e da revolução, cada um com seu lugar especial no cemitério. Flores artificiais e fotografias identificavam seus túmulos. Será que essas pessoas também seriam vistas como mártires? E será que seu lugar no céu estaria garantido?

O governo disponibilizou enormes quantidades de comida e de água para a multidão que acompanhava o enterro. Com as pessoas que batiam no peito em meio a um frenesi dos desmaios e dos cânticos, estavam filas e mais filas de pranteadores. Eles podiam ser encontrados nas calçadas das ruas e pelas avenidas, comendo sanduíches e tomando refrigerantes como se estivessem fazendo um piquenique. Muitos que não gostavam de Khomeini e que atuaram contra o regime também compareceram ao funeral. O nível de insatisfação no período em que Khomeini morreu era tão elevado que, a princípio, os funcionários do governo vislumbraram a possibilidade de realizar o enterro à noite, para evitar que fossem propagadas imagens com poucas pessoas durante a cerimônia. Mas milhões de pessoas compareceram, vindas de todo o país. Lembro-me de ter conversado com um funcionário da universidade, um homem de meia-idade que residia em um dos bairros mais pobres e tradicionais da cidade. Ele falou sobre os ônibus cheios com vários de seus vizinhos, igualmente insatisfeitos com Khomeini, como ele próprio, e que mesmo assim foram ao enterro. Indaguei o porquê. Ele tinha sido forçado a ir? Não, mas parecia a coisa certa a ser feita. Todo mundo estava indo — o que poderiam achar caso não fizesse o mesmo? Fez uma pausa e acrescentou: E, afinal, um evento como esse só acontece uma vez na vida, não é mesmo?

No momento em que a procissão começou a conduzir o corpo de Khomeini pelas ruas em direção ao cemitério localizado nos arredores de Teerã, a pressão da multidão era tão imensa que as autoridades decidiram transportá-lo de helicóptero. A multidão se aproximou do helicóptero e, após a decolagem, uma poeira dourada levantou do solo, como se fosse uma saia voadora. Aos poucos tudo o que ficou foram partículas dançantes de poeira, como dervixes minúsculos girando num sonho bizarro.

Quando as autoridades ensaiaram nova tentativa de tirar o corpo do helicóptero no cemitério Behesht-e Zahra, a multidão se aproximou, sendo que dessa vez conseguiu se apossar de seu objeto. Eles rasgaram pedaços do sudário branco, deixando uma perna exposta e pendurada para fora do tecido. Finalmente conseguiram recuperar o corpo, que foi levado de volta para Teerã, onde novamente o cobriram com um novo sudário. Algumas horas depois, ao retornar dentro de uma caixa de metal, os guardas revolucionários e pessoas que estavam mais próximas afastaram a multidão. Um amigo lembra de ter visto Hojatol-Islam Nategh Nouri próximo ao caixão de metal. Nouri concorreu contra Khatami nas eleições presidenciais e perdeu. Ele chicoteava todos que tentavam se aproximar do corpo. Por fim, enterraram Ruhollah Khomeini, cujo nome significava "a alma de Deus".

Na tentativa de transformar Khomeini em uma figura divina, o governo mandou criar um santuário para ele perto do cemitério Behesht-e Zahra. A construção se deu às pressas, sem qualquer traço de bom gosto ou beleza: um país que é conhecido por ter algumas das mesquitas mais belas do mundo criou um santuário pomposo dedicado a seu último imã. Foi construído perto do túmulo dos mártires da revolução: jorrava água vermelha de uma pequena fonte, com o intuito de simbolizar o sangue dos mártires.

Com a morte de Khomeini novas revelações emergiram. Algumas pessoas, como eu, sentiam-se estrangeiras em seu próprio país. Outras, como o motorista de táxi que conheci poucas semanas depois do funeral, estavam desiludidos com as fraudes cometidas em nome da religião. Agora eu sei como surgiram os imãs e os profetas há 1.400 anos — da mesma maneira que com esse sujeito, ele disse. De qualquer modo, nenhum deles é verdadeiro.

No início da revolução, havia um rumor de que a imagem de Khomeini podia ser vista na Lua. Muitas pessoas, mesmo aqueles indivíduos modernos e educados, acreditavam que era verdade, pois afirmavam já terem visto. Khomeini foi um construtor de mitos, e o fez de maneira consciente, e, nesse processo, conseguiu se transformar em mito também. O que as pessoas lamentavam com sua morte bastante oportuna — já que, depois da derrota na guerra e do desencantamento com tudo o que havia sido dito e prometido, não havia alternativa a não ser morrer —, acima de tudo, foi a morte de um sonho. Assim como todos os grandes criadores de mitos, ele procurou fazer da realidade uma reprodução de seus sonhos. No final, da mesma forma que Humbert, ele destruiu a realidade e o sonho. Somado aos crimes, assassinatos e torturas, nós presenciávamos o último ato de indignidade — o assassinato de nossos sonhos. No entanto, ele o fizera com nossa concordância e total cumplicidade.

34

Sem uma razão aparente entrei em um antiquário escuro e empoeirado no centro de Teerã. Eu tinha percorrido uma rua cheia de lojas com objetos de segunda mão, procurando um livro para Nima. Ele tinha me dado recentemente de presente uma antiga série bastante popular antes da revolução e que era transmitida pela televisão iraniana. Ao entrar no antiquário, o dono estava sentado atrás do balcão e muito entretido com a leitura do jornal da manhã, e não se preocupou em me dar atenção.

Percorri a loja pouco iluminada, um pouco perdida entre os objetos espalhados aleatoriamente sobre velhas mesas e estantes de madeira. Fiquei atraída por uma tesoura com uma aparência peculiar. Era engenhosamente feita à mão: tinha o formato de um galo, uma das alças era muito maior do que a outra e as lâminas eram mais grossas do que as das tesouras comuns. Perguntei ao dono do antiquário para o que serviam. Ele deu de ombros. Não estou certo — é possível que fossem para aparar bigode ou barba. Deve ser de algum lugar da Europa, ou da Rússia.

Não sei explicar por que fiquei tão encantada pela tesoura — ou aparador de bigode ou qualquer outra coisa —, mas achei fascinante que tivesse sido trazida de tão longe da Europa, possivelmente há cem anos, e acabasse sobre uma mesa velha, no canto mais escondido dessa loja empoeirada. No entanto, tinham dedicado muito trabalho a esse objeto dispensável. Decidi comprá-lo de presente para meu mágico. Eu tinha uma teoria de que alguns presentes devem ser adquiridos justamente pelo fato de serem inúteis. Estava certa de que apreciaria e que teria prazer em receber algo do qual não precisava. Um item de luxo sem ser luxuoso. Em vez do presente para Nima, deixei a loja com minha tesoura decorada com um galo.

Entreguei o presente a meu mágico junto à explicação da razão por que o tinha comprado, mas ele parecia tão absorto em sua tarefa de fazer o café que não respondeu. Trouxe à mesa uma bandeja com duas canecas de café e uma caixa de chocolates. Em seguida foi para a biblioteca. Momentos depois retornou segurando um livro encadernado de couro verde solene e com letras douradas, era uma edição de *The Ambassadors*. Como você comprou um presente para mim quando deveria ter comprado para Nima, este presente é para ele: diga-lhe para reler a cena no jardim de Gloriani. Seu Nima parece ser um camarada que precisa ser lembrado de coisas por alguém como eu. Então, por que não pede a ele que releia este trecho?

Meu mágico tinha sublinhado duas passagens no livro. A primeira era no prefácio, quando James menciona um conhecido trecho do livro, e que resumia a "essência" de sua obra; a segunda era o desenrolar da história nesta mesma passagem, que acontece em uma festa organizada pelo famoso escultor Gloriani. Lambert Strether, o herói do romance, diz ao pequeno Bilham, um jovem pintor, e que havia sido designado informalmente como seu herdeiro espiritual:

> Experimente tudo que puder; é um equívoco não o fazer. O que fizer não é muito importante, enquanto tiver a sua própria vida. Caso não tenha tido isso, então o que *teve* de fato? Eu já estou muito velho — de qualquer modo, muito velho para o que consigo perceber. O que se perde, está perdido; não se engane a esse respeito. Mesmo assim, temos a ilusão da liberdade; por isso, não faça como eu, ou seja, não fique sem a lembrança dessa ilusão. Eu era, naquele momento, muito estúpido ou muito inteligente para tê-la. E hoje sou uma reação a este equívoco. Porque *foi* um erro. Viva, viva!

35

> Nós trabalhamos na escuridão — e fazemos o que é possível — nós damos o que possuímos. Nossa dúvida é nossa paixão, e nossa paixão representa nossa tarefa. O resto é a loucura da arte.
>
> Henry James

Era de manhã cedo e a primeira aula do dia. A sala de aula estava iluminada. Eu estava apresentando um panorama sobre James. Na última vez que discutimos acerca de certos traços na obra de James, nós nos debruçamos sobre como apareciam em personagens e contextos diferentes. Na aula de hoje, a proposta é falar sobre a palavra *coragem*. É uma palavra bastante discutida nesses tempos e em nossa própria cultura.

Em James podemos identificar tipos diferentes de coragem. Vocês lembram de um exemplo? Sim, Nassrin? O exemplo mais óbvio é Daisy, disse Nassrin. Fez um esforço para se reclinar para a frente e tirou uma mecha de cabelo imaginária do rosto. E continuou: Daisy pede a Winterbourne, logo no início, para não ter medo. E ela se refere ao medo das convenções e das tradições, e esse é um tipo de coragem.

Sim, é verdade, encorajei-a. A Daisy é um bom exemplo, mas existem outros personagens os quais nunca percebemos como são igualmente corajosos. Isso se dá porque não associamos esse tipo de personalidade à coragem e, sim, à humildade. O rosto de Mahshid se iluminou, e, antes que ela pudesse reunir a coragem necessária para levantar a mão, disse a ela, Sim? A luz sumiu de seu rosto e ela hesitou. Insisti, diga-nos, Mahshid. Bem, quando disse "humildes", me lembrei de Catherine. Embora seja diferente de Daisy, ela também é tímida e reservada, e enfrenta personagens que são muito mais expressivos do que ela. E o faz com determinação, está disposta a pagar um preço alto. Ela tem um tipo diferente de coragem da Daisy, mas mesmo assim não deixa de ser coragem, eu...

Nesse exato momento, estava ocorrendo uma comoção no saguão. E, como de costume, não prestei atenção. Ao longo dos anos, eu tinha me acostumado com essas interferências como parte da própria dinâmica da aula. Uma vez, dois zeladores entraram na sala com duas cadeiras e as deixaram num canto. Sem dar uma palavra, saíram e pouco tempo depois estavam de volta com mais duas cadeiras. Em outra ocasião, um zelador com o pescoço recurvado entrou na sala e começou a varrer. Eu continuei falando sobre *Tom Jones* como se nada estivesse acontecendo.

Continuei: Existe também *Os embaixadores*, no qual podemos encontrar tipos diferentes de coragem. No entanto, os personagens que se destacam pela sua coragem são os que demonstram ter imaginação, e que sentem empatia pelos outros por meio de sua capacidade criadora. Ao perdermos esse tipo de coragem, permanecemos ignorantes em relação aos sentimentos e às necessidades das outras pessoas.

A alma gêmea que Strether encontra em Paris, Maria, tem "coragem", enquanto a sra. Newsome tem apenas "entusiasmo". A bela parisiense, Madame de Vionnet, que a sra. Newsome pretende tirar da vida de seu filho, demonstra coragem quando arrisca tudo o que lhe é familiar em nome de seu amor por Chad, mesmo sem saber o quão profundo é esse sentimento. No entanto, a sra. Newsome opta pela segurança. Ao crer que conhece como as pessoas são, suas funções e seus papéis, ela se recusa a reavaliar suas preconcepções. É uma tirana, da mesma maneira que um escritor medíocre modela seus personagens de acordo com sua própria ideologia ou seus desejos, jamais lhes permitindo ou concedendo o espaço necessário para que possam ter uma vida independente. É preciso ter coragem para morrer em nome de uma causa, mas para viver em nome dela também.

Pela inquietação de meus alunos e seus olhares na direção da porta, percebi que não conseguiam se concentrar, justamente no momento mais intrigante da discussão. Mas estava determinada a não me deixar perturbar até onde fosse possível, então continuei. O personagem com a postura mais arrogante no romance é a invisível sra. Newsome. Se quisermos conhecer mais sobre a essência de uma mente dominadora podemos muito bem estudá-la. Nima, por favor, leia a passagem na qual Strether a descreve "A sua dificuldade é exatamente essa...".

> A sua dificuldade é exatamente essa — ela não admite surpresas. Este é um fator que acredito que a descreva e representa... ela tem um raciocínio preciso e frio, como eu o teria qualificado. Ela arquitetou tudo antes, em sua própria mente, tanto para mim como para si mesma. Em qualquer circunstância que ela decida o que fazer, não há espaço para modificações. Ela se basta, sente-se completa, preserva-se, como se segurasse. Eu não a toquei. Ela não permite *ser* tocada. Eu a vejo agora como nunca antes. E ela se mantém firme com a perfeição que lhe é característica. que sugere estar *equivocada* qualquer alteração em sua composição.

A confusão do lado de fora estava ficando cada vez mais barulhenta. Havia sons de pessoas correndo e gritando. A srta. Ruhi e a srta. Hatef estavam visivelmente agitadas e murmuravam alto, lançando olhares sugestivos em direção à porta. Pedi que saíssem para averiguar o que estava acontecendo.

Voltando à citação... Imediatamente fui interrompida pela srta. Ruhi e sua companheira, que estava ofegante. Elas contaram que um estudante ateara fogo em si mesmo numa sala vazia. Depois saiu correndo pelo saguão gritando slogans revolucionários.

Fomos todos para fora da sala. Dos dois lados do extenso corredor, os estudantes corriam em direção à escada. Próximo à escadaria, parei ao lado de uma colega. Três pessoas carregavam uma maca, tentando passar pela multidão. Do jeito que carregavam a maca, a carga parecia ser leve. Debaixo de um lençol branco, observei um rosto muito rosado, coberto por manchas cinza-escuras. Um par de mãos negras de menestrel estava imóvel debaixo do lençol branco, criando a impressão de que tentavam, a qualquer custo, evitar o contato com o lençol. Dois grandes olhos negros davam a impressão de estarem colados ao rosto por cabos invisíveis. Completamente imóveis, como se fixados numa cena de horror inacreditável. Paradoxalmente, também pareciam percorrer de um lado ao outro. De todas as imagens tempestuosas daquela manhã, os olhos errantes continuaram a me assombrar.

A mensagem nos alto-falantes insistia para que todos retornassem às suas salas, mas ninguém se mexeu. Olhávamos para a face rosada, para as mãos de menestrel e para os olhos como se estivessem cobertos de fuligem, enquanto o corpo era carregado escada abaixo, semelhante a um movimento em espiral. Os murmúrios silenciados apareceram novamente com a aproximação e a descida da maca. Era uma daquelas cenas que, embora estivesse acontecendo diante de nossos olhos, já adquiria uma qualidade não só de sonho, mas da lembrança de um sonho.

Quando a maca foi levada escada abaixo e desapareceu de vista, os murmúrios ficaram mais articulados e compreensíveis. A criatura quase mágica que estava em cima da maca se tornou mais palpável, adquirindo um contexto, um nome e uma identidade, mesmo que fosse bastante impessoal. Ele foi um dos membros mais ativos da Associação de Estudantes Muçulmanos, e com isso quero dizer que era um dos mais fanáticos. Pertencia ao grupo responsável pela colocação dos cartazes e pelos slogans nas paredes, e autorizava pendurar as notificações nos portões de entrada das universidades, onde apareciam listados os nomes dos que tinham transgredido os códigos de vestuário.

Ao descer as escadas, pensei no corpo que estava na maca, passando pelas fotografias da guerra, agora irrelevantes, e pelas de aiatolá Khomeini, que, mesmo depois da morte, continuava a olhar fixamente para a multidão com seu olhar habitual, severo e impenetrável, e por seus valiosos slogans sobre a guerra: SOMOS VITORIOSOS SE MATARMOS OU SE MORRERMOS! LUTAREMOS! MORREREMOS! MAS NÃO FAREMOS CONCESSÕES!

Em nossos *campi* havia inúmeros jovens como ele. Eram muito novos no começo da revolução e provenientes das províncias ou de famílias tradicionais. A cada ano, um número maior de jovens era admitido nas universidades em nome de sua lealdade ao regime. Pertenciam às famílias dos guardas revolucionários ou dos mártires da revolução e eram chamados de a "parcela do governo". Representavam os filhos da revolução e eram os responsáveis por transmitir seu legado e por substituir a força de trabalho ocidentalizada. A revolução deve ter apresentado muitos significados para eles — em especial, poder e acesso. Ao mesmo tempo, eram usurpadores, pois foram admitidos na universidade e investidos de poderes não pelos próprios méritos, ou por sua dedicação, mas simplesmente por causa de suas afiliações ideológicas. Ninguém podia se esquecer disso.

Dessa vez desci a escada lentamente, cercada por um grupo de estudantes que conversavam animadamente. Seu histórico tinha se tornado uma justificativa para nossas lembranças. Minhas alunas contavam colericamente sobre as humilhações que tinham sofrido por membros da organização a que ele pertencia e repetiram a história de outro líder da Associação de Estudantes Muçulmanos, que havia morrido na guerra e que tinha dito que se sentia sexualmente atraído pela visão de um fragmento da tez branca por debaixo do véu negro. A morte, e nada mais, poderia apagar da lembrança aquele pedaço de pele branca, e a punição que a jovem sofrera por sua causa.

Os relatos das humilhações aconteciam de maneira informal, então nos refugiávamos em circunstâncias geradas pelo acaso para tecer nosso ressentimento e ódio em pequenas histórias, que perdiam seu impacto tão logo eram reveladas. Sabia-se muito pouco sobre a formação do estudante ferido, e ninguém parecia se importar. Muito depois, percebi que me lembrava com precisão de inúmeras histórias a seu respeito e de seus comparsas, mas não conseguia me lembrar de seu nome. Ele tinha se transformado em um revolucionário, num mártir e num veterano de guerra, mas não em um indivíduo. Será que ele já tinha se apaixonado? Será que de repente não tinha desejado abraçar uma daquelas jovens, cujos pescoços, debaixo do véu negro, pareciam tão brancos?

Como outras pessoas naquela universidade, eu tinha subido as escadas, caminhando com ressentimento pelos corredores. O ressentimento apagava as ambiguidades quando encontrávamos pessoas como ele. Estávamos divididos entre "nós" e "eles". Enquanto compartilhava histórias com meus alunos e colegas, como conspiradores que se deliciam com o infortúnio de um adversário muito mais poderoso, não tinha me ocorrido que a pessoa com maior poder era de fato aquela com maior impulso de autodestruição. Será que, ao imolar-se, ele tinha nos retirado o direito à vingança?

Ele, que durante a vida não tinha representado nada para mim, tornou-se uma obsessão depois da morte. O que conseguimos descobrir a seu respeito era que vinha de uma família muito pobre e seu único parente mais próximo era uma mãe muito idosa, a quem sustentava. Ele se voluntariou para participar da guerra, mas, ao ser atingido por uma granada, retornou para casa mais cedo. Ao que tudo indica, nunca se recuperou inteiramente. Depois da "paz" com o Iraque, voltou para a universidade. No entanto, o fim da guerra tinha gerado um sentimento de desilusão, pois com isso muitos jovens revolucionários perderam seu poder.

ESSA GUERRA FOI UMA BÊNÇÃO PARA TODOS NÓS! Foi uma guerra da qual não nos sentimos parte. Mas, de uma maneira estranha, para pessoas como ele a guerra deve ter representado uma bênção, oferecendo um senso de comunidade, propósito e poder. Ao regressar da guerra, ele perdeu tudo, e seu poder e seus privilégios não tinham mais nenhum significado. Seus companheiros já haviam seguido em frente. O que será que passou pela sua cabeça quando viu seus antigos camaradas mais ansiosos para assistir à transmissão do Oscar pelas antenas parabólicas proibidas do que às imagens da guerra? Ele até poderia lidar com pessoas como nós, mas o que fazer em relação a um sr. Forsati, que se tornara tão estranho e assustador como os personagens de um romance de Henry James?

Ao chegar cedo na universidade, continuei pensando nele. Em como ele teria entrado pelos portões com duas latas de gasolina — provavelmente sem ser fiscalizado, já que tinha os privilégios de um veterano de guerra. Imaginei-o caminhando em direção à sala vazia, jogando gasolina sobre a cabeça. Então, teria riscado um fósforo e, lentamente, ateado fogo a si mesmo — ele o teria feito num único lugar ou em vários? Em seguida, saiu correndo pelo corredor, invadiu sua sala de aula, gritando: Fomos traídos! Mentiram para nós! Olha o que fizeram conosco! E esse foi o fim de seu discurso.

Não era necessário concordar, ou não, com suas atitudes para compreender sua visão de mundo. Ele voltou da guerra, lugar ao qual pertencia, para uma universidade que nunca fez parte verdadeiramente da vida dele. Ninguém estava interessado em ouvir suas histórias, somente sua morte provocou algum interesse. Era curioso como a vida desse homem, tão predeterminada por doutrinas, tinha no momento de sua morte adquirido tamanha complexidade.

Naquela noite ele morreu. Será que seus companheiros choravam por ele em silêncio? Nada foi dito a seu respeito — não houve comemorações, nem flores ou discursos, justamente em um país onde os enterros e o luto se sobressaíam a qualquer outra forma de expressão artística. Eu, que me orgulhava de me posicionar contra o uso do véu e de outras formas de assédio e abuso, também permaneci calada. Naquele dia, a única coisa fora do comum, com exceção das conversas e dos murmúrios, era o fato de os alto-falantes anunciarem que as aulas continuariam normalmente. Nós tivemos aula nessa tarde, mas não foi como era sempre.

Parte IV
AUSTEN

1

— É uma verdade universalmente conhecida que um muçulmano possuidor de uma boa fortuna deve estar necessitado de uma esposa — declarou Yassi, com a fisionomia impassível e aquele seu tom irônico que, de vez em quando, beirava a comicidade.

— Ou é verdade universalmente conhecida — Manna contestou — que um muçulmano deve almejar não uma, mas muitas esposas?

Ela me olhou de relance, os olhos negros cheios de humor conspiratório, certa de que o comentário provocaria uma reação. Manna, diferentemente de Mahshid, tinha um modo peculiar de se comunicar com aqueles de quem gostava. O ponto principal eram os olhos, que focavam ou desviavam do interlocutor. Entre nós, havíamos desenvolvido um código secreto, e só quando se sentia ofendida — e ela se ofendia facilmente — Manna baixava os olhos e desviava o olhar, privando-nos de seus divertidos comentários.

Era início de dezembro, uma daquelas manhãs acinzentadas, quando o céu nublado e o ar frio anunciavam neve. Bijan acendera a lareira antes de sair para o trabalho, e agora o fogo brilhava com um calor reconfortante. *Aconchegante* — uma palavra muito usada por Yassi — seria o termo correto para definir como nos sentíamos. Estava tudo ali: janelas recobertas pela névoa, canecas com café fumegante, o fogo crepitante, sonhos de creme, grossos casacos de lã e a mistura dos cheiros de fumaça, café e laranja. Yassi estava esparramada no sofá entre Manna e Azin, como de costume, enquanto eu tentava entender como um corpo tão pequeno podia ocupar tanto espaço. O sorriso sedutor de Azin vibrava no ar, e até mesmo Mahshid esboçou um sorriso. Nassrin levara sua cadeira para perto da lareira, as mãos impacientes atiravam cascas de laranja no fogo.

O grau de intimidade que atingimos permitia que passássemos facilmente de uma leve provocação às sérias discussões sobre os romances. O que tínhamos com todos os escritores, mas, especialmente com Austen, era diversão. Às vezes ficávamos até enlouquecidas — tornávamo-nos infantis e implicantes, e assim nos divertíamos. Como era possível alguém ler a primeira frase de *Orgulho e preconceito* e não compreender que era isso o que Jane Austen pretendia de seus leitores?

Naquela manhã, aguardávamos a chegada de Sanaz. Mitra havia nos informado de que Sanaz queria que a esperássemos — a jovem tinha uma surpresa.

— Somente duas coisas podem ter acontecido — Azin especulou. — Outra briga com o irmão, e ela decidiu finalmente sair de casa e ir morar com sua tia maravilhosa. — Em seguida levantou o braço, sacolejando seus balangandãs de ouro e prata. — Ou então vai se casar com o namorado.

— Pela expressão de Mitra, a opção pelo namorado é a mais provável — disse Yassi, se espreguiçando. As covinhas de Mitra ficaram ainda mais visíveis, mas ela se recusou a responder a nossa provocação. Olhando para ela, pensei em seu casamento com Hamid; o namoro às escondidas aconteceu bem debaixo de meu nariz. Fui convidada para a cerimônia, mas, até então, Mitra não havia mencionado seu relacionamento com Hamid.

— Você se apaixonou? — perguntei a Mitra, o que levou Manna a dizer:

— Novamente essa pergunta maçante.

Amigos e colegas costumavam fazer piada com minha pergunta obsessiva aos casais casados. Vocês se apaixonaram?, perguntava, urgente e ansiosamente, provocando quase sempre um sorriso indulgente. Mitra enrubescera e dissera:

— Bem, sim, claro que sim.

— Mas quem pensa em amor nos dias de hoje? — disse Azin, num tom casto e debochado. Nos cabelos presos num rabo de cavalo, pequenas contas azul-turquesa balançaram quando ela virava a cabeça.

— A República Islâmica nos transportou para a época de Jane Austen. Deus abençoa os casamentos arranjados! Nos dias de hoje as meninas casam porque suas famílias as forçam, para conseguir *green cards*, pela segurança financeira ou por sexo — elas se casam por vários motivos, mas raramente por amor.

Olhei para Mahshid, que, embora estivesse calada, parecia dizer: "Lá vamos nós novamente!"

— E estamos falando de jovens educadas — Azin continuou, pegando sua caneca —, jovens como *nós*, que foram à universidade, sobre quem se pode pressupor que têm ambições mais elevadas.

— Nem *todas* — disse Mahshid serenamente, sem encarar Azin.

— Muitas mulheres são independentes. Muitas são mulheres de negócios e muitas outras escolheram viver sozinhas.

Sim, e você é uma delas, pensei, uma jovem trabalhadora que aos 32 anos ainda mora com os pais.

— Mas a maioria não tem escolha — disse Manna. — E acho que estamos muito *aquém* da época de Jane Austen.

Pelo que me lembro, essa foi uma das poucas vezes em que Manna ficou do lado de Azin contra Mahshid.

— Minha mãe pôde escolher com quem se casaria. Eu tive menos opções, e minha irmã mais nova tem menos ainda — ela concluiu sombriamente.

— E que tal um casamento temporário? — perguntou Nassrin, arrumando as cascas de laranja no prato como peças de um quebra-cabeça. — Vocês parecem que se esqueceram da alternativa criada por nosso presidente.

Ela se referia a uma lei islâmica, peculiar do Irã, segundo a qual os homens podiam ter quatro mulheres oficiais e quantas mulheres temporárias desejassem. A lógica por trás dessa alternativa era a de que precisavam satisfazer seus desejos quando suas mulheres não estivessem disponíveis ou fossem incapazes de fazê-lo. Um homem podia assumir esse tipo de contrato por um período tão curto como dez minutos, ou tão longo como noventa anos. O presidente Rafsanjani, então honrado com o título de reformista, havia proposto que os jovens fizessem casamentos temporários. Os conservadores se enfureceram ao perceberem que era uma manobra inteligente do presidente para se aproximar dos jovens, e os progressistas também não gostaram nada, pois estavam igualmente céticos quanto aos motivos do presidente e, além disso, achavam a proposta um insulto, especialmente para as mulheres. Alguns foram mais longe e classificaram o casamento temporário como uma forma santificada de prostituição.

— Não concordo com o casamento temporário — disse Mahshid. — Mas os homens *são* mais fracos e *têm* mais necessidades sexuais. Além disso — ela acrescentou com cuidado —, é uma escolha da menina. Ela não é forçada a nada.

— Escolha da menina? — perguntou Nassrin, claramente indignada. — Você *realmente* tem ideias curiosas sobre o que é uma escolha.

Mahshid baixou os olhos e não respondeu.

— Alguns homens, mesmo os mais educados — Nassrin continuou ferozmente —, acham que essa alternativa temporária é progressista. Disse a um *amigo* que o único modo de me convencer de que isso era progressista era se a lei concedesse os mesmos direitos às mulheres. Querem saber quanto esses homens têm a mente aberta? Não estou falando de homens religiosos, não estou falando dos seculares — disse ela, jogando outra casca de laranja no fogo. — Apenas perguntem o que eles pensam do casamento.

— É verdade que nem minha mãe, nem minhas tias se casaram por amor — Yassi disse, franzindo a testa —, mas *todos* os meus tios casaram por amor. É estranho quando se pensa sobre isso. Que tipo de legado é esse?

Depois de uma pausa reflexiva, ela acrescentou:

— Acho que, se estivesse em nosso lugar, Austen diria que é uma verdade universalmente conhecida que um muçulmano possuidor de uma fortuna deve estar necessitando de uma esposa. — E foi assim que começamos a brincar com a famosa frase de abertura de *Orgulho e preconceito*, uma tentação que quase todo leitor deve ter sentido pelo menos uma vez.

Nossa conversa foi interrompida pelo som da campainha. Mahshid, que estava mais perto da porta, disse:

— Eu abro.

Ouvimos a porta da rua fechar, passos na escada, uma pausa. Mahshid abriu a porta da frente e ouvimos sons de risadas e saudações. Sanaz entrou radiante, carregando uma grande caixa de doces.

— Por que os doces? — perguntei. — Não é sua vez.

— Eu sei, mas trago boas notícias — disse ela, fazendo mistério.

— Você vai se casar? — perguntou Yassi, toda preguiçosa, afundada no sofá.

— Deixem-me sentar primeiro — disse Sanaz, depois tirou a longa túnica e o véu de lã. Ela balançou a cabeça de um lado para o outro, com a naturalidade das mulheres que têm belos cabelos, e anunciou: — Vai nevar.

Perguntei a mim mesma se ela iria se desculpar por ter chegado atrasada, mesmo tendo uma boa justificativa, e quando ninguém poderia culpá-la?

— Peço desculpas por ter chegado atrasada de novo — disse ela, com um sorriso conciliatório que não mostrava sinal algum de arrependimento.

— Você usurpou meus direitos — disse Azin. — Chegar tarde é minha especialidade.

Sanaz queria guardar a novidade até a hora do intervalo. Nossa regra era que os assuntos pessoais, que sempre surgiam nas aulas de quinta-feira, não deveriam atrapalhar. Mas nesse caso até eu estava curiosa demais para esperar.

— Foi tudo muito rápido. — Sanaz explicou, depois de ceder a nossos pedidos. De repente, do nada, ele telefonou e pediu-a em casamento e disse alguma coisa sobre o tempo estar passando. Disse que já tinha falado com os pais dele, que falaram com os pais dela (sem antes perguntar para ela, observei). Todos ficaram encantados e, como ele não podia vir ao Irã por causa do alistamento, talvez ela e sua família pudessem ir à Turquia? Os iranianos não precisam de visto para lá, e a viagem poderia ser organizada rapidamente. Sanaz estava atordoada. Era algo pelo qual sempre esperara, mas que de alguma maneira não podia acreditar que estivesse realmente acontecendo.

— Seu fogo está quase apagando — disse ela, interrompendo a si mesma. — Eu sou boa com fogo. Vou dar um jeito nisso.

Ela acrescentou algumas toras de lenha no fogo agonizante e o abanou com força. Uma longa chama subiu tão rápido quanto se apagou.

No começo do século XX, a idade de casamento no Irã — 9 anos, de acordo com as leis da Sharia — foi alterada para 13 anos e, depois, para 18 anos. Minha mãe escolhera com quem queria se casar, e havia sido uma das seis primeiras mulheres eleitas para o Parlamento em 1963. Na década de 1960, havia pouca diferença entre meus direitos e os direitos das mulheres nas democracias ocidentais. Mas, naquela época, não estava na moda pensar que nossa cultura não era compatível com uma democracia moderna, que existiam versões ocidentais e islâmicas da democracia e dos direitos humanos. Queríamos oportunidades e liberdade. Foi por isso que apoiamos a mudança revolucionária — exigíamos *mais* direitos, não menos.

Casei-me com um homem a quem amava, às vésperas da revolução. Naquela época, Mahshid, Nassrin, Manna e Azin eram adolescentes. Sanaz e Mitra eram um pouco mais jovens, e Yassi tinha 2 anos. Cinco anos depois de meu casamento, quando minha filha nasceu, as leis haviam regredido para o que eram antes da época de minha avó: a primeira lei a ser anulada, meses depois da ratificação de uma nova constituição, foi a de proteção familiar, que garantia os direitos das mulheres em casa e no trabalho. A idade do casamento foi diminuída para 9 anos — 8 anos lunares e meio, nos disseram; o adultério e a prostituição seriam punidos com o apedrejamento até a morte; e o valor das mulheres, sob a lei, era considerado exatamente a metade do que os homens valiam. As leis da Sharia substituíram o sistema existente de jurisprudência, e se tornaram a norma jurídica. Durante minha juventude, testemunhei a chegada de duas mulheres ao Ministério. Depois da revolução, essas duas mulheres foram condenadas à morte pelos pecados de antagonizar Deus e disseminar a prostituição. Uma delas, a ministra para os assuntos das mulheres, estava no exterior na época da revolução, e permaneceu no exílio, onde se tornou uma importante porta-voz dos direitos das mulheres e dos direitos humanos. A outra, a ministra da educação e antiga diretora de minha escola secundária, foi colocada num saco e apedrejada até morrer. Minhas meninas, com o tempo, pensariam nessas mulheres com reverência e esperança: se no passado tivemos mulheres como essas, não havia motivo algum pelo qual não poderíamos tê-las no futuro.

Nossa sociedade era muito mais avançada que suas novas regras, e as mulheres, independentemente da religião e das crenças ideológicas, tinham saído às ruas para protestar contra as novas leis. Elas provaram o poder e não estavam dispostas a desistir sem lutar. Foi então que o mito do feminismo islâmico — uma noção contraditória, uma tentativa de reconciliar o conceito dos direitos das mulheres com os dogmas do Islã — criou raízes. Esse mito permitiu que os senhores do regime se beneficiassem pelos dois lados: eles podiam afirmar que eram progressistas e islâmicos, enquanto as mulheres modernas foram denunciadas como ocidentalizadas, decadentes e desleais. Precisavam que nós — mulheres e homens modernos — mostrássemos a eles o caminho, mas também queriam nos manter em nossos lugares.

O que diferenciava essa revolução de outras revoluções totalitárias do século XX foi ter vindo em nome do passado: essa era tanto sua força quanto sua fraqueza. Nós, quatro gerações de mulheres — minha avó, minha mãe, eu e minha filha —, vivíamos no presente, mas também no passado; vivenciávamos simultaneamente duas zonas diferentes de tempo. Interessante, pensei, como a guerra e a revolução nos tornaram ainda mais conscientes de nossas próprias dificuldades pessoais — especialmente o casamento, no âmago do qual estava a questão da liberdade individual, como Jane Austen havia descoberto fazia dois séculos. *Ela* havia descoberto, refleti, mas, e nós, sentadas nesta sala, em outro país, no fim de outro século?

O riso nervoso de Sanaz me trouxe de volta de minha digressão.

— Estou com muito medo — disse, e sua mão direita subiu até a testa para afastar uma mecha de cabelo inexistente.

— Até agora, casar com ele era uma espécie de sonho, algo para pensar quando brigava com meu irmão. Nunca soube, e ainda não sei, como vai funcionar na vida real.

Sanaz estava preocupada com a viagem para a Turquia e sobre como seria vê-lo novamente.

— E se ele não gostar de mim? — perguntou.

Ela não perguntou e se *eu* não gostar dele? Ou: E se *nós* não nos dermos bem? Seu irmão ficaria mais violento e sua mãe, mais deprimida? Será que, com sua aparência de mártir, a mãe faria Sanaz se sentir culpada, como se ela tivesse falhado de propósito? Essas eram questões sérias para Sanaz. Era difícil dizer se ela partia para a Turquia para agradar aos outros ou porque estava apaixonada. Esse era o problema com Sanaz — ninguém sabia o que ela realmente queria.

— Depois de seis anos, só Deus sabe como ele estará. — disse Nassrin, distraída, girando a caneca de café nas mãos. Olhei para ela com alguma preocupação, como quase sempre fiz quando nossas conversas se viravam para casamento e homens. Eu não conseguia deixar de me perguntar como ela lidava com suas memórias enterradas. Ela se comparava às amigas, que estavam livres desse tipo de experiência? E será que elas *estavam* livres desse tipo de experiência?

Sanaz olhou de relance para Nassrin, reprovando-a. Ela realmente precisava ouvir isso agora? De qualquer modo, ir para a Turquia seria bom para ela, mesmo que a relação não funcionasse. Pelo menos ela sairia do sistema.

— Você o ama? — perguntei-lhe, tentando ignorar os sorrisos sardônicos das meninas. — Você sempre estará correndo riscos quando decide se casar, mas a questão é: Você o ama *agora*?

— Eu o amei quando era muito jovem — Sanaz respondeu devagar, ansiosa demais para participar da piada das meninas. — Hoje não sei mais. Sempre amei a ideia de ele estar ali, mas ele está longe há tanto tempo. Teve tantas oportunidades de conhecer outras mulheres... Que oportunidades eu tive de conhecer outros homens? Minha tia diz que eu não tenho que dizer sim ou não. Ela diz que se eu quiser descobrir realmente como nós nos sentimos, um sobre o outro, que nós devemos nos encontrar *sozinhos* na Turquia. Que devemos passar algum tempo juntos sem a presença e a interferência de nossas famílias.

— Que tia excepcionalmente sábia — disse, incapaz de me conter e de interferir como um juiz. — Ela está certa, você sabe disso.

Por uma fração de segundo, Mahshid levantou os olhos para mim. Azin, ao perceber com rapidez o olhar de Mahshid, disse:

— Concordo com a dra. Nafisi. Você seria sábia se tentasse viver com ele por uns tempos, antes de tomar qualquer decisão.

Mahshid decidiu não morder a isca e permaneceu quieta. Foi minha imaginação, ou ela lançou um olhar reprovador em minha direção, enquanto baixava os olhos, fixando-os mais uma vez num ponto imperceptível no tapete?

— A primeira coisa que deve fazer para testar a compatibilidade de vocês — disse Nassrin — é dançar com ele.

Ficamos confusas com a declaração, que, mesmo para Nassrin, parecia muito artificial. Levei alguns segundos até entender o que ela queria dizer. Mas é claro! Ela se referia à Dear Jane Society (Sociedade Querida Jane), que havíamos inventado em meu último ano na Universidade Allameh! A ideia daquela sociedade — morta antes mesmo de começar — surgira com uma dança extraordinária.

2

Visualizo tudo agora como se o fizesse através da grande janela de uma casa no meio de um jardim vazio. Pressiono meu rosto contra a janela, e aqui estão elas: cinco mulheres, todas elas com túnicas e véus pretos na cabeça. À medida que cada uma passa em frente à janela, começo a diferenciar seus rostos; uma está de pé e olha para as outras quatro. Elas não são graciosas; elas tropeçam umas nas outras e também nas cadeiras. A agitação delas é algo bem peculiar, uma agitação reprimida.

Em meu seminário de graduação naquela primavera, havia comparado a estrutura de *Orgulho e preconceito* com uma dança do século XVIII. Depois da aula, algumas das meninas permaneceram na sala, para falarmos mais a respeito dessa comparação — elas estavam confusas sobre o que eu queria dizer. Achei que a melhor maneira de me explicar seria por meio de passos de dança, e resolvi dançar com elas. Fechem seus olhos e imaginem a dança, sugeri. Imaginem que estão se movimentando de um lado para o outro; ajudaria se puderem imaginar que o homem, de pé à sua frente, é o incomparável sr. Darcy, ou talvez não — imaginem quem quiserem. Ouvi uma risadinha de uma das meninas. Tomada por uma inspiração, peguei Nassrin pelas mãos relutantes e comecei a dançar com ela, um-dois e um-dois. Depois pedi a elas que formassem uma fila, e logo todas dançávamos, nossas longas túnicas pretas rodopiavam, enquanto esbarrávamos umas nas outras e também nas cadeiras.

Elas ficam de frente para seus pares, fazem uma leve mesura, pé para a frente, juntam as mãos e rodopiam. Agora, enquanto tocam nas mãos, olhem nos olhos umas das outras; ótimo, vamos ver que tipo de conversa vocês podem manter, e por quanto tempo. Digam alguma coisa para a outra. Elas mal conseguem manter seus rostos sérios. Mojgan diz: O problema é que todas nós queremos ser Elizabeth e Darcy. Não me incomodo de ser Jane, diz Nassrin, sempre quis ser a mais bonita. Precisamos de um sr. Collins. Vamos, Mahshid, você não vai gostar de pisar em meus dedões? Mahshid resiste. Nunca dancei em minha vida, ela diz desajeitadamente. Essa é uma dança sobre a qual você não deve se preocupar, insisti. Como sua professora, ordeno que dance. Como parte de seu dever de casa, acrescentei, e foi uma das poucas vezes que me apropriei de minha autoridade. Para a frente, para trás, pausa, volta, volta, vocês têm que harmonizar seus passos com o restante do grupo, essa é a questão; vocês estão preocupadas principalmente com vocês mesmas e com seus pares, mas também com todos os outros — vocês não podem sair do ritmo do grupo. Sim, essa é a parte difícil, mas para a srta. Eliza Bennet vem naturalmente.

Toda dança é uma performance e uma apresentação, digo a elas, mas vocês podem notar como danças diferentes pedem interpretações diferentes? Oh, sim, diz Nassrin. Compare essa com a dança persa. Se aqueles britânicos pudessem mexer seus corpos da maneira como podemos... perto de nós, eles são tão castos!

Quem pode dançar no estilo persa?, pergunto. Todas olham para Sanaz. Ela é tímida e se recusa a dançar. Começamos a provocá-la e formamos um círculo à sua volta. Quando ela começa a se mover, consciente de si mesma, começamos a bater palmas e a murmurar uma canção. Nassrin nos adverte para ficarmos mais quietas. Sanaz começa timidamente, com pequenos e graciosos movimentos, balançando o corpo com uma graça vigorosa. Quanto mais brincamos e rimos, mais audaciosa ela fica; começa a mover a cabeça de um lado para o outro e o corpo todo se solta, cada parte dele parece competir para chamar mais atenção. Seu corpo estremece quando ela dá passos pequenos e dança com as mãos. Seu rosto apresenta uma expressão desafiadora e sedutora, desenhada para atrair, para tomar o espaço para si, mas ao mesmo tempo se retrai, e ela perde todo aquele poder assim que para de dançar.

Há diferentes formas de seduzir, e a que testemunhei nos dançarinos persas é absolutamente original, uma mistura de sutileza e de impudência, que não posso encontrar uma equivalente ocidental para compará-la. Tenho visto mulheres de origens totalmente variadas ficarem com a mesma expressão; uma expressão sedutora, preguiçosa e de desejo no olhar. Anos depois, encontrei a expressão de Sanaz no rosto de minha amiga Leyly, uma mulher sofisticada e educada na França, quando ela subitamente começou a dançar uma música cheia de extensões de *naz*, *eshveh e keremesh*, todas palavras cujas traduções — *coqueteria, provocação, sedução* — parecem não só pobres, como também irrelevantes.

Essa forma de sedução é indefinível; é vigorosa e táctil. Ela torce, rodopia, dobra e se desdobra. As mãos se enrolam e se desenrolam, enquanto o corpo parece se enroscar e se soltar. É calculada. Ela prediz seu efeito antes que o próximo pequeno passo seja dado, e, depois, outro passo pequeno. É uma forma de conquista, de uma maneira que a srta. Daisy Miller e suas semelhantes jamais sonhariam em ser. É abertamente sedutora, mas não com o intuito de rendição. Tudo isso está na dança de Sanaz. Estranhamente, a túnica larga e o véu — emoldurando seu rosto ossudo, os olhos grandes e o corpo muito magro e frágil — acrescentam um encanto a seus movimentos. A cada movimento ela parece se livrar das duras camadas de tecido preto. A túnica se torna diáfana; sua textura contribui para o mistério da dança.

Fomos surpreendidas por uma aluna espantada que abriu a porta. O intervalo do almoço havia terminado; nem sequer prestamos atenção à hora. Ao olhar a aluna parada na soleira da porta, com um pé dentro da sala, começamos a rir.

Aquela reunião criou um pacto secreto entre nós. Falávamos em criar um grupo clandestino e chamá-lo de Dear Jane Society. Nós nos reuniríamos, dançaríamos, comeríamos sonhos de creme e conversaríamos sobre as novidades de nossas vidas. Embora nunca tenhamos formado qualquer tipo de sociedade secreta, depois daquele dia as meninas se referiam a elas mesmas como Dear Jane, e plantamos a semente de nossa atual cumplicidade. Eu teria esquecido tudo isso se recentemente não tivesse começado a pensar em Nassrin.

Lembro agora que foi naquele dia, enquanto Mahshid, Nassrin e eu caminhávamos para meu escritório, quando, num impulso, sem pensar direito, convidei-as para participar de minha aula secreta. Quando olhei para seus rostos assombrados, rapidamente resumi o que havia sonhado e planejado durante tantos anos. O que precisaremos fazer? O que será exigido de nós? Mahshid perguntou. Compromisso absoluto às obras, às aulas, disse, com um ar impetuoso de determinação. Mais do que comprometê-las, naquele momento eu tinha comprometido a mim mesma.

3

Eu tinha um perfil muito acadêmico: escrevera uma grande quantidade de ensaios e artigos para ser capaz de transformar minhas experiências e ideias em narrativas, sem pontuá-las com o rigor acadêmico. Embora esse seja, de fato, meu impulso — narrar, reinventar a mim mesma junto com todas aquelas outras pessoas. Enquanto escrevo, a estrada é clara, o homem de lata recupera seu coração, e o leão, sua coragem, mas essa não é minha história. Caminho por uma estrada diferente, cujo fim não consigo prever. Sei tão pouco sobre onde essa estrada vai terminar quanto Alice sabia quando correu pela primeira vez atrás do Coelho Branco de colete e relógio, que resmungava: "Estou atrasado, estou atrasado."

Não consegui encontrar uma maneira melhor de explicar a estrutura geral de *Orgulho e preconceito* a minhas alunas do que compará-la a uma dança do século XVIII, o tipo de dança que podemos imaginar Darcy e Elizabeth executando em um dos numerosos bailes aos quais compareciam. Embora bailes e danças sejam instrumentos da trama em alguns dos outros romances de Jane Austen — em *Mansfield Park*, por exemplo, e em *Emma* —, em nenhum outro romance a dança desempenha um papel tão fundamental. O que me preocupa aqui não é o número específico de danças. Toda a estrutura do romance é como uma dança, que é tanto um ato público quanto privado. A atmosfera em *Orgulho e preconceito* carrega o ar festivo de um baile.

A estrutura da narrativa é de dança e digressão. Ela se move em paralelas, em contrapontos, tanto em termos dos acontecimentos e dos personagens como dos cenários. Primeiro, vemos Elizabeth em seu cenário, depois a vemos fora dele e no de Darcy, depois vemos Darcy em seu próprio cenário — em perspectiva, cada uma dessas mudanças os aproxima mais. O pedido de casamento de Darcy a Elizabeth corre paralelo ao similar pedido de Collins. Existem também paralelos entre os personagens de Darcy e Wickham. Como uma câmera, a visão que Darcy tem de Elizabeth faz um movimento panorâmico até chegar em um *close-up*; na segunda parte do romance, o reverso acontece enquanto Elizabeth se aproxima mais de Darcy.

Todos os atores principais são apresentados na primeira dança, e o conflito é a tensão que nos conduzirá através do romance. Naquela primeira dança, Elizabeth se torna inimiga de Darcy, quando ela o escuta dizer a Bingley que ela não é bonita o bastante para convidá-la para dançar. Depois, quando a encontra no baile seguinte, ele já começou a mudar de ideia, mas ela não aceita seu convite para dançar. Em Netherfield, eles se reencontram e dessa vez eles dançam, uma dança que, apesar da aparência civilizada, está impregnada de tensão; a atração dele aumenta na proporção direta da repulsa dela. As notas dissonantes no diálogo deles contradizem os movimentos suaves de seus corpos na pista de dança.

Os protagonistas de Austen são indivíduos privados, colocados em lugares públicos. Seu desejo por privacidade e reflexão está continuamente se ajustando à sua situação dentro de uma comunidade muito pequena, que os mantém sob constante vigilância. O equilíbrio entre o público e o privado é essencial a esse mundo.

O ritmo para trás e para a frente da dança se repete nas ações e nos movimentos dos dois protagonistas, em torno dos quais a trama é criada. Eventos paralelos os aproximam e depois os afastam. Ao longo de todo o romance, Elizabeth e Darcy se movem constantemente tanto na direção do outro como na direção oposta. Cada vez que se movem para a frente, o terreno é preparado para o movimento seguinte. Todo movimento para trás se segue por uma nova avaliação do movimento anterior que os aproximara. Há uma espécie de troca na dança, uma constante adaptação para as necessidades e os passos do parceiro. Observem, por exemplo, como o sr. Collins é terrível na pista de dança, exatamente como o desajeitado Thorpe, em *A abadia de Northanger*. A inabilidade de ambos para dançar bem é um sinal de sua incapacidade de adaptação às necessidades de seus parceiros.

A centralidade do diálogo em *Orgulho e preconceito* se adapta bem à estrutura dançante do romance. Parece que em todas as cenas existe um diálogo em andamento entre Elizabeth e Darcy. Esse diálogo é real ou imaginário, mas é uma preocupação constante, que leva das trocas com o outro até as trocas com o próprio ser. Esse diálogo central, entre Elizabeth e Darcy, e entre Elizabeth e ela mesma, é acompanhado por uma multiplicidade de outras conversações.

Uma das coisas mais maravilhosas sobre *Orgulho e preconceito* é a variedade de vozes que incorpora. Existem tantas formas diferentes de diálogo: entre várias pessoas, entre duas pessoas, diálogos internos e diálogos por meio de cartas. Todas as tensões são criadas e resolvidas com os diálogos. A habilidade de Austen para criar essa multivocalidade, essas diversas vozes e entonações, em relação e em confrontação dentro da estrutura coesa do romance, é um dos melhores exemplos do aspecto democrático do romance. Nas obras de Austen, há espaços para oposições que não precisam eliminar umas às outras para existir. Também há espaço — não só espaço, mas uma necessidade — para a autorreflexão e para a autocrítica. Essa reflexão é a causa da mudança. Não necessitávamos de mensagens nem de uma chamada inequívoca para a pluralidade para provarmos nossos pontos de vista. Tudo que precisávamos era ler e apreciar a cacofonia das vozes para compreender seu imperativo democrático. Era nisso que residia o perigo de Jane Austen.

Não é acidental que os personagens mais insensíveis nos romances de Austen sejam aqueles incapazes de um genuíno diálogo com os outros. Eles discutem. Eles falam em tom declamatório. Eles resmungam. Essa incapacidade para o verdadeiro diálogo subentende uma incapacidade para a tolerância, para a autorreflexão e para a empatia. Em Nabokov, essa incapacidade toma formas monstruosas em personagens como Humbert Humbert, em *Lolita*, e Kinbote, em *Fogo pálido*.

Orgulho e preconceito não é um livro poético, mas tem suas próprias cacofonias e harmonias; as vozes vem e vão, dão uma volta na sala. Neste exato momento, enquanto folheio o livro, posso ouvi-las saltando das páginas. Percebo a voz seca e patética de Mary, a tosse de Kitty e as castas insinuações da srta. Bingley, e aqui ouço uma palavra cortês de Sir Lucas. Quase não consigo escutar a srta. Darcy, tímida e reservada como é, mas ouço passos que sobem e descem as escadas, a leve zombaria de Elizabeth, o tom terno e reservado de Darcy e, quando fecho o livro, ouço o tom irônico do narrador. E, mesmo com o livro fechado, as vozes não param — existem ecos e reverberações que parecem pular das páginas, e deixam o romance tilintando maliciosamente em nossos ouvidos.

4

— Nossa Sanaz tem muitas qualidades — Azin dissera, olhando para suas unhas. — Ela não tem que se apegar a um rapaz cuja maior vitória foi fugir do alistamento e se mudar para a Inglaterra. — Seu tom agressivo era descabido, mas, naquele momento, ela não se dirigia a ninguém em particular. As unhas de Azin me chamaram atenção. Ela havia começado a pintá-las de vermelho bem vivo, e parecia preocupada com sua boa aparência. De vez em quando durante a aula ela olhava para as unhas como se o esmalte vermelho a transportasse para outra dimensão, um lugar secreto. Quando ela estendia a mão para pegar um doce ou uma laranja, seus olhos seguiam atentamente o movimento dos dedos de pontas vermelhas.

Falávamos sobre Sanaz durante o intervalo. Ela voltaria da Turquia na semana seguinte. Mitra, a única que mantinha contato com ela, contou-nos as novidades: ele era muito doce e gentil, ela o amava e ficaram noivos. Eles foram a um balneário; tiraram fotografias, muitas fotografias. A tia não o considerava um bom partido. Ela até achava que ele era um bom rapaz, melhor como namorado, e bastante dependente. Isso não parecia incomodar nossa Sanaz.

— Não há nada de errado em ser jovem — Yassi disse num tom gracioso e alegre. — Meu tio e sua mulher se casaram bem jovens, e, além disso, não tinham dinheiro. Pensando bem, meus três tios casaram nessa situação. Todos, menos o mais novo, que jamais se casou, ele se afiliou a uma organização política — ela acrescentou, como se isso explicasse por que ele nunca se casara.

Agora ela falava dos tios com mais frequência, porque o mais velho estava no Irã para passar três semanas de férias. Ele era o favorito de Yassi. Esse era o tio que escutava sua poesia, admirava as pinturas de sua irmã Mina, comentava sobre as histórias de sua tímida mãe. Ele era paciente, atencioso, encorajador e, ao mesmo tempo, bastante preciso em suas críticas. Yassi ficava exultante quando ele vinha visitar a família, ou nas raras ocasiões em que escrevia ou telefonava dos Estados Unidos e pedia para falar com ela. Ele era o único que podia aconselhar Yassi sem correr o risco de ser repreendido. Primeiro ele a encorajou a continuar seus estudos musicais; e, depois, perguntou: Por que não vai estudar na universidade em Teerã? Depois, a aconselhou a continuar seus estudos nos Estados Unidos. Tudo o que dizia a Yassi sobre sua vida nos Estados Unidos — acontecimentos que pareciam normais e rotineiros para ele — ganhava um brilho mágico nos olhos ávidos dela. Ela comentava essas histórias comigo, e eu sempre tinha algo a acrescentar. Sentia como se esse tio e eu fôssemos conspiradores que a desviassem do bom caminho. Eu me preocupava. E se encorajássemos a viver uma vida que não era necessariamente boa? Eu percebia que nossos conselhos também faziam com que Yassi, uma menina afetuosa e leal, muito ligada à sua amorosa família, se sentisse deprimida e em conflito durante dias intermináveis. Ela ria de si mesma e dizia que se sentia constantemente... Indecisa? Nãaoo, qual é a palavra? Repentinamente seu rosto se iluminava. Rabugenta! Não, Yassi. Rabugenta não, de modo algum. Sim, indecisa e também deslocada — é assim que me sinto; talvez me sinta rabugenta também.

Naqueles dias, todas as minhas meninas pareciam querer sair do Irã — todas exceto Mahshid, que estava muito preocupada com seu trabalho. Ela queria promoção e estabilidade, que lhe eram negadas com base na sua antiga filiação política a um grupo religioso de oposição. Mitra já pedira um visto para o Canadá, embora ela e Hamid tivessem dúvidas. A mãe dele era contra, e ainda havia a questão de ser um país desconhecido. A vida que tinham, apesar dos pesares, estava organizada. Hamid tinha um bom emprego e eles tinham estabilidade.

— Aqui, como a mãe dele sempre nos lembra, somos alguém, mas lá...

— Estou pensando em ir embora — Azin disse repentinamente. — Se Sanaz tivesse um pingo de juízo, ela também iria ou se casaria com o rapaz, ia para lá e depois pedia o divórcio. O que foi? — perguntou defensivamente, confrontada pela expressão assustada das outras, procurando nervosamente um cigarro na bolsa. — O que foi que eu disse agora?

Ela não acendeu o cigarro — ela não fumava durante as aulas —, mas o manteve entre os finos dedos brancos, com as unhas vermelhas. De repente, ela percebeu nosso silêncio e, como uma criança pega roubando chocolate, esmagou o cigarro no cinzeiro com um sorriso que nos desarmou.

Como você esconde essas unhas?, perguntei, para mudar de assunto. Uso luvas, ela disse. Mesmo no verão, uso luvas escuras. Pintar as unhas e usar maquiagem era uma ofensa passível de uma punição que resultava em chibatadas, multas em dinheiro e mais de um ano de prisão. É triste que eles conheçam o truque, ela disse, e, se quiserem realmente me pegar, é só pedir para tirar as luvas. Ela continuou a tagarelar sobre luvas e unhas pintadas, e então parou de repente. Pintar as unhas me faz feliz, ela disse, num tom de voz que não expressava nenhuma felicidade. É tão vermelho que me distrai e tira minha atenção.

— De que coisas? — Nassrin perguntou, gentil dessa vez.

— Coisas. Você sabe. — E então desabou em lágrimas.

A situação nos silenciou. Com uma certa relutância, numa tentativa óbvia de resistir às lágrimas de Azin, Manna lhe passou uma caixa de lenços de papel. Mahshid se recolheu à sua concha, e Nassrin se curvou para a frente, as mãos fechadas num aperto feroz. Yassi, que sentava perto de Azin, aproximou-se dela e tocou gentilmente seu ombro direito.

5

Nunca saberei a dimensão da dor que Azin escondia. Procuro por uma pista na fotografia que tiramos juntas em minha última noite em Teerã, e meus olhos se distraem com o brilho de suas argolas de ouro. Retratos podem mascarar a realidade, a não ser que se tenha, como meu mágico, o dom para descobrir algo na curva do nariz de uma pessoa. Não tenho esse dom.

Olho para aquela foto e não consigo decifrar nenhuma das aflições de Azin. Ela parece despreocupada; seus cabelos louros combinam com a pele clara e com os olhos cor de mel escuro. Ela adorava parecer ultrajante, e o fato de que casara três vezes reforçava esse comportamento. O primeiro casamento foi antes dos 18 anos, e o divórcio, em menos de um ano. Ela nunca explicou o que aconteceu com seu segundo marido. Talvez se casasse com essa frequência porque no Irã era mais fácil ter um marido do que ter um namorado.

Seu marido, ela nos disse, parecia incomodado por tudo que a interessava. Ele tinha ciúme de seus livros, de seu computador e de suas manhãs de quinta-feira. Com um sorriso amargo, relatou como ele se sentia humilhado pelo "espírito independente" dela. Ele a espancava e depois fazia juras de amor eterno. Senti-me quase ferida por seu relato. Mais do que os espancamentos, o que me perturbava era a tortura psicológica — ele afirmava que ninguém se casaria com ela, porque ela era "usada" como um carro de segunda mão, que homem nenhum iria querer uma mulher de segunda mão. Ele lhe dizia que poderia casar com uma menina virgem de 18 anos na hora que quisesse. Dizia tudo isso, mas ainda assim não a deixava. Não me lembro muito de suas palavras, mas me lembro de como seu sorriso estava desfigurado pelas lágrimas enquanto ela narrava sua história trágica. Assim que terminou o relato, ela disse: Agora vocês sabem por que me atraso com tanta frequência. Sem muita compaixão, Manna comentaria depois: Azin apela para conseguir as coisas com facilidade, mesmo que tenha que explorar seus próprios problemas.

De repente, todas estavam envolvidas pelos problemas conjugais de Azin. Primeiro, contei-os a Bijan depois do jantar, e depois conversei com minha melhor amiga, uma grande advogada que gostava de causas difíceis, e a convenci a aceitar o caso dela. Dali em diante, Azin — seus dramas, o marido, suas queixas, sua sinceridade ou falta de sinceridade — se tornou um assunto recorrente em nossas discussões.

Teoricamente, problemas pessoais não deviam fazer parte da aula, mas eles se infiltravam em nossas discussões. Começávamos com questões abstratas até que chegávamos no microcosmo de nossas próprias experiências. Falávamos sobre várias instâncias nas quais as agressões físicas e psicológicas a mulheres eram consideradas razões insuficientes para a concessão do divórcio pelo juiz responsável. Lembrávamos de casos nos quais o juiz recusara o pedido de divórcio da mulher, e ainda tentara culpá-la pelas agressões do marido, ordenando que ela refletisse sobre os erros que cometera para provocar o desagrado dele. Brincamos com a história do juiz que costumava bater na própria mulher. Em nosso caso, a lei realmente era cega: em seus maus-tratos às mulheres, a justiça não reconhecia religião, raça ou credo.

6

Dizem que o privado é político. Isso não é verdade. O desejo de nos proteger, de impedir que a política invada nossa vida privada reside no cerne da luta pelos direitos individuais. O privado e o político são interdependentes, mas não são uma mesma e única coisa. O campo da imaginação é uma conexão entre eles, que sempre adapta um em função do outro. Platão sabia disso, e também o sabia o censor cego, de modo que talvez não surpreenda que o primeiro ato da República Islâmica foi esfumaçar as fronteiras entre o privado e o político, destruindo, assim, os dois.

Quando me perguntam como era minha vida na República Islâmica do Irã, não consigo separar minha vida pessoal do julgamento do olhar fixo do censor cego. Penso em minhas meninas, tão diferentes umas das outras. Independentemente de suas origens, de suas crenças e de sua formação, seus dilemas eram compartilhados e nasciam do confisco pelo regime de seus momentos mais íntimos e de suas aspirações pessoais. Esse conflito era justamente o paradoxo criado pelo regime islâmico. Agora que os mulás dominavam o país, a religião era um instrumento de poder e uma ideologia. Era essa abordagem da fé que diferenciava aqueles que detinham o poder dos milhões de cidadãos comuns, de crentes como Mahshid, Manna e Yassi, que acreditavam que a República Islâmica era seu pior inimigo. Pessoas como eu odiavam a opressão, mas essas outras tinham que lidar com a traição. Mas, mesmo para elas, as contradições e as proibições nas suas vidas pessoais as envolviam mais diretamente do que as grandes questões da guerra e da revolução. Vivi na República Islâmica durante dezoito anos, mas não consegui compreender inteiramente essa verdade nos primeiros anos da revolução — em meio às execuções públicas e às demonstrações sangrentas — ou durante os oito anos de guerra, quando as sirenes vermelha e branca se misturavam com os sons de mísseis e de bombas. Para mim, essa verdade só ficou evidente depois da guerra, e depois da morte de Khomeini, dois fatores que mantiveram o país forçosamente unido, impedindo que as vozes dissonantes e as contradições emergissem.

Dissonâncias, contradições? Aquele não foi o tempo da esperança, da *reforma*, da *paz*?, você perguntará. Não nos disseram que a estrela do sr. Ghomi se apagava e que a do sr. Forsati estava em ascensão? Você me lembrará do final da parte III deste livro, quando as escolhas para os revolucionários radicais eram atear fogo em si mesmos ou mudar com os novos tempos. Sobre Mahshid, Nassrin e Manna, você dirá: Elas sobreviveram, pois lhes foi dada uma segunda chance. E perguntará: Você não está dramatizando um pouco para efeito da narrativa de sua história?

Não, não estou dramatizando. A vida na República Islâmica do Irã sempre foi muito explosiva, muito dramática e muito caótica para se adequar à ordem exigida por uma narrativa. Frequentemente, os tempos de paz revelam a extensão da destruição. Nesse momento, as vozes emudecidas ecoam em diferentes lugares.

Manna costumava dizer que existem duas Repúblicas Islâmicas: a da teoria e a da realidade. Na República Islâmica da teoria, a década de 1990 começou com promessas de paz e de reforma. Numa manhã, acordamos para ouvir que o Conselho dos Guardiões, depois de deliberações, escolhera o antigo presidente Hojatol-Islam Ali Khamenei como sucessor do aiatolá Khomeini. Antes de sua eleição, a posição política de Khamenei era dúbia: ele se ligava a alguns dos grupos mais conservadores e reacionários dentro da elite dominante, mas também era conhecido como o mecenas. Ele se relacionava com poetas e tinha sido severamente repreendido por Khomeini por ter suavizado a *fatwa* — sentença de morte — contra Salman Rushdie.

Mas o novo Líder Supremo — que agora possuía o mais alto título político e religioso no país, e que exigia o maior respeito — era uma fraude. Ele sabia, nós sabíamos e, o que era pior, seus próprios colegas e companheiros clérigos, que o escolheram, sabiam. A mídia e a propaganda do governo omitiram o fato de que esse homem de uma hora para outra passou para a categoria de aiatolá: essa posição tinha que ser ganha, merecida antes de ser concedida. Ele violou claramente as regras e os regulamentos clericais. Khamenei escolheu ficar do lado dos mais reacionários. E sua escolha foi motivada pela necessidade de apoio político e proteção, mais do que pela sua crença religiosa, para compensar a falta de respeito dos próprios pares. De um morno liberal, ele se transformou da noite para o dia num linha-dura irascível. Num momento de rara franqueza, a sra. Rezvan dissera: Eu conheço melhor essas pessoas do que você; elas mudam suas palavras mais frequentemente do que trocam de roupa. O Islã se transformou num negócio, ela continuou, como o petróleo para a Texaco. Essas pessoas que lidam com o Islã — cada uma tenta embrulhá-lo melhor do que a encomenda. E nós estamos engasgados com elas. Você não acha que elas jamais admitiriam que poderíamos viver bem melhor sem o petróleo? Como elas poderiam dizer que o Islã não é necessário para um bom governo? Não, mas os reformistas são mais espertos; eles lhe darão um petróleo um pouco mais barato e prometerão que será mais limpo.

Nosso presidente, o poderoso ex-presidente do congresso, Hojatol-Islam Rafsanjani, o primeiro a ganhar o título de reformista, era a nova esperança, mas ele, que chamava a si mesmo de general da reconstrução, e que era apelidado de aiatolá Gorbachev, era famoso pela corrupção financeira e política, e por seu envolvimento no terrorismo contra os dissidentes no país e no exterior. Ele realmente falou sobre alguma liberalização das leis — como Manna nos lembrou, essas reformas significavam que você podia ser um pouco islâmico, que podia enganar, mas não muito, mostrar um pouco de cabelo embaixo do véu. Era como dizer que você podia ser um pouco fascista, um fascista ou um comunista moderado, acrescentei. Ou um pouco grávida, Nima acrescentou, fazendo graça.

O resultado dessa moderação foi que Sanaz e Mitra perderam o medo de usar o véu de modo mais audacioso, de mostrar um pouco de cabelo, mas a polícia da moralidade também tinha o direito de prendê-las. Quando elas lembraram à polícia as palavras do presidente, os guardas revolucionários as detiveram e as prenderam de imediato, proferindo violentos insultos contra o presidente, sua mãe, e qualquer filho da... que emitira essas ordens na pátria do Islã. O liberalismo do presidente, porém, como depois seria o caso de seu sucessor, presidente Khatami, acabava aqui. Aqueles que levaram as reformas a sério pagaram um preço muito alto, algumas vezes com suas vidas, enquanto seus carrascos continuaram livres e impunes. Quando o escritor dissidente Saidi Sirjani, que tinha a ilusão de ter o apoio presidencial, foi aprisionado, torturado e, finalmente, executado, ninguém o ajudou — outro exemplo da luta constante entre a teoria e a prática na República Islâmica, uma luta que continua até hoje. Seus próprios interesses precediam a tudo, como a sra. Rezvan gostava de me lembrar. Não importa o quão liberais eles fossem, jamais desistiram de sua fachada islâmica: essa era sua marca registrada. Quem precisaria do sr. Rafsanjani num Irã democrático?

Foi um período de esperança, é verdade, mas pensávamos que os tempos de esperança são desprovidos de tensões e de conflitos, quando, em minha experiência, eles são os mais perigosos. A esperança para alguns significava sua perda para outros; quando os desesperançados recuperavam alguma esperança, aqueles no poder — os que a haviam usurpado — ficavam com medo, e protegiam ainda mais seus interesses ameaçados, mais repressão. De muitas maneiras, esses tempos de esperança, de maior tolerância, eram tão inquietantes como antes. A vida havia adquirido a textura de ficção escrita por um mau escritor, que não podia impor ordem e lógica a seus personagens quando eles escapavam do controle. Foi um tempo de paz, um tempo de reconstrução, para a rima comum e o ritmo da vida dominarem novamente e, em vez disso, uma cacofonia de vozes nos assombrou e chegou a sobrepujar os estampidos sombrios da guerra.

A guerra com o Iraque acabara, mas o governo continuava sua guerra contra os inimigos internos, contra aqueles que considerava representantes da decadência cultural e da influência do Ocidente. Em vez de enfraquecer esses inimigos e eliminá-los, essa campanha de opressão, de algum modo, os fortalecera. Os partidos políticos e os inimigos políticos estavam na cadeia, mas no campo da cultura — literatura, música, arte e filosofia — a tendência dominante estava com as forças seculares; a elite islâmica não conseguiu ter ascendência alguma sobre essas áreas. A batalha pela cultura se tornou mais fundamental quando jovens radicais, intelectuais, jornalistas e acadêmicos muçulmanos debandaram para o outro lado. Desiludidos com a Revolução Islâmica e conformados pelo vazio ideológico que ocorreu depois do colapso da União Soviética, eles não tinham nada mais a que se opor, a não ser as democracias ocidentais às quais se opuseram tão veementemente. Aqueles a quem o regime tentou destruir ou silenciar por meio de acusações de serem muito ocidentalizados não puderam ser destruídos ou silenciados; eles faziam parte da cultura iraniana tanto quanto esses outros, seus guardiões autoindicados. Mas o que mais atemorizou a elite islâmica foi que esses mesmos elementos tinham, naquele momento, se transformado em modelos para os antigos revolucionários, progressivamente desencantados, e também para a juventude — para os chamados filhos da revolução.

Muitos no Ministério da Cultura e da liderança islâmica começaram a tomar o partido de escritores e de artistas, o que permitiu a publicação de livros que antes seriam considerados anti-islâmicos. Meu livro sobre Nabokov foi publicado em 1994, com o apoio de algumas das pessoas mais esclarecidas daquele ministério. Diretores experientes, cujos filmes tinham sido proibidos depois da revolução, puderam mostrar seus trabalhos, graças ao chefe progressista da Fundação Farabi de Cinema, que depois seria deposto pelos reacionários dentro do regime. O próprio ministério se transformou num campo de batalha entre diferentes facções, que então chamávamos de linha-dura e reformista. Muitos antigos revolucionários liam e interpretavam obras de pensadores e filósofos ocidentais, e questionavam suas próprias abordagens ortodoxas. Foi um sinal de esperança, embora um sinal irônico, que estivessem se transformando pelas próprias ideias e pelos sistemas que outrora se propuseram a destruir.

Incapazes de decifrar ou de compreender complicações ou irregularidades, os funcionários do governo foram forçados a impor fórmulas simples sobre a ficção, como o fizeram na vida. Assim como censuraram as cores e os tons da realidade para se ajustarem a seu mundo preto e branco, eles censuraram qualquer forma de subjetividade na ficção; ironicamente, para eles e para seus oponentes ideológicos, as obras da imaginação, que não traziam uma mensagem política, eram consideradas perigosas. Eles, portanto, encontraram um inimigo natural em escritores como Austen, por exemplo, quer a conhecessem ou não.

7

— Você deveria parar de colocar a culpa de todos nossos problemas na República Islâmica — disse meu mágico.

Franzi a testa, enquanto cutucava a neve com o bico de minhas botas. A manhã estava ensolarada, e a neve cobria tudo lá fora, o melhor cenário do inverno em Teerã.

Era o típico dia em que nos sentíamos alegres e crianças outra vez, apesar dos protestos contra a poluição e das preocupações que ocupam coração e mente. Mesmo quando ameacei reclamar, a vaga lembrança do xarope de cereja feito por minha mãe, que ela usava para misturar com neve fresca, calou meu protesto. Mas eu não desistia facilmente. Estava atormentada por pensamentos sobre o marido de Azin e sobre o jovem de Sanaz. Naqueles últimos quinze minutos, tentara falar um pouco sobre as dificuldades e as preocupações de minhas meninas com meu mágico. E não deixava de marcar, com acusações justificadas e injustificadas, a República Islâmica do Irã como a responsável por toda a nossa infelicidade.

Na primeira semana depois da viagem, Sanaz retornara para a aula num entusiasmo controlado. As fotografias espalhadas em cima da mesa de vidro mostravam momentos da família no hall do hotel; Sanaz e um jovem de cabelos castanho-escuros e doces olhos castanhos, de jeans e camisa azul, encostados numa balaustrada; a festa de noivado; Sanaz em um vestido vermelho, o lindo cabelo acariciava os ombros desnudos, olhava para esse jovem bem-apessoado em seu terno escuro e em sua camisa azul-clara, e ele olhava fixamente nos olhos dela com terna afeição — ou lá estava ele, colocando o anel de noivado no dedo dela, ela olhava o anel com um ar triste (foi uma pena que os pais dele tivessem comprado o anel sem nos consultar, ela confessou mais tarde). E lá estava também a tia renegada, a mãe deprimida e o irmão odioso. Antes que percebesse, ele teve que voltar para Londres e ela voltou a Teerã. Sanaz nos disse, com alguma frustração, que teve poucos momentos a sós com Ali, estavam sempre cercados pela família.

Duas semanas depois, ela estava apática durante as discussões da aula. No intervalo, uma pesarosa Sanaz, que pedia desculpas por tomar o tempo da aula com seus problemas pessoais, os olhos marejados de lágrimas e a mão direita que empurrava uma mecha imaginária de cabelo da testa, anunciou o cancelamento de tudo, o casamento não se realizaria mais. Ele rompera o noivado. Pelo telefone, Ali expressou todas as suas preocupações: ele não via como poderia fazê-la feliz. Ainda era um estudante, como poderia sustentá-la? Quanto tempo seria necessário antes que pudessem realmente morar juntos? Não era justo com ela; ele dissera, e continuou a inventar todo tipo de desculpas. Posso entender perfeitamente o ponto de vista dele, ela disse, eu tinha as mesmas preocupações, mas, ainda assim, gostaria que ele não fosse tão frio! Ele sempre a amaria, ele declarou. O que mais ele poderia dizer?, Sanaz nos perguntou. Covarde desprezível, pensei.

Todos ficaram muito solícitos com Sanaz por causa disso. A família dele ficara furiosa. Ele foi corrompido pelos anos que passou entre os frios e insensíveis ingleses, sua mãe disse. Eles — os ocidentais — não têm sentimentos como nós. Ele mudará de ideia, seu pai disse com convicção; apenas lhe dê um tempo. Nenhum deles percebeu que talvez sua própria intromissão e pressão o forçaram a dar um passo sobre o qual não estava seguro.

Tudo era insuportável para Sanaz, toda essa comiseração. Mesmo seu irmão era compassivo. Havia rumores de outra mulher. *Sempre* há, Azin disparou, assim são os homens. Não, Sanaz respondeu a uma pergunta de Mahshid, ela não era persa. Alguns disseram que era sueca, ou inglesa.

Naturalmente! Uma menina estrangeira é sempre um bom partido. Quem disse isso? Sanaz ficou ainda mais desesperada pela maneira silenciosa e fúnebre que sua família e seus amigos a cercavam. Se pelo menos meu irmão tivesse um de seus ataques, ela disse, enquanto forçava um sorriso através das lágrimas — se confiscasse o carro dela ou qualquer coisa parecida. Hoje tinha sido a primeira oportunidade que tivera de se afastar deles, e já se sentia melhor.

Os homens são sempre mais atraentes quando são comprometidos, Manna disse num tom surpreendentemente amargo. Depois de uma pausa, ela acrescentou enigmática: E não disse isso para ser gentil com Sanaz.

Homens!, Nassrin disse com raiva. Homens!, ecoou Azin. Yassi, que parecia ter encolhido de repente sentou-se espichada, com as mãos no colo. Apenas a tia ficara feliz, Sanaz nos informou. Graças a Deus, ele o salvou da própria loucura, foram suas primeiras palavras. O que esperava? Somente um idiota pensaria que seria normal que um jovem da idade dele, ou de qualquer idade, pudesse viver sozinho durante cinco anos sem ter relações amorosas. Pois eu pensei, Sanaz lhe disse. Você foi uma idiota.

A reação geral de Sanaz tinha sido calma e controlada. Ela estava quase aliviada. No fundo de sua mente, sempre achou que não daria certo, não dessa maneira. Mas a dor continuou: por que ele a rejeitara? Será que ela se tornara tão provinciana para ele, comparada a outras meninas, quero dizer, uma elegante menina inglesa, ousada, sem medo de dormir com ele? Dor é dor, concluí. Mesmo meninas inglesas e americanas são rejeitadas por seus noivos e amantes. Lemos algumas boas histórias, "The jilting of Granny Weatherall" [A rejeição de Granny Weatherall], lembram? E depois, é claro, existe "A rose for Miss Emily" [Uma rosa para a srta. Emily]. Mais tarde Sanaz brincou que pensava em se tornar mais memorável, imitando a sra. Havisham, sua heroína do momento. Ainda bem que não comprei o vestido do casamento, ela acrescentou, pensativa.

Como foi que passamos da difícil situação de Sanaz para a vida na República Islâmica? De qualquer modo, conseguimos terminar nossas discussões com piadas sobre o regime: o número de clérigos e de altos funcionários com *green cards*, o complexo de inferioridade da elite dominante, a queima da bandeira americana numa mão e a gentileza para com os ocidentais, especialmente os jornalistas americanos, na outra. E, além disso, havia Faezeh Rafsanjani, a filha do presidente, com seus jeans, tênis Reebok e o cabelo pintado de louro visível debaixo de seu xador.

Explicara tudo isso em detalhes a meu mágico, descrevendo para ele cenas vívidas e tristes sobre a dor de Sanaz e o sofrimento de Azin. Concluí dramaticamente que esse regime penetrara de tal maneira em nossos corações e mentes, insinuando-se em nossos lares, espionando nossos quartos, que por fim nos moldara contra nossa própria vontade. Como poderíamos, sob esse escrutínio, separar nossas desgraças pessoais da política? Era bom saber onde colocar a culpa, uma das poucas compensações da vítima — "e sofrer é outro mau hábito", como Bellow disse em *Herzog*.

Ele levantou a sobrancelha direita, com uma expressão comicamente irônica.

— Diga-me — disse em tom sarcástico. — Qual é mesmo a relação entre o rompimento do noivado de uma bela jovem e a República Islâmica? Você quer dizer que em outras partes do mundo as mulheres não são maltratadas por seus maridos, que não são rejeitadas?

Sentia-me muito petulante e talvez muito indefesa para reagir, embora pudesse ver a lógica de seu argumento. Fiquei em silêncio.

— Como o regime não vai deixá-la em paz, você pretende colaborar com ele e lhe conceder o completo controle de sua vida? — continuou, sem jamais deixar de expor sua opinião.

Um pouco depois, disse:

— É claro que você está certa. Esse regime colonizou todos os nossos momentos de tal maneira que não conseguimos mais pensar sobre nossas vidas como livres dele. Ele se tornou tão onipotente que talvez não seja exagerado responsabilizá-lo pelo sucesso ou pelo fracasso de nossas relações amorosas. Deixe-me lembrá-la do sr. Bellow, seu último *beau*. Ele parou na palavra *beau* por alguns segundos. Lembre-se daquela frase dele que você citou, uma das muitas com as quais fomos presenteados nas duas últimas semanas: "Primeiro essas pessoas assassinam você, depois o forçam a meditar rancorosamente sobre seus crimes."

Ele se aproximou mais de mim, com aquele olhar irônico bem perto de meu rosto:

— Você escutou? — perguntou. — Por onde você está divagando?

— Eu estou aqui — respondi — Só estava pensando.

— Certo — ele disse, o que me fez lembrar sua formação britânica.

— Escutei, sim — eu disse. — Você acaba de esclarecer algo para mim, sobre o qual tenho pensado muito ultimamente. — Ele esperou que eu continuasse. — Estava pensando sobre a vida, sobre a liberdade, sobre a busca da felicidade, sobre o fato de que minhas meninas não são felizes. O que quero dizer é que elas se sentem condenadas a ser infelizes.

— E o que você propõe para fazê-las compreender que é direito delas serem felizes? ele perguntou. — Certamente não pode encorajá-las a agir como vítimas. Elas têm que aprender a lutar por sua felicidade.

Continuei a cavar mais fundo a neve com minhas botas, esforçando-me ao mesmo tempo para acompanhar seu ritmo.

— Mas enquanto falharmos e não conseguirmos perceber isso, e continuarmos a lutar por liberdade política sem compreender sua dependência sobre as liberdades individuais, sobre o fato de que sua Sanaz não deveria ter ido tão longe, até a Turquia, para ser cortejada, não merecemos esses direitos.

Depois de escutar sua reprimenda não encontrei nada para contradizê-lo, então me permiti seguir meu próprio pensamento. Caminhamos durante algum tempo em silêncio.

— Mas não acha que, se eu tentar fazê-las compreender isso, poderei causar mais mal do que bem? — eu disse, talvez muito dramaticamente. — Você sabe, quando estão comigo, enquanto ouvem minhas experiências passadas, elas criam uma impressão brilhante daquele outro mundo, do Ocidente... Eu, eu não sei, acho que eu...

— Você quer dizer que as tem ajudado a criar uma fantasia paralela — ele disse —, que se choca contra a fantasia que a República Islâmica do Irã fez de suas vidas.

— Sim, sim! — disse, animada.

— Bem, em primeiro lugar, não é tudo culpa sua. Nenhum de nós pode viver e sobreviver *neste* mundo de fantasia. Todos precisamos criar um paraíso para onde escapar. Além disso — acrescentou —, existe algo que você pode fazer a respeito.

— Existe? — perguntei, ansiosa, ainda desalentada e louca de vontade de que alguém me dissesse, uma vez que fosse, o que fazer.

— Sim, existe, e você de fato o está fazendo nessas aulas, se não se perder. Faça o que todos os pobres poetas e todos os filósofos fazem. Você não precisa criar uma fantasia paralela do Ocidente. Dê-lhes o melhor que aquele outro mundo pode oferecer: a pura ficção — dê-lhes de volta sua imaginação! — ele terminou triunfalmente, e olhou para mim como se esperasse aplausos por esse sábio conselho. — Você sabe que poderá ser muito bom se começar a praticar o que prega há tanto tempo. Tome o exemplo de Jane Austen — ele disse com o que me pareceu ser uma generosidade condescendente.

"Você costumava pregar para todos nós que ela ignorava a política, não porque não entendesse, mas porque não permitia que seu trabalho e sua imaginação fossem engolidas pela sociedade à sua volta. Numa época em que o mundo estava submerso nas Guerras Napoleônicas, ela criou seu próprio universo paralelo, um mundo que você, dois séculos depois, na República Islâmica do Irã, ensina como o ideal ficcional de democracia. Você se lembra de toda aquela sua conversa sobre como a primeira lição para lutar contra as tiranias é fazer as próprias coisas e satisfazer a própria consciência? — ele continuou pacientemente. — Você vive falando sobre espaços democráticos, sobre a necessidade de espaços pessoais e criativos. Bem, vá em frente, crie esses espaços, mulher! Pare de resmungar e de concentrar sua energia no que a República Islâmica faz ou diz, e comece a se concentrar na sua Austen.

Sabia que ele estava certo, embora estivesse muito frustrada e com muita raiva de mim mesma para admitir. A ficção não era uma panaceia, mas nos oferecia uma maneira crítica de analisar e compreender o mundo — não somente nosso mundo, mas aquele outro mundo que se tornara o objeto de nossos desejos. Ele estava certo. Eu não o escutava, porque senão teria que admitir que minhas meninas, como milhões de outros cidadãos, quando se recusavam a desistir de seu direito de buscar a felicidade, criaram uma mossa na fantasia feroz da República Islâmica.

Quando ele recomeçou, sua voz parecia vir de muito longe e chegar até mim através de uma bruma.

— Quando você falou em criar essa sua aula secreta, achei que poderia ser uma boa ideia — ele dizia —, em parte, porque desviaria sua atenção da política. Mas vejo que aconteceu o contrário. Acabou envolvendo-a ainda mais.

Quando falei pela primeira vez sobre minha decisão de pedir demissão da universidade e criar essa aula secreta, ele havia dito: Como vai sobreviver? Você cortou todos os contatos sociais, ensinar é seu último refúgio. Disse que queria dar aulas, criar um seminário de literatura em minha casa, com umas poucas alunas selecionadas que realmente amassem literatura. Você me ajuda? Claro que ajudarei, ele disse, mas sabe o que isso significa? O quê? Que você nos deixará em breve. Você está se escondendo mais e mais dentro de si mesma. Você renunciou gradualmente a todas as suas atividades. Sim, mas, e se eu tiver minha aula? Sua aula será em casa. Você falava sobre escrever seu próximo livro em persa. Agora tudo que conversamos é sobre o que vai dizer na sua próxima conferência na Europa ou nos Estados Unidos. Você escreve agora para outros leitores. Eu disse: Tenho você. Ele disse: Não sou um bom exemplo. Você me usa como parte de seu mundo imaginário.

Quando nos separamos e fui para casa, meu estado de espírito já mudara. Eu pensava em um novo romance que ultimamente planejava acrescentar a nossa lista, *Dezembro fatal*, de Saul Bellow — que tratava das experiências penosas no Oriente e aquelas no Ocidente. Senti-me culpada de minhas queixas a meu mágico. Queria tanto que ele mudasse tudo, aqui e agora, que esfregasse a lâmpada mágica e fizesse desaparecer os guardas revolucionários, junto com o marido de Azin e o patrão de Mahshid. Queria que ele pusesse um fim a tudo aquilo, e ele me dizia para não me envolver demais. Senti-me envergonhada de mim mesma por me recusar a compreendê-lo, por agir como uma criança petulante que agride um pai amado.

O sol já começara a se pôr quando me aproximei de casa; parecia que ele tinha retirado, uma por uma, todas as partículas brilhantes que espalhara sobre a neve. Quando cheguei, senti-me grata de ver o fogo aceso na lareira. Bijan parecia sereno numa cadeira próxima ao fogo, com um pequeno copo de vodca caseira perto dele na mesa, lendo *O longo adeus*. Da janela pude ver os galhos das árvores cobertos de neve, e as linhas das montanhas, mal discerníveis através da bruma.

8

— Eles se esforçaram para parecer modernos em relação a isso. — Yassi afirmou, com um toque de sarcasmo, esparramada em seu lugar habitual no sofá.

Ela descrevia sua última aventura com a "corte de um cavalheiro", palavras suas. Havia uma grande pressão para que ela se casasse. Todas as suas amigas e primas mais próximas já estavam casadas ou noivas.

— As famílias, a dele e a minha, concordaram que temos que nos conhecer antes de tomarmos qualquer decisão. Por isso, nós fomos até esse parque e supostamente deveríamos ficar íntimos por caminhar e conversar durante a hora seguinte — ela disse, no mesmo tom sarcástico, mas dando a entender que se divertia.

"Ele e eu caminhamos na frente, seguidos por meus pais, minha irmã mais velha e duas irmãs dele. Quase podia ouvi-los enquanto eles faziam de conta que falavam sobre outras coisas e nós dois fingíamos que os ignorávamos. Perguntei-lhe o que fazia: engenharia mecânica. Lendo alguma coisa interessante? Não tenho tempo para ler. Tenho a sensação de que ele quer olhar para mim, mas não consegue. Quando ele chegou à casa de meu tio, para pedir oficialmente minha mão em casamento, manteve a cabeça abaixada o tempo inteiro, e aqui, novamente, é impossível olhar direito para ele. Assim, caminhamos lado a lado, nossos olhos fixos no chão. O tempo inteiro eu pensava coisas malucas, como por exemplo: Como um homem sabe que a mulher com quem pretende se casar não é careca?"

— Essa é fácil — disse Nassrin. — Antigamente, as mulheres da família do homem costumavam investigar as pretendentes. Até mesmo seus dentes.

— Graças a Deus, tenho todos os meus dentes! De qualquer modo, passávamos nosso tempo daquela maneira, até que de repente tive uma ideia brilhante: comecei a andar mais rápido, pegando a todos de surpresa. Enquanto eles tentavam se ajustar a meu passo, parei subitamente, forçando-os a quase baterem em nós. Ele ficou espantado de verdade, mas tentou esconder, se ajustando a meu ritmo. Fiz algumas tentativas inúteis de olhar em seus olhos. Vejam o que eu estava pensando: se ele perceber a piada e rir, eu lhe darei uma oportunidade. Se não o fizer, acabou; não perderei meu tempo. Eu sabia que *cada* um de meus tios entraria imediatamente no jogo comigo.

Depois disso, ela ficou silenciosa.

— E o que aconteceu?

— Oh! — ela disse, como se acordasse de um transe. — Nada.

— Nada?

— Não, o idiota nem mesmo perguntou por que eu comecei a caminhar mais depressa. Por educação, ele apenas tentou acompanhar meu passo. Depois de algum tempo, cansei e então nos despedimos, e não respondi às perguntas que me fizeram até que pararam de perguntar. Tenho certeza de que a essa altura ele está casado e feliz, com uma menina de temperamento mais afável — ela disse, enquanto olhava para nós alegremente.

Ela sempre gostava de contar uma boa história, mesmo quando ela mesma era o motivo da piada.

Aquela tinha sido uma semana exaustiva para Yassi, com seu novo pretendente e com a partida de seu tio para os Estados Unidos. Toda vez que seu tio vinha ao Irã — o que não acontecia com frequência —, ele provocava dúvidas e questões em Yassi, que ficava atormentada durante semanas, com anseios vagos e inquietos que a faziam suspirar, sem saber exatamente por quê. Agora ela sabia que deveria ir para os Estados Unidos, como soube, quando tinha 12 anos, que deveria tocar o instrumento musical proibido. Sua decisão de tocar o instrumento, sua insistência em ir para a universidade em Teerã, sua escolha de vir a essas aulas — todas eram preparações que a levariam a seu objetivo final: ficar perto dos tios e provar o gosto da liberdade, sempre inalcançável para sua mãe e suas tias, sedutor, mas fora do alcance. A elas, às mulheres, não lhes faltava nada em inteligência, mas lhes faltava a liberdade. Yassi não tinha outra escolha senão querer ser como seus tios — não necessariamente como eles, mas ser possuidora do que lhe parecia ser seu direito inalienável.

Eu não queria que ela se casasse. Queria que ela enfrentasse todas as dificuldades e vencesse os obstáculos. As apostas contra ela eram avassaladoras, da oposição da família — era inédito para uma menina ir estudar fora — às enormes dificuldades financeiras. Depois havia o problema de ser aceita numa universidade americana e de obter um visto. Queria que tivesse sucesso, não somente por ela, mas também pelo restante de nós. Sempre desejei ardentemente a realização de sonhos impossíveis.

Aquele foi um dia da corte de cavalheiros. Sanaz também estava cheia de histórias. Depois do fracasso de seu noivado, começou a sair com diferentes pretendentes, e nos fazia relatos minuciosos sobre um engenheiro educado nos Estados Unidos, com um *green card* — símbolo de status —, que a vira numa fotografia de família e que, ao chegar a Teerã, a procurou e a convidou para ir a um restaurante suíço; sobre o rico negociante que adorava a ideia de ter uma mulher educada e atraente, e queria comprar uma biblioteca inteira para que ela não saísse de casa, e assim por diante. Esses encontros funcionavam como uma diversão para Sanaz.

— Aprenda conosco — disse Azin. — Por que você precisa casar? — O tom coquete voltara por um instante à sua voz. — Não leve essas pessoas a sério, apenas saia com elas para se divertir.

Minha amiga advogada estava tendo um bocado de dificuldade para ajudar Azin. No começo, ela havia sido categórica sobre querer o divórcio. Dez dias depois, compareceu ao escritório da advogada com o marido, a sogra e as cunhadas. Ela achava que a reconciliação era possível. Imediatamente depois, ela surgiu sem hora marcada; estava toda machucada, e afirmava que o marido a espancara novamente e depois levara a filha deles para a casa da mãe. Então, naquela noite, ele se ajoelhou ao lado da cama, chorava e implorava para que ela não o abandonasse. Quando comentei o assunto com Azin, ela caiu num pranto convulso, dizendo que ele tiraria a criança dela, se insistisse no divórcio. Aquela menina era sua vida, e você conhece os tribunais, a custódia da criança é sempre dada ao pai. Ela sabia que a única razão de ele querer a criança era para feri-la. Não se importava com ela. Provavelmente, levaria a menina para a casa da mãe. Azin solicitara um visto para o Canadá, mas, mesmo que lhe fosse concedido, ela jamais poderia sair do país sem a permissão do marido. Somente se eu recuperar minha própria vida poderei agir sem a permissão dele, disse, desesperada e dramática.

Manna concordava com Azin, mas era difícil admiti-lo.

— Se eu fosse você, sairia desse país o quanto antes — foi seu conselho para Sanaz. — Não fique aqui e não se case com ninguém com quem tenha que ficar aqui. Você vai apenas apodrecer.

Mahshid olhou para ela de modo reprovador.

— Este é seu país — ela disse, mordendo os lábios —, há muita coisa que você pode fazer.

— Não há nada que você possa fazer. *Nada* — disse Manna, com um tom conclusivo.

— Você pode escrever e pode dar aulas — disse Mahshid, olhando-me de relance. — Precisamos de bons críticos. Precisamos de bons professores.

— Sim — disse Manna —, como a professora Nafisi. Estudar e trabalhar durante tantos anos, e depois? Outro dia Nima disse que ganharia mais dinheiro se virasse um camelô, em vez de passar todos esses anos fazendo seu mestrado em literatura inglesa.

— Se todo mundo for embora — disse Mahshid, com os olhos fixos no chão —, quem fará alguma coisa por este país? Como nós podemos ser tão irresponsáveis?

Fazia essa pergunta para mim mesma diariamente. Não podemos sair todos do país, Bijan tinha me dito — *este* é nosso lar. O mundo é um lugar grande e vasto, meu mágico me disse quando levei a ele meus pesares. Você pode escrever e ensinar onde estiver. De fato, você será mais lida e mais conhecida quando estiver fora. Ir ou não ir? Tudo isso é muito pessoal, meu mágico ponderou. Sempre admirei a coragem de seu antigo colega, ele disse. Qual colega? O dr. A., o que disse que seu único motivo para deixar o país era porque gostava de beber cerveja livremente. Estou enojado dessas pessoas que escondem suas imperfeições e seus desejos pessoais sob o disfarce do fervor patriótico. Elas ficam porque não têm meios de viver em nenhum outro lugar, porque se saírem daqui não serão os mandachuvas que são por aqui; mas falam em sacrifício pela pátria. E depois aquelas que vão embora afirmam que o fizeram para criticar e expor o regime. Por que todas essas justificativas?

Ele tinha razão, embora não fosse tão simples. Sabia que Bijan queria ficar, não porque não pudesse encontrar um trabalho ou uma posição nos Estados Unidos — onde morava a maioria de sua família, e onde ele mesmo tinha vivido mais tempo do que no Irã. Quero ficar porque eu amo este país, ele me disse. Devemos ficar como uma forma de resistência, para mostrar que não somos manipulados. Nossa presença aqui é um árduo incômodo para eles. Onde mais no mundo uma palestra sobre *Madame Bovary* atrairia tanta gente, e quase provocaria uma rebelião? Não podemos desistir e ir embora; somos necessários aqui. Amo este país, ele repetiu. Será que eu não amava aquele país?, perguntei a mim mesma.

Bijan concorda com você, eu disse a Mahshid. Ele é mais apegado à ideia da pátria. Ele criou o mundo dele construindo nosso apartamento e nossa casa nas montanhas, e estabeleceu rotinas, como assistir à BBC e fazer churrascos para os amigos. É muito mais difícil fazer vir abaixo tudo isso para reconstruir em outro lugar. Acho que a questão é que devemos fazer nossas próprias escolhas de acordo com nossos potenciais e nossas limitações, disse, e, enquanto falava, eu sabia como minhas palavras lhes deveriam soar superficiais.

— Tenho uma desculpa para ir aos Estados Unidos — disse Yassi, atrevida. — É porque sou cheinha. Dizem que as garotas gordas se divertem muito mais nos Estados Unidos. Parece que os americanos preferem as garotas com um pouco mais de carne nos ossos.

— Depende da garota — Mitra interrompeu dando um empurrãozinho em Yassi.

Mitra, é claro, não teria o menor problema em lugar algum da Terra, com suas covinhas e seus grandes olhos castanhos. Ela e Hamid decidiram ir à Síria por uma semana, para serem entrevistados na embaixada canadense — o Canadá não aceitava pedidos de vistos de imigração no Irã. Embora ela ainda vacilasse entre partir e ficar.

— Aqui nós temos uma identidade — disse ela. — Temos controle sobre nossas vidas. Fora daqui, a vida é desconhecida.

— A provação da liberdade — Nassrin disse de forma elíptica, ecoando minha frase favorita de Bellow.

Só Mahshid continuara em silêncio. Ela, eu sabia, tinha mais confiança sobre o que queria do que o restante das meninas. Ela não queria casar. Apesar de todas as suas crenças tradicionais e de seus imperativos morais, Mahshid era ainda menos do tipo casamenteiro que Sanaz. Ela desaprovava o regime, mas seus problemas eram mais práticos que existenciais. Havia muito tempo estava desencantada com os projetos de se casar com seu homem ideal, e, definitivamente desprovida de ilusões quanto a sua capacidade de sobreviver no exterior, ela se dedicava inteiramente ao trabalho. Naquele momento, seu problema era como superar a estupidez e a ignorância de seus chefes, que recompensavam seu trabalho excepcional com algo semelhante à inveja, e que mantinham seu passado político como uma espada sobre sua cabeça.

Tanto Mahshid — e a trilha solitária que escolhera para si mesma — quanto Yassi — e suas fantasias irreprimíveis sobre a terra do nunca onde seus tios viviam — me preocupavam. Preocupava-me também com Sanaz e seu coração partido, com Nassrin e suas memórias, com

Azin. Eu me preocupava com todas elas, mas quem mais me preocupava era Manna. Ela era exigente e severa demais consigo mesma. Tudo em sua atual condição a martirizava, desde o fato de que ela e seu marido ainda dependiam financeiramente de sua família à mediocridade dos intelectuais e às crueldades da vida diária do regime islâmico. Nima, por compartilhar os mesmos sentimentos e os mesmos desejos, reforçava seu isolamento autoimposto. Mas, diferentemente de Yassi, Manna se recusava a fazer qualquer coisa a respeito de sua situação. Ela até parecia extrair satisfação da constatação de que seus poderes e talentos seriam perdidos. Tal como meu mágico, ela estava determinada a ser mais dura consigo mesma do que com o mundo à sua volta. Ambos se culpavam pelo fato de que pessoas tão inferiores tinham o controle sobre suas vidas.

— Por que sempre voltamos a falar em casamento quando estamos aqui supostamente para falar sobre livros? — Mitra questionou.

— O que nós precisamos — disse com um sorriso — é do sr. Nahvi para nos lembrar do quanto é trivial ler Jane Austen e falar sobre casamentos. O sr. Nahvi — com seu terno empoeirado, a camisa abotoada até o pescoço, o cabelo em camadas e o olhar recatado — volta e meia ressuscitava como um alvo fácil de nossas piadas. Ele mereceu meu desprezo eterno no dia em que anunciou que a protagonista no livro *A mãe*, de Gorki, era um espécime muito melhor de feminilidade do que todas as jovens frívolas dos romances de Jane Austen.

9

> Olga estava silenciosa.
> — Ah — exclamou Vladimir —, por que você não pode me amar como eu a amo?
> — Amo meu país.
> — Eu também — ele exclamou.
> — E existe outra coisa que amo ainda mais apaixonadamente — Olga continuou, desvencilhando-se do abraço do jovem.
> — O quê? — ele perguntou.
> Olga pousou os límpidos olhos azuis sobre ele, e respondeu rapidamente:
> — O partido.

Todo grande livro que líamos se tornou um desafio para a ideologia dominante. Os livros se tornaram uma ameaça potencial e um perigo, não tanto por causa do que diziam, mas da maneira como diziam, a posição que defendiam em relação à vida e à ficção. Em nenhum outro autor esse desafio foi mais evidente do que em Jane Austen.

Eu destinara um tempo bastante razoável de minhas aulas na Universidade Allameh para apresentar os contrastes entre Flaubert, Austen e James, e as obras ideológicas, como *A mãe*, de Gorki, e *O don tranquilo*, de Cholokhov, e algumas das obras da chamada ficção realista produzida no Irã. A passagem acima, citada por Nabokov em seu *Lectures on Russian Literature*, causou graça em uma de minhas turmas na Allameh. O que acontece, perguntei a uma aluna, quando negamos a nossos personagens a ínfima possibilidade de individualidade? Quem é mais realizada na sua humanidade, Emma Bovary ou a Olga de límpidos olhos azuis?

Certo dia, depois da aula, o sr. Nahvi me seguiu até meu escritório. Ele tentou me dizer que Austen, além de ser anti-islâmica, era também culpada de ser uma escritora colonial. Fiquei surpresa de ouvir isso de alguém que até então somente citava, e citava errado, o Alcorão. Ele me disse que *Mansfield Park* era um livro que tolerava a escravidão, que mesmo no Ocidente eles agora já haviam percebido o erro desse costume. O que me confundiu é que eu tinha quase certeza de que o sr. Nahvi não lera *Mansfield Park*.

Tempos depois, numa viagem aos Estados Unidos, foi que descobri que o sr. Nahvi surrupiava suas ideias do exemplar de *Cultura e imperialismo*, de Edward Said. Era irônico que um fundamentalista islâmico citasse Said contra Austen. E era igualmente irônico que os elementos mais reacionários no Irã começassem a cooptar e a se identificar com a obra e as teorias daqueles considerados revolucionários no Ocidente.

O sr. Nahvi continuou a me seguir e a despejar essas pérolas de sabedoria. Ele raramente levantava essas questões em sala de aula: em geral permanecia em silêncio, mantendo uma expressão plácida e imparcial, como se sua presença na turma fosse um favor a todos nós. O sr. Nahvi foi um dos poucos estudantes em quem fui incapaz de encontrar uma única qualidade reparadora. Eu poderia dizer, citando Eliza Bennet, que ele não era um homem sensato. Um dia, depois de uma discussão realmente exaustiva, disse-lhe: sr. Nahvi, quero lembrá-lo de que não estou comparando o senhor com Elizabeth Bennet. Não há nada dela no senhor, com certeza — vocês são tão diferentes quanto um homem e um rato. Mas o senhor se lembra de como ela é obcecada por Darcy, como constantemente tenta encontrar falhas nele, quase inquirindo cada nova pessoa que conhece para confirmar se ele é tão ruim quanto pensa? Lembra-se das relações dela com Wickham? Como a base para sua simpatia não se resume a seus sentimentos por ele, mas também à sua antipatia por Darcy? Preste atenção à maneira como fala, quando menciona o Ocidente. O senhor jamais fala sobre o Ocidente sem lhe conferir um adjetivo ou um atributo — *decadente, vil, corrupto, imperial.* Cuidado, e preste atenção no que aconteceu com Elizabeth!

Ainda lembro a expressão em seu rosto quando lhe disse isso e, pelo menos uma vez, usei meu privilégio como sua professora para dizer a última palavra.

O sr. Nahvi exercia uma grande influência em nossa universidade, e certa vez denunciou Nassrin ao comitê disciplinar. Seus olhos de águia detectaram-na correndo escadas acima, num dia em que estava atrasada para a aula. No começo, Nassrin se recusou a assinar uma retratação, em que declarasse prometer jamais correr novamente nas dependências da universidade, mesmo se estivesse atrasada para a aula. Enfim concordou, persuadida pela sra. Rezvan, que conseguiu fazer com que ela raciocinasse que sua resistência obstinada não valia a expulsão da universidade.

Durante nossas reminiscências do sr. Nahvi, reparei que Mitra e Sanaz murmuravam e riam. Quando lhes pedi para partilhar conosco o motivo de tanta graça, Sanaz encorajou Mitra, enrubescida, a nos contar a história. Ela confessou que, entre seus amigos, eles chamavam o sr. Nahvi de o sr. Collins da Universidade Allameh Tabataba'i, por causa do clérigo pomposo de Austen.

Certa noite, depois da aula, o sr. Nahvi repentinamente apareceu na frente de Mitra. Ele não aparentava seu habitual... "Formidável ser?", a incorrigível Yassi sugeriu. Não, não exatamente. "Pontificando sobre algo? Pomposo? Grave? Importante?", Yassi continuou, imperturbável. Não. De qualquer modo, o sr. Nahvi não parecia o mesmo.

Sua arrogância dera lugar a um extremo nervosismo quando entregou um envelope a Mitra. Sanaz cutucou Mitra para descrever o envelope. Era um azul horroroso, ela disse. E exalava. O envelope exalava? Sim, cheirava a perfume barato, de água de rosas.

Dentro do envelope, Mitra encontrou uma carta de uma página, com a mesma cor horrenda e o mesmo cheiro, escrita numa caligrafia imaculada, em tinta preta.

— Conte como começava a carta — encorajou Sanaz.

— Bem, ele, de fato, começou a carta escrevendo... — Mitra parou, como se não encontrasse palavras.

— *Meu narciso dourado!* — Sanaz gritou, morrendo de rir.

Sério? Narciso dourado? Sim, e ele continuava, declarando seu amor imortal por Mitra, de quem todos os movimentos e todas as palavras estavam gravadas em seu coração e em sua mente. Nada — nenhum poder — jamais fizera por ele o que o sorriso dela, que esperava que fosse dele, e somente para ele, podia fazer. E assim por diante.

E o que Mitra fizera? Todas queríamos saber. Tudo isso acontecera no meio do namoro altamente secreto entre Mitra e Hamid, Sanaz nos lembrou. No dia seguinte, quando o sr. Nahvi surgiu de súbito na frente dela na rua, Mitra tentou lhe explicar como seria impossível para ela retribuir sua afeição. Ele concordou e foi embora, e só reapareceu dois dias depois. Ela havia parado seu carro numa aleia perto da universidade, e, enquanto abria a porta, percebeu uma presença bem atrás dela. "Como a sombra da morte", Nassrin interrompeu de maneira agourenta. Mitra se virou e deu de cara com o sr. Nahvi, descabelado, olhos injetados, orelhas salientes — ele tinha um livro nas mãos, um livro de poemas de e. e. cummings. E o azul de um outro envelope podia ser visto por entre as páginas. Antes que Mitra pudesse dizer qualquer coisa, ele enfiou o livro nas mãos dela e desapareceu.

— Diga à dra. Nafisi o que ele escreveu — instigou Sanaz. — Ela vai adorar saber que suas aulas tiveram alguma utilidade para o sr. Nahvi. — Dentro do livro, ele escreveu: *Para minha rosa tímida.*

— E o que mais?

— Bem, ele reproduziu um poema que a senhora costumava estudar em sua aula de introdução à literatura:

> em algum lugar onde nunca estive, e felizmente aquém
> de qualquer experiência, teus olhos guardam teu silêncio:
> em teu gesto mais frágil há coisas que me envolvem,
> ou que não posso tocar porque estão muito próximas

teu olhar mais leve facilmente me descerra
embora eu me tenha fechado como dedos, e me entreabres sempre,
pétala por pétala, como a Primavera
(por toques habilidosos, misteriosamente) abre a primeira rosa

ou se teu desejo é me fechar, eu e
minha vida nos fecharemos formosa e rapidamente
como quando o coração desta flor imagina
que a neve — cuidadosamente — está caindo em toda parte;

nada do que podemos perceber neste mundo se compara
ao poder de tua intensa fragilidade: cuja textura
me compromete com a cor de seus países
e me entrega para sempre a morte cada vez que respiro

(nada sei do que te faz tão poderosa
ao me mover; mas algo em mim compreende apenas
que a voz de teus olhos é mais profunda que todas as rosas)
ninguém, nem mesmo a chuva, tem as mãos assim pequenas.*

É o que basta para que se desista de ensinar poesia, eu disse, contaminada pelo estado de espírito infantil de todas elas.

— De agora em diante, a senhora só deve ensinar poemas mórbidos como *Childe Harold* ou "The Rime of the Ancient Mariner" [A rima do velho marinheiro] — sugeriu Mahshid.

Dessa vez, Mitra achou que teria que tomar medidas mais drásticas antes que as coisas saíssem do controle. Depois de vários conselhos de seus amigos, ela chegou à conclusão de que dizer um simples e direto *não* a uma pessoa tão influente como o sr. Nahvi seria perigoso. A melhor coisa seria lhe dizer uma mentira convincente que o colocasse numa posição impossível.

* Tradução de Jorge Wanderley. (*Antologia da nova poesia norte-americana*. Rio de Janeiro: Civilização Brasileira, 1992.)

Na próxima vez que se cruzaram, Mitra se armou de coragem e parou o sr. Nahvi. Enrubescida e gaguejando, ela lhe disse que estava muito envergonhada para revelar a verdadeira razão de sua rejeição: ela estava noiva de um primo distante. Sua família era influente e muito tradicional, e ela estava com medo do que poderiam fazer se descobrissem as declarações do sr. Nahvi. O jovem parou por um instante, como se criasse raízes no chão, e depois se virou sem dizer uma palavra, deixando Mitra, ainda tremendo levemente, no meio da rua larga.

10

Na última vez que a sra. Rezvan passou o Ano-Novo em Teerã, ela me presenteou com três presilhas de cabelo. Eram fivelas de cabelo que muitas mulheres usavam para manter seus véus no lugar. Nunca soube usar apropriadamente meu véu, e se tornou um ritual entre nós duas, antes das reuniões ou palestras, ela verificar se meu véu estava ou não bem-colocado. Ela me disse: Minha querida sra. Nafisi, sinto muito pelo fato de que se lembrará de mim por causa disso, mas eu me preocupo com a senhora. A senhora me promete que usará essas presilhas depois que eu partir? Quero vê-la aqui quando voltar.

A sra. Rezvan se preparava para ir ao Canadá. Finalmente, depois de anos de muita labuta, ela conseguira a esperada bolsa de doutorado. Ela sonhara durante anos com essa possibilidade, mas agora estava muito ansiosa para apreciar o momento. Estava preocupada se teria sucesso, se estava à altura da tarefa. Eu estava feliz por ela estar de partida, tanto por ela quanto por mim. Foi um alívio.

Naquele momento, eu achava que ela era muito ambiciosa e que tinha me usado e usado pessoas como eu para chegar aonde queria. Mais tarde descobri que havia mais coisa. Sua ambição não era ser bem-sucedida ou tornar-se reitora da faculdade, embora também tivesse isso em mente. Ela queria ser um personagem literário. Seu amor pela literatura era verdadeiro, mas seus talentos eram limitados, e sua ambição por poder e controle algumas vezes ultrapassava e até mesmo se chocava com esse amor. Ela conseguia despertar esses sentimentos contraditórios em mim. Achava que ela estava sempre a ponto de me dizer alguma coisa importante sobre ela mesma, algo que somente revelaria a mim. Talvez eu devesse ter sido mais curiosa. Talvez se estivesse menos absorvida por suas intromissões e suas exigências, eu tivesse prestado mais atenção.

No fim do verão de 1990, pela primeira vez em onze anos, minha família e eu fomos ao Chipre passar as férias e também encontrar minha cunhada, que ainda não conhecia meus filhos. Durante anos não pude sair do país e, quando finalmente me deram permissão, senti-me paralisada e não conseguia tomar a iniciativa de solicitar um passaporte. Se não fosse pela paciência e persistência de Bijan, nunca teria conseguido. Mas, no final, obtive meu passaporte e viajamos sem problemas. Nós nos hospedamos com uma amiga, uma das antigas alunas da sra. Rezvan. Ela disse que a sra. Rezvan costumava lhe fazer perguntas sobre mim, meu trabalho e minha família.

Depois, quando voltamos para casa, minha amiga me informou que a sra. Rezvan chegara de férias ao Chipre no dia em que partimos, provavelmente no mesmo avião no qual voltamos para Teerã. Ela estava sozinha. Procurou minha amiga, perguntou por mim, e foi informada de que eu já partira. Minha amiga me disse que a sra. Rezvan queria que a levasse aos mesmos lugares que visitáramos durante nossa estada na ilha. Ela perguntou o que eu tinha feito, aonde tinha ido. Certo dia, foram à mesma praia onde nadamos.

A sra. Rezvan era tímida. Hesitou em usar maiô e, quando o fez, queria ir a uma parte deserta da praia, onde ninguém pudesse vê-la. Entrou na água, mas saiu logo depois, dizendo a minha amiga que, por mais que tentasse, não se acostumava a usar um maiô.

Quando partiu do Irã, a sra. Rezvan desapareceu de minha vida. Sua ausência era tão completa quanto sua presença havia sido difusa. Ela não escreveu ou telefonou quando veio a Teerã em suas visitas ocasionais; ouvia falar dela pela secretária do departamento de inglês. Ela pediu duas extensões para terminar a tese. Às vezes, quando caminhava pelos corredores ou passava por seu escritório, lembrava-me dela, cuja ausência era um alívio e um pesar.

Alguns meses depois, já nos Estados Unidos, soube que estava com câncer. Telefonei, mas ela não estava em casa. Ela me telefonou de volta. Sua voz estava cheia da formalidade íntima de Teerã. Queria saber sobre nossos alunos comuns e sobre meu trabalho. E, depois de algum tempo, ela se abriu e começou a falar de si mesma. Não podia escrever — causava-lhe muita dor — e estava sempre fraca e fatigada. Sua filha mais velha a ajudava. A mulher tinha tantos sonhos e estava cheia de esperança. A franqueza não foi tanto pelo que disse, mas por seu tom de voz, que conferiu um certo ar de confiança ao simples relato de sua fraqueza, de sua incapacidade para escrever, da dependência da filha. Ela estava otimista quanto a seu último tratamento, embora houvesse metástase. Ela me perguntou sobre meu trabalho. Eu não lhe disse que estava bem, saudável e que escrevia um livro e, no geral, me divertia e aproveitava a vida.

Essa foi a última vez que falei com ela; logo depois ficou muito mal para falar ao telefone. Eu pensava nela quase obsessivamente. Pareceu tão injusto que ela tivesse câncer quando estava tão próxima de conseguir seu objetivo. Não queria falar com ela para não a lembrar que, mais uma vez, eu tivera sorte — eu permaneceria mais um tempo na Terra, o tempo que tão injustamente lhe tinha sido negado.

Ela morreu logo depois de nossa última conversa. Agora, suas intromissões tomaram uma forma diferente. Em minha mente, de vez em quando, trago-a de volta à memória e a recrio. Tento entender as emoções e os sentimentos que permearam nossa relação. Ela continua a aparecer através da luz bruxuleante como em nosso primeiro encontro, com aquele olhar irônico de soslaio, e passa por mim, deixando-me com minhas dúvidas e meus arrependimentos.

11

No começo de março, por volta da primavera de 1996, percebi uma grande mudança em Nassrin. Certo dia ela chegou para a aula sem a túnica habitual e o véu. Mahshid e Yassi usavam véus de cores diferentes e variadas, que tiravam quando chegavam a meu apartamento, mas Nassrin sempre se vestia da mesma maneira. A única variação era a cor da túnica: azul-marinho, preta ou marrom-escura.

Naquele dia, ela chegou mais tarde que de hábito e tirou seu casaco, revelando uma blusa azul-clara, uma jaqueta azul-marinho e jeans. Seus cabelos, suaves e pretos, estavam compridos, presos numa única trança que balançava com os movimentos da cabeça. Manna e Yassi trocaram olhares, e Azin lhe disse que estava muito bem, como se tivesse mudado o estilo de seu penteado. Yassi falou, em seu habitual tom zombeteiro: Você está com uma aparência... você parece intrépida! Quero dizer, divina. No final da aula, Nassrin parecia tão natural em sua nova versão que eu tinha dificuldade de me lembrar como ela era antes.

Quando Nassrin usava o xador ou o véu, seu modo de andar era desafiador e imponente. Agora, sem o véu, ela andava curvada, como se tentasse esconder algo. Foi no meio de nossas discussões sobre as mulheres de Austen que reparei o que ela tentava esconder. Sob o xador não se podia ver como seu corpo era bem-torneado e sensual. Tinha que me controlar para não a mandar abaixar as mãos, para parar de cobrir os seios. Agora que ela estava sem a túnica, reparei como o xador era uma desculpa para cobrir o que ele tentara não admitir — sobretudo porque ela verdadeiramente não sabia o que fazer com o próprio corpo.

Nassrin tinha uma maneira desajeitada de andar, como um bebê em seus primeiros passos.

Algumas semanas depois, ela permaneceu depois da aula e perguntou se podíamos marcar um encontro. Disse-lhe para ir a minha casa, mas ela ficou muito formal e perguntou se eu podia encontrá-la num café que costumávamos frequentar. Quando olho de volta para aquela época, percebo quantas histórias privadas e confidenciais de minhas alunas foram contadas em lugares públicos: em meu escritório, em cafés, em táxis, em ruas sinuosas perto de minha casa.

Nassrin estava sentada a uma pequena mesa de madeira, com um vaso de cravos vermelhos de cera, quando entrei no café. Fizemos nossos pedidos: sorvete de baunilha e chocolate para Nassrin, café glacê para mim. Nassrin pedira esse encontro para registrar oficialmente a existência de um namorado. Eu o conhecia?, perguntei, enquanto ela enfiava furiosamente sua colher no sorvete. Não. Quero dizer — ela hesitou —, pode ser que o tenha visto. Ele obviamente a conhece. Eu o conheço há muito tempo, ela continuou, como se admitisse um ato vergonhoso. Agora já faz mais de dois anos, suspirou, mas começamos a sair nos últimos meses.

Fiquei espantada com a novidade. Tentei esconder minha surpresa, procurei algo apropriado para dizer, mas sua expressão não permitiu essa evasão. Faz tempo que eu queria apresentá-lo a você, ela disse, mas simplesmente não sabia como fazê-lo. E depois eu estava com medo. Medo de quê? Ele é uma pessoa assustadora?, eu disse, numa frágil tentativa de brincar. Não, estava com medo de que você não gostasse dele, ela disse, girando a colher em seu sorvete que se derretia. Nassrin, eu disse, não sou eu a pessoa que tem que gostar dele.

Tive pena dela. Estava apaixonada — esse deveria ser o melhor período de sua vida —, mas estava ansiosa e preocupada com muitas coisas. Naturalmente, tinha que mentir para o pai — mais tempo traduzindo textos. Ela vivia em tantos mundos paralelos: o chamado mundo real de sua família, de seu trabalho e da sociedade; o mundo secreto de nossas aulas e de seu jovem namorado; e o mundo que criara a partir de suas mentiras. Eu não tinha certeza sobre o que esperava de mim. Será que eu deveria fazer o papel de mãe e lhe falar sobre os fatos da vida? Será que eu deveria mostrar mais curiosidade, perguntar por mais detalhes sobre seu relacionamento? Esperei, enquanto tentava com algum esforço tirar meus olhos do hipnótico cravo vermelho, para olhar para Nassrin.

— Eu não a culpo se rir de mim — ela disse com um ar de grande sofrimento, rodando a colher no sorvete.

— Nassrin, eu jamais faria uma coisa dessas — protestei. — E por que o faria? Estou muito feliz por você.

— É patético — disse ela, seguindo o próprio pensamento, sem prestar atenção a minhas palavras. — Com minha idade, mamãe tinha um filho. Você já trabalhava, e aqui estou eu, agindo como uma menina de 10 anos. Nós deveríamos falar sobre isso na aula.

— Sobre você ter 10 anos de idade? — perguntei, numa tentativa desajeitada de alegrar seu ânimo.

— Não — ela colocou a colher de lado —, sobre como todas nós, moças como eu, que leram Austen e Nabokov e tudo o mais, que falamos sobre Derrida e Barthes e a situação mundial, como nós não sabemos *nada*, nada sobre a relação entre um homem e uma mulher, sobre o que significa sair com um homem. Minha sobrinha de 12 anos provavelmente sabe tudo sobre isso, provavelmente já saiu com mais meninos do que eu. — Ela falou com fúria enquanto torcia e destorcia seus dedos.

De certa forma, ela estava certa, e o fato de que estava preparada para falar sobre o assunto me enterneceu e senti que deveria protegê-la. Nassrin, disse, nenhuma de nós é tão versada nesses assuntos como você imagina. Essas coisas são instintivas. O que precisa aprender é a deixar de lado suas inibições, voltar a sua infância, quando brincava com os meninos e nunca pensava a respeito.

Nassrin não respondeu. Brincava com as pétalas das flores de cera, acariciando sua superfície escorregadia.

— Você sabe — eu disse —, com meu primeiro marido... Sim, eu fui casada antes de Bijan, quando mal tinha 18 anos. Sabe por que ele se casou comigo? Ele me disse que gostava de minha inocência; eu não sabia o que era um beijo de língua. Nasci e fui criada em tempos liberais. Cresci numa família liberal: meus pais me mandaram para o exterior antes de meus 13 anos. E veja você, escolhi me casar com um homem a quem no fundo desprezava, alguém que queria uma esposa casta e virginal e, sinto dizer, que me escolheu. Ele havia namorado muitas meninas e, quando fui para Oklahoma com ele, onde estudava na universidade, seus amigos ficaram surpresos porque, até o dia que voltara para passar o verão no Irã, ele vivia com uma jovem americana, a quem apresentara a todo mundo como sua mulher. Assim, não se sinta tão mal. Essas coisas são complicadas. Você está feliz? — perguntei-lhe ansiosamente.

Houve uma grande pausa, durante a qual empurrei o vaso de cravos para junto da parede.

— Não sei — ela disse. — Ninguém jamais me ensinou como ser feliz. Ensinaram-me que o prazer é um grande pecado, que sexo é para procriação, e assim por diante. Sinto-me culpada, mas não deveria, não porque estou interessada num homem. *Num homem. Na minha idade*! O fato é que não sei o que quero, não sei se estou fazendo a coisa certa. Sempre me disseram o que era certo e, de repente, não sei mais nada. Eu sei o que não quero, mas não sei o que quero — ela disse, enquanto olhava para o sorvete, no qual mal tocara.

— Bem, você não vai conseguir uma resposta de mim — eu disse. Virei-me para a frente, com o intuito de pegar em sua mão, para consolá-la, mas não a toquei. Não ousaria: ela parecia tão distante e tão reservada. — Estarei aqui sempre que precisar, mas, se está pedindo meu conselho, eu não posso dar conselhos, terá que descobrir por você mesma! Divirta-se — implorei, pouco convincente.

Como alguém podia estar apaixonado e se negar um pouco de alegria?

O jovem namorado de Nassrin se chamava Ramin. Eu já o havia visto em várias ocasiões, a primeira vez numa reunião para o lançamento de meu livro sobre Nabokov. Ele fizera pós-graduação em filosofia e lecionava meio período. Nassrin o conhecera numa conferência na qual ele apresentara um trabalho, e começaram a conversar logo em seguida. Foi amor à primeira vista?, eu queria lhe perguntar. Quando tempo havia passado para que confessassem seus sentimentos? Eles se beijavam? Esses eram alguns detalhes que eu estava louca para saber, mas que naturalmente não perguntei.

Quando saíamos do café, Nassrin perguntou, hesitante: Você iria a um concerto conosco? Um concerto? Alguns dos alunos de Ramin vão tocar. Podemos arranjar ingressos para você e sua família...

12

A palavra *concerto* deveria estar entre aspas, porque esses eventos culturais eram uma paródia do espetáculo verdadeiro, apresentados em clubes ou, mais recentemente, num centro cultural municipal no sul de Teerã. Esses eventos eram alvo de muita controvérsia porque, apesar das muitas limitações que lhes eram impostas, muitos do governo os consideravam vergonhosos. Os espetáculos eram monitorados com rigor e apresentavam principalmente músicos amadores, como aqueles a que fomos assistir naquela noite. Mas o teatro estava sempre lotado, os ingressos sempre esgotavam, e os programas sempre começavam um pouco atrasados.

Bijan relutava em ir. Ele preferia ouvir boa música no conforto e na privacidade de sua casa a se submeter a esses espetáculos medíocres, com suas filas longas e a inevitável perturbação que sempre acontecia. Mas no fim ele cedeu, por causa do entusiasmo das crianças, e por mim. Depois da revolução, quase todas as atividades de lazer em público — ir ao cinema, ouvir música, tomar drinques ou jantar com os amigos — se transferiram para nossas casas. Era agradável sair de vez em quando, mesmo que fosse para esse evento sem sentido.

Encontramo-nos na porta do centro cultural. Nassrin parecia nervosa, e Ramin era tímido. Era alto e desengonçado, com 30 e poucos anos, mas tinha um ar de eterno estudante universitário. Lembrava-me dele como um jovem seguro e falante, mas agora que nos fora apresentado nesse novo papel parecia ter perdido sua articulação habitual e seu desejo de falar. Agradeci a Ramin pelo convite, e todos nos encaminhamos para a longa fila da entrada, repleta principalmente de homens e mulheres jovens. Nassrin se ocupou das crianças, e eu, que repentinamente fiquei de língua travada, tentei perguntar a Ramin sobre suas aulas. Somente Bijan parecia despreocupado com a estranheza daquele momento. Ele tinha feito o sacrifício de sair de seu lar confortável numa noite no meio da semana, e não sentia obrigação alguma de socializar com ninguém.

Quando entramos no auditório, encontramos a sala abarrotada, havia gente sentada nas escadas, nos corredores e agrupadas de pé contra a parede. Estávamos entre os convidados de honra, de modo que nosso lugar era na segunda fileira, nas poltronas. O programa começaria atrasado. Fomos recebidos por um senhor que insultou a plateia durante uns bons 15 ou 20 minutos, dizendo-nos que a gerência não queria entreter audiências de "ricos imperialistas" contaminados pela decadente cultura ocidental. Isso trouxe sorrisos aos rostos de muitos que vieram naquela noite ouvir a música dos Gipsy Kings. O senhor também advertiu que, se alguém agisse de uma maneira não islâmica, seria expulso da sala. E continuou instruindo as mulheres a observarem as leis adequadas e os regulamentos relacionados ao uso do véu.

É difícil formar uma imagem precisa do que aconteceu naquela noite. O grupo era composto de quatro jovens iranianos, todos amadores, que nos entreteve com sua versão dos Gipsy Kings. Mas eles não estavam autorizados a cantar; só podiam tocar seus instrumentos. Nem podiam mostrar qualquer entusiasmo pelo que faziam: demonstrar emoções seria anti-islâmico. Quando me sentei naquele auditório lotado, decidi que a única maneira de tornar aquela noite divertida seria fazer de conta que eu era uma observadora de fora, que não veio para se divertir, mas para fazer uma reportagem sobre uma saída noturna na República Islâmica do Irã.

Mesmo assim, apesar dessas restrições e da qualidade da apresentação, nossos jovens músicos nunca encontrariam, em nenhum outro lugar do mundo, uma plateia tão receptiva, que perdoava tão facilmente suas imperfeições, tão grata por ouvir sua música. Cada vez que a plateia, em geral composta de jovens e não necessariamente ricos, começava a se mexer ou a aplaudir, dois homens de terno apareciam de cada lado do palco e gesticulavam para que os aplausos ou qualquer cantoria ou remelexo ao som da música cessassem. Mesmo quando tentávamos ouvir e esquecer esses acrobatas, eles conseguiam se impor em nosso campo visual, sempre presentes, sempre prontos para repreender e para intervir. Como sempre, éramos os culpados.

Os músicos eram solenes. Como era quase impossível tocar sem qualquer tipo de expressão, seus rostos se tornaram quase taciturnos. O principal guitarrista parecia estar com raiva da plateia; ele franzia a testa, tentando impedir que seu corpo se movesse — uma tarefa difícil, porque tocava o som dos Gipsy Kings.

Por sugestão de Bijan, tentamos sair mais cedo — antes, como ele disse, que fôssemos arrastados pela multidão, que, proibida de se mover durante o show, poderia escolher exercitar sua vingança esmagando seus parceiros de plateia. Do lado de fora, permanecemos durante algum tempo do lado da entrada. Bijan, que raramente falava, estava emocionado com o evento.

— Tenho pena desses meninos — disse. — Eles não são inteiramente desprovidos de talento, mas nunca serão julgados pela qualidade de sua música. O regime os critica por serem ocidentais e decadentes, e a audiência lhes concede elogios pouco exigentes, não porque sejam músicos excepcionais, mas porque tocam música proibida. Desse modo, como é que eles aprenderão a tocar?

— É verdade — eu disse, sentindo-me na obrigação de encher o silêncio que se seguira. — Ninguém é julgado pelo mérito de seu trabalho. Pessoas sem o menor conhecimento de música andam por aí e se autodenominam músicos. — Nassrin estava emburrada e Ramin, silencioso e mortificado. Estava assombrada por sua metamorfose e decidi não aumentar seu desconforto fazendo-o falar.

De repente, Nassrin ficou animada.

— Nabokov jamais se meteria numa situação como essa — disse ela. — Olhem para nós, é patético correr para esse tipo de entretenimento. Ela mexeu os braços, ansiosa para esconder seu desconforto. — Ele teria tido um dia de pesquisa de campo, se estivesse aqui falaria de lascívia elegante!

— O quê? — disse Negar, que não apreciara tanto a música, mas sim o fato de sair à noite.

— *Lascívia elegante*! — Nassrin repetiu e, contrariando seu hábito, não falou mais nada.

13

Resmungava sozinha, enquanto arrumava a mesa para o jantar. Bijan se virou para mim e disse: Sobre o que está resmungando? Você não se interessaria, respondi, com uma rudeza desnecessária. Experimente, ele contrapôs. Ok, eu pensava na menopausa. Ele se virou para a BBC. Você tem razão, não estou interessado, concluiu. Por que não estava interessado? Será que ele não gostaria de saber o que tinha acontecido com a mãe, o que aconteceria com a mulher, as irmãs, a filha e, continuei contrariada, se fosse infiel, até mesmo com a amante? Sabia que não estava sendo justa com ele. Ele não era insensível às dificuldades da vida na República Islâmica do Irã, mas naqueles dias ele se punha na defensiva sempre que eu reclamava de alguma coisa. Protestei como se ele fosse responsável por todas as desgraças trazidas a nossas vidas pelo regime, e essa atitude, por sua vez, fez com que ele se fechasse dentro de si mesmo, e agisse como se fosse indiferente a respeito de coisas que, na verdade, o perturbavam bastante.

Nossa última aula se encerrara em um clima estranho: discutíamos sobre as mães de minhas meninas — seus sofrimentos e atribulações, e o fato de que realmente nada sabiam sobre a menopausa. A discussão começara com Manna. Na noite anterior, ela e Nima haviam assistido, pela terceira vez, ao filme *Teu nome é mulher*, de Vincente Minnelli, que conseguiram pegar pela parabólica. O filme deixou Manna muito triste. Ocorreu-lhe que jamais vivenciara o amor num contexto persa. Amor é amor, mas existem tantas maneiras de articulá-lo. Quando leu *Madame Bovary* ou viu *Casablanca*, ela pôde sentir e experimentar a textura sensual da obra; ela pôde ouvir, tocar, cheirar e ver. Ela nunca tinha escutado uma canção de amor, lido um romance ou assistido a um filme que a fizesse pensar que aquela pudesse ser sua experiência. Mesmo nos filmes persas, quando duas pessoas supostamente estão apaixonadas, não se consegue sentir o amor nas suas expressões ou em seus gestos. O amor era proibido, banido da esfera pública. Como poderia ser vivenciado se sua expressão era ilegal?

Essa discussão se tornara fundamental. Descobri que quase todas as minhas meninas separavam o que descreviam como amor intelectual ou espiritual (bom) do sexo (ruim). Aparentemente, o que importava era a esfera mais elevada e exaltada de afinidade espiritual. Mesmo Mitra havia se revoltado durante a discussão de que o sexo não era importante numa relação, que a satisfação sexual nunca lhe importara. Mas o pior golpe veio de Azin. Com um tom coquete, que dava a entender que estava de volta a seu normal — esse era um período de semitrégua com seu marido —, Azin dissera que a coisa mais importante na vida era a união mística que sentimos com o universo. Ela acrescentou que os homens eram apenas receptáculos para um amor espiritual mais elevado. Receptáculos? Assim continuaram todas as suas declarações sobre o prazer sexual e a compatibilidade física. Mesmo Mahshid, que trocou um olhar rápido com Manna, ficou surpresa.

— Dessa maneira — disse Nassrin, que conseguira ficar quieta até então —, quando seu marido a espanca, você pode fazer de conta que tudo está na sua cabeça, porque ele é apenas um receptáculo vazio para preencher suas fantasias. E não é só Azin — ela disse. — O restante de vocês está dizendo basicamente a mesma coisa.

— E você e Nima? — Mitra perguntou a Manna. — Vocês parecem ter uma relação equilibrada.

— Gosto dele porque não existe ninguém no mundo com quem eu possa conversar como converso com Nima — Manna disse com um levantar de ombros.

— Pobre Nima — disse Yassi.

— Ele não é tão pobre. — Manna estava bastante ríspida naquele dia.

— Ele também não tem ninguém mais com quem conversar. A miséria adora companhia, e pode ser um fator tão forte quanto o amor.

— Vocês todas me desapontam — Yassi disse. — Eu tinha esperança de que vocês me dissessem que a atração física importa, sim, que o amor não é somente espiritual e intelectual. Esperava que vocês me dissessem que eu tinha que aprender a amar fisicamente, e ver como estava errada. Estou completamente estupefata — ela disse, enquanto afundava no sofá. — De fato, estou perturbadíssima — ela concluiu com um sorriso triunfante.

— Ui! — gritei.

Bijan olhou da sala da televisão e perguntou:

— Aconteceu alguma coisa errada?

— Não, apenas me cortei.

Eu fatiava pepinos para acompanhar o famoso *kebab* de galinha feito por Bijan. Ele foi ao banheiro e voltou com um band-aid, que colocou cuidadosamente em meu dedo. Sem dizer uma palavra, sorriu, depois foi ao armário, serviu uma dose de vodca feita em casa num copo pequeno, colocou-o na mesa ao lado da poltrona, com um prato de pistache, e se acomodou na frente da BBC. Eu entrava e saía da cozinha, resmungando para mim mesma. Não admira que ele aprecie a vida; isso é o que ele faria se vivêssemos nos Estados Unidos. Era mais difícil para mim, resmunguei, brigando com algum interlocutor desconhecido, que sempre questionava e zombava de todas as minhas reclamações. Realmente é duro para mim, repeti mais uma vez, ignorando a percepção culpada de que Bijan aguentava suas dificuldades sem muita queixa, e que não devia ser invejado, com tanta má vontade, por causa de sua vodca e de sua BBC.

Depois de ter picado os pepinos e as ervas, e acrescentado o iogurte, cheguei a uma conclusão: nossa cultura evitava o sexo porque era muito envolvida por ele. Tinha que suprimir e reprimir violentamente o sexo, pela mesma razão que um homem impotente colocará sua bela mulher debaixo de sete chaves. Sempre segregamos o sexo do sentimento e do amor intelectual e, assim, ou éramos puras e virtuosas, como o tio de Nassrin dissera, ou sujas e divertidas. Eros, a verdadeira sensualidade, estava apartada de nós. Essas meninas, minhas meninas, sabiam muito sobre Jane Austen, podiam discutir Joyce e Woolf de modo articulado, mas não sabiam quase nada sobre os próprios corpos, sobre o que deveriam esperar desses corpos que lhes disseram ser a fonte de todas as tentações.

Como você diz a uma pessoa que ela tem que aprender a amar a si mesma e a seu próprio corpo antes que possa ser amada ou amar? Na hora que acrescentei o sal e a pimenta a meu prato, cheguei à resposta para essa questão. Fui para a aula seguinte armada com uma cópia de *Orgulho e preconceito* numa mão e *Our bodies, ourselves* [Nosso corpo, nós mesmos] — o único livro que tinha disponível sobre sexualidade — na outra.

14

Charlotte Brontë não apreciava Jane Austen. Criticou a um amigo: "Ela desconhece as Paixões... e até mesmo os Sentimentos, concedendo-os um reconhecimento distante, embora ocasionalmente gracioso, pois diálogos muito frequentes com eles contrariam a elegância de seu desenvolvimento." Ao conhecermos Charlotte Brontë e suas inclinações, podemos compreender como uma boa romancista como ela pode não apreciar outra, assim como Brontë desgostava de Austen. Ela era contundente e insistente em sua desaprovação. Em 1848, escreveu para G. H. Lewes:

> Estou intrigada... eu não tinha lido *Orgulho e preconceito* até ler aquela frase que escreveu, então resolvi pegar o livro. E o que encontrei? Um retrato preciso e daguerreotipado de uma figura comum. Um jardim muito bem-cercado e cultivado, com os seus limites demarcados e flores delicadas. Mas não havia qualquer traço de uma fisionomia inteligente e vivaz, ou de um campo aberto, com montanhas e riachos bonitos. Eu não gostaria de viver com estas damas e cavalheiros em suas casas elegantes, mas confinadas.

É possível que tenha razão, mas as acusações de Brontë não são totalmente justas. Não podemos dizer que as obras de Austen sejam destituídas de paixão. O que não identificamos são tipos maduros de sensualidade, ou um maior apetite para o abandono romântico, como os que aparecem em Jane Eyre e Rochester. Em seu caso, a sensualidade é mais silenciosa, e o desejo se manifesta indiretamente.

Por favor, abram na página 148 e procurem imaginar a cena conforme leem a passagem. Darcy e Elizabeth estão desacompanhados na casa do sr. Collins. Paulatinamente, Darcy percebe que não poderá mais viver sem Elizabeth. Eles conversam a respeito do significado da distância entre a casa de uma mulher casada e a de seus pais.

> O sr. Darcy aproximou um pouco a sua cadeira e disse:
>
> — Mas *a senhora* não tem direito de ser tão apegada a um lugar. *A senhora* não pode ter morado sempre em Longbourn.
>
> Elizabeth olhou para ele, surpresa.
>
> Sr. Darcy pareceu mudar de ideia. Recuou a cadeira, tomou um jornal em cima da mesa e percorrendo-o disse, num tom mais frio:
>
> — Agrada-lhe Kent?*

Voltemos ao fragmento em questão. A insistência na voz de Darcy expressa seus sentimentos por Elizabeth, que são revelados mesmo nas interações mais corriqueiras. Nós podemos traçar o desenvolvimento dos sentimentos de Darcy por Elizabeth por meio de seu tom de voz. O clímax é atingido no trecho em que ele a pede em casamento. Sua insistência negativa, ao começar seu discurso com "Lutei em vão. Não foi o suficiente", é dito de uma forma quase violenta. Em parte porque a obra é bastante contida, e Darcy é um dos personagens mais reprimidos.

Por favor, agora prestem bastante atenção no "senhora". Darcy em raras ocasiões se remete a Elizabeth pelo próprio nome. Ele tem uma maneira especial de falar "senhora" que torna essa forma de tratamento um termo de grande intimidade. Em culturas como a nossa, devemos apreciar essas nuances, onde todos são estimulados a demonstrar de formas muito exageradas seu amor pelo imã, enquanto lhes é negada qualquer oportunidade de expressar seus sentimentos em público por meio de gestos, sobretudo o amor.

---

* Tradução de Lúcio Cardoso. (*Orgulho e preconceito*, Civilização Brasileira, 2009.)

As descrições dos cenários e dos personagens aparecem com pouca frequência no livro *Orgulho e preconceito,* mas a sensação é de que conhecemos cada personagem e sua vida privada. Podemos perceber a reação de Elizabeth diante dos comentários de Darcy a respeito de sua beleza, ou a sra. Bennet tagarelando na mesa do jantar, ou ainda Elizabeth e Darcy entrando e saindo das sombras conforme caminhavam pela propriedade Pemberley. O impressionante é que todos esses cenários são criados essencialmente a partir da entonação da voz — dos diferentes tons e das palavras que se tornam orgulhosas e maliciosas, ternas, duras, insistentes, insinuantes, indiferentes e inúteis.

A aparente ausência dos sentimentos nas obras de Austen é substituída por uma tensão, uma textura erótica feita de sons e silêncios. Ela cria um sentimento de saudade que gera um conflito nos personagens. Elizabeth e Darcy aparecem juntos em diversos trechos da obra, mas em público não podem se comunicar de maneira mais íntima. Austen cria uma sensação constante de frustração ao colocá-los no mesmo ambiente, mas fora do alcance um do outro. A tensão é acentuada pelo fato de que todos anseiam que Jane e Bingley estejam enamorados, mas esperam justamente o contrário em relação a Elizabeth e Darcy.

Tomemos como exemplo a sequência que se desenrola na festa da casa de Elizabeth, próxima ao final do livro, quando procura desesperadamente conversar com ele reservadamente. O evento é permeado por uma sensação de ansiedade. Elizabeth auxilia sua irmã a servir chá e café e diz a si mesma: "Se ele não se dirigir a mim, *então,* renunciarei a esse homem para sempre." Ele se aproxima, mas uma das outras jovens vem na direção de Elizabeth e sussurra: "Nós não queremos um homem aqui entre nós, não é?" Ao se distanciar, Darcy faz com que ela o siga com o olhar. "Elizabeth o acompanhou com os olhos, invejando todas as pessoas com quem ele falava. Serviu o café com impaciência e depois ficou irritada consigo mesma por ser tão tola." Esse jogo se mantém durante toda a noite. Darcy novamente se aproxima de sua mesa, trazendo sua xícara de volta. Ele permanece por um momento, os dois trocam amenidades, e ele novamente vai embora.

Austen consegue fazer com que percebamos um dos aspectos mais interessantes de um relacionamento: o sentimento de urgência, a saudade pelo objeto de seu desejo, que está perto e longe ao mesmo tempo. Essa saudade será recompensada, e o suspense terminará em união e felicidade. As cenas de relações sexuais são praticamente inexistentes nos romances de Austen, mas suas histórias revelam um processo intrincado e longo de namoro e corte. Fica aparente que sua maior preocupação é a felicidade e não a instituição do casamento, ou o amor e a compreensão em lugar do matrimônio. Isso se torna evidente em todos os casamentos malsucedidos ao longo de sua obra — Sir Thomas e a srta. Bertram, sr. e sra. Bennet, e Mary e Charles Musgrove. Assim como Scherazade em seus contos, podemos identificar uma variedade infinita de uniões boas e ruins, ou de homens e mulheres, bondosos ou maus.

As afirmações de Brontë sobre os limites também não são completamente verdadeiras. As fronteiras estão sempre sendo questionadas pelas mulheres nos romances de Austen. Elas se sentem mais seguras no domínio privado, dos sentimentos e das complexas relações individuais. Os romances do século XIX colocavam o indivíduo, sua felicidade, seus desafios e direitos no centro da trama. Assim, o casamento era um dos temas mais importantes. Da infelicidade de Clarissa na obra de Richardson à Sofia tímida e obediente de Fielding até Elizabeth Bennet, as mulheres criaram as complicações e as tensões que deram continuidade às histórias. E nos chamam atenção para o que as obras de Austen formulam: o casamento em si não é o importante, mas a relevância dos sentimentos e da compreensão na relação. Ou ainda, a ruptura com as convenções e não sua primazia. Essas mulheres, gentis e belas, são as rebeldes que dizem não às escolhas realizadas por suas mães tolas, seus pais incompetentes (na grande maioria das obras de Austen, os pais não são nada sábios) e a rigidez da sociedade ortodoxa. Em nome do amor e do companheirismo, elas arriscam o ostracismo e a pobreza, com base no princípio máximo da democracia: o direito à escolha.

15

Procurem imaginar uma noite de verão. Nós estamos em uma festa, sentados do lado de fora em meio a um perfumado jardim. Em um terraço com vista para a piscina, nosso anfitrião, com extremo bom gosto, colocou pequenas mesas adornadas com velas delicadas. Em um canto próximo à parede foram espalhadas almofadas coloridas em cima de um tapete persa. Alguns de nós estão recostados nessas almofadas. O vinho e a vodca são caseiros, mas não é possível discernir simplesmente pela sua coloração. O som de risadas e conversas flutua pelas mesas. A companhia é tão boa como qualquer outra que poderia encontrar em qualquer lugar no mundo — culta, perspicaz, sofisticada e cheia de histórias para contar.

Mas o que ouvem aqueles que estão sentados no tapete, brincando com suas taças de vinho e recostados nas almofadas? Nosso anfitrião está uma vez mais contando sua história sobre o ônibus. Muitos de nós já ouvimos fragmentos dessa história nos últimos dois dias, mas nos parece incrível demais, mesmo para nós, com nosso conhecimento temperado por muitas histórias impossíveis para serem possíveis. Nosso anfitrião é uma fonte segura e ainda mais, ele o ouviu de um cavalo, ou de um dos cavalos envolvidos no acidente.

Há cerca de dois meses um convite foi enviado ao conselho da Associação de Escritores para que todos os seus membros participassem de uma conferência na Armênia. A princípio muitos receberam um telefonema do serviço de inteligência ameaçando-os e instruindo-os a não aceitarem. Posteriormente, o regime mostrou-se favorável à viagem, estimulando-os a comparecerem ao evento. No fim, vinte membros resolveram embarcar na viagem, e a associação optou por fretar um ônibus para levá-los. Os detalhes dos relatos se contradizem — alguns comentam que suspeitavam de algo desde o início, outros se acusam mutuamente de serem cúmplices na trama. Mas o ponto em que todos concordam é que, na manhã da viagem, 21 escritores se dirigiram para o terminal. Alguns acharam estranho que o ônibus estivesse atrasado e o motorista tivesse sido substituído. Outros perceberam que alguns de seus companheiros tinham se negado a ir e optaram por desistir da viagem nessa mesma manhã.

Por fim, seguiram viagem, e tudo transcorreu bem até a meia-noite, ou de acordo com alguns até as duas da manhã, quando todos os passageiros estavam dormindo, com exceção de um. Ele percebeu que o ônibus estava parado e o motorista, desaparecido. Ao olhar pela janela viu que estavam próximos a um precipício muito alto. Ele saiu correndo e gritava para acordar os demais, enquanto se dirigia para o volante para dar marcha à ré. Os outros passageiros acordaram assustados, desceram do ônibus e foram recebidos por agentes da polícia que estavam no local com suas Mercedes-Benz e helicópteros. Os passageiros foram levados a diferentes pontos para interrogatório. Depois de detidos, foram expressamente proibidos de revelarem qualquer coisa, e em seguida, libertados. No dia seguinte, todos em Teerã ficaram sabendo do ocorrido. Ao que tudo indica, haviam organizado uma cilada. A ideia era jogar o ônibus no precipício e depois alegar que tinha sido um acidente.

Muitas piadas surgiram em torno desse incidente, assim como ocorreram muitos eventos semelhantes. Em nosso caminho para casa, Bijan e eu conversamos sobre a terrível provação pela qual passaram os escritores. É tão estranho, ele disse. Geralmente quando fala da maioria desses autores é devido a sua frustração com os posicionamentos ideológicos que adotam em relação à literatura, mas algo assim deixa tudo isso irrelevante. Independentemente do quanto possa discordar da maioria deles ou de achar que não são bons escritores, a compaixão vai, em última instância, sobrepor-se a todas às demais considerações.

Pouco tempo depois desse incidente, uma amiga nos acordou com seu telefonema. Ela era casada com um dos fundadores da Associação de Escritores. Sua voz aparentava temor. Ela queria saber se poderíamos contatar a BBC e alertá-los sobre o que estava acontecendo. Ela e o marido tinham sido forçados a deixar Teerã por um tempo, até que a situação se acalmasse, e ela queria saber se poderia deixar seu filho conosco por uns dias.

Muitos incidentes ocorreram antes desse: o ataque e a prisão realizados contra o cônsul alemão em sua casa, durante uma festa para intelectuais e escritores; o desaparecimento de um conhecido jornalista de esquerda que era editor de uma revista bastante popular. Ele foi preso, junto a outros, e o mantiveram detido mesmo depois de os demais terem sido libertados. Disseram posteriormente que ele tinha fugido para a Alemanha, onde residia sua esposa e família. No entanto, ele nunca chegou lá. O governo iraniano alegou que ele havia deixado o país e que os alemães estavam mantendo-o preso, mas o governo alemão negou as acusações. As manifestações internacionais acerca de seu desaparecimento mantiveram o caso na mira da opinião pública. Um dia, ele reapareceu no aeroporto de Teerã e contou uma história peculiar de como havia viajado para a Alemanha e depois para um destino em um país do terceiro mundo. Poucos dias depois, escreveu uma denúncia na qual descrevia as torturas que tinha sofrido nas mãos do regime. Ele foi preso em seguida. Finalmente, depois de muita pressão internacional, foi novamente libertado. Não muito tempo depois desse incidente, um editor iraniano que o havia ajudado e a outros escritores deixou sua residência e nunca retornou. Seu corpo foi abandonado em um terreno baldio na periferia de Teerã, como ocorreu com tantos outros dissidentes.

Em meados da década de 1990, em uma tentativa de melhorar a imagem do país no exterior, alguns intelectuais do Ocidente foram convidados ao Irã. Entre eles, Paul Ricoeur, que realizou uma série de palestras. Em suas três palestras, o público lotou a sala, o corredor e a escadaria. Em seguida, V.S. Naipaul também veio ao país. Em Isfahan ele foi acompanhado por um conhecido intérprete e editor, Ahmad Mir Alai. Ainda posso ver Mir Alai em sua livraria em Isfahan, que tinha se tornado um espaço de encontro para intelectuais e escritores. Sua aparência era pálida. Ele era atarracado e usava óculos com uma armação redonda e marrom. De alguma maneira, a combinação da palidez com seu tamanho inspiravam confiança e o desejo de lhe revelar nossas histórias. Ele tinha uma sagacidade aguçada e era o tipo de homem que parecia se mostrar realmente interessado e solidário. Isto se dava pelo fato de que, ao contrário de seus amigos mais envolvidos politicamente, ele não tinha o hábito da confrontação. Poderia chamá-lo de vítima justamente por não estar envolvido em política — ele muitas vezes ficava em um fogo cruzado e precisava adotar posicionamentos políticos. Ele tinha um excelente bom gosto nas traduções que fazia, escolhia Naipaul e Kundera, entre outros.

Poucos meses depois da visita de Naipaul ao país, o corpo de Mir Alai foi encontrado em uma rua próxima a um córrego. Ele saiu de casa durante a manhã e não retornou. Naquela noite, sua família foi notificada de sua morte. Uma pequena garrafa de vodca foi encontrada em seu bolso. A vodca tinha sido espalhada pela sua camisa na tentativa de sugerir que Mir Alai, ao longo do dia, tinha ficado bêbado e tido um ataque cardíaco no meio da rua. Mas ninguém acreditou nessa versão da história. Foi encontrado um hematoma em seu peito e marcas de uma injeção no braço. Ele foi interrogado e, de maneira acidental ou deliberada, foi morto por seus carrascos.

Não muito tempo depois, Jahangir Tafazoli, o maior especialista em história antiga do Irã, foi assassinado. Eu o conhecia bem. Ele era muito tímido, com uma compleição pequena, cabelos muito pretos e olhos largos, que pareciam imensos sob os óculos. Tafazoli não estava envolvido politicamente, embora tenha escrito para a *Encyclopedia Iranica*, projeto coordenado por um acadêmico iraniano proeminente da Universidade de Columbia e que foi amplamente criticado pelo governo do país. Sua especialidade era o Irã pré-islâmico, e essa área de conhecimento era alvo do ódio do regime. Ele deixou a Universidade de Teerã, em direção à sua casa, e no caminho deu um telefonema suspeito para sua filha. Seu corpo foi encontrado em uma estrada distante de sua residência e da universidade. Disseram que ele tinha morrido enquanto trocava o pneu e fora atropelado por outro carro.

Inúmeras vezes, durante velórios, festas ou encontros, eu e amigos e colegas de trabalho conversávamos sobre essas mortes. Nós as invocávamos obsessivamente, especulando sobre a forma como tinham ocorrido, ao menos oficialmente, e então nós os matávamos uma segunda vez, procurando imaginar como realmente teria sido. Ainda imagino Tafazoli sentando em seu carro, entre dois assassinos, forçado a fazer o telefonema para sua filha. Então fica tudo branco e pergunto a mim mesma, onde e como ele foi assassinado? Foi com um tiro dentro do próprio carro? Ou o levaram para uma das "casas de segurança" do regime e, depois que o mataram, jogaram seu corpo na estrada?

16

Meu mágico disse ao telefone que, se eu me comportasse, teria uma bela surpresa para mim. Nós combinamos de nos encontrar em um café bastante frequentado e que tinha se transformado em um restaurante, com a própria pastelaria na parte da frente. Não consigo me lembrar do nome, mas, como no caso de muitos outros lugares, provavelmente deve ter mudado após a revolução.

Ao chegar com minha bolsa de livros, meu mágico estava sentado em uma mesa próxima ao canto, analisando uma pilha de livros. Você estava procurando por uma edição em inglês de *As mil e uma noites*, ele disse. Eu encontrei uma edição da Oxford. Pedi um cappuccino para mim, e para ele um café expresso, e dois napoleões (o pastel que tinha deixado o restaurante famoso). Eu também trouxe o poema de Auden que estava procurando, embora não esteja certo porque você o deseja, e me deu uma folha de papel com o poema "Letter to Lord Byron" [Carta a Lorde Byron] datilografado.

Outro dia tivemos uma discussão muito interessante em sala de aula, eu disse. Conversamos sobre *The Dean's December* [O dezembro de Dean] e *Lolita,* entre outros livros. Uma de minhas alunas, Manna — você se lembra de minha aluna Manna? Sim, eu me recordo de Manna, sua poeta. Exatamente. Manna perguntou como podemos relacionar esses outros autores a Jane Austen, que tem uma postura bem mais otimista em relação ao mundo e às pessoas.

Muitas pessoas cometem esse equívoco em relação à Austen, ele disse. Deveriam lê-la com mais atenção.

Sim, foi o que respondi — o tema tratado por Austen é a crueldade, mas não sob circunstâncias extraordinárias, mas sim as mais comuns, cometida por pessoas como nós. Com certeza, é ainda mais assustadora, não? E é por isso que gosto de Bellow, eu disse com um certo floreio, ao pensar no novo alvo de minha paixão.

Como você é inconstante, ele respondeu. O que aconteceu com Nabokov? Um livro e de repente ele já virou história! Não, mas tem razão, disse, procurando não perceber seu tom de brincadeira. A obra de Bellow trata das crueldades cometidas na esfera privada, sobre os obstáculos enfrentados pela liberdade, e o peso das escolhas — de fato, da mesma maneira que James. Ser livre é assustador, é preciso se responsabilizar pelas suas próprias decisões. Sim, e não ter uma República Islâmica para culpar, ele disse. E não estou dizendo que eles não têm culpa, completou após uma pequena pausa, longe disso.

Olha, disse, enquanto inspecionava *More Die of Heartbreak* [Muitos morrem de desilusão], que tinha levado com o único propósito de ler para ele minhas citações favoritas:

> O significado da Revolução foi que a Rússia tentou isolar-se da provação da consciência moderna. Foi um fechamento. E assim, com o país isolado, Stalin os preencheu com a *velha* morte. No Ocidente, a provação é da *nova* morte. Não há palavras para descrever o que acontece à alma no mundo livre. Não se preocupe com as denominações em ascensão, ou ainda, com o luxo do estilo de vida. Nosso julgamento soterrado conhece mais. Tudo isso é percebido por lugares remotos da consciência onde lutamos contra o completo despertar. Estar totalmente desperto nos faria confrontar a *nova* morte, a provação característica de *nosso* lado do mundo. A abertura para a verdadeira consciência, para o que está *realmente* acontecendo, seria um purgatório.

Eu amo isso, "despejou a *velha* morte", disse a ele. Em algum lugar ele menciona sobre a "atrofia do sentimento" — o Ocidente foi atropelado por essa "atrofia de sentimentos..."

Sim, respondeu. O sr. Bellow, Saul, como seus estudantes o chamam, é sempre muito citado. Não sei dizer se é uma virtude ou uma falha.

Perguntei de maneira inquisitiva: Quem começou com isso? Quem me deu *A conexão Bellarosa*? Eu acredito que seja importante para a turma. Eles tendem a ver o Ocidente de maneira muito pouco crítica, como se fosse um mar de rosas e graças à República Islâmica. Na opinião deles tudo o que é bom vem da América ou da Europa, dos chocolates ao chiclete, de Austen à Declaração de Independência. Bellow possibilita que tenham uma visão mais realista desse lugar, permitindo-lhes que vejam os problemas e os medos.

Veja, disse, essa é a questão. É o que estamos enfrentando... Ele não estava olhando para mim. Não está prestando atenção, eu disse a ele, impaciente. Ele estava olhando para o garçom atrás de mim, fazendo sinal para que ele aparecesse, e em pouco tempo surgiu em nossa mesa. O que está havendo? O que é esta comoção? Atrás de onde estávamos tinha uma verdadeira comoção acontecendo, e eu não tinha percebido, com minha ânsia de falar sobre as virtudes do sr. Bellow.

O garçom nos avisou que se tratava de uma incursão policial e que os guardas revolucionários estavam parados na porta de entrada, monitorando as pessoas que saíam. Sugeriu de maneira delicada que, caso não tivéssemos nenhuma relação de família ou não fôssemos casados, meu mágico deveria ir para outra mesa, e, se fosse questionado sobre o que estava fazendo ali, diria que aguardava o pedido da pastelaria.

Não estamos fazendo nada de errado, respondi. Eu não vou sair desta mesa, e, voltando-me para meu mágico, acrescentei: E você também não. Não seja tola, ele disse. Não queira criar um escândalo. Vou telefonar para Bijan, disse em seguida. O que acha que ele poderá fazer? Você acredita que eles vão ouvi-lo, um homem que não consegue exercer controle sobre sua própria mulher? E ele se levantou com a xícara de café na mão. Você esqueceu algo, e lhe devolvi o exemplar de *As mil e uma noites*. Agora você está sendo infantil, ele respondeu. Você precisa de alguma coisa para mantê-lo ocupado, disse a ele, e, além do mais, fiz uma cópia do outro livro que me deu. Ele andou até uma mesa distante, levando o café e os livros. Enquanto isso permaneci sentada, sozinha, tentando comer meu napoleão, folheando furiosamente *More Die of Heartbreak*, como se estivesse me preparando para a prova no dia seguinte.

Tão logo os guardas revolucionários entraram no café, pararam de mesa em mesa. Uns poucos jovens conseguiram sair a tempo, mas outros não tiveram a mesma sorte. Uma família com quatro pessoas, meu mágico, duas senhoras de meia-idade e três jovens não foram incomodados. Quando meu pedido ficou pronto, levantei, dei uma gorjeta generosa ao garçom, deixei meu pacote de livros cair e eles se espalharam pelo chão. Aguardei até que o garçom me trouxesse uma sacola e fui embora, sem nem mesmo olhar para meu mágico.

Dentro do táxi, me senti confusa, aborrecida e um pouco arrependida. Disse a mim mesma: Vou embora, não consigo mais viver assim. Em todas as ocasiões em que situações como essa se repetiam, eu e muitos outros acalentaríamos o desejo de sair do Irã para um lugar onde o cotidiano não fosse um campo de batalha. Recentemente o desejo de sair do país tinha se tornado mais do que um mecanismo de defesa, e esses incidentes cada vez mais me faziam perceber que tinha chegado a um limite. Amigos e colegas de trabalho tinham tentado se adequar à situação. Um deles disse: Não estamos comprometidos com o regime em nossas mentes e nossos corações, então por que devemos aquiescer? Eu devo ir para a prisão e perder meu emprego em função de duas mechas de cabelo fora do lugar? Uma vez a sra. Rezvan disse: A essa altura já deveríamos ter nos acostumado. Essas jovens são um pouco mimadas — esperam demais. Veja o caso da Somália ou do Afeganistão.

Comparado a elas, nós vivemos como rainhas.

Eu não consigo me acostumar, Manna disse um dia durante a aula. E eu não poderia culpá-la. Nós estávamos infelizes. Comparávamos tal situação a nossos potenciais, ao que poderíamos ter tido. E mesmo que soubéssemos que milhares de pessoas estavam ainda mais infelizes que nós, isso não servia de consolo.

Ao chegar em casa, Bijan e as crianças estavam no andar de baixo, no apartamento de minha mãe. Coloquei os napoleões que tinha levado na geladeira e deixei separado o bolo de cenoura que era para minha mãe. Então, fui novamente até a geladeira e enchi uma tigela de sorvete para mim, em cima joguei café e nozes. Quando Bijan e as crianças voltaram, eu já estava no banheiro vomitando. Durante toda a tarde e a noite, eu vomitei. A certa altura, meu mágico telefonou e disse, me desculpe. Eu me senti realmente mal. Respondi, me desculpe também. Nós todos nos sentimos assim — não se esqueça de assinar e datar meu livro.

Não consegui comer nada naquela noite, nem mesmo beber água. Ao acordar pela manhã, o quarto estava girando, diante de meus olhos surgiam pequenas coroas brilhantes de luz, dançando no ar. Fechei os olhos, abri-os novamente e a mesma coisa aconteceu. Pousei as mãos na barriga, fui até o banheiro e vomitei bile. Ao longo de todo o dia, permaneci no luxo de minha cama, e minha pele estava sensível ao simples toque do lençol.

17

Você não poderia chocá-la mais do que a mim
Ao seu lado Joyce é inocente como uma pata
Causa-me desconforto sem fim
Uma solteirona inglesa mediocrata
Descrever o efeito amoroso da "prata"
Revelar com tanta franqueza e sobriedade
A base econômica da sociedade

Uma menina foi estuprada, colocada no porta-malas do carro e morta. Um jovem estudante foi assassinado e suas orelhas foram cortadas. Bellow trata de questões como campos de prisioneiros, morte e destruição. Em Nabokov há monstros como Humbert, que estupra meninas de 12 anos de idade, e até mesmo em Flaubert existe muita dor e traição. Manna perguntou uma vez, e em relação a Austen?

Realmente, e em relação a Austen? As comédias e a generosidade de espírito de Austen fizeram com que meus alunos acreditassem que ela era uma solteirona afetada, em paz com o mundo e alheia à sua brutalidade. Precisei lembrá-los de Auden e da "Letter to Lord Byron", na qual ele solicita a Byron para dizer a Jane Austen "como seus romances são apreciados por aqui".

Em Austen as heroínas são impiedosas à sua própria maneira. Existem muitos casos de traição, ganância e falsidade em sua obra, tantos amigos desleais, mães egoístas, pais tirânicos, vaidade, crueldade e dor. Austen é bastante generosa com seus vilões, mas isso não quer dizer que ela seja condescendente com suas heroínas. Sua preferida e menos apreciada heroína é Fanny Price, mas é também aquela que mais sofreu.

A ficção moderna traz à tona a maldade existente na vida doméstica e nas relações cotidianas, na vida de pessoas como eu e você, leitor! *Bruder*! como definiu Humbert. Da mesma maneira que nas grandes obras de ficção, a maldade em Austen reside na inabilidade em "ver" os outros e, consequentemente, sentir empatia por eles. O assustador é que essa cegueira pode existir no melhor que existe em nós (Eliza Bennet) ou no pior (Humbert). Somos todos capazes de nos transformarmos no crítico cego, de impormos nossos desejos e nossas visões de mundo sobre os demais.

Quando o mal é individualizado, transformando-se em parte da vida cotidiana, a forma de resistirmos a ele também se torna uma busca individual. A grande questão é: como pode a alma sobreviver? A resposta: por intermédio do amor e da imaginação. Stálin esvaziou a Rússia de sua alma ao despejar sua velha morte. Mandelstam e Sinyavsky restauraram a alma ao recitarem poesia aos condenados e ao debaterem sobre isso nos jornais. Bellow escreveu:

> É possível que para permanecer um poeta nestas circunstâncias seja o equivalente a atingir o coração da política. Os sentimentos e as experiências humanas, assim como sua forma e o seu rosto, recuperam seu devido lugar — o primeiro plano.

18

Nossa decisão de deixar o Irã surgiu por acaso — ao menos, foi assim que me pareceu. Essas decisões, independentemente de seu caráter momentâneo, em geral, são bem-planejadas. Da mesma forma que casamentos ruins são o resultado de anos de ressentimento e raiva que surgem subitamente, explodindo em resoluções suicidas. A ideia de partir, como a possibilidade de um divórcio, se escondeu em algum lugar em nossas mentes, de forma nebulosa e ameaçadora, pronta a emergir à menor provocação. Meu emprego e meus sentimentos de mulher, o futuro de nossos filhos e minhas viagens aos Estados Unidos nos fizeram perceber mais atentamente nossas escolhas e possibilidades.

Bijan e eu, pela primeira vez, tivemos brigas sérias e por um tempo não conversamos sobre outra coisa, a não ser se deveríamos permanecer ou ir embora. Quando Bijan percebeu que dessa vez estava determinada a partir, ele teve um período de silêncio mortificado. Em seguida passamos por uma fase de discussões longas e difíceis. Nessa ocasião, amigos e familiares participaram do processo. Bijan defendia que não era uma boa ideia, e que deveríamos aguardar até que as crianças estivessem com idade suficiente para entrar na faculdade. Meu mágico defendia que não existia outra coisa a ser feita, mas meus outros amigos estavam divididos. Minhas meninas não queriam que eu fosse embora, mas ao mesmo tempo muitas tinham decidido partir. Meus pais defendiam a ideia de que deveríamos ir, independentemente do fato de que nossa partida implicaria que ficariam sozinhos. A possibilidade de uma vida melhor para os filhos — mesmo que representasse uma promessa — é muito atraente para a grande maioria dos pais.

Por fim, Bijan, que até então tinha sido sempre ponderado e razoável, aquiesceu à proposta de irmos embora — ao menos por uns anos. Sua concordância em relação a nosso novo destino fez com que começasse a agir. A forma que encontrou para lidar com a nova situação foi manter-se ativo. E ele se manteve bastante ocupado, desmanchando dezoito anos de vida e de trabalho, e organizando tudo nas oito malas que poderíamos levar. Por outro lado, minha reação foi de fuga. O fato de que ele estava lidando com a situação de forma tão complacente fez com que me sentisse culpada e indecisa. Adiei fazer as malas e me recusava a conversar seriamente sobre o assunto. Durante as aulas, meu comportamento leve e irreverente fez com que minhas meninas tivessem dificuldade em saber como reagir.

Durante as aulas nunca discutimos abertamente minha decisão de ir embora. Sabíamos que as aulas não poderiam se estender indefinidamente, e eu nutria a esperança de que minhas meninas pudessem formar suas próprias turmas, e, de certa maneira, incluir novas pessoas ao rebanho. Eu sentia a tensão que permeava os silêncios de Manna e as alusões de Mahshid às obrigações com o lar e a pátria. As outras aparentavam uma certa ansiedade e tristeza com a iminência do fim das aulas. Seu lugar vai ficar tão vazio, disse Yassi usando uma expressão persa — mas elas também começaram a nutrir seus próprios planos de partir.

Quando nossa decisão foi tomada, todos pararam de mencionar o assunto. O olhar de meu pai ficou mais vago, era como se olhasse para um lugar distante, como se já tivéssemos desaparecido no horizonte. Minha mãe subitamente ficou enraivecida e ressentida. Implicitamente, queria me dizer que mais uma vez eu tinha comprovado suas piores suspeitas em relação a minha lealdade. Minha melhor amiga me levou entusiasmadamente para fazer compras, e conversava sobre todos os assuntos, exceto a respeito da minha decisão. Meus filhos foram os únicos que falaram abertamente sobre o tema, com um misto de inquietação e tristeza.

19

Em persa existe a expressão "pedra paciente", utilizada com frequência em situações de ansiedade e turbulência. Em tese, uma pessoa transfere todas as suas inquietações e seus infortúnios para a pedra. Ela vai ouvir e absorver todas as suas dores e seus segredos e, assim, a pessoa estará curada. Em alguns casos a pedra não resiste ao peso de seu fardo e explode. Meu mágico não era minha "pedra paciente", mesmo que ele nunca tenha revelado a própria história — pois afirmava que as pessoas não tinham o interesse em ouvi-la. No entanto, passou muitas noites insones ouvindo e absorvendo os problemas e os infortúnios de outras pessoas. Seu conselho para mim foi: eu deveria partir, escrever sobre minha história e lecionar.

É possível que ele tenha percebido o que estava acontecendo comigo com mais clareza que eu mesma. Ironicamente, hoje percebo que quanto mais me sentia ligada a minhas aulas e meus alunos, menos me sentia conectada ao Irã. Quanto mais eu descobria a qualidade lírica de nossas vidas, mais minha vida se tornou uma teia de ficção. Agora é possível falar a respeito disso com algum nível de clareza, mas não era o que acontecia naquele momento. Era muito mais complicado.

Conforme eu traço o caminho que leva a seu apartamento, os desvios e voltas, me aproximo uma vez mais da velha árvore que está em frente à sua casa. Sou acometida por um pensamento repentino: as memórias têm um jeito particular de se tornarem independentes da realidade que evocam. Elas podem nos aproximar daqueles por quem fomos profundamente feridos, ou ressentir a quem amávamos e aceitávamos incondicionalmente.

Nós nos sentamos uma vez mais com Reza em torno da mesa de jantar, embaixo dos quadros que retratam árvores verdes. Conversamos e almoçamos o proibido sanduíche de presunto e queijo. Nosso mágico não bebe. Ele se recusa a se comprometer com os artigos contrabandeados: os vídeos e vinhos, os filmes e romances censurados. Ele também não vê televisão ou vai ao cinema. E assistir a um filme adorado no vídeo é um anátema, embora consiga obter vídeos de seus filmes favoritos para nós. Hoje ele nos trouxe vinho caseiro, cuja coloração é de um rosa pálido pecaminoso. Seu conteúdo foi colocado em cinco vidros de vinagre. Algo não deu certo, e o vinho tem a consistência de um vinagre, mas eu não falo nada para ele.

O tópico do dia era a recente candidatura de Mohammad Khatami. Khatami, mais conhecido nos círculos intelectuais em grande parte por causa de sua breve passagem pelo Ministério da Cultura Islâmica, em poucas semanas tinha se tornado um nome conhecido nacionalmente. Nos ônibus e táxis, nas festas e no trabalho, todos falavam em Khatami, e em nosso dever moral de votar nele. Não era suficiente o fato de que havia mais de dezessete anos os clérigos anunciassem que votar representava não só um dever, mas um dever religioso. E agora todos nós adotamos a mesma perspectiva. Amizades foram rompidas e houve brigas em torno dessa questão.

Nesse dia, estava caminhando para a casa de meu mágico, lutando com meu véu para deixá-lo seguro no pescoço, quando percebi, colado em uma parede, um cartaz de campanha pró-Khatami com letras garrafais: O IRÃ SE APAIXONOU MAIS UMA VEZ. Disse a mim mesma desesperadamente Oh! Não, de novo, não.

Ao nos sentarmos em torno da mesa de meu mágico, lugar de tantas histórias compartilhadas e inventadas, comentei a respeito dos cartazes. Nós amamos nossa família, amantes, amigos, mas será que temos a obrigatoriedade de nos apaixonar por nossos políticos? Até em aula estávamos brigando por causa dele. Manna não compreendia como poderiam votar nele. Ela argumentava que não fazia muita diferença a possibilidade de usar um véu com um tom mais claro ou deixar um pouco de cabelo à mostra. Mas Sanaz dizia que, se temos a escolha de optar entre o horrível e o ruim, devemos escolher o ruim. E Manna respondia que não desejava ter um carcereiro melhor, pois queria ficar fora da cadeia. Azin disse: Esse sujeito pretende ter o domínio da lei? Não é a mesma lei que garante a meu marido o direito de me bater e levar minha filha? Yassi ficou confusa, e Mitra falou: Existem rumores de que, mesmo nestas eleições, eles irão conferir os passaportes. Quem não tiver votado, não poderá deixar o país. Mahshid completou acidamente: este é outro rumor ao qual não se deve dar importância.

— As pessoas geralmente recebem o que merecem — disse Reza ao morder seu sanduíche de presunto e queijo.

Olhei para ele com ar de reprovação.

— É sério — ele disse. — Se estamos preparados para sermos iludidos por essa pseudoeleição, quando sabemos que não é uma eleição real, e que somente muçulmanos com impecáveis credenciais revolucionárias e aprovados pelo Líder Supremo, podem se candidatar. De qualquer maneira, a questão é que até o momento que concordarmos com essas eleições fajutas e acalentarmos a esperança de que algum Rafsanjani ou Khatami possa nos salvar, então somos merecedores de nossas últimas desilusões.

— Mas essa frustração não é unilateral — meu mágico acrescentou. — O que acha que o sr. Khamenei sente ao ver sua Mitra e Sanaz corromper alegremente boas muçulmanas como Yassi e Mahshid? — Enquanto falava, me lançou um olhar debochado e levantou uma das sobrancelhas. — Ou, ainda, de ouvir seus antigos revolucionários radicais citando Kant e Espinosa, em vez de fontes islâmicas? Não satisfeitos, ainda temos a filha de nosso presidente fazendo campanha e prometendo que as mulheres terão o direito de andar de bicicleta em lugares públicos.

— Tudo isso é tão ridículo — respondi.

— Pode até parecer ridículo para você — disse ele —, mas não é muito engraçado para o presidente e seus seguidores ter que convencer os corações e mentes dos filhos da revolução com promessas, ao menos implícitas, de que terão acesso a todas as coisas do Ocidente. — E mais acrescentou com nítida satisfação: — Esses jovens ouvem mais Michael Jackson e leem seu Nabokov com maior deleite e interesse do que jamais fizemos durante nossa juventude decadente.

— Além disso, com o que está se preocupando? — disse ele. — De qualquer maneira, em breve você vai deixar a nós e a nossos problemas.

— Eu não vou deixar você nem seus problemas. Conto com você para me manter informada.

— Não, não farei isso — disse ele. — Depois que você for embora, não nos falaremos mais.

— Pode chamar de autodefesa ou covardia, eu não quero manter contato com os amigos que tiveram a sorte de partir — completou, em resposta a meu olhar estarrecido.

— Mas você me incentivou a ir — eu disse, sem acreditar no que estava ouvindo.

— Bem, sim, mas isso é uma questão diferente. Mas não importa, porque essas são minhas regras. O que quase não se vê, rapidamente entra no esquecimento: perto dos olhos, longe do coração e coisas do tipo. Um sujeito precisa encontrar os meios para se proteger.

Ele tinha feito tudo o que estava a seu alcance para me ajudar, mas quando percebeu que eu estava realmente indo embora, quando tudo tinha finalmente dado certo, ele não ficou feliz. Estava desencantado? Será que considerava minha partida uma forma de crítica em relação aos que ficaram para trás?

20

Quando Nassrin chegou, eu estava no telefone. Negar abriu a porta, e continuou a gritar desnecessariamente: Mamãe, mamãe, Nassrin chegou! Alguns minutos depois, Nassrin entrou e ficou timidamente perto da porta, como se estivesse arrependida de ter vindo. Fiz um gesto para que me aguardasse na sala de estar. Disse a minha amiga que telefonaria depois. Uma de minhas meninas veio me visitar. Meninas? ela perguntou. Ela sabia bem ao que estava me referindo. Alunas, respondi. Alunas! Tome jeito, mulher! Por que não volta para a sala de aula? Mas eu estou na sala de aula. Você sabe o que eu quero dizer. De qualquer maneira, falando sobre suas alunas, Azin vai me deixar louca. Ela não sabe claramente o que quer — ou então está jogando algum jogo que não entendo direito. Ela está preocupada com a filha, respondi rapidamente. Mas veja, realmente preciso desligar. Telefono para você depois.

Ao entrar na sala, Nassrin estava olhando as aves-do-paraíso e roía as unhas com a concentração distraída de uma profissional. Lembro-me de ter pensado que eu já deveria saber que ela pertencia à categoria de pessoas que roem as unhas — ela deve ter se esforçado muito para se controlar durante as aulas.

Com o som de minha voz ela virou subitamente e automaticamente escondeu as mãos nas costas. De forma a disfarçar seu embaraço pelo motivo que a trouxera àquela sala, perguntei o que gostaria de beber. Nada, obrigada. Ela não tinha tirado a túnica, apenas a desabotoara, revelando os contornos de uma blusa branca enfiada numa calça de veludo. Usava tênis, e seus cabelos estavam presos em um rabo de cavalo.

Ela parecia uma menina atraente, jovem e frágil, como uma jovem em qualquer parte do mundo. Estava irrequieta e mudando constantemente o peso do corpo de uma perna a outra, me lembrando da primeira vez em que a vira, havia quase dezesseis anos. Nassrin, não se mova por um instante, disse tranquilamente. Melhor, sente-se. Por favor, sente-se. Não, vamos até meu escritório porque é mais sossegado.

Eu queria adiar ao máximo saber o que a tinha trazido ali. Paramos na cozinha. Dei a ela a fruteira e coloquei uma jarra de água, dois copos e uns pratos na bandeja. Ao descermos a escada, ela me surpreendeu: vou embora, disse. Por experiência, sabia que não deveria demonstrar estar muito surpresa e deixá-la ainda mais assustada. Para onde? Vou para Londres morar com minha irmã durante um tempo. E Ramin, o que vai acontecer com ele? Chegamos a meu escritório. Ela aguardou até que eu abrisse a porta, ainda alternando o peso do corpo de uma perna para outra. Era como se nenhuma das duas pernas tivesse condições de assumir a responsabilidade de seu fardo. Pela palidez e expressão atordoada em seu rosto, senti que tinha feito a pergunta equivocada. Eu terminei com ele, murmurou quando entramos em minha sala.

Tão logo nos sentamos perguntei a ela: Como você vai partir? Ela estava de costas para a janela, e eu, mergulhada no sofá encostado à parede. Nela havia um quadro grande das montanhas de Teerã — muito grande para o tamanho da sala. Vou por terra para a Turquia, e aguardar meu cunhado chegar.

Quando? Mais ou menos dentro de uma semana, ela disse. Ainda não estou certa da data exata, mas eles vão me dizer. Mahshid vai avisá-la, falou depois de uma pausa. Em nossa turma, ela é a única que sabe.

Alguém vai acompanhar você? Não. Meu pai é contra. E a única coisa que se prontificou a fazer foi ajudar a custear parte da viagem. Minha irmã está se responsabilizando pelo restante — ela diz que é minha operação de resgate. Meu pai me falou que se eu ficar firme com esse plano louco estarei por minha conta e responsabilidade. Na visão dele, não importa o que pensemos, essas pessoas são nosso povo. Ele perdeu uma filha, e agora outra. Diz que primeiro foram as aulas, e agora a viagem. Pensei que ele não soubesse sobre as aulas de quinta-feira, eu disse. Ele sabia na verdade, mas mantinha as aparências.

Esfregava as mãos de modo obsessivo, fazendo um esforço para não me olhar diretamente. Nassrin era assim, ou, para ser mais exata, nós duas éramos assim. Compartilhávamos os momentos mais íntimos dando de ombros, fingindo que não eram íntimos. O sentimento que nos motivava a lidar com esses momentos dolorosos de maneira casual não era coragem, mas um tipo especial de covardia. Um mecanismo destrutivo de defesa que forçava os demais a compartilharem nossas experiências difíceis, negando-lhes o momento de empatia: não sinta pena de mim. Não é nada que eu não possa controlar. Não é nada, sério, nada.

Ela me contou que de todos os anos que tinha estado na prisão, e ao longo da duração da guerra, esse período de adequação tinha sido o mais difícil. A princípio tinha pensado que queria sair temporariamente, mas aos poucos percebeu que seu desejo era de ir embora. Como a ela não seria concedido um passaporte, a alternativa era deixar o país ilegalmente, e isso não a incomodava. Estava tudo bem.

Comportei-me como se estivéssemos falando de uma viagem qualquer, uma visita rotineira à sua irmã mais velha em Londres, e disse, nesta época do ano, lá é excessivamente úmido. Não se esqueça de pedir que a levem ao Globe... Mas por que você terminou a relação com Ramin? Não consegui me conter e precisei perguntar-lhe. Ele concordou com a mudança, ele a estimulou? Não, ele, ele — bem, ele sabia o quanto eu queria ir embora, ainda mais por causa dessa doença, você sabe, de minha época na prisão. Nós, minha mãe e irmã e eu, estamos refletindo há muito tempo e achamos que deve existir um tratamento em Londres. Nunca perguntei a ela exatamente a qual doença ela estava se referindo.

A princípio, Ramin — que é um homem honrado, com um sorriso genuíno e largo, e que trouxe por um breve instante seu lado menina de volta — concordou com minha ida, mas ponderou que, pelo menos, deveríamos ficar noivos. Aguardei que continuasse a história. Mas depois, bem, depois eu terminei o namoro. Nassrin? Ela fez uma pausa, baixou a cabeça, e se concentrou em suas mãos. Disse rapidamente: Ele foi... ele não é diferente dos outros. Você se lembra daquela frase de Bellow que leu para nós a respeito das pessoas que esvaziam sua lata de lixo interna em cima do outro? Novamente ela sorriu. Bem, Ramin é justamente isso, assim como seus amigos intelectuais, se quer saber.

Esse foi o limite, mesmo para uma especialista em subterfúgios como eu. Como aprendemos com os romances, tomar um gole de água é uma boa estratégia para ganharmos tempo. O que quis dizer quando falou que ele não se diferencia dos demais? Que outros?

Meu tio era mais rude, você sabe, parecido com o sr. Nahvi, respondeu lentamente. Ramin me parecia ser diferente, tinha lido Derrida, assistido aos filmes de Bergman e de Kiarostami. Não, ele não me tocou. Na verdade, ele era muito cauteloso a esse respeito. Era pior. Não sei explicar, alguma coisa em seus olhos. Seus olhos? A forma como ele olhava para as pessoas e para as outras mulheres. Você sempre repara, ela disse. Triste, ela baixou a cabeça enquanto seus dedos se tocavam. Para Ramin havia uma diferença entre as mulheres com as quais os homens se sentem atraídos sexualmente e aquelas com quem eles se casam — alguém com que se possa compartilhar sua vida intelectual, e que deve ser respeitada. *Respeito*, ela repetiu com raiva. *Respeito* era a palavra que ele usava. Ele me respeitava. Eu era sua Simone de Beauvoir, excluindo o lado sexual. E ele era um covarde para simplesmente ter relações com outras. Então, ele as olhava. Atingiu um ponto em que ele ficava olhando minha irmã mais velha enquanto falava comigo. Simplesmente olhava. Olhava fixamente para as mulheres da mesma maneira... que meu tio costumava me tocar.

Senti compaixão por Nassrin e, estranhamente, por Ramin também. Achei que ele precisava de auxílio — que ele tinha a necessidade, assim como Nassrin, de aprender mais sobre ele mesmo, suas necessidades e seus desejos. Será que ela não percebia que ele e seu tio eram pessoas diferentes? É possível que fosse demais pedir sua compaixão por Ramin, mas ela tinha sido bastante dura com ele, e convencera-se de que não podia se permitir ter nenhum sentimento naquela situação. Disse que tudo estava terminado entre os dois, deixando aparente em seus olhos que ela não o considerava um homem melhor do que os demais. Os mesmos homens que ele criticava e desprezava. Ao menos sabemos o que esperar do aiatolá Khamenei, mas os outros, que fazem todos os tipos de declaração, e cujas ideias são politicamente corretas — esses são os piores. Você deseja salvar a humanidade, você e sua maldita Arendt, ela lhe disse. Então por que não começa salvando a si mesmo de seus problemas sexuais? Encontre uma prostituta. Pare de encarar minha irmã.

Sempre que me lembro de Nassrin, minhas lembranças remontam àquele dia em meu escritório, quando me contou que estava indo embora. Era o final da tarde. O céu do lado de fora tinha um aspecto sombrio — não era bem escuro, nem claro, ou mesmo cinza. A chuva caía torrencialmente, e as gotas ficavam penduradas nas folhas marrons e nuas da pereira.

Estou indo embora, ela disse. Estava com 27 anos e ainda não sabia o que era viver. Achava que a vida na prisão era a mais difícil, mas tinha percebido que não era bem verdade. Ela tirou umas poucas mechas de cabelo do rosto, e completou: Como todos os outros, na prisão nós sabíamos que talvez morrêssemos e esse seria o fim, ou sobreviveríamos. E ao sairmos teríamos a chance de começar tudo de novo. O sonho quando estávamos presos era de poder estar do lado de fora, libertos, mas, ao sair, percebia que sentia falta do sentimento de solidariedade que tínhamos na prisão, do senso de propósito e da forma como dividíamos nossas lembranças e comida. Acima de tudo, sinto falta da esperança. Na prisão, tínhamos a esperança de que, caso saíssemos, iríamos para a universidade, poderíamos nos divertir ou ir ao cinema. Tenho 27 anos. Ainda desconheço o que seja amar. Não pretendo viver em segredo e escondida para sempre. Eu quero saber, saber quem é essa Nassrin. E disse rindo, acho que você chamaria isso de o fardo da liberdade.

21

Fui incumbida por Nassrin de avisar a turma que estava indo embora. Ela não poderia enfrentá-las — achava que não aguentaria. O melhor seria partir sem se despedir. Mas como eu deveria lhes dar a notícia? "Nassrin não comparecerá mais às aulas." A mensagem era muito simples, o que faria a diferença seria a forma que eu a expressasse e onde colocasse as ênfases, isso sim faria a diferença. Falei de maneira direta e um tanto quanto rude, levando a todos a um silêncio espantado.

— Mas onde ela está agora? — perguntou Mitra depois de um longo intervalo.

— Eu não sei — respondi. — Nós precisamos perguntar a Mahshid.

— Nassrin foi para a fronteira há dois dias. Ela está aguardando os contrabandistas entrarem em contato. Então até a próxima semana ela deve ir de camelo, mula ou jipe para o deserto — Mahshid nos comunicou calmamente.

— *Nunca sem minha filha* — disse Yassi com um riso incomodado. — Eu sinto muito — ela disse ao colocar as mãos nos lábios. — Eu me sinto muito mal.

Por algum tempo, todos estavam especulando sobre a viagem, as dificuldades que enfrentaria até chegar na fronteira com a Turquia, sua solidão e as opções futuras.

— Não vamos falar sobre ela como se estivesse morta — disse Azin. — Nós deveríamos ficar felizes por ela, porque estará em um lugar muito melhor. — Mahshid lançou um olhar duro em sua direção. Mas Azin tinha razão. O que mais poderíamos desejar para ela?

Quem reagiu pior a essa partida, não em relação à de Nassrin, mas à minha, uma vez que agora seu desaparecimento dava uma concretude ao risco da separação, foi justamente quem mais se assemelhava comigo, Manna. E falou sem olhar diretamente para ninguém.

— Em breve esta turma não vai mais existir. Nassrin recebeu a notificação da dra. Nafisi. De que todas nós deveríamos partir.

A consternação em tom acusatório me deixou surpresa. Eu me sentia suficientemente culpada, como se a decisão de ir embora significasse uma traição a alguma promessa que lhes tinha feito (A culpa tinha virado parte de você. Sentia-se culpado mesmo quem não tinha a menor intenção de partir, meu mágico me disse depois, quando resolvi reclamar com ele).

— Não seja boba — Azin disse, virando-se para Manna com a voz embargada de reprovação. — A culpa não é dela se você se sente em uma armadilha morando aqui.

— Não estou sendo boba, eu me sinto como se estivesse presa. Não deveria? — Manna respondeu.

Azin levou as mãos para dentro de sua bolsa, quem sabe para pegar um cigarro, mas no fim elas saíram vazias.

— Como pode? Do jeito que fala parece que a culpa toda é da sra. Nafisi — disse Azin, com as mãos tremendo.

— Não, deixem Manna explicar o que quer dizer exatamente — eu disse.

— É possível que ela queira dizer… — Sanaz tentou completar timidamente.

— Eu mesma posso explicar, obrigada — disse Manna, irritada. — Quero dizer que a senhora estabeleceu um modelo para nós — ela olhou em minha direção —, de que permanecer é inútil e de que, se tivermos a intenção de fazer algo importante com nossas vidas, todas deveríamos partir.

— Isso não é verdade — respondi com alguma irritação. — Nunca sugeri que minhas escolhas deveriam ser as mesmas de vocês. Manna, você não pode reproduzir tudo o que eu faço. Cada uma de nós deve tomar a atitude que considerar melhor para sua própria vida. Esse é o conselho que eu dou para vocês.

— O único jeito para eu me convencer de que está tudo bem é o fato de você nos deixar aqui — disse Manna (lembro que ela disse *nos deixar aqui*) — é porque sei que, caso tivesse qualquer chance, eu também não ficaria. Eu deixaria tudo para trás — ela completou pouco depois, como se estivesse complementando uma ideia.

— Até Nima? — Nima em especial — ela disparou, com um sorriso pernicioso. — Eu sou diferente de Mahshid. Não acredito que tenhamos nenhum dever ou obrigação de ficar. Afinal, só temos uma vida.

Por muitos anos eu me comportei como se fosse uma pessoa de confiança, com quem elas poderiam falar sobre qualquer assunto. Elas tinham aberto seus corações e exposto seus problemas, como se eu não tivesse minhas próprias dificuldades. Ou vivesse sob um encantamento mágico de proteção que evitava qualquer problema ou desafio, não só em relação à vida na República Islâmica, mas na vida em geral. E, agora, elas esperavam que carregasse o fardo de suas escolhas pessoais. Cada um tem suas próprias decisões a tomar. A única maneira que podemos ajudar alguém é quando já sabemos de antemão o que queremos. Como é possível dizer a alguém o que ela deve querer? (Nima telefonou naquela noite, "Manna está com receio de que não goste mais dela", disse em tom de brincadeira. "Ela me pediu para falar com você").

A dor e as alegrias de outras pessoas nos possibilitam lembrar nossos sentimentos. Em parte nos sentimos empáticos porque perguntamos a nós mesmos: E eu? O que isso quer dizer em relação a minha vida, a minhas tristezas e a minha angústia? Para nós, a decisão de Nassrin de partir gerou uma preocupação genuína por ela, suscitando ansiedades e esperanças diante de sua nova vida. Por um tempo estávamos impressionadas com a intensidade da saudade, de pensarmos nas aulas sem sua presença, e nos voltamos para nossas vidas, lembrando-nos das esperanças e ansiedades que acalentamos como consequência de sua partida.

A primeira pessoa a expressar suas ansiedades foi Mitra. Ultimamente eu tinha observado em seu comportamento raiva e amargura, e, em seu caso, parecia ainda mais preocupante porque era bastante inusitado.

Em seus diários e anotações, o tom de sua escrita tinha mudado. Tudo começou com os relatos da viagem que fez com o marido à Síria. Em primeiro lugar, sentia-se abismada com as humilhações sofridas pelos iranianos, que se comportavam de maneira humilde no aeroporto de Damasco, onde eram reunidos em uma fila específica e vistoriados como se fossem criminosos. Mas, acima de tudo, estava mais alarmada pelas sensações que teve enquanto percorria as ruas da cidade. Ela tinha caminhado livremente com Hamid, de mãos dadas, vestindo apenas camiseta e jeans. Em seus relatos descreveu a sensação do vento e do sol batendo no cabelo e na pele. O mesmo tinha acontecido comigo, e seria o mesmo com Yassi e Manna.

A humilhação que sentiu no aeroporto de Damasco foi porque a tinham julgado de antemão, ou seja, tiveram uma preconcepção a seu respeito. Ao retornar para casa, sentiu raiva pelo que ela poderia ter sido. Estava com raiva por ter perdido tantos anos, por não ter podido se deleitar mais com o sol e o vento, e por todas as caminhadas que não teve a oportunidade de fazer com Hamid. Segundo ela relatou, o maior desafio, e que ela percebeu quando estava em Damasco, foi que, ao caminhar daquela maneira com ele pelas ruas, de repente, ele tinha se transformado em um estranho. Era um contexto inusitado no relacionamento deles. E mais, ela tinha se tornado uma estranha para ela mesma. Será que essa era a mesma Mitra, ela se perguntou, quem era essa mulher vestida de jeans e camiseta laranja, caminhando ao sol acompanhada de um jovem bonito? Quem seria essa mulher, e ela poderia ser incorporada em sua vida caso optasse por morar no Canadá?

— Então quer dizer que você não tem a sensação de pertencer a este lugar? Pelo visto sou a única pessoa que demonstra algum tipo de conexão com este lugar — Mahshid disparou.

— Não posso viver constantemente com medo — respondeu Mitra. É uma preocupação constante com a forma como ando ou me visto. As coisas que acontecem naturalmente são consideradas pecaminosas, então como devo me comportar?

— Mas você sabe o que esperam de você, você conhece as leis — disse Mahshid. Não há nada de novo. O que mudou? O que a está perturbando tão mais neste momento?

— É possível que seja mais fácil para você — disse Sanaz, mas Mahshid a impediu de terminar seu pensamento.

— Então você pensa que para mim é fácil? — disse olhando de forma agressiva para Sanaz. — Por acaso você acha que só as pessoas parecidas com você sofrem neste país? Você desconhece até mesmo o que seja medo. Por minha fé, e pelo fato de usar o véu, acha que não me sinto ameaçada? Ou que não tenho medo? — E, em uma rara demonstração de amargura, disse: — Não acha que é muito superficial acreditar que o único tipo de medo é *seu tipo*?

— Não foi isso que quis dizer — Sanaz respondeu de uma forma mais gentil. — Conhecermos as leis e o fato de que nos são familiares não nos torna melhores. E não quer dizer que não nos sentimos pressionadas e com medo, mas, pelo menos em seu caso, usar o véu é algo natural. Não só é sua religião como é sua escolha.

— Minha escolha — disse Mahshid com uma risada. — Com exceção da religião, o que mais eu tenho? Se eu perder isso... — Ela não concluiu a frase, e novamente levou seu olhar ao chão e murmurou: — Sinto muito. Fiquei muito emotiva.

— Entendo o que Mahshid quer dizer — Yassi interrompeu. — A perda da fé representa o maior medo, porque dessa maneira você não é mais aceito por ninguém — nem por aqueles que se consideram seculares, nem pelas pessoas de sua fé. É horrível. Mahshid e eu conversamos sobre isso, sobre como a religião definiu todas as nossas ações desde que podemos nos lembrar. Se perder a fé um dia, vai ser o mesmo que morrer e recomeçar em um mundo sem garantia alguma.

Senti-me comovida com Mahshid. Ela estava sentada, procurando manter o controle e a compostura, com o rosto ruborizado e as emoções fortes percorrendo sua pele pálida como veias finas. Pensei como Mahshid precisava, mais do que minhas outras alunas sem envolvimento religioso, lidar com os questionamentos mais difíceis e desafiadores sobre a religião. Em seu caderno de aula e nos trabalhos que escrevia, demonstrava sentir um ódio tão reprimido quanto seu sorriso. Ela analisava e questionava todos os mínimos detalhes de sua vida sob a lei islâmica. Em seu caderno de aula escreveu:

> Yassi e eu, nós duas sabemos que nossa fé não é mais a mesma. Nós a questionamos a cada movimento, em qualquer ato ou atitude que adotamos. Na época do xá não era assim. Como era parte da minoria, precisava proteger minha fé contra todas as ameaças e circunstâncias. Mas, agora que minha religião está no poder, estou mais desamparada e alienada do que nunca.

Ela também escreveu sobre o fato de sempre ter ouvido que a vida na terra dos infiéis era puro inferno. Mas tinha sido prometido que nada seria igual sob um justo domínio islâmico. Domínio islâmico! Era um verdadeiro desfile de mentira e de vergonha. Relatou como em seu trabalho as pessoas em posições acima da sua nunca a olhavam diretamente, e que mesmo criancinhas de 6 anos precisavam usar o véu, e se abster de brincar com as crianças do sexo oposto. Descreveu o sofrimento de ser obrigada a usar o véu, definindo-o como uma máscara que forçava as mulheres a se esconderem. Ela escrevia sobre todas essas coisas de uma maneira fria, furiosa, e colocando sempre um ponto de interrogação ao final de cada frase.

— A decisão de ir embora foi difícil — disse, quando pela primeira vez me senti à vontade para lhes contar abertamente sobre minhas intenções e o que isso significava. — Foi necessário passar por inúmeras deliberações dolorosas. Em algumas ocasiões eu vislumbrei a possibilidade de deixar Bijan. (Você pensou? Bijan me perguntou quando eu relatei para ele a conversa que tivemos em sala de aula. Você nunca havia dito nada para mim.) Essa revelação fez com que se desviassem momentaneamente de sua raiva e de suas frustrações. Contei sobre os medos que sentia, sobre levantar de madrugada com a sensação de estar sufocando, e o medo de que nunca conseguiria sair do país, ou sobre os ataques de tontura e de náusea, e de caminhar sem parar de um lado ao outro do apartamento durante as noites insones. Essa foi a primeira vez que abri meu coração para elas. Revelei meus próprios sentimentos e emoções, e curiosamente isso as deixou mais calmas. Azin levantou subitamente ao lembrar que era sua vez de visitar a filha — chamada Negar, em homenagem a minha própria —, que estava temporariamente morando com a família de seu marido. Nesse momento nos sentimos mais leves e aproveitamos para brincar a respeito dos pretendentes de Sanaz e as investidas de Yassi para emagrecer.

Mahshid, antes que todas pudessem sair, pegou um pequeno pacote e disse:

— É para você. Nassrin manda lembranças, e me pediu que entregasse isso.

E me entregou um fichário grosso cheio de notas. Eu o tenho aqui comigo neste momento, nesta outra escrivaninha e neste outro escritório. Tem muitas cores: branco com listras laranja parecidas com as de chiclete, e a imagem de três personagens de desenho. Em cores vivas, verde e roxa, tem os seguintes dizeres: *Nos Veremos na Maravilhosa Flórida. Tudo Fica Melhor com a Luz do Sol!* O fichário continha todas as minhas aulas dos últimos três semestres em Allameh, transcritas palavra por palavra, com sua bela letra, e com títulos e subtítulos. Cada frase e cada comentário estavam ali. James, Austen, Fielding, Brontë, Poe, Twain — todos estavam lá. Mas não tinha nada mais, nenhuma fotografia ou anotação pessoal, exceto por uma linha na última página do fichário: *Continuo lhe devendo um trabalho sobre o Gatsby.*

22

Quando a aula de quinta-feira terminou, falei para Bijan à noite: morar na República Islâmica do Irã é o mesmo que ser forçada a ter relações sexuais com um homem que se despreza. Quando chegou em casa, ele me encontrou sentada em minha poltrona usual, e em meu colo estava o fichário que Nassrin tinha me deixado. As anotações de minhas alunas estavam espalhadas em cima da mesa, e, do lado delas, um prato com sorvete derretido e café. Depois de olhar para o prato de sorvete ele disse: Nossa, você deve estar exausta. Ao sentar na poltrona a minha frente, completou: Não deixe essa frase solta no ar, me conte.

Bem, o que quero dizer é: quando uma mulher é forçada a ter relações com alguém de quem não gosta, procura esvaziar a mente — você finge que é outra pessoa, e procura se esquecer de seu corpo. Você odeia seu corpo. E é exatamente o que fazemos aqui. Estamos continuamente fingindo estar em outro lugar — ou estamos fazendo planos e sonhando com esse outro lugar. Tão logo minhas meninas saíram, comecei a refletir sobre esse assunto.

Bijan e eu estávamos surpreendentemente mais próximos quando terminou o doloroso período de discussões. Ele era extremamente articulado em seus silêncios e, por seu intermédio, aprendi os vários humores e nuances do silêncio: o silêncio que demonstra raiva e desaprovação ou o silêncio compreensivo e amoroso. Em certas ocasiões, seus silêncios se acumulavam e extravasavam em uma miríade de palavras. No entanto, nos últimos tempos conversávamos por longos períodos, e isso começou quando decidimos falar abertamente sobre nossos sentimentos em relação ao Irã. E foi a primeira vez que víamos a situação pela percepção do outro. Logo que ele começou a desmontar sua vida no Irã, tinha a necessidade de falar e compartilhar seus pensamentos e suas emoções. E assim ficávamos por horas trocando ideias, revelando nossos sentimentos e ideias de lar — para mim, com maior mobilidade, para ele, mais tradicional e enraizado.

Comentei com riqueza de detalhes as discussões durante a aula naquele dia e de como, depois que todas tinham saído, não consegui me libertar dos pensamentos sobre abuso sexual. Fiquei atormentada com a noção de que provavelmente é assim que Manna sente.

Bijan permaneceu sem reação — dava a entender que esperava que eu continuasse a falar sobre o assunto, mas a sensação é de que já havia esgotado tudo que tinha para dizer. Eu me senti mais leve, espreguicei e comi um punhado de pistache. E disse:

— Já reparou — quebrando um pistache — como é peculiar se olhar no espelho da parede oposta? Em vez de ver a si mesmo, vê-se as árvores e as montanhas, como se magicamente tivesse decidido desaparecer?

— Já reparei sim, respondeu enquanto foi à cozinha buscar sua vodca costumeira, mas até hoje não perdi o sono por causa disso. Mas você, acrescentou, deve refletir sobre isso dia e noite, e repousou o copo e um prato com pistaches em cima da mesa. Mas voltando à sua eloquente analogia, suas meninas devem estar sentindo-se ressentidas por você conseguir deixar para trás este sujeito, enquanto elas vão ter que continuar indo para a cama com ele — pelo menos, para algumas delas é assim que vai parecer, disse ao tomar um gole de seu drinque. Ele olhou para o copo, especulativamente. Você sabe, isso é uma das coisas de que sentirei falta, você tem que admitir que é a melhor vodca contrabandeada do mundo.

Disse a ele, em meio a suas considerações sobre a vodca, partir não vai ajudar tanto assim. A memória e as marcas acompanham você, não é algo que possa ser simplesmente descartado quando se vai embora.

Tenho dois comentários a fazer. O primeiro é que ninguém consegue evitar ser contaminado pelos males do mundo. A questão é decidir qual atitude adotar em relação a eles. E em segundo lugar, você se refere com frequência aos efeitos "dessas pessoas" sobre você. Mas já parou para pensar no efeito que gera sobre elas? Olhei-o com certa descrença. Essa não é uma relação igualmente boa ou ruim. Essas pessoas detêm o poder de nos matar e açoitar, mas é justamente isso que os faz lembrar de sua própria fraqueza. Provavelmente, eles devem estar amedrontados com tudo o que está acontecendo com seus antigos companheiros, e com seus filhos.

23

Cerca de duas semanas depois da conversa com Bijan, num dia quente de verão, me refugiei em um café. Era uma antiga pastelaria, e uma das poucas que tinha sobrevivido desde minha infância. Tinha um delicioso *piroshki,* e as pessoas enfrentavam longas filas para comê-lo. Próximo à entrada, com janelas em estilo francês, tinha duas ou três mesas pequenas e eu estava sentada em uma delas, e a minha frente um *café glacê*. Peguei caneta e papel e me pus a escrever. O hábito de me perder olhando para o vazio e escrever tinha se tornado uma especialidade, principalmente, nos últimos meses em que passei em Teerã.

De repente, percebi entre as pessoas que estavam na fila aguardando o *piroshki* um rosto familiar, mas não consegui identificar quem era. Uma mulher estava olhando para mim, na verdade me olhava fixamente. Sorriu e, deixando seu precioso lugar na fila, se aproximou e disse: Dra. Nafisi, a senhora não se lembra de mim? Sim, certamente, ela era uma antiga aluna. E embora sua voz soasse bastante familiar, eu não conseguia me lembrar exatamente de quem era. Ela recordou minhas aulas sobre James e Austen e, aos poucos, o fantasma de minha memória começou a tomar forma e parou próximo à sua imagem do presente, e então reconheci a srta. Ruhi. Fazia muitos anos que eu não a via, e, se estivesse usando um xador, a teria reconhecido mais facilmente, pois ressaltaria o seu nariz empinado e o sorriso defensivo.

Estava usando uma roupa preta, mas sem o xador. Tinha enrolado um lenço em torno do pescoço, preso por um broche de prata que parecia mover-se como uma teia de aranha contra o vento. A maquiagem era suave, e algumas mechas de cabelo castanho apareciam por debaixo do véu. Em minha lembrança permanecia a outra imagem de seu rosto, sério e tão fechado que seus lábios pareciam estar continuamente comprimidos. Nesse momento percebi que suas feições não eram tão destituídas de encanto como inicialmente tinha pensado.

Permaneceu próxima a minha mesa, e perguntei a ela se não queria sentar-se comigo e tomar um café, já que tinha perdido seu lugar tão disputado na fila. A princípio hesitou, e se acomodou bem na ponta da cadeira. Quando saiu da universidade, ela tinha se tornado um membro bastante ativo da milícia, mas sua permanência não durou muito tempo. Ela disse com um sorriso: Você sabe que eles não estavam muito interessados em literatura inglesa... Tinha se casado havia dois anos e comentou que sentia saudade de seu período na universidade. Naquele tempo perguntava a si mesma com frequência porque se mantinha firme no propósito de estudar literatura inglesa, já que poderia identificar algo que pudesse ser mais útil — e sorriu novamente —, mas hoje sentia-se satisfeita por ter concluído. Acreditava ter algo que as outras não tinham. Lembra-se de nossos debates sobre *O morro dos ventos uivantes?*

Claro, eu me recordava, e, conforme conversávamos lembrei-me de outros detalhes sobre ela. As imagens do passado afugentavam a atual, e continuamente substituía uma pela outra, mas ambas pareciam pouco familiares. Levei minha mente de volta para a sala de aula no quarto andar, na terceira fileira — ou seria a quarta? — próximo ao corredor. Só conseguia me lembrar de dois rostos, quase idênticos, tomando notas com ar de gentil desaprovação. As alunas estavam sempre na sala quando eu chegava e, depois que saía, permaneciam lá. Muitos alunos as olhavam com certa desconfiança. Elas estavam ativamente engajadas na Associação de Estudantes Muçulmanos, e não se misturavam nem mesmo com os membros mais liberais da Jihad Islâmica, a exemplo do sr. Forsati.

Sim, eu me lembrei dela. E mais especificamente do debate que tivemos sobre o livro *O morro dos ventos uivantes*. Veio-me à lembrança a imagem da srta. Ruhi, que tinha se desvencilhado de sua companheira, e foi em minha direção quando saí da sala, quase me empurrando em um canto do corredor. Ela se posicionou em minha frente e derramou toda sua indignação com o comportamento indecente de Catherine e Heathcliff. Suas palavras estavam tão permeadas de paixão, que eu fiquei desconcertada. Exatamente a que ela estava se referindo?

Respondi que não estava disposta a levar um romance a julgamento e que era imoral falar sobre uma grande obra daquele jeito. Disse-lhe também que os personagens não eram intermediários para imperativos morais e pedantes, e que a leitura de um romance não era um exercício para censura. Ela comentou sobre os demais professores e a preocupação demonstrada por eles em suprimir até mesmo a palavra *vinho,* de forma a não ofender a sensibilidade dos alunos muçulmanos. E pensei, agora devem estar dando aula sobre *A pérola.* Falei que, se fosse de seu interesse, ela poderia sair da turma ou reclamar às devidas instâncias na universidade, pois não modificaria meu jeito de dar aula ou seu conteúdo. Deixei-a em um canto escuro do longo corredor e, mesmo tendo-a visto depois, na minha lembrança ela tinha ficado ali permanentemente. Mas agora ela a tinha recuperado e mudado sua imagem.

As objeções dela se estenderam a *Daisy Miller.* Daisy não era unicamente imoral, mas tola e "irracional". Mesmo com sua desaprovação dos romances lidos em aula, ela se inscreveu novamente em minha turma no semestre seguinte. Entre os rumores que circulavam na turma, um deles era de que ela estava se relacionando com uma das lideranças da Associação de Estudantes Muçulmanos. Sempre ficava sabendo desses boatos por Nassrin, que tinha o intuito de demonstrar como "essas pessoas" eram impostoras.

Embora na época não percebesse, hoje ela diz sentir falta da universidade, dos filmes a que assistíamos nas aulas e dos debates. A senhora se recorda da Dear Jane Society? Fiquei chocada — mas como é que ela sabia disso? Era uma brincadeira entre mim e alguns poucos alunos. Sempre quis fazer parte, disse. Imaginava que seria muito divertido. Eu gostava muito de Jane Austen — não sei se a senhora sabia que muitas meninas sonhavam com o Darcy! Respondi: Não sabia que em seu grupo era permitido que tivessem coração. Acredite, nós nos apaixonávamos e nos desapaixonávamos o tempo todo.

Depois de refletir por um tempo, ela disse que tinha estudado árabe e traduzido alguns contos e poemas do inglês para o persa — para ela mesma, e usou a expressão persa "para meu próprio coração". E acrescentou pouco depois, me casei e tenho uma filha. Perguntei-me se não seria o homem de quem eu soube pelos rumores. Não tinha boas lembranças dele.

Perguntei quantos anos tinha sua filha. Onze meses, respondeu. E após um intervalo, com um sorriso ainda escondido no rosto, disse: O nome dela é uma homenagem a você. A mim? Bem, o nome com o qual ela foi registrada é Fahimeh, que é o mesmo de uma tia que morreu jovem — mas eu a chamo por um nome secreto, Daisy. Ela disse que tinha ficado em dúvida entre Daisy e Lizzy, mas acabou se decidindo por Daisy. Embora Lizzy fosse com quem sonhara, achou que era muita pretensão casar com Darcy. Por que Daisy? Não se lembra de Daisy Miller? E me perguntou se nunca tinha ouvido dizer que, quando se dá o nome a um filho, ele se parecerá com as qualidades daquele nome? Meu desejo é que, assim como Daisy, minha filha seja o que nunca fui. A senhora sabe, corajosa.

O personagem com que minhas alunas mais se identificaram foi justamente Daisy, e algumas se mostraram obcecadas em relação a ela. Posteriormente, durante meus seminários, elas continuamente falavam sobre Daisy, ou a respeito do período retratado no romance. Ressaltavam sua coragem, pois achavam que não detinham essa qualidade. Em seus escritos, Mahshid e Mitra se referiam a ela com amargura. Assim como Winterbourne, acreditavam que não conseguiriam evitar o mesmo erro em relação a Daisy. Ao levantar para se despedir, olhei para ela meio sem jeito e disse: posso fazer uma pergunta de caráter pessoal? Você mencionou que está casada. Quem é seu marido? Eu me casei com uma pessoa de fora da universidade. Ele trabalha na área de computação. E com um sorriso completou, e tem uma mente aberta.

Ela não poderia ficar, tinha uma filha de 11 meses e com um nome secreto, aguardando por ela em casa. Sabe, na época eu não percebi, mas era divertido, disse. As discussões que tivemos sobre todos aqueles autores como se fosse uma questão de vida ou morte — James e Brontë, Nabokov e Jane Austen.

24

Algumas recordações, assim como os balões imaginários que Yassi, com suas delicadas mãos, costumava fazer quando estava feliz, emergem das profundezas de um lugar que denominamos de memória. Tal qual os balões, essas recordações são leves, brilhosas e irrecuperáveis, a despeito do "ar tristeza" que as cerca — como definido por Bellow. Nas últimas semanas que passei no Irã, eu e minhas meninas nos encontrávamos às quintas-feiras e em dias alternados, em lugares distintos da cidade. Nós até saímos juntas para fazer compras, aproveitando que tinha decidido levar presentes para familiares e amigos nos Estados Unidos.

Em uma dessas tardes fui a um de meus cafés favoritos encontrá-las. Ao chegar, não as vi. Perguntei a um dos antigos garçons, que carregava uma bandeja de doces e duas xícaras de café bem quentes, e cuja calça preta estava um pouco curta, se tinha visto um grupo de jovens. Estão desacompanhadas?, indagou. Olhei para ele com ar de surpresa. Acho que sim, acredito que estejam desacompanhadas. Nesse caso, é provável que estejam sentadas no salão dos fundos, e meneou a cabeça para a esquerda, indicando o local onde estava localizado o salão principal. E disse, a senhora sabe as regras, mulheres desacompanhadas não são permitidas aqui nesta seção.

Minhas meninas tinham se acomodado próximas à janela. No vasto salão, a única mesa ocupada ficava perto da parede, na qual duas mulheres bebericavam café. Manna explicou com ar feliz: Sem homens, sem privilégios. Nessas últimas semanas em que estávamos todas juntas, a ausência de Nassrin era mais evidente. Pedi a Mahshid notícias, mas ela disse que não sabia de nada. E no fim, acrescentou com certa angústia, não ter notícias é um bom sinal.

Tanto Manna quanto Azin trouxeram câmeras — memórias do café, disse Manna. À medida que se aproximava a data de minha despedida, comecei a ficar obcecada em tirar fotos de todos os detalhes de nossa vida. Se porventura não tivesse uma câmera próxima, eu me transformava em minha própria câmera e escrevia compulsivamente, sobre a revoada de pássaros em Polur ou sobre nossa casa nas montanhas perto de Teerã. Naquele período a qualidade do ar estava tão palpável, em especial de manhã cedo, na hora do nascer do sol. Registrava também os rostos de todas as pessoas que amávamos.

Mitra estava subjugada. Pouco antes de eu chegar, contou às demais sobre as dificuldades que estava tendo em casa. E ao continuar a história disse como a mãe de Hamid estava contrária à ideia de migrarem para o Canadá, e suas objeções faziam com que ele continuamente repensasse sua decisão. O que me deixa mais ressentida não é unicamente o fato de não querer nossa partida, mas sim por estar sempre interferindo em nossas questões pessoais. Antes era seu desejo de que tivéssemos filhos — pois ela queria um neto antes que ficasse muito velha para poder aproveitá-lo, e agora é isso. Em algumas ocasiões Mitra e Hamid se mostravam reticentes. Além de ter um bom trabalho e uma ótima renda que lhes dava maior segurança financeira, caso fossem para o Canadá precisariam começar do zero. Ela revelou que sentia que algo dentro dela tinha mudado — sentia-se mais ansiosa e sensível, além de ter pesadelos. Uma determinada noite acordou com a sensação de que a casa inteira se mexia, mas no fim era ela mesma balançando a mesinha de cabeceira. A sensação é de que os homens não entendem como é desafiador ser uma mulher neste país, disse com um certo ar de frustração. Yassi completou: Para eles é mais fácil. Em muitos aspectos, este lugar pode ser um paraíso para os homens. E Hamid repete com frequência que, caso mantenhamos nossa renda aqui, podemos sair sempre de férias, disse Mitra.

Não há dúvidas de que a vida é melhor para os homens, disse Azin. A começar pelas leis do casamento e do divórcio. Olhem só quantos homens, mesmo sendo denominados de seculares, ainda assim casam uma segunda vez. Entre os intelectuais essa realidade é mais presente, disse Manna, aqueles que publicam suas manchetes com declarações sobre liberdade e tudo o mais.

Mas Sanaz respondeu: Não são todos os homens que se comportam da mesma maneira.

Azin, mostrando-se subitamente alegre, se dirigiu a Sanaz e falou: Ah, sim. Alguns homens são diferentes, como seu novo namorado...

Sanaz contestou: Ele não é meu namorado, e deu umas risadinhas. E completou, acreditando que era necessário dar uma explicação: É um amigo do Ali, veio da Inglaterra, e está nos visitando. Mas nós já nos conhecíamos — éramos uma espécie de amigos, por intermédio de Ali. Era para ele ter sido nosso padrinho, então, veio me fazer uma visita, para ser educado.

As covinhas no rosto de Mitra e o sorriso de Azin, que demonstrava saber mais sobre o assunto, indicavam que tinha algo mais do que simplesmente "educado". Que foi? Perguntou Sanaz. Ele nem é bonito. Apertou os olhos e continuou, ele é meio feio. De repente é alguém do tipo mais austero?, sugeriu Yassi esperançosa. Não, não, é mais como feio mesmo, mas é agradável, atencioso e bom. Disse: Meu irmão brinca a seu respeito o tempo todo e, você sabe, às vezes penso em sair com ele ou algo do gênero. Outro dia, ele dizia que o amigo não poderia usar camisas sem mangas ou nadar em nossa casa. Quando foi embora, meu irmão ficou imitando seu comportamento, dizendo: Novo método de sedução eficaz, e minha irmã boba é o tipo de menina que acredita nessas coisas.

Nesse momento o garçom chegou com o pedido, um *café glacê*. Então, olhei para Manna e falei com o garçom: Um pouco mais tarde você poderia trazer para nós um café turco? Minha mãe tinha estabelecido o hábito de servir café turco para nossa turma e, desde então, passamos a ler nossos destinos na borra do café. Manna e Azin sempre queriam ler a sorte, então, como Azin tinha lido minha sorte na última vez, prometi a Manna que ela o faria na próxima ocasião.

Quando o garçom se afastou, Azin comentou: Eu gostaria de poder tirar uma foto dele. Meninas, por que vocês não distraem a atenção dele? Mas como faremos isso?, perguntou Manna. Espero que não queira que sejamos presas por flertar com esse sujeito decrépito!

Quando o garçom chegou com meu pedido, percebi que Azin tinha levantado a câmera e feito sinais para Yassi. Ela estava sentada a meu lado e sem que ninguém percebesse colocou a câmera em nossa direção, dando a entender que tiraria uma foto da parede. Yassi consultou o garçom: Meu café poderia vir sem açúcar? E ele respondeu impacientemente: Não sei dizer. Quase sempre o açúcar já vem misturado no café. Ao som do clique ele se virou, olhou com uma certa desconfiança para nosso ar inocente e foi embora. Azin disse: Não sei como a foto vai sair. Veremos. Na foto, ele aparece a meu lado, mas seu rosto está voltado para a direção de Yassi. Só é possível vê-lo do queixo para baixo, o restante de seu corpo está levemente arqueado, mas não é possível vermos sua cabeça. Ele está com uma bandeja vazia em um das mãos. Nós duas, Yassi e eu, olhamos em sua direção. Meu copo gelado está seguro em minhas mãos, como se para evitar que alguém inadvertidamente o levasse embora.

Depois mostrei para meu mágico as fotos que tiramos nessas últimas semanas. Eu disse a ele: A proximidade da partida deixa um sentimento estranho. Não é por causa da falta que vai sentir de todas as pessoas que ama, mas também porque vai sentir falta de quem você é neste momento, e sabe que jamais será igual.

O garçom nos serviu o café turco em xícaras pequenas de cores diferentes. Ao tomarmos o café falamos sobre os desafios e atribulações impostas para quem quer ser escritor no Irã. Tantas coisas para serem ditas, mas sem a possibilidade de fazê-lo. Olhei para o relógio e percebi que tinha me atrasado. Vamos ouvir Manna ler minha sorte, pois depois preciso ir embora. Falei para Manna, enquanto pegava lápis e agenda, que registraria cada palavra do que fosse dizer e que seria responsável pelas suas previsões. Pensem nas palavras de Cary Grant naquele filme maravilhoso: Uma palavra assemelha-se a uma oportunidade perdida, uma vez pronunciada, não se pode voltar atrás.

Manna pegou a borra de meu café e leu meu destino: Vejo um pássaro parecido com um galo, o que quer dizer boas-novas, mas você está muito inquieta. Um caminho que parece promissor, você deu o primeiro passo. Você está pensando em centenas de coisas simultaneamente. Uma estrada está fechada e escura, enquanto a outra, aberta e repleta de luminosidade. As duas podem se tornar realidade: você deve escolher. Existe uma chave. Um problema deixará de existir. Não há dinheiro. Uma pequena embarcação está no porto e ainda não navegou.

25

Será que todos os mágicos, em especial os genuínos como o meu, são capazes de trazer à tona os magos que existem dentro de nós e liberar todas as possibilidades e o potencial que desconhecíamos? Ele está aqui na sua cadeira. Em uma cadeira que estou começando a criar. Conforme escrevo, a cadeira toma forma: é feita com madeira de uma nogueira e tem uma almofada marrom. Não é muito confortável, mas o deixa atento. Esta é a cadeira, mas não é ele que está sentado nela, sou eu. Ele está no sofá, com as mesmas almofadas marrons, um pouco mais macias, talvez. Ele parece estar mais à vontade do que eu. Este é seu sofá e ele está sentado bem no centro, deixando um espaço amplo em cada lado. Ele não está recostado, mas senta-se ereto. As mãos estão repousadas no colo, e seu rosto está inclinado e sério.

Mas antes que ele se pronuncie, eu o deixarei ir à cozinha primeiro, porque ele é um ótimo anfitrião e definitivamente não me deixaria falar por tanto tempo sem oferecer um chá ou café e, quem sabe, até mesmo um sorvete? Hoje tomaremos chá, e ele o serve em duas xícaras diferentes, a dele marrom e a minha verde. Sua pobreza graciosa e aristocrática, suas canecas, seus jeans desbotados, suas blusas, seus chocolates. Deixe-me ficar em silêncio. Enquanto ele vai à cozinha, penso em como ele criou seus rituais de forma meticulosa — ler o jornal em uma hora determinada após o café da manhã, as caminhadas nos períodos da manhã e da noite, atender ao telefone após dois toques. Estou preenchida por um sentimento súbito de afeto: ele nos parece tão forte e, no entanto, sua vida é tão frágil.

Falo para ele, enquanto carrega as duas xícaras de chá, sobre a sensação de que minha vida tem sido uma sucessão de partidas. Ele levanta as sobrancelhas, repousa as xícaras na mesa, e me olha como se estivesse aguardando um príncipe e o sapo tivesse aparecido. Nós dois rimos. Ainda de pé diz: Você pode falar essas besteiras na privacidade destas quatro paredes — sou seu amigo e eu a perdoarei. Mas nunca escreva isso em seu livro. Eu respondo: Mas é um fato. Senhora, diz, nós não necessitamos de suas verdades, mas de sua ficção — se realmente for competente, é possível que consiga inserir alguma verdade, mas nos poupe de seus reais sentimentos.

Ele retorna à cozinha e olha o conteúdo da geladeira. Ao voltar, traz cinco pedaços de chocolate em um prato pequeno. Ele se acomoda na direção oposta à minha, quase na beirada do sofá. Desculpe-me por não ter quase nada para oferecer. Tudo o que tenho são alguns chocolates.

Falei para ele que meu desejo seria escrever um livro no qual demonstraria meu agradecimento à República Islâmica do Irã por tudo o que me ensinou — a amar Austen e James, sorvete e liberdade. E disse, mas valorizar tudo isso agora ainda não é o suficiente. Eu quero escrever. E então respondeu: Não será possível escrever a respeito de Austen sem nos incluir e incluir este lugar que a fez redescobri-la. Você não conseguirá deixar de pensar em nós. Tente, você verá. A Austen que conhece está tão ligada a este lugar, a esta terra e às árvores daqui. Não pense que esta é a mesma Austen que leu com o dr. French — era ele, não é mesmo? Você acha? Esta é a Austen que leu aqui, em um lugar que a censura é quase cega, e onde enforcam as pessoas nas ruas e colocam uma cortina cruzando o mar de maneira a separar homens e mulheres. E completou: É possível que quando escrever a respeito disso tudo fique mais generosa, e menos enraivecida.

Então nos sentamos, tecendo histórias pela eternidade. Ele em seu sofá e eu em minha poltrona. O círculo de luz em frente à cadeira de balanço fica cada vez mais estreito e menor, até desaparecer. Ele precisa acender o abajur e continuamos conversando.

26

Uma de minhas fantasias recorrentes é adicionar mais um artigo à Constituição: o direito ao livre acesso à imaginação. Hoje acredito que a democracia verdadeira não pode ser exercitada sem a liberdade à imaginação e sem o direito de utilizarmos as obras ficcionais de maneira irrestrita. Para se ter uma vida plena é necessário ter a possibilidade de criar e expressar os mundos internos, sonhos, pensamentos e desejos, e ter um acesso constante ao diálogo entre o público e o privado. Do contrário, como saberemos se de fato existimos, sentimos, desejamos, odiamos e tememos?

Nós nos referimos aos fatos; no entanto, os fatos existem apenas parcialmente se não forem repetidos e recriados por meio das emoções, pensamentos e sentimentos. A meu ver, a sensação era de que não tínhamos realmente existido, ou então existimos pela metade porque não podíamos nos realizar na esfera da imaginação nem nos comunicar com o mundo. Sobretudo porque tínhamos usado as obras da imaginação para servir a esquemas políticos.

No dia em que saí da casa de meu mágico, eu me sentei nos degraus de seu apartamento e peguei meu caderno de anotações. Datei a anotação: 23 de junho de 1997. Ao lado da data, escrevi: "Para meu novo livro." Levei mais de um ano para vislumbrar a possibilidade de escrever este livro. E mais outro para finalmente pegar a caneta, como diz o ditado, e escrever sobre Austen e Nabokov, e sobre aqueles que os leram e viveram junto comigo.

Naquele dia, ao sair da casa de meu mágico, o sol estava se pondo, o ar estava suave, as árvores eram de um verde vívido e eu tinha inúmeras razões para me sentir triste. Todos os objetos e rostos tinham perdido sua tangibilidade e surgiam como lembranças felizes: meus pais, amigos, alunos, esta rua, estas árvores, e a luz que arrefecia das montanhas pelo espelho. Ao mesmo tempo estava levemente exultante e, parafraseando a heroína de Muriel Spark em seu belíssimo romance *Loitering with Intent* [Desperdiçando as intenções], eu segui meu caminho feliz, ponderando como é magnífico ser mulher e escritora no final do século XX.

Naquele dia, ao sair da casa de meu mágico, o sol estava se pondo, o ar estava [illegible], as árvores eram de um verde vívido e eu tinha inúmeras razões para me sentir triste: todos os objetos e rostos tinham perdido sua tangibilidade e surgiam como lembranças felizes: meus pais, amigos, alunos, esta rua, estas árvores e a luz que atravessava das montanhas pelo espelho. Ao mesmo tempo estava levemente exultante, percorrendo, como a heroína de Muriel Spark em seu belíssimo romance *Loitering with Intent*, [illegible] despreocupadamente [illegible], eu segui meu caminho feliz, ponderando como é magnífico ser mulher e escritora no final do século XX.

Epílogo

Saí de Teerã no dia 24 de junho de 1997 em direção à luz verde na qual Gatsby acreditava. Novamente escrevo e leciono, no sétimo andar de um prédio localizado em uma cidade sem montanhas, mas com belíssimas primaveras e outonos. Ainda dou aulas sobre Nabokov, James, Fitzgerald, Conrad, assim como Iraj Pezeshkzad, responsável por um de meus romances iranianos preferidos, *My Uncle Napoleon* [Meu tio Napoleão], e outros autores que descobri após minha chegada aos Estados Unidos, como Zora Neale Hurston e Orhan Pamuk. Agora eu sei que meu mundo, tal qual o de Pnin, será para sempre um "mundo portátil".

Deixei o Irã, mas o Irã não me deixou. Muitas coisas mudaram desde que eu e Bijan partimos. A postura de Manna, e de outras mulheres, é mais desafiadora. Seus lenços são mais coloridos e as vestimentas bem mais curtas. Hoje elas usam maquiagem e andam livremente ao lado de homens que não são seus irmãos, pais ou maridos. No entanto, as incursões policiais e as detenções, assim como as execuções públicas, ainda persistem. Mas há uma demanda maior pela liberdade. Enquanto escrevo, abro o jornal e leio sobre demonstrações recentes de jovens a favor de um dissidente que foi condenado à morte por sugerir que os religiosos não devam ser seguidos cegamente, e por exigir a revisão da Constituição. Ao ler o que os jovens estudantes e os antigos revolucionários estão produzindo, os slogans e o clamor pela democracia, agora eu sei que é justamente essa determinação e o amor dos jovens iranianos e dos filhos da revolução pela vida, liberdade e felicidade — e a autocrítica angustiada de antigos revolucionários — que vão escrever nosso futuro.

Desde o momento em que saí do Irã, e por respeito a sua vontade, não falei ou me correspondi com meu mágico. No entanto, sua mágica é uma parte tão essencial de minha existência que às vezes me questiono: Ele era real? Será que eu o inventei? Ou foi ele que me inventou?

Eventualmente recebo e-mails como vaga-lumes, ou cartas de Teerã ou Sydney de meus antigos alunos, quando eles me revelam suas vidas e lembranças.

Soube que Nassrin chegou em segurança à Inglaterra, mas depois não recebi mais notícias.

Mitra foi para o Canadá poucos meses depois que cheguei aos Estados Unidos. Regularmente, ela enviava e-mails ou me telefonava, mas há muito tempo que não estabelecemos contato. Yassi me contou que ela se matriculou na universidade e teve um filho.

Logo que cheguei, recebi um telefonema de Sanaz, que estava na Europa. Ela me contou que tinha casado e pretendia entrar para a universidade. Mas Azin me contou que ela abandonou esse plano e, como se costuma dizer, está cuidando da casa.

Quando cheguei aos Estados Unidos, recebia poucas notícias de Azin. Em geral, ela me telefonava no dia de meu aniversário. Soube por intermédio de uma antiga aluna que ela estava dando aulas na Universidade Allameh e que o conteúdo do curso e os autores eram semelhantes aos que eu utilizava. Na última vez em que teve notícias de Azin, ela disse, com um tom de malícia, que sua sala era ao lado de meu antigo escritório no quinto andar. Em muitas ocasiões pensei nela e em sua bela e pequenina Negar. Há poucos meses ela me telefonou inesperadamente da Califórnia. Sua voz estava repleta daquele tom alegre e sedutor retido em minha lembrança. Ela tinha se casado novamente, e seu novo marido mora na Califórnia. O marido anterior lhe tirou Negar e ela sentia, portanto, que não havia mais justificativa alguma para permanecer em Teerã. Tinha muitos planos de se matricular na universidade e recomeçar a vida.

Mahshid, Manna e Yassi mantiveram a rotina de encontros depois que fui embora. Liam Virginia Woolf, Kundera e outros, escreviam sobre cinema, poesia e a respeito de suas próprias vidas como mulheres. Mahshid, merecidamente, é editora sênior e publica seus próprios livros.

Yassi, no último ano que passou no Irã, dava aulas particulares. Suas alunas a adoravam e, juntas, faziam caminhadas nas montanhas. Ela me escrevia entusiasmados e-mails sobre essa nova habilidade que tinha descoberto. Batalhou muito para conseguir vir para os Estados Unidos e fazer o curso de pós-graduação. Por fim, em 2000 ela foi aceita na Universidade Rice, no Texas, onde está fazendo o doutorado.

Nima está dando aula. Sempre achei que ele era um professor nato. Escreve ensaios brilhantes e inacabados sobre James, Nabokov e sobre seus autores persas favoritos, e continua me impressionando com suas histórias e casos. Manna escreve poesia. Há pouco tempo falei para ela que estava escrevendo um epílogo para meu livro, e me perguntava sobre o que dizer a seu respeito. E foi isso que ela me enviou:

> A história começou há cinco anos, em uma sala enevoada onde líamos *Madame Bovary* com chocolates dispostos em um prato vermelho nas manhãs de quinta-feira. Quase nada mudou na mesmice de nossas rotinas. Mas, em algum lugar, eu mudei. A cada novo amanhecer, com o nascer costumeiro do sol, e conforme levanto e visto o meu véu em frente ao espelho, eu me preparo para sair e me integrar ao que chamamos de realidade. Mas eu também conheço outro "Eu" que está nu nas páginas de um livro: em um mundo ficcional, eu estou imóvel como uma escultura de Rodin. E assim eu continuarei enquanto vocês me mantiverem sob seu olhar, queridos leitores.

fim

Agradecimentos

Inúmeras pessoas, com suas identidades reais ou fictícias, surgem como um camafeu nas páginas deste livro. Algumas eu conheço há muitos anos e compartilhei com elas muitas das histórias narradas aqui. Outras, tenho a sensação de que sempre as conheci, mesmo que não tenham feito parte desse momento específico de minha vida. Não é possível agradecer a todas em poucas palavras. Da mesma maneira que as fadas e os espíritos bons protegem o Pnin de Nabokov, eles foram os anjos da guarda de meu livro. A eles devo mais do que as palavras podem expressar.

Minha mãe, Nezhat Nafisi, morreu no dia 2 de janeiro de 2003. Não foi possível acompanhá-la em seus últimos meses de vida. Essa dor vai viver comigo para sempre, e estará sempre acompanhada do ódio que compartilhei com ela em relação aos regime autoritários. Nabokov os denunciou como autoritários, deixando seus cidadãos presos pelo coração. No caso de minha mãe, a luta contra a tirania não tinha um caráter político, mas existencial. Na condição de filha e mulher, nunca consegui responder aos altos padrões de perfeição que ela esperava de mim, embora tenha sentido um prazer genuíno ao testemunhar meu trabalho. Nós acreditávamos nos mesmos ideais e valores. Ela estava ansiosa para ler este livro, e eu o dedico a ela. É uma homenagem à sua coragem e à sua integridade, principais motivos por trás de seus apaixonados desapontamentos. Ela e meu pai foram as primeiras pessoas que mais se mostraram entusiasmadas com meu trabalho, e também foram meus principais colaboradores.

Meu pai foi a primeira pessoa a me contar histórias e a criar histórias junto comigo. Com ele aprendi inúmeras coisas, como a crença nos ideais e a necessidade de confrontar o mundo real com as possibilidades disponíveis no mundo da ficção. Com meu irmão Mohammad, compartilhei os primeiros sonhos e histórias (uma experiência que mantive junto a minha amada sobrinha, Sanam Banoo Nafisi), mesmo tendo vivido longe dele ao longo do período em que escrevi este livro. Seu olhar crítico e compassivo foi uma companhia sempre presente. Meu marido Bijan, com quem dividi muitas das experiências contidas neste livro, tem sido minha melhor metade ao longo dessa experiência dolorosa. Somente ele e meu editor leram o manuscrito, e meu marido me ajudou muito com sua imparcialidade, integridade moral e seu amor. Meus filhos, Dara e Negar, ofereceram-me um tipo de amor e apoio que, em muitos momentos, parecíamos ter trocado de papéis.

A escrita deste livro foi facilitada com o apoio e encorajamento de outros integrantes da família e amigos: Manijeh e Q Aghazadeh, Taraneh e Mo Shamszad; Parvin, cuja amizade inestimável e auxílio constante jamais poderão ser expressos em palavras, assim como a amizade de Joanne Leedom, Ackerman, Khosrow, Tahmineh joon, Goli, Karim, Nahid e Zari; Paul, entre muitas outras coisas, obrigada por me apresentar ao livro *Persecution and the Art of Writing* [Perseguição e o ato de escrever]; Carl Gershman, Hillel Fradkin e os maravilhosos colegas e funcionários da Universidade Freedonia; Bernard Lewis (que abriu as portas); Hayedeh Daraghi, Freshteh Shahpar, Farivar Farzan, Shahran Tabari e Ziama, por me ensinar sobre a relação entre Beethoven e a liberdade; Lea Kenig, por sua amizade, apoio e amor pelos livros, os quais generosamente compartilhou comigo. Meus amigos de infância Farah Ebrahimi e Issa H. Rhode; as vozes de minha consciência e amigos do coração Ladan Boroumand, Roya Boroumand e Abdi Nafisi. Gostaria de agradecer também a minha amiga Mahnaz Afkhami. Durante os períodos difíceis e solitários, quando optei por me demitir da universidade e dar aulas particulares, sem encorajamento ou quase nenhum apoio de minha família, ela me ofereceu proteção, e de maneira generosa me auxiliou nessa nova aventura.

A meus alunos sempre me sentirei devedora, pois me ofereceram uma nova visão sobre a vida e a literatura, em especial Azin, Yassi, Sanaz, Mitra, Mahshid, Manna, Ava, Mozhgan, Nassrin e Nima. A quase totalidade das páginas deste livro contém memórias de minhas experiências como professora, e, de certo modo, cada página é um agradecimento a eles.

Desde minha saída do Irã em 1997, a escola Paul H. Nitze for Advanced International Studies (SAIS), na Universidade John Hopkins, foi meu lar acadêmico e intelectual. Eu me beneficiei muito da abertura, curiosidade e liberdade intelectual dos colegas e membros da equipe. Gostaria de expressar meu agradecimento pela atmosfera acadêmica estimulante e empreendedora. Meus especiais agradecimentos a Fouad Ajami e ao Departamento do Oriente Médio, à equipe e a meus colegas do Departamento de Política Externa, e a seu diretor, dr. Tom Keaney.

A bolsa generosa que recebi da Fundação Smith Richardson permitiu que eu trabalhasse neste livro, e, ao mesmo tempo, desenvolvesse meus projetos no SAIS. Em especial, agradeço a Marin Strmecki e Samantha Ravich, por acreditarem nos direitos de todos os indivíduos à vida, à liberdade e à felicidade — independentemente de sua origem. Agradeço ao livro *Khomeini: Life of the Ayatollah* [Khomeini: A vida do aiatolá], de Baqer Moin (I. B. Tauris, 1999), pelas citações do aiatolá Khomeini e pelos fatos de sua vida.

Agradeço também à equipe da Random House por seu apoio, entusiasmo e profissionalismo. Sou grata a Veronica Windholz por sua edição cuidadosa e pelo ódio apaixonado às tiranias, e a Robin Rolewicz, cujos sorrisos, apoio generoso e oportuno, que sempre foram além da obrigação profissional, me ajudaram a aprender a confiar. Perguntava-me com frequência porque alguns escritores fazem tantos agradecimentos a seus editores até trabalhar com Joy de Menil. Mesmo sendo muito jovem, Joy decidiu ser a fada madrinha deste livro. Aprecio sua amizade, que construímos ao longo deste trabalho, suas colaborações criativas e sugestões, a edição meticulosa e sua paixão pelas grandes obras de ficção.

Por fim, está o inimitável e incorrigível sr. R., onde quer que esteja e seja lá qual for a história que estiver inventando ou da qual estiver participando.

Agradeço a todos que permitiram a reprodução dos trechos publicados no original. A presente edição brasileira utilizou traduções livres.

Estate of Vladimir Nabokov: Trechos retirados da correspondência de Véra Nabokov. Direitos reservados. Reproduzido mediante acordo com Espólio de Vladmir Nabokov.

Houghton Mifflin Harcourt Publishing Company and Faber and Faber, Limited: Fragmentos de "Burnt Norton" em *Four Quartets* de T.S. Eliot, publicado no Reino Unido em *Collected Poems 1909-1962* © 1936 por Houghton Mifflin Harcourt Publishing Company, © renovados em 1964 por T.S. Eliot. Direitos no Reino Unido reservados à Faber and Faber, Limited. Reprodução com autorização de Houghton Mifflin Harcourt Publishing Company e Faber and Faber.

Liveright Publishing Corporation: "*somewhere I have never travelled, gladly beyond,*" em *Complete Poems: 1904-1962* de e. e. cummings, editado por Geroge J. Firmage, © 1931, 1959, 1991 pelos tutores do Patrimônio de e. e. cummings, © 1979 por Geroge J. Firmage. Reproduzido com autorização de Liveright Publishing Corporation.

Random House, Inc.: Sete linhas de "Letter to Lord Byron" em *W.H. Auden: The Collected Poems* por W.H. Auden, © 1937 por W.H. Auden. Reproduzido com autorização de Random House, Inc.

Vintage Books, a division of Random House, Inc.: Fragmentos de *Lolita* de Vladimir Nabokov, © 1955 por Vladimir Nabokov. Reproduzido com autorização de Vintage Books.

Este livro foi composto na tipografia Minion Pro, em corpo 11,5/16, e impresso em papel off-white no Sistema Cameron da Divisão Gráfica da Distribuidora Record.